中国人民大学网络犯罪与安全研究中心系列丛书

网络犯罪与安全

Cyber Crime and Security （2017）

主　编／谢望原
副主编／刘品新　陈　琴

法律出版社
LAW PRESS·CHINA

图书在版编目(CIP)数据

网络犯罪与安全. 2017 / 谢望原主编. -- 北京：法律出版社,2017
ISBN 978 -7 -5197 -1583 -0

Ⅰ. ①网… Ⅱ. ①谢… Ⅲ. ①互联网络－计算机犯罪－研究－中国 Ⅳ. ①D924.364

中国版本图书馆 CIP 数据核字(2017)第 263484 号

网络犯罪与安全(2017)
WANGLUO FANZUI YU ANQUAN(2017)

谢望原 主编

策划编辑 杨大康
责任编辑 杨大康
装帧设计 汪奇峰 鲁 娟

出版 法律出版社
总发行 中国法律图书有限公司
经销 新华书店
印刷 固安华明印业有限公司
责任校对 杜 进
责任印制 吕亚莉

编辑统筹 法律应用·大众读物出版第二分社
开本 710 毫米×1000 毫米 1/16
印张 20.25
字数 362 千
版本 2017 年 11 月第 1 版
印次 2017 年 11 月第 1 次印刷

法律出版社/北京市丰台区莲花池西里 7 号(100073)
网址/www.lawpress.com.cn
投稿邮箱/info@lawpress.com.cn
举报维权邮箱/jbwq@lawpress.com.cn
销售热线/010 -63939792
咨询电话/010 -63939796

中国法律图书有限公司/北京市丰台区莲花池西里 7 号(100073)
全国各地中法图分、子公司销售电话：
统一销售客服/400 -660 -6393
第一法律书店/010 -63939781/9782　西安分公司/029 -85330678　重庆分公司/023 -67453036
上海分公司/021 -62071639/1636　深圳分公司/0755 -83072995

书号:ISBN 978 -7 -5197 -1583 -0　**定价**:78.00 元

主 编 简 介

谢望原　法学博士，杰出学者特聘教授（二级）、博士生导师，中国人民大学法学院教授会议副主席、中国人民大学网络犯罪与安全中心主任、刑事政策与比较刑法研究所所长、中央治理商业贿赂专家咨询组成员、最高人民法院案例编导工作专家委员、北京市高级人民法院专家咨询委员、中国法律咨询中心专家委员会委员、首都法学法律高级人才库专家、中国法学会审判理论研究会刑事审判专业委员会委员、北京霍克律师事务所名誉主任、北京市地石律师事务所兼职律师，曾任北京市西城区人民检察院副检察长，著有：《刑罚价值论》《世纪之交的中国刑法学研究》《欧陆刑罚制度与刑罚价值原理》《中国刑事政策研究》（合著）、《刑事政策与刑法专论》等；译著有《刑法哲学》（主译）、《刑法理论的核心问题》（主译）、《丹麦刑法典与丹麦刑事执行法》《英国刑事制定法精要》（主译）等。

Email：xiewy@ ruc. edu. cn.

副主编简介

刘品新　法学博士、教授、中国人民大学刑事法律科学研究中心副主任、中国人民大学网络犯罪与安全研究中心执行主任、中国人民大学物证技术鉴定中心国家司法鉴定人、中国人民大学刑事错案研究中心副主任、中国人民大学法学院证据学研究所副所长、中国人民大学反腐败研究中心副主任、国家检察官学院职务犯罪研究所兼职研究员、最高人民检察院检察技术中心副主任，代表作主要有《中国电子证据立法研究》《刑事证据疑难问题探索》等。

陈　琴　刑法学博士，博士后，先后任职于中国人民公安大学与腾讯研究院，著有《刑法中的事实认识错误》，译著《瑞典刑法典》，目前主要研究网络犯罪与安全问题。

前言

2015年5月12日，由中国人民大学刑事法律科学研究中心、中国犯罪学学会、腾讯研究院犯罪研究中心共同组建的“中国人民大学网络犯罪与安全研究中心”正式成立。事实上，自2014年以来，中国人民大学刑事法律科学研究中心与腾讯研究院犯罪研究中心合作举办的“互联网刑事法治高峰论坛”，已经连续成功举办三届，极大地推动了我国互联网刑事法治的研究，强化了我国教学研究部门与国家网络信息管理部门、司法实务部门、互联网企业之间的合作，产生了良好的科学研究效果和社会效果。为了进一步推动我国互联网刑事法治问题研究，为国家互联网刑事法治提供理论支持，中国人民大学刑事法律科学研究中心与中国人民大学网络犯罪与安全研究中心决定编辑出版《网络犯罪与安全》一书。

《网络犯罪与安全》原则上每年出版一部，主要研究互联网刑事法治问题，包括互联网刑事法治的政策性问题、互联网实体刑法问题、互联网刑事犯罪问题、互联网刑事法治与行政法治衔接问题等。本书以研究中国互联网刑事法治为主，同时兼顾国外互联网刑事法治研究情况，适当收录有关外国学者关于互联网刑事法治的研究成果。

我们热诚欢迎国内外同人惠赐有真知灼见的大作！关于投稿体例，请参阅本书末“稿约与撰写体例”。

中国人民大学刑事法律科学研究中心

中国人民大学网络犯罪与安全研究中心

2017年7月18日

目 录

网络提供信息与被害人自我答责

——以侵犯公民个人信息犯罪为视角

陈文昊*

【内容摘要】 随着信息时代的到来，侵犯公民个人信息的情形更为常见，刑法也作出了相应的犯罪圈的扩张。当今社会，公民向外界提供信息在信息时代变得不可避免。且个人信息与隐私不同，具有相对的公开性，尤其是公民自愿将信息公开在网络的情况也时而发生，《刑法修正案(九)》将利用公民公开信息的情况也归入侵犯公民个人信息罪的范畴。被害人自我答责的阻却事由成立要求信息对称，因此特殊行业的从业者将通过职务便利收集的公民个人信息用于其他用途的情形不能成立被害人自我答责。在公民自行公开个人信息，行为人加以利用的场合，信息提供者是否具有商主体身份是决定能否成立自我答责的关键因素。

【关键词】 侵犯公民个人信息罪　被害人自我答责　信息对称

一、侵犯个人信息罪的立法背景与问题引出

中国互联网网络信息中心《第38次中国互联网络发展状况统计报告》表明，截至2016年6月底，中国网民规模达7.1亿户，互联网普及率达51.7%，其中手机网民规模达6.56亿户。中国网民规模达到6.88亿户，互联网普及率高达50.3%。也就是说，在我国，居民上网人数已经过半。国家顶级域名“.CN”总数为1636万户，

---

* 陈文昊，清华大学法学院2017级博士研究生。

年增长47.6%,占中国域名总数的52.8%,已超过德国国家顶级域名“.DE”,成为全球注册保有量第一的国家和地区顶级域名。[1] 在这样一个网络普及的时代,公民的个人信息更容易暴露在公众的视阈之下,受到相关犯罪的侵蚀。根据第三方机构已披露的数据显示,2015年中国网站因为安全漏洞可能泄露的个人信息多达55.3亿条,公民的个人信息安全日渐成为犯罪的重灾区。[2]

鉴于网络安全和个人信息保护匮乏的现状,我国的立法也旋即做出相应调整,竭力遏制相关犯罪的延烧。早在2009年,《刑法修正案(七)》就新设“出售、非法提供公民个人信息罪”和“非法获取公民个人信息罪”两个罪名,标志着立法者开始对侵犯公民个人信息的行为绳之于刑法。《刑法修正案(九)》更是将“出售、非法提供公民个人信息罪”和“非法获取公民个人信息罪”合并为“侵犯公民个人信息罪”加以调整,进一步扩大了犯罪圈。

2016年11月7日,全国人大常委会通过《中华人民共和国网络安全法》(以下简称《网络安全法》),并且就公民个人信息保护的问题进行了全面的规制。《网络安全法》设置“网络信息安全”专章,对个人信息安全加以保障,相对应地,在第六章“法律责任”当中对包括侵犯个人信息安全在内的网络安全违反规范法律后果加以明确,填补了之前对网络运营者的行政处罚的空白。

《网络安全法》的部分内容与刑法遥相呼应,针对当前泛滥的个人信息泄露、收集和买卖等非法利用行为都进行了规制。值得注意的是,在《网络安全法》当中,“被害人的同意”被视为一个重要的义务在规范中反复强调。例如,《网络安全法》第22条规定:“网络产品、服务具有收集用户信息功能的,其提供者应当向用户明示并取得同意。”《网络安全法》第41条规定:“网络运营者收集、使用个人信息,应当遵循合法、正当、必要的原则,公开收集、使用规则,明示收集、使用信息的目的、方式和范围,并经被收集者同意。”第44条规定:“任何个人和组织不得窃取或者以其他非法方式获取个人信息,不得非法出售或者非法向他人提供个人信息。”这些条款都表明,符合规范地收集和提供公民个人信息,必须考察“他人承诺”这一要素,转化到教义学的视角来看,也就是被害人自我答责的问题。

---

[1] 《CNNIC发布第37次中国互联网络发展状况统计报告》,载 http://tech.sina.com.cn/i/2016-01-22/doc-ifxnuvxh5133709.shtml。

[2] 《2015年收漏洞超4万个,可能泄露个人信息55.3亿条》,载360补天平台:http://news.k618.cn/kx/201604/t20160410_7106685.html。

二、侵犯公民个人信息罪与被害人自我答责

(一)事实层面:自我信息提供的必然性

研究表明,在侵犯公民个人信息罪的案件中,遭泄露的公民个人信息涉及领域广泛,涉及金融、电信、教育、医疗、工商、房产、快递等部门和行业共计40余类。[3]不难发现,在这些领域,尤其是在需要身份认证的情况下,公民不得不提供其全套的个人信息,包括姓名、出生日期、身份证件号码、住址、电话号码、账号、密码,这些信息一旦提供,就很有可能遭到泄露,甚至进入公众领域。还有的公共平台中,也需要行为人提供相应的个人信息,并且暴露在公众的视野之下,例如对于QQ、微信、微博而言,社会一般公众可以看到使用者的出生日期、住址、电话等或多或少的信息。这些信息是行为人自己提供,或者是自己选择真实提供的,在这种情况下,如果遭到了他人的收集和泄露,能不能认为属于被害人自我答责呢?实际上,在侵犯公民个人信息罪的案例中,公民个人信息的来源多样,但其中绝大部分是由公民自己向外部提供的。

对此,笔者在法律裁判文书网上以“侵犯公民个人信息罪”为关键词进行搜索,考察这些案件中的信息来源方式,可以分为以下几类。

第一,公民以各种途径公开在网上的信息,行为人通过浏览互联网将这些公开的信息进行搜集和出卖。这类案件例如章某侵犯公民个人信息罪一案。[4]

第二,行为人将通过特殊行业获取公民的个人信息出卖给他人。这类案件包括李某出售、非法提供公民个人信息罪一案、[5]包某出售、非法提供公民个人信息罪一案等。[6]

第三,行为人通过侵入电脑系统等方式取得公民信息,或者侵入特殊行业的系统内部获取公民个人信息。这类案件例如徐某侵犯公民个人信息罪等。[7]

不难发现,在这些案件中,作为受害人的公民或多或少、或自愿或不自愿地向

---

〔3〕《银行教育电信快递证券等内部人员泄露公民信息公安机关5个月抓获270余人》,载http://news.163.com/16/0925/21/C1RE8N7A00014Q4P.html。

〔4〕(2015)安刑初字第883号。

〔5〕(2014)徐刑初字第89号。

〔6〕(2014)东刑初字第287号。

〔7〕(2016)闽0524刑初333号。

外界提供了一部分的个人信息,在有些场合实属不可避免。例如,被告人赵某利用在泗阳县公安局(系临时工作人员)工作便利,秘密使用其他干警数字证书查询公安内网等方式获取公民个人信息,并在淘宝网上予以售卖。[8] 在这种情况下,虽然可以说提供信息的是公民本人,但其对于自己提供的信息遭到泄露这一事实毫无抵御力可言,不能认为公民对于自身的法益进行了放弃。

(二)公民个人信息的特征:不同于隐私

公民个人信息的保护与隐私权保护在本质上存在区别。在隐私权的保护问题上,国家不以利益主体的角色登场,因此国家倾向于对个人隐私提供绝对保护。而在个人信息的问题上,国家一方面是个人信息的收集、处理、储存和利用者,另一方面又是个人信息的保护者,因此涉及利益衡量的问题。[9] 因此,在民法中许多学者主张,将公民的个人信息作为一项比隐私权更为广泛的、独立的具体的人格权加以保护。[10]

在刑法当中,公民个人信息的范围也要大于隐私。例如,我国《刑法》第 245 条非法侵入住宅罪、非法搜查罪;第 252 条侵犯通信自由罪;第 253 条第 1 款邮政人员私自开拆、隐匿、毁弃邮件、电报罪等罪名均涉及公民的隐私权的问题,刑法设置了不同的罪名加以保护。在隐私权的问题上,由于隐私权本身就是公民享有的个人信息不被非法获悉和公开、个人生活不受外界非法干扰或干涉的权利,[11] 因此在大部分场合,都不存在公民自己泄露隐私的情形,否则也就无所谓"隐私"可言。

但是,在涉及公民个人信息的问题中,情况却有所不同。一方面,正如上文所述,公民在日常生活中不可避免地存在将个人信息向外部泄露的可能性,这涉及金融、电信、教育、医疗、工商、房产、快递等多个领域,这些领域无一不与公民的日常生活绑定,渗透入公民生活的每一个角落。在这种情况下,公民自我提供信息的行为应当如何评价,并非一个不言自明的问题。另一方面,在信息时代的背景之下,如果公民将自己的信息自发公开在网上,行为人通过搜集加以利用,最终以牟利为目的将搜集的信息出售的,能否认为存在被害人自我答责的事由,也是值得探讨的

---

[8] (2016)苏 1323 刑初 271 号。

[9] 参见张新宝:《从隐私到个人信息:利益再衡量的理论与制度安排》,载《中国法学》2015 年第 3 期。

[10] 参见王利明:《论个人信息权的法律保护——以个人信息权与隐私权的界分为中心》,载《现代法学》2013 年第 4 期。

[11] 王利明、杨立新:《人格权与新闻侵权》,中国方正出版社 2010 年版,第 406 页。

问题。

从这一点来说,我国的侵犯公民个人信息罪与国外刑法中的泄露秘密罪在保护的法益上采取了截然不同的进路。例如,《日本刑法典》第134条规定了泄露秘密罪,本罪保护的法益是个人秘密,而所谓“秘密”,根据日本刑法理论,存在三个特征:第一,具有众所周知性;第二,行为人具有隐匿的意思;第三,具有隐匿的利益。〔12〕可以发现,日本刑法中的泄露秘密罪是纯粹针对隐私权的犯罪。而德国、奥地利、瑞士等国家的刑法中均规定了“侵害言论隐私权罪”,对未经过他人同意,窃听或窃录他人不公开谈话的行为轨以刑法。〔13〕不难发现,无论是泄露秘密罪,抑或是侵害言论隐私权罪,保护的法益都是公民不为他人所知的隐私,这一点与我国的侵犯公民个人信息罪完全不同。

由此可见,我国的侵犯公民个人信息罪与国外的相关犯罪不同,“公民个人信息”具有相对公开性,受到侵害的公民本身也具有向外界提供信息的行为,在这种情况下,就有必要探讨被害人自我答责的问题。

(三)规范层面:侵犯公民个人信息罪的结构分析

“立法者应以公共利益为目标,最大范围的功利应成为一切思考的基础。了解共同体的真正利益是什么,是立法科学使命之所在,关键是找到实现这一利益的手段”〔14〕,网络时代的到来对于侵犯公民个人信息行为的影响由事实渗透规范当中,对立法者的决策起到了十分重要的作用。正如上文所述,网络时代下的个人信息具有更低的隐私性,更高的公开性,这一点变化被刑法的立法者与司法者牢牢锁定,最终在《刑法修正案(九)》中表现出来。

《刑法修正案(九)》对侵犯公民个人信息行为的规制进行了很大的调整。在《刑法修正案(九)》之前,《刑法》第253条之一的非法提供公民个人信息罪将本罪的行为范式规定为:“国家机关或者金融、电信、交通、教育、医疗等单位的工作人员,违反国家规定,将本单位在履行职责或者提供服务的过程中获得的公民信息,出售或者非法提供给他人,情节严重”,换言之,在《刑法修正案(九)》之前,本罪属于身份犯,只有存在于特殊行业的工作人员方可成为本罪主体。但是,《刑法修正

〔12〕[日]山口厚:《刑法各论》(第二版),王昭武译,中国人民大学出版社2011年版,第151页。

〔13〕张明楷:《外国刑法纲要》(第二版),清华大学出版社2007年版,第514页。

〔14〕[英]边沁:《道德与立法原理导论》,时殷弘译,商务印书馆2012年版,第2页。

案(九)》新设第253条之一侵犯公民个人信息罪,违反国家有关规定,将"向他人出售或者提供公民个人信息,情节严重"作为本罪的行为范式,并将特殊行业工作人员泄露公民个人信息的情形规定为本罪的第2款,从重处罚。换言之,在侵犯公民个人信息罪的一般情形下,不需要行为人具有特定身份。

这也就表明,在本罪的行为结构上,无论是利用特殊身份与职务之便获得公民的个人信息,还是通过非法途径窃取、骗取公民的个人信息,抑或是仅仅将在网上相对公开的公民的分散信息加以收集之后出卖牟利,都可以评价进本罪的构成要件之中。正如有学者指出的,刑法理性不只是静态的,而且是动态的,它不仅表现在刑法本身,不仅是对刑事立法的要求,而且要通过刑事司法来实现。刑法理性是贯穿于刑法的制定、适用和执行的整个过程并保障刑法合理性的根本原则。[15] 立法者在对侵犯公民个人信息问题的权衡上,正是考虑到了随着社会的发展,越来越多的侵犯公民个人信息的行为中的行为人,既不是通过非法途径取得他人的个人信息,也不具有特殊行业中获得他人信息的渠道,而是通过一种游走于黑白之间的途径搜集公民半公开的信息,并借此谋取利益。

在这种情况下,需要考察的核心问题就是,公民对自身信息的对外披露符合了什么样的条件,达到了何种程度,才能认为被害人对自身的法益进行放弃,或者具有自我答责的违法阻却事由,从而排除行为人的违法性呢?

三、信息不对称与自我答责

(一)自我答责的法理学根基

首先在法理层面需要解决的问题是,为何存在具备了被害人的"自我答责",就可以免除或减弱募集者的刑事责任呢?这个问题的答案与刑法体系的风险分配机能相勾连。在笔者看来,刑法体系的构建最终解决的是"如何进行风险分配"的问题,也就是说,当损害发生之时,如何将风险分配给特定当事人的问题。在被害人明知风险而接受结果发生盖然性的情况下,分配给造成结果的行为人的责任显然就要更小,而由进行答责的被害人承担更多的责任。更重要的是,法秩序也是构建于自我决定基础之上的,而自我决定权又是自由的核心,个人通过其自我决定而感受

---

〔15〕 参见张智辉:《论刑法理性》,载《中国法学》2005年第1期。

并实现自由。[16] 因此,一个法治国家不应当基于"家长主义"的泛滥褫夺公民的自主决定权,在被害人自我决定处分权能的情况下,如果这种处分不损害公序良俗,就是应当被尊重的。

但是要注意,这种自我决定权一定是建立于信息相对对称的基础之上的。例如,在"梅梅尔案"中,乘客明知在恶劣天气摆渡有船体倾覆的风险,仍然不顾船工劝阻,搭乘该船,最终船覆人亡,在这种情形下,因为在恶劣天气乘船背后的风险在一般人看来都是明确的,考虑到两方信息的相对对称性,就可以认定被害人的自我答责。与之相反,如果船工凭借多年经验知道暴风雨的来袭,为了招揽客人而隐瞒乘客,强行摆渡的,考虑到信息的不对称性,就应当对船工予以归责。在日本的"赛车案"中,赛车经验丰富的被害人指导行为人以一种危险的方式驾驶赛车,最终赛车失控,被害人死亡。这种情况下,考虑到被害人在信息的获取上与行为人具有相同,甚至是更为优越的地位,因此被害人对所造成的结果自我答责。

进一步来说,在对于"自我答责"或者"自主性"问题的讨论上,需要考虑公民的目的是否达到,这也就涉及"用途欺诈"的问题。"用途欺诈",是指被害人虽然基于行为人的欺诈交付了财物,但对于财物的用途、目的存在认识错误。例如,在德国的一起判例中,被告人欺骗说,某种杂志卖出后的收益会提供给当地医生研供修使用,不少人因此购买。德国法院的判决指出,购买者看到购买杂志的公益性质,期待其给付的金钱具有支援社会的贡献,基于这一认识错误,不影响诈骗罪的成立。[17]

我国司法实践中也有类似的案件。2010 年 3 月 31 日,被告人张天绪伙同王文伟、蔡华宝来到义乌市锦都酒店,以让季某乙加入湖北二办为名,骗得季某乙为湖北二办捐款人民币 20 万元,其中被告人张天绪分得人民币 10 万元,王文伟、蔡华宝各分得人民币 5 万元。被告人张天绪辩称,季某乙给的人民币 10 万元系自愿捐款,法院没有采纳该辩护意见。[18] 本案中,行为人通过欺骗的方式使得被害人季某为湖北二办捐款,实际上私分,这便是对捐款的用途进行欺诈。本案中,法院没有否定诈骗罪的成立,实际上是采用了部分财产犯罪的结论,没有将损失作为诈骗罪的构成要件看待。[19]

---

〔16〕 参见冯军:《刑法中的自我答责》,载《中国法学》2006 年第 3 期。

〔17〕 参见[日]伊藤涉:《詐欺罪における財産的損害》,载《警察研究》第 63 卷第 4 号。

〔18〕 (2013)浙金刑二初字第 17 号。

〔19〕 当然,也有观点认为构成诈骗罪需要损失,但在"用途欺诈"的场合下实际有财产损失。但如后文所述,这样广义理解"损失"只是一套说辞,没有实益可言,也不影响结论。

因此,在侵犯公民个人信息罪的问题上,需要考虑的是,将自己个人信息提供的公民是否在其掌控的目的之内使用信息。在日常生活中,公民提供自己的信息给金融、电信、教育、医疗、工商、房产、快递这些特定行业,目的不啻于为了在接受服务的过程中更为方便。例如,行为人只有提供准确的地址、电话以及其他个人信息给快递行业,才能享受到物流带来的便利。因此,倘若快递公司以牟利目的将公民的个人信息出卖给他人,就完全违背了公民提供信息的初衷,这种情况下,就不能认为被害人自己处分了法益,不影响行为人成立侵犯公民个人信息罪。同样的道理,在行为人为了特定目的将信息提供给特定行业,行业内的相关人员将信息泄露给他人的场合,都不能认定被害人自我答责的情形,行为人成立侵犯公民个人信息罪。

(二)被害人自我答责的法经济学阐释

绝对的信息对称在市场行为中不可能发生,或者说,如果信息完全对称,那么市场就不复存在了。因此,在特定情况下,例如古玩市场、金融市场这些专业性极强的领域,只要求相对的信息对称。在这些领域,即使行为人以不作为的方式没有履行真实情况的告知义务,只要对方具有风险承担能力,就可以认定为自我答责。例如,一个在古玩市场"捡漏"的行为人没有义务告知摊主古玩的真实价值。

从经济学的角度来看,信息不对称的现象普遍存在于交易之中,或者说,相对的信息不对称促使了各种交易的发生。用成本—收益分析模型剖析信息不对称市场的存在是相对具有说服力的。成本—收益分析在法律经济学中占有重要的一席之地,它为识别、量化和比较某一法律的成本、收益提供了系统分析框架。[20] 以古玩市场为例,一个富于经验的古玩行家在古玩市场的多年钻研的经验也是一种成本,即使这种成本不同于原料、设备、厂房这种有形成本,是一种无形的"沉没成本"。这种成本,也就是在古玩市场潜心研究积累的多年经验,使行为人在交易过程中占有相当的有利地位,帮助行为人以尽可能高的价格卖出古玩,以尽可能低的价格买入古玩。如果国家强加给行业中的所有行为人过分的信息披露义务,试图做到绝对的信息对称,那么,那些钻研古玩市场多年、富于经验的人而言,就不存在任何优势了。在这种成本投入没有办法得到回报的情况下,大多数人会选择取消

〔20〕 周林彬:《法律经济学》,北京大学出版社 2008 年版,第 53 页。

这项成本的投入。也就是说,如果要求绝对的信息对称,人们就不会再去研究古玩的辨识与鉴别经验了,这将直接导致古玩市场的崩溃。由此可见,信息对称只能限定为一个相对的概念,只要对方处于与行为人相对信息对称的立场上,也就是具有自我答责能力,就可以排除对行为人的归责。

在侵犯公民个人信息罪的问题上,行为人与提供者之间可能存在信息不对称的情形。例如,公民将信息提供给金融、电信、教育、医疗、工商、房产、快递行业,无形之中便表明了,信息获取者对这些信息的利用不得超过特定的范围。如果行为人在提供个人信息的时候以为信息将用于用途 A,结果在事后被用作用途 B,这就表明对于提供信息的公民来说,存在信息不对称的情形,在这种情况下,就不能认为公民自己提供了个人信息阻却违法。从这一点考察,将通过特定渠道获取的公民个人信息用于其他渠道,从本质上类似于诈骗的结构,在英美刑法中成立欺诈罪。换言之,在行为人使得被害人产生错误认识,取得利益的情况下,不能阻却行为人的违法性。

四、通过网络自行公开信息能否认定为自我答责

上文讨论了特殊行业的从业者将通过职务便利收集的公民个人信息提供给他人的情形下,由于存在被害人目的的错误与信息不对称,不能认定为被害人自我答责。接下来需要讨论的是,如果是行为人自己将信息公开在网络上,行为人仅仅是搜集散落的公民个人信息后加以出卖或加以利用,能否认定为侵犯公民个人信息罪?

正如上文所述,公民个人信息不同于隐私,可能存在公民自己公开信息的情形。例如,行为人将自己的联系方式放在 QQ、微信或微博上,能否就此认为行为人放弃了法益的保护呢? 在笔者看来在这种情况下,需要考察信息本身是否值得法律保护。这需要重点考察信息提供者的角色。

为什么法律要特别强调对公民个人信息的保护? 从本质上来讲,在大多数情况下,侵犯公民个人信息的场合作为诈骗罪等犯罪的上游犯罪,涉及多数人的不特定利益,非常容易引发涉众犯罪。而无论在任何时代,法律都会被打下政治的烙印,刑罚的威慑功能本身就标示着刑法具有平息公众怒气、抵销社会危害行为不良影响的政治属性,这就说明了为何公众资金安全为何被提高了一个至关重要的地位,

甚至在《刑法修正案(九)》之前集资诈骗罪还保有死刑,就是因为公众资金安全的威胁将直接损害到社会稳定的根基。反观2007年的"蚁力神案"也可以发现这一点。根据案发后的调查情况,"蚁力神案"造成的损失人民币136亿元以上,受害者超过47万户蚂蚁养殖户,2007年11月19~21日的三天时间内,数千名养殖户在蚁力神集团总部办公室门口聚集,打砸物品并冲击省委机关。[21] 最终,营口东华经贸(集团)有限公司董事长兼总经理汪振东被判处死刑立即执行。

换言之,在侵犯公民个人信息罪的问题上,被害人处于相对的劣势地位,是需要重点考察的问题。如果将自身信息向外界的提供者本身能够更好地保护自身,刑法就没有理由介入,例如,在商主体主动将公司的信息公开,行为人加以利用的场合,就不能认为行为人成立侵犯公民个人信息罪。这背后的原因就在于,法秩序期待一个具有信息收集能力的商主体对于公开自身信息的后果有所了解,进而对可能存在的侵害有所防范,因此,在这种场合,刑法就不宜介入加以干涉。这就如同在古董买卖的场合,对于具有经验的行家交易而言,刑法必须保持一定的谦抑性,在诈骗罪的认定上需要相当慎重。同样的道理,在商业领域,法规范可以合理期待个人信息的重要性被每一个商主体知晓,不应当公开自己的信息。如果有商主体为了便利交易的目的向不特定公众提供了个人信息,那么对于所带来的不利后果只能自行承担。

---

〔21〕 贺电、陈祥民、姜万国:《涉众经济犯罪研究》,中国人民公安大学出版社2012年版,第16页。

网络帮助行为初探

———以帮助信息网络犯罪活动罪为视角展开

江海洋[*]

【内容摘要】 网络帮助行为具有内在冲突的属性,一方面其具有独立于正犯的特性以及具有严重法益侵害可能性的特点,另一方面其又具有中立性。这两种特点造成是否对其进行刑法规制未有一致意见。但随着《刑法修正案(九)》规定了帮助信息网络犯罪活动罪之后,可以说我国正式确立了帮助行为正犯化规制模式。该罪在司法实务中已有判例,为更好地厘清本罪适用中可能具有的问题,可采用分解式方法解释本罪。对该罪的"明知"应以"技术支持""帮助"的功能性区分为基础加以认识;对该罪中"犯罪"应立足于罪刑法定原则与德日构成要件阶层理论,做双层次理解,同时"违法(行为违法)"不属于"犯罪";对该罪的处罚范围和程度,应结合立法目的处理之。

【关键词】 网络帮助行为　明知　技术支持　功能性区分

一、网络帮助行为特点简析

网络时代在悄然改变我们的生活的同时,也对我国传统的刑法体系提出了巨大的挑战。就帮助犯而言,传统的刑法理论一直认为帮助犯具有从属地位,即帮助犯从属于正犯而存在。但是在网络时代,帮助行为的社会危害性日益凸显,其在犯

* 江海洋,中国青年政治学院 2015 级刑法学硕士研究生。

罪中的地位逐渐由附属性演变为独立性、由从属性演变为主导性,在犯罪中的地位和性质发生了根本变化。[1]

(一)网络帮助行为具有相对独立性

网络中的帮助行为相较于传统的帮助行为具有独立于正犯行为的地位,网络空间改变了帮助行为在共同犯罪中所处的物理结构和评价地位,甚至已经在一定程度上超越了共同犯罪的框架。因此,虽然为网络犯罪提供信息技术支持的行为,在性质上属于网络犯罪实行行为的帮助行为,但实际上,它并不依附于实行行为,更多的情况下,网络犯罪的帮助行为是以独立的状态存在的。[2] 相较于传统的帮助行为,网络帮助行为往往在客观上与正犯行为联系更为松散。传统帮助行为往往依托于正犯行为,无论是事前还是事中帮助,帮助犯都是通过与正犯相互密切配合完成犯罪,从而实现对法益的侵害。而网络帮助行为可能更多地体现为一种随机性,如一个正犯如果想利用一种木马实施犯罪,他可能找到 A“木马”或 B“木马”或者 C“木马”,只要是可以实现其犯罪目的都是可以的,而且可能他找到的木马是很久以前上传的。

(二)网络帮助行为具有严重法益侵害可能性

在现实空间中,共犯与正犯之间是“一对一”的关系,帮助行为只是促进和便利了正犯行为的实现,其自身的社会危害性程度不可能超越正犯行为;而网络空间中的主流犯罪模式是“一对多”的关系,帮助行为面对的往往是不特定的多数人,原本处于从属地位的帮助行为产生聚拢、集聚、强化社会危害性的作用。[3] 同时,与网络正犯行为相比,网络帮助行为可以在同一时间为成千上万的潜在的犯罪人提供犯罪工具(如在某黑客论坛上传一种可以侵入计算机系统的软件),网络帮助行为较单一的网络正犯而言可以轻松地造成大范围的法益侵害危险和现实侵害。

(三)网络帮助行为具有中立性

网络帮助行为除了网络附加帮助行为的相对独立性与严重法益侵害的可能性

---

〔1〕 参见于冲:《帮助行为正犯化的类型研究与入罪化思路》,载《政法论坛:中国政法大学学报》2016年第4期。

〔2〕 参见于志刚:《网络空间中犯罪帮助行为的制裁体系与完善思路》,载《中国法学》2016年第2期。

〔3〕 参见于志刚:《网络犯罪与中国刑法应对》,载《中国社会科学》2010年第3期。

外,还具有另一重要特性,即中立性。中立帮助行为一般指外表无害的中立行为。在网络化的时代背景之下,网络中立帮助行为业已成为中立行为的重要表现形式之一。与传统中立帮助行为不同,网络中立帮助行为可以存在于没有正犯的案件之中。同时随着信息泛滥时代的到来,信息通信变得极度地简易化、高速化,也使得一般违法行为会给法益侵害带来质和量的扩大化。由于信息时代的便利使得法益侵害变得简单,也正因如此,使我们成为帮助犯被起诉的可能性变得更大。在现实社会中,为一般违法行为提供中立帮助行为并不涉及犯罪问题。但在网络空间中,由于被帮助者数量众多,对一般违法行为提供的中立帮助行为是否一定与犯罪无涉就将面临争议。[4]

二、帮助犯正犯化之推力与阻力分析

可以说,正是由于网络帮助行为这种严重的法益侵害危险与中立性之间的对立,使得我们在面对网络帮助行为,特别是网络中立帮助行为时,很是纠结到底要不要处罚外观上中立的网络帮助行为?如果处罚,应该如何处罚?处罚的度如何把握拿捏?对于要不要处罚,绝大多数学者都会认为从保护法益的角度出发,如果对法益造成严重侵害或者危险即应该处罚。但是如何处罚,则意见不一,其中最突出的一点就体现在对“帮助行为正犯化”的争论。

针对帮助行为正犯化,学界很早就已经展开争论,总体而言可以分为两派。一派学者认为面对网络帮助行为对保护法益的侵害,我们应主动出击,将网络空间中危害严重的帮助行为入罪化,通过“共犯行为的正犯化”方式,将其设定为独立的新罪,使帮助行为摆脱对于被帮助者所实施犯罪的依附作用,应当成为刑事立法应对网络共同犯罪现实挑战的最佳回应方式。[5] 无论是限制从属性说,还是片面共犯的立法确认,都是在共犯理论体系下解决帮助行为正犯化的问题,对于诸如帮助违法行为、中立帮助行为的入罪化均难以有效解决。因此,通过完善共犯理论解决帮助行为正犯化难题的同时,还需要刑法积极地实行犯罪化,将具备类型化、法益侵

[4] 参见刘艳红:《网络中立帮助行为可罚性的流变及批判——以德日的理论和实务为比较基准》,载《法学评论》2016 年第 5 期。

[5] 同前引 3。

害性的帮助行为予以积极的入罪化,不断完善刑法的罪名体系与评价半径。[6]

但是更多的学者立足于传统帮助犯的理论框架,认为帮助犯必须受共犯从属性的限制,帮助犯成立的前提是必须要有正犯行为的存在。可以说限制网络中立帮助者行为正犯化是目前学界的主流声音。有学者认为,如果通过帮助行为正犯化来处罚网络帮助犯,很难处理间接帮助行为,会模糊可罚与不可罚行为之间的界限,容易将不具有可罚性的行为认定为犯罪。[7] 还有学者从客观归责角度出发,认为单纯提供网络技术的"中立帮助行为"(经营行为),原则上就不能处罚。对于有些确实需要刑法介入的,定罪按照共同犯罪的一般原理完全可以进行,不需要另行对提供技术支持对网络服务商规定单独罪名。[8] 即使在《刑法修正案(九)》增加了帮助信息网络犯罪活动罪后,有学者通过其超强的解释功力,将帮助信息网络犯罪活动罪解释为不是帮助犯的正犯化,该学者认为帮助信息网络犯罪活动罪并不是帮助犯的正犯化,只是帮助犯的量刑规则;帮助信息网络犯罪活动罪的成立,以正犯实施符合构成要件的不法行为为前提。[9] 这也体现出多数学者对帮助犯应从属于正犯传统理论的坚持,深层次体现出当今网络时代人权保障、自由价值与法益保护、秩序安全价值的一种对立。

事实与规范本是二元分离的世界。我们不可能从"什么是"中得出什么是富有价值的,什么是正确的,什么应该是怎样的。"从未有什么东西因为'它是'或者'它曾经是'中——或者即使'它将要是',就能说明'它是正确的'。不可避免的事并非因此就值得追求,不可能的事也并非因此就是不正确的"。[10] 法律和社会实践并不一定会因为学术批判而停止脚步,它们在很多时候是脱离甚至反对理论的。[11] 虽然学界的主流观点对"网络帮助行为正犯化"持一种否定态度,但是正如少数学者所言"网络帮助行为正犯化"是一种立法趋势,国家为了保护法益、维护秩序以及保障网络与现实生活的安全必定会要求网络帮助行为脱离正犯从属性的束缚。风险社会,安全问题开始主导公共讨论与政治决策,取代发展问题而成为全社会关注的

---

〔6〕 参见于冲:《帮助行为正犯化的类型研究与入罪化思路》,载《政法论坛:中国政法大学学报》2016年第4期。

〔7〕 参见刘艳红:《网络犯罪帮助行为正犯化之批判》,载《法商研究》2016年第3期。

〔8〕 参见周光权:《网络服务商的刑事责任范围》,载《中国法律评论》2015年第2期。

〔9〕 参见张明楷:《论帮助信息网络犯罪活动罪》,载《政治与法律》2016年第2期。

〔10〕 [德]拉德布鲁赫:《法哲学》,王朴译,法律出版社2005年版,第7页。

〔11〕 参见蔡桂生:《敌人刑法的思与辨》,载《中外法学》2010年第4期。

重心。安全既构成风险社会的基础,同时又构成政治上的动力。因为“现代社会的社会成员对于安全的欲求极为强烈,对于暴露的危险非常敏感。社会成员热切希望除去、减少这种高度、广泛的危险,热切希望在这种危险现实化之前,国家介入社会成员的生活来除去、减少这种危险。”〔12〕网络安全问题大到关系一个国家的国防安全,小关系到人民群众的日常生活。面对网络犯罪的频发,传统刑法理论跟不上节奏的现实,国家立法不得不突破共犯从属性这个束缚,通过在刑法分则中直接规定“网络帮助行为正犯化”的帮助信息网络犯罪活动罪来实现严密法网、保护法益的目的。可以说这种立法既是现实的要求,也是一种无奈之举。

当通过既有的刑法分则的罪名无法将网络中立帮助行为囊括其中的时候,就会“将无正犯或者难以追究正犯的行为的帮助行为规定为正犯行为。在刑法分则中,某些被帮助的行为不是犯罪,即不存在正犯的情形,或者追究正犯的刑事责任具有较大难度的时候,由于这种帮助行为具有一定的法益侵害性,因而规定为犯罪”。〔13〕正如学者指出的那样,拒不履行信息网络安全管理义务罪、帮助信息网络犯罪活动罪即属于这种情形,两种新罪名的创设实际上是在作为和不作为两个方向围堵了网络中立帮助行为的出罪空间。〔14〕不可否认,这种网络中立帮助行为全面入罪的立法倾向与网络自由之间、网络的发展之间存在激烈的冲突。但是法律不是我们嘲弄的对象,一味地评判法律也是于事无补,我们只有努力通过恰当的解释使法律条文调整的各种利益最大程度达到一种平衡。本文旨在通过对《刑法》第287条之二帮助信息网络犯罪活动罪进行限定性的解释,以实现保护法益与网络发展、网络自由之间平衡。

网络帮助行为作为一个矛盾体,其中立性特点与具有严重的法益侵害可能性特点之间的严重冲突正是造成刑法学界对其是否应正犯化处罚分歧的原因。立足于前者认为正犯化不合适,如果立足于后者必定支持当前立法。客观地说,这两种立场都有各自的道理,都是基于不同的价值取向,前者立足保障人权、保障网络自由、鼓励网络发展等价值,而后者则是基于保护法益、维护秩序安全等价值。所以我们在解释《刑法》第287条之二帮助信息网络犯罪活动罪时必须尽可能平衡这两种

〔12〕[日]关哲夫:《现代社会中法益论的课题》,王充译,载《刑法论丛》2007年第2期。

〔13〕陈兴良:《规范刑法学》(教学版),中国人民大学出版社2015年版,第233页。

〔14〕参见刘艳红:《网络中立帮助行为可罚性的流变及批判——以德日的理论和实务为比较基准》,载《法学评论》2016年第5期。

价值,使其达到一个完美的平衡状态。

三、帮助信息网络犯罪活动罪问题探究

我国《刑法》第 287 条之二第 1 款、第 2 款、第 3 款分别规定:“明知他人利用信息网络实施犯罪,为其犯罪提供互联网接入、服务器托管、网络存储、通讯传输等技术支持,或者提供广告推广、支付结算等帮助,情节严重的,处三年以下有期徒刑或者拘役,并处或者单处罚金。单位犯前款罪的,对单位判处罚金,并对其直接负责的主管人员和其他直接责任人员,依照第一款的规定处罚。有前两款行为,同时构成其他犯罪的,依照处罚较重的规定定罪处罚。”《刑法修正案(九)》修正已经接近一年,司法实务中也出现了几起判例,本文选取两则,欲结合刑法理论并通过比较两起案例发现本罪在适用上可能发生的问题。

【案例一】豪游公司明知有网络诈骗分子以“招兼职刷信誉支付报酬”的名义,利用网上充值卡销售网站实施诈骗的情况下,为增加网络商城销售量,主动联系诈骗分子并将对方 QQ 设为好友,向诈骗分子提供豪游公司网站网址并进行网络推广,为网络诈骗分子实施诈骗提供服务平台,并以明显高于销售的点卡面值的价格予以销售,从中牟利。对于原审法院关于豪游公司负责人及其管理人员七人认定的诈骗罪,中院予以支持。

另外,原审法院认为,被告人游伟起初只是按协议为豪游公司制作、调试商城平台,但在其明知制作的商城平台涉嫌诈骗后,继续为豪游公司商城平台提供技术帮助,但其在共同犯罪中只起次要、帮助作用,属从犯。游伟上诉理由为:其对商城诈骗不明知;其并非公司业务外包技术员,仅为豪游公司开发网络商城并提供技术服务,其所提供的服务内容合法。但二审法院认为,游伟经营网络科技公司,其出于牟利目的为豪游公司网络商城的运行提供技术帮助与支持。游伟对豪游公司的违法行为有一定程度的认知,但对豪游公司实施犯罪的具体内容、过程并不明确知道。游伟的行为实施于《刑法修正案(九)》实施前,根据旧法规定对其行为应以诈骗罪的共犯论处。《刑法修正案(九)》实施后,对游伟的行为应以帮助信息网络犯罪活动罪论处。该罪相比诈骗罪处罚较轻,按从旧兼从轻原则,对其应以帮助信息

网络犯罪活动罪定罪量刑。原判对游伟的犯罪行为性质定性错误,应予纠正。[15]

【案例二】被告人刘某甲、苏某甲先后注册成立厦门通满弘网络科技有限公司和厦门亿先文化传媒有限公司,搭建销售游戏、话费充值卡的虚假交易网站"迎客松""绿色 2015"商城,建成支付宝、环讯付款接口,通过各种方式联系实施"兼职刷信誉返佣金"诈骗的人员,并向诈骗人员提供网站链接,被害人依链接进入网站购买充值卡后,卡号卡密即被诈骗人员利用网站功能获取,然后将卡号卡密销赃。同时被告人刘某甲还构建"创世纪"收卡平台低价回收赃卡,安排苏某乙、刘某乙向诈骗人员推广网址链接、提供订单查询、资金结算等帮助,刘某甲、苏某甲从中赚取差价获利。法院认为,被告人刘某甲、苏某甲明知他人可能在利用自己建立的购物网站实施诈骗犯罪,仍为其犯罪提供网络上的帮助,从中牟取利益,情节严重,按照最高人民法院、最高人民检察院《关于办理诈骗刑事案件具体应用法律若干问题的解释》之规定,被告人刘某甲、苏某甲的行为本应以诈骗共犯论处,但由于《刑法修正案(九)》第 29 条已将帮助信息网络犯罪的行为由共同犯罪行为中的帮助行为单独作为犯罪定罪处罚,且新的刑法对该犯罪行为的处刑轻于旧的刑法处刑,根据从旧兼从轻的原则,应适用新的刑法对被告人刘某甲、苏某甲的犯罪行为定罪处罚。据此,被告人刘某甲、苏某甲的行为构成帮助信息网络犯罪活动罪。[16]

通过法院裁判文书的描述,案例一与案例二可以说是同种类型的犯罪,都是网站主动联系"兼职刷信誉返佣金"诈骗的人员,协助其诈骗。但是仔细分析会发现两者在定性过程中就存在很大不同,从而导致量刑出现巨大差异。案例一中豪游公司的建立者被认定为诈骗罪从犯,而为豪游公司提供网络技术支持的个体户被认定为帮助信息网络犯罪活动罪;案例二中网站的建立者则被定为帮助信息网络犯罪活动罪。从而导致了案例一的网站建立者最重的被判处 11 年有期徒刑,而案例二的网站建立者最重者则被判了 1 年有期徒刑,虽然其中一定程度上有诈骗金额的原因。但是最主要的原因还是诈骗罪与帮助信息网络犯罪活动罪两者法定刑之间的巨大差异,而且在我国根据相关刑法理论帮助犯是可以根据其在共同犯罪中的作用以主犯量刑的,这就进一步加重了两者之间巨大的量刑鸿沟。另外,案例一中二审法院在认定网站提供技术支持个体户构成帮助信息网络犯罪活动罪的理由

---

〔15〕 参见浙江省绍兴市中级人民法院(2016)浙 06 刑终 307 号刑事判决书。

〔16〕 参见江西省吉安县人民法院(2015)吉刑初字第 204 号刑事判决书。

之一为“游伟对豪游公司的违法行为有一定程度的认知,但对豪游公司实施犯罪的具体内容、过程并不明确知道”,本文大胆推断正是由于行为人的这种明知不足,从而使审判机关采取了“疑罪从轻”的处理方式。

针对本罪的理解,由于本罪出现时间尚短,加之理论界还未对本罪的适用可能出现的问题展开深入的探讨,使很多司法人员在适用本罪时显得无所适从。本文认为,为了更好地理解本罪,应该首先明晰“明知”的含义,其次对“技术支持”“提供帮助”进行功能性分类,分别适用“明知”的不同内涵,再次明晰“犯罪”的范围,最后结合立法目的分析本罪的处罚范围、程度。

(一)何为“明知”

1. 传统理论中“明知”之争论

在《刑法修正案(九)》颁布以前,我国刑事立法中,共有35个条文在39处涉及“明知”的规定,再加之大量的司法解释规定了“明知”,这就造成了“明知”的含义适用很是混乱。一般认为《刑法》分则规定“明知”都是故意犯罪,但是在《刑法》第138条是作为过失犯的意义下适用的。《刑法》第138条规定,直接责任人员明知校舍或者教育教学设施有危险,而不采取措施或者不及时报告,致使发生重大伤亡事故的,才能构成教育设施重大安全事故罪。在我国刑法学界,通说认为该罪的主观构成要件表现为过失。

同时,对“明知”的认识的分歧集中体现在“明知”是否包括“应当知道”。如陈兴良教授就认为:“应当知道”属于故意的范畴,立法者并不是在过失意义上使用“应知”一词的,它的真实含义应当是指推定知道,进而主张引入推定故意的概念。[17] 同时有学者也认为:“应当知道”是故意犯罪中关于主观明知状态的推定,并非过失犯的预见规定,而是故意明知认定的一种形式。其本质是推定的故意,根基在于刑事推定,应当遵循推定的基本规则。[18] 可以说,以上学者是从实然规定的角度来界定“应当知道”的归属问题,从而认为“明知”应该包括“应当知道”。但是也有学者持相反观点,如张明楷教授则从应然角度出发,指出:“明知”是一种现实

---

〔17〕 转引自王新:《我国刑法中“明知”的含义和认定——基于刑事立法和司法解释的分析》,载《法治与社会发展》2013年第1期。

〔18〕 参见皮勇、黄琰:《论刑法中的“应当知道”——兼论刑法边界的扩张》,载《法学评论》2012年第1期。

的认识，而不是潜在的认识，即“明知”是指行为人已经知道某种事实的存在或可能存在，而不包括“应当知道”某种事实的存在，否则便混淆了故意与过失。[19] 虽然陈兴良教授与张明楷教授对于“明知”是否能包含过失以及是否包含“应当知道”有争议，但是两者的解决方法都具有共性。陈兴良教授认为：司法解释中的“应当知道”是与“知道”并列的，因此“应当知道”与“知道”一样，同是“明知”的情形之一，归属于故意的范畴。鉴于“应当知道”容易被误解为疏忽大意的过失，而且相关各司法解释中列举的数种情形与“应当知道”的法律用语呈现出不尽贴切的现象，陈兴良教授明确地建议：摒弃“应当知道”一词，代之以“推定知道”，以此作为推定故意的认识因素，并与“现实故意”对应，两者的差异在于证成故意的证据证明方式不同，“现实故意是指有证据证明的故意，而推定故意是指没有证据能够直接证明，但根据一定的证据可以推定行为人具有某种故意，行为人如果否认自己具有此种故意，必须提出反证。”[20] 而张明楷教授则指出：“根据推定理论和逻辑原理，完全可以采取推定的方法来判断“明知”，以便解决司法机关难以证明“明知”的问题，也不会扩大打击面。”[21] 由此可知两位教授都是主张通过推定来解决司法解释中出现“应当知道”问题，使之在逻辑和结构上可以被“明知”所包含。

学者主张的“推定”思维在司法解释中已经得到了体现，在 2009 年，最高人民法院通过《关于审理洗钱等刑事案件具体应用法律若干问题的解释》（以下简称《洗钱罪司法解释》），在该解释中打破了先前司法解释将明知的含义界定为“知道或者应当知道”的惯例，并没有出现“应当知道”的术语以及将其纳入“明知”的范畴，而是确立了“可反驳的客观推定”替换“应当知道”这个有争议的术语的运用。[22] 这也是对司法实务认定与理论逻辑的一种调和，通过“可反驳的客观推定”来替代“应当知道”，即满足了严密法网、打击犯罪的需要，同时也避免了有关客观归罪或者有罪推定的批评。

“明知”范围大体上可分为三种，第一种观点认为，“明知”就是“确知”，即明明知道、明确知道。如果行为人仅仅是模模糊糊地知道，或者仅有一定的合理怀疑，则

---

〔19〕 张明楷：《刑法学》，法律出版社 2016 年版，第 244 页。

〔20〕 参见陈兴良：《“应当知道”的刑法界说》，载《法学》2005 年第 7 期。

〔21〕 参见张明楷：《如何理解和认定窝赃、销赃罪中的“明知”》，载《法学评论》1997 年第 2 期。

〔22〕 参见王新：《我国刑法中“明知”的含义和认定——基于刑事立法和司法解释的分析》，载《法制与社会发展》2013 年第 1 期。

不能认定为“明知”。[23] 第二种观点认为,“明知”包括“确知”和“可能知道”。“确知”是对他人有犯罪行为的确定性认识;“可能知道”是对他人有犯罪行为的可能性认识。行为人根据有关事项,知道他人可能有犯罪行为,但又不能肯定。[24] 第三种观点认为,“明知”是知道(“确知”)和应当知道(“应知”),这是司法解释采纳的观点,为大多数学者所采用。[25] 针对以上观点,本文认为,“明知”是否包含“应当知道”不只从一个角度考虑,在既要兼顾刑法理论的逻辑同时也应考虑司法实务中司法机关认定“明知”的难度。为此本文赞同学者以及司法解释所做的变通,即通过“可反驳的客观推定”来代替“应当知道”,从而来化解逻辑与实践的矛盾。“可反驳的客观推定”具体而言指推定“明知”应当依据客观事实,不能主观臆断,且推定结论的基础必须是客观行为与行为人心理状态的常态联系。推定的基本属性就是允许反驳,因此推定“明知”必须给予被告人足够的反驳空间,只要被告人证实的事实具有合理性即可,从而避免提高证明标准加重被告人证明负担。[26]

2. 以功能性区分为基础认定“明知”

具体到《刑法》第 287 条之二的帮助信息网络犯罪活动罪中“明知”的认定,本文认为不能“一刀切”地认为所有的“技术支持”“提供帮助”都适用一个统一的标准。这是因为本罪中“技术支持”是一个笼统的概念,不同的网络服务提供者提供的网络服务不同,他所承担的注意义务也就不同。举个简单的例子,提供网络接入服务提供商(中国电信)与网络平台服务提供商(提供广告播出的网站),他们之间的注意义务肯定会有差异,这是显而易见的。所以本文认为在确认本罪“明知”时,不能对所有的“技术支持”“提供帮助”适用一个统一的标准,应该再对“技术支持”与“提供帮助”按一定功能性分类之后,根据网络服务提供者提供的不同服务分别确认其各自的注意义务。这是由于网络帮助行为的中立性决定的,当今网络一方面是经济发展的强力引擎,另一方面与我们的生活息息相关,可以说是我们的第二个生活空间。如果采取“一刀切”的入罪口径必然会造成两种效果,要么导致大量“技术支持”“提供帮助”的网络帮助行为入罪,限制网络对经济的刺激作用,限制人民的创新热情,还可能使大量纯中立的帮助者入罪,与当今世界对中立帮助限制入

〔23〕 参见蔡桂生:《国际刑法中“明知”要素之研究——以〈国际刑事法院罗马规约〉第 30 条例》,载《上海政法学院学报》2007 年第 5 期。

〔24〕 参见赵秉志、许成磊:《侵犯注册商标权犯罪问题研究》,载《法律科学》2002 年第 3 期。

〔25〕 参见唐治祥:《对“明知他人有间谍犯罪行为”的理解》,载《成都教育学院学报》2006 年第 2 期。

〔26〕 参见王林林:《刑法分则语境中“明知”的认定》,载《天津法学》2014 年第 1 期。

罪的潮流向违背;要么出现“刑法的虚制化”,使打击互联网犯罪的立法目的不能得以实现,使本应得到保护的法益得不到保护。笔者在中国裁判文书网上搜索“拒不履行信息网络安全管理义务罪”时,发现目前0起判例,这也说明了“刑法虚制化”倾向的出现。

具体而言,对网络服务提供者的分类,学界已有探讨,有学者提出了网络连线服务商(IPA)和网络内容提供服务商(ICP)的二分法;[27]另有学者将网络服务商(ISP)分为三类:一为接入服务提供者(IAP),是指为信息传播提供光缆、路由器、交换机等基础设施,或为上网提供接入服务,或为用户提供电子邮件账号的主体,如中国电信、网通等;二为网络内容提供者(ICP),是指自己组织信息通过互联网络向公众传播的主体;三为网络平台提供者(IPP),是指为用户提供服务器空间,或为用户提供空间,供用户阅读他人上载的信息和自己发送的信息,甚至进行实时信息交流,或使用超文本链接等方式的搜索引擎,为用户提供在网络上搜索信息工具的主体,如电子布告板系统BBS经营者、邮件新闻组及聊天室经营者,这类主体的地位和作用介于第一类和第二类网络提供者之间,提供的网络服务兼有后面两类服务的性质;[28]还有学者认为,德国和欧盟法律中以技术为划分标准形成的四分法主体类型(内容提供者、接入服务提供者、缓存服务提供者、存储服务提供者)及其相应的免责标准值得借鉴。同时,该学者认为二分法、三分法显然忽略了存储服务提供者这一越来越重要的网络服务提供者类型。个人计算机引领了第一次信息技术浪潮,互联网络把孤立的主机通过网络互联起来引领了第二次信息技术浪潮,而网络存储将引领以数据存储为中心的第三次信息技术浪潮。[29]

笔者认为,网络服务提供者的范围很宽,它除了内容服务提供者还包括但不限于网络接入服务提供者、网络空间提供者、搜索引擎服务提供者、传输通道服务提供者等。[30] 随着科技的发展,相信还会出现更多的网络服务提供者类型,我们自然不可能对其范围作出一一列举,所以刑法对其进行分类应立足刑法自身的目

---

〔27〕 参见彭文华:《网络服务商之刑事责任探讨》,载《佛山科学技术学院学报》(社会科学版)2004年第3期。

〔28〕 参见杨彩霞:《网络不作为犯罪新论》,载《求索》2007年第2期;陈洪兵:《网络中立行为的可罚性探究——以P2P服务提供商的行为评价为中心》,载《东北大学学报》(社会科学版)2009年第3期。

〔29〕 参见王华伟:《网络服务提供者的刑法责任比较研究》,载《环球法律评论》2016年第4期。

〔30〕 王胜明:《〈中华人民共和国侵权责任法〉解读》,中国法制出版社2010年版,第180页。

的——归责。网络服务提供者体系化的责任原则都拥有一个共同的核心原则:“在互联网中,一个服务提供者离特定信息越近,他对于这些信息所应当承担的法律责任也越早。”[31]网络作为一个空间,信息是其中的原住民,信息是网络中唯一的要素。无论是网络诈骗还是网络恐怖活动,都不能带来物理上的直接损害,如果说造成了法益的侵害,只能通过信息间接地造成。网络中对不同网络服务提供者进行归责,要结合他们对信息接近程度与掌控程度作出区分。所以本文初步认为,可以将网络服务提供者分为从网络接入、传输服务提供者,到网络缓存、存储服务提供者,再到网络中介平台服务提供者,其承担的责任逐渐提升,主观认识要求趋于降低。

网络接入、传输服务提供者一般指为信息传播提供光缆、路由器、交换机等基础设施,或为上网提供接入服务,或为用户提供电子邮件账号的主体,如中国电信、网通。《刑法》第287条之二帮助信息网络犯罪活动罪中,符合网络接入、传输服务提供者的主体有提供互联网接入、服务器托管、通讯传输技术支持的这三类网络服务主体。对于网络接入、传输服务提供者来说,首先,由于其距离网络犯罪信息距离还太遥远,很难在接入前知悉申请网络接入的用户的犯罪意图,网络接入、传输服务提供者也就无权拒绝网络接入、传输的要求,即使其了解了用户的犯罪意图,但是由于刑法也不处罚纯犯意的行为,网络接入、传输服务提供者不可能只凭借行为人的主观犯罪意图拒绝其接入传输的要求。即使是已经着手正在进行的犯罪,如果不是嫌疑人直接或以一种明确的方式告知网络接入、传输服务提供者,网络接入、传输服务提供者也无从得知,因为其不可能在每接受一个接入传输要求时都要求员工做一个实质性审查。其次,假设网络接入、传输服务提供者是事后得知网络用户利用网络实施犯罪的事实,能否断开网络连接与传输呢?本文觉得难度仍然很大,在网络中信息传输速度很快,而网络接入、传输服务提供者每秒有太多的信息需要处理,恐怕实践中很难操作。极端地假设中国电信发现有嫌疑人利用电信宽带向被害人家属发送索要赎金的邮件,本文觉得其也很难断开网络阻止信息的传输,因为邮件的传输最多2秒,而网络接入、传输服务提供者要断开网络连接、传输需要人工下命令,这个过程在2秒内是绝对做不到的。最后,也是最重要的,假设随着技术的发展,网络接入、传输服务提供者可以实时监控每一个人的网上信息,

---

〔31〕 参见王华伟:《网络服务提供者的刑法责任比较研究》,载《环球法律评论》2016年第4期。

也可利用预设程序拦截，那么网络接入、传输服务提供者有权这么做吗？至少，就目前的法律而言，并未赋予网络接入、传输服务提供者这样实时监控人民信息的权力，而且无论再过多久，只要在一个法治国家之中，这种权力也不可被赋予任何机构、任何人员，这是出于对个人隐私、个人自由保护的需要。网络接入、传输服务提供者一般情况下很难得知也没有权力得知他人将要或正在利用信息网络犯罪，这时自然不可能构成“明知”。所以，对于网络接入、传输服务提供者来说，“明知”只限于接到有关司法部门的有权正式通知要求其停止提供服务，否则很难认定其“明知”。

网络缓存、存储服务提供者一般常见的就是各种云端，如百度云、360 云盘等，以及各种可以网络缓存软件，典型如快播。在当今的网络时代，网络中充斥着各种各样的信息，如文字、符号、图片、音频、视频等。从刑法的视角来看，缓存、存储具有的功能趋同，网络缓存、存储服务提供者相对于网络接入、传输服务提供者来说，其更接近信息，对信息的掌控能力更强。正如有学者所言由于他们对自己管理的存储空间具有较强的技术支配力，因此当他们认识到违法内容存在时便具有了删除和封锁的义务。〔32〕那么帮助信息网络犯罪活动罪中网络存储服务提供者的“明知”如何界定呢？本文认为，相对于网络接入、传输服务提供者来说，只需根据现有事实和证据证明网络存储服务提供者达到“明明知道”的程度，就可以认定其“明知”。在这里，我们仍需采取限缩性解释，对于“可反驳的推定”仍旧不能适用，这是由网络存储巨大的信息量决定的。虽然网络存储服务提供者对其管理的空间有较强的技术支配力，但是由于存储空间中信息数量太多，任何网络存储服务提供者都不可能一一审查。举个简单例子，每个百度云个人账号要 1T 容量，也就是 2056G，这样说可能有点抽象，具体来说，1G 容量可以存储 500 张照片、1000 本书，这也就是说每一个普通用户可以在百度云中存储几十万张照片、几百万本书，而百度云现在的屏蔽技术主要根据举报内容综合整理计算出非法文件的所谓“特征码”，但是这种屏蔽技术漏洞很容易抓住，如更改文件名、压缩文件、转换格式、修改文件后缀等，这些反屏蔽技术往往只有懂点互联网知识的人都可以操作。那么面对这么大的数据，网络缓存、存储服务提供者自然不可能一一审查，所以有“应当知道”实质的“可反驳的客观推定”在此就不能适用。因为“推定是人们基于经验法则而来的，人们对社会某种现象的反复认识之后，逐渐掌握了其内在的规律，对这种内在规律

〔32〕 参见王华伟：《网络服务提供者的刑法责任比较研究》，载《环球法律评论》2016 年第 4 期。

的认识即经验法则,具有高度的盖然性。因为事实推定的机理是基于盖然性,因而得出的结论并非是必然的,而存在或然性”。[33] “可反驳的客观推定”这种盖然性的推定,行为人在特殊情况下也可能并不知道,也无从辩解,所以对于“可反驳的客观推定”的适用应严格限制。最后,最重要的是网络缓存、存储服务提供者是否有权力对公民的违法犯罪信息予以删除? 这是否与公民的网络自由相抵触?

网络中介平台服务提供者,一般是作为一种中介平台存在,强调一种信息传递的中介桥梁作用,即目前网络出现的典型的如网络借贷平台、网络婚恋交友平台、各种网购平台、信息网站等。帮助信息网络犯罪活动罪中“广告推广”“支付结算”都应属于这种。网络中介平台服务提供者可以说是完全掌控信息的存在,对其平台内的信息都具有排他的支配性。无论是网络借贷平台还是各种信息网站,它们对其平台的信息一般都会进行形式审查,有些特殊类型的平台(如网络借贷平台)还需要对平台的信息进行实质审查。由于网络中介平台服务提供者对其平台内的所有信息都能实施一个强有力的掌控,并且一般情况下这些网络中介平台服务提供者都会在提供中介平台服务时获得一定的直接的经济利益,权利与义务是不可分的,在获得好处的同时,法律自然可以赋予网络中介平台服务提供者更多的注意义务,刑法对其归责的标准自然可以适度放松。这时在认定网络中介平台服务提供者是否“明知”时就允许适用“可反驳的客观推定”,如在给行为人提供“支付结算”服务时,网络中介平台收取的服务费是正常的几十倍且又有客户投诉行为人诈骗的情况下,这时就可以推定网络中介平台符合“明知”的情况。另外,赋予网络中介平台服务提供者较强的注意义务,也是出于信赖原则考虑。由于这种网络中介平台往往都具有一定的专业化、规模化的特点,使得群众比较信任他们,正是出于群众的信任给中介平台带来了流量,进而带来了各种收益。这也是要求网络中介服务平台更高的注意义务的原因之一,试比较在电线杆上的小广告和某知名新闻网站的广告,我们会相信谁? 当然电线杆上的小广告与某知名新闻网站上的广告花费的广告费也是天壤之别。正是因为网络中介平台服务大多数都是靠流量盈利,靠群众的信赖生存,这就使得其有必要对其平台上出现的信息是否属于犯罪信息承担更高的注意义务,而且其对信息的排他性支配力也使得其有条件对犯罪信息予以发现和删除。以“广告推广”为例,一个信息网站中的广告数量有限,这就决

---

〔33〕 何家弘:《证据学论坛》(第3卷),中国检察出版社2001年版,第164~165页。

定了其有条件进行审查,针对那种通过基本事实结合行为人主观可推定网络中介服务提供者已知是犯罪信息广告而推广的,无论其是否是出于"积极追求"还是出于"放任"的意志因素,都可推断其"明知"。

网络服务提供者的分类需要进行多种利益和因素进行权衡之后才能做出,我们既要考虑网络违法犯罪的严重性,也要考虑网络服务提供者监控违法内容的能力,同时也格外地强调网络信息自由和公民的隐私保护。

(二)何为"犯罪"

我国刑法之中,无论是总则还是分则,都有不少涉及"犯罪"的规定,对"犯罪"的不同理解可能造成对某些情况定罪量刑的差异。

1. 单一含义"犯罪"之否定

立足于四要件的犯罪论体系,一般认为只有全部具备犯罪客体、犯罪客观方面、犯罪主体、犯罪主观方面四个要件的行为才是犯罪,缺少任何一项都不可能构成犯罪,比如,未达刑事责任年龄者的行为因为欠缺"犯罪主体"要件,因此就不构成犯罪。四要件的传统理论只承认"犯罪"概念的唯一确定含义,即认为只有全部符合了犯罪构成要件(从而具备了刑事违法性并因此应受刑罚处罚)的行为才是犯罪,而不承认犯罪概念可能存在的不同含义。但是这种认识在很多情况下都会有难以解决的问题,如《刑法》总则第 17 条中关于教唆的规定。[34] 所以笔者认为应立足德日阶层理论来解释"犯罪",应该承认同一词语在不同场合可以有不同含义(所谓法条用语的相对性)。对于"犯罪"这一术语的理解亦应如此,刑法典中的"犯罪"一词至少有两种含义:违法有责意义上的犯罪(需要承担法律后果、应受刑罚处罚意义上的犯罪),以及违法阶层上的犯罪(客观意义上的犯罪)。对"犯罪"这种双重理解可以说已经得到学界和司法实务界的普遍认同,典型的如 2002 年全国人大常委会法工委《关于已满 14 周岁不满 16 周岁的人承担刑事责任范围问题的答复意见》指出,《刑法》第 17 条第 2 款规定的八种犯罪,是指具体犯罪行为而非具体罪名,明确了"犯……罪"可以理解为"实施了……行为",这就是将"犯罪"理解为"违

---

〔34〕 传统四要件在处理教唆 13 周岁的行为人盗窃时,一般采用间接正犯处理教唆者,但是无论是采取"工具说"还是"行为支配说"都很难认为 13 周岁的行为人没有自由意志和基本的规范意识。即使将"犯罪"解释为"犯罪行为",按照传统四要件也很难解释未达到刑事责任年龄者所实施的危害行为可以是"犯罪"行为。

法阶层上的犯罪”。

2.“违法行为”是否“犯罪”

那么具体到本罪中规定的“明知他人利用信息网络实施犯罪,为其犯罪提供……”中的“犯罪”,是否也可理解为“违法阶层上的犯罪”呢?答案是肯定的。即使是明知未达到刑事责任年龄的行为人利用网络实施犯罪,网络服务提供者为其犯罪提供帮助也应构成本罪,这一点应该没什么争议。本文认为有争议的应该是他人实施的行为被认为是违法(行政违法)但是未达到犯罪程度,这时是否构成“明知他人利用信息网络实施犯罪”?正如前文所述的那样,网络帮助行为具有“一对多”且超越时间空间的特点,往往可能其帮助的单一对象实施的行为违法性未达到犯罪的程度而不会为刑法所规制,但是网络帮助行为中的一个帮助行为可以帮助无数个对象的特点,就会出现综合考虑这一帮助行为造成违法性程度非常深(危害性巨大)。这时我们如果否认定网络帮助行为符合“明知他人利用信息网络实施犯罪,为其犯罪提供……”这一要件,可能很多具有严重违法性(危害性巨大)的网络帮助行为就不能被认定为本罪,本罪的立法目的可能就得不到实现,同时也很可能会违反罪刑相适应原则。简单举个例子,如 A 网站在明知的前提下为一个大型诈骗团伙实施诈骗提供广告推广宣传,该大型诈骗团伙一次诈骗 10 万元,A 网站构成帮助网络信息犯罪活动罪无任何争议;B 网站在明知的前提下同时帮助几十个诈骗小团伙的诈骗行为提供广告推广宣传,可是由于这种小型诈骗团伙套路太老、业务能力太差,每个团伙都只诈骗 1 千元左右,都未符合诈骗罪数额较大的要求,但是几十个团伙加起来也诈骗成功十几万元。这时如果说 B 网站不构成本罪,A 网站肯定觉得冤,而且也很难为一般群众所认同。为此有学者认为,帮助信息网络犯罪活动罪的设立要旨包括加大对帮助信息网络犯罪的打击力度,体现帮助行为的独立社会危害性。然而,如果不顾及司法实践中的具体情况,特别是在不少帮助信息网络犯罪活动的对象是否达到犯罪的程度难以查实的实际情况下,一律将帮助对象限制为犯罪,将会导致设立帮助信息网络犯罪活动罪的立法本意无法体现。为此,帮助信息网络犯罪活动罪在例外情况下可以不要求对象构成犯罪。[35]

能否将违法性程度未达到犯罪界限的行为认定为犯罪呢?学界一般认为,我国采取了“立法定性 + 立法定量”的模式,很多的《刑法》分则条文中直接要求了“数

---

〔35〕 参见喻海松:《网络犯罪的立法扩张与司法适用》,载《法律适用》2016 年第 9 期。

额较大”或者“情节严重”“性质恶劣”等作为入罪条件,在总则之中规定了“情节显著轻微,危害不大的,不认为是犯罪”。因此就应该认为,在立法者看来,刑法中的违法性是质和量的统一,是一种可罚的违法性。[36] 在情节显著轻微危害不大的场合,行为欠缺可罚的违法性,从而在刑法上综合评价的结果是欠缺违法性,从而也就不属于“客观意义上的犯罪”。因此,这里的“不认为是犯罪”,就并非是指“不认为是违法有责意义上的犯罪”,而是指“不认为是任何意义上的犯罪”。[37] 所以根据我国目前的立法,我们很难将违法性程度不够的行为解释为“犯罪”,只能认为其是违法行为,这也是我国“立法既定性又定量”的缺陷所在。上述学者的突破就可能有违反罪刑法定之嫌了。

学界为解决这个问题也提出了许多有益的设想,如张明楷教授将加重构成要件与量刑规则进行区分的思路对该问题的解决提供了一种独特的思路。张明楷教授认为,《刑法》分则条文单纯以情节(特别)严重、情节(特别)恶劣以及数额或数量(特别)巨大、首要分子、多次、违法所得数额巨大、犯罪行为滋生之物数量(数额)巨大作为升格条件时,只能视为量刑规则;《刑法》分则条文因为行为、对象等构成要件要素的特殊性使行为类型发生变化,进而导致违法性增加,并加重法定刑时,才属于加重的犯罪构成(或构成要件)。[38] “并不是使行为成为犯罪的当罚的、可罚的要素,都属于构成要件要素,只有某犯罪中所固有的、类型的可罚的要素,才是构成要件要素。”[39] 根据违法类型说,只有表明违法行为类型的特征才属于构成要件要素。而情节严重、数额巨大、首要分子、多次(或者对多人实施)、犯罪行为孳生之物数量(数额)巨大、违法所得数额巨大,虽然是表明违法性加重的要素,但并不属于表明违法行为类型的特征。这种区分思路虽然不适用于基本构成要件,但也给该问题的解决提供了一个有益的思考。

3.“犯罪”是否包括未遂的情况

“明知他人利用信息网络实施犯罪,为其犯罪提供……”如果他人利用信息网络实施犯罪没有既遂只是达到未遂的状态,那么这时认定网络服务提供者构成本

---

〔36〕 参见王昭武:《犯罪的本质特征与但书的机能及其适用》,载《法学家》2014 年第 4 期。

〔37〕 参见付立庆:《犯罪概念的分层含义与阶层犯罪论体系的再宣扬——以“教唆不满十八周岁的人犯罪”的规范理解为切入》,载《法学评论》2015 年第 2 期。

〔38〕 参见张明楷:《加重构成与量刑规则的区分》,载《清华法学》2011 年第 1 期。

〔39〕 [日]町野朔:《犯罪论の展开 I》,有斐阁 1989 年版,第 52 页、第 59 页。转引自张明楷:《加重构成与量刑规则的区分》,载《清华法学》2011 年第 1 期。

罪应该没有什么争议,因为即使传统共犯理论也认为在正犯未遂时,帮助犯也有处罚的必要性。但是由于在我国实行"行政处罚 + 刑罚"二元制裁体系,同一性质的某一社会危害行为可以仅仅根据危害程度的不同,而分别给予刑罚或者治安处罚不同的处置,那么就可能出现问题,即如何区分犯罪未遂与行政违法?这在司法实践中往往需要特别注意。

(三)本罪处罚范围、程度分析

本罪一般被作为帮助行为正犯化,在构成本罪时可能还会构成其他罪的帮助犯。同时,构成本罪还要求"情节严重"。那么本罪的处罚范围是什么?欲了解本罪的处罚范围,首先必须弄清本罪的立法目的,比较本罪与构成其他犯罪帮助犯之间有何区别。首先,正如相关权威分析指出的那样,"网络犯罪帮助行为相较于传统的帮助行为,其对于完成犯罪起着越来越大的决定性作用,社会危害性凸显,有的如果全案衡量,甚至超过实行行为"。其次,对于网络犯罪帮助行为,"按照共犯处理,一般需要查明帮助者的共同犯罪故意,但网络犯罪不同环节之间往往相互不认识,没有明确的意思联络。"为此,《刑法》第 287 条之二设立帮助信息网络犯罪活动罪,以便更为准确、有效地打击各种网络犯罪帮助行为。[40] 所以,可以看出本罪的出现就是为了解决传统共同犯罪在无法查证共同犯罪故意时,对帮助犯的认定问题。[41] 但是为了防止犯罪圈的过分扩大,本罪又规定了"情节严重"这个限制条件。

《刑法》第 287 条之二第 3 款规定:"有前两款行为,同时构成其他犯罪的,依照处罚较重的规定定罪处罚。"这就造成了网络帮助行为既构成某罪的帮助犯又构成本罪时如何处理的问题。由于本罪直接规定了"同时构成其他犯罪的,依照处罚较重的规定定罪处罚",这也就消解了学者针对协助组织卖淫罪关于"组织卖淫罪的共同犯罪中,不存在从犯;协助组织卖淫罪的共同犯罪中,不存在主犯"[42] 这种质疑,正如有学者所言:"由于分则是具体与特别规定,所以,它完全可能在总则要求

〔40〕 全国人大常委会法工委刑法室:《〈中华人民共和国刑法修正案(九)〉释解与适用》,人民法院出版社 2015 年版,第 157 ~ 158 页。

〔41〕 虽然此问题有学者认为可以采用片面帮助犯理论解决,但是片面帮助犯在适用上有很大争议。

〔42〕 参见郑伟:《就这样动摇了共同犯罪的根基——论组织卖淫罪与协助组织卖淫罪的怪异切分》,载《法学》2009 年第 4 期。

之外另设特别或例外规定。所以,不能要求分则规定完全‘符合’总则规定。”[43]所以本文认为,如果网络帮助行为既构成某罪的从犯也构成本罪,那么应该依据《刑法》第287条之二第3款规定的依照处罚较重的规定罪处罚。那么本文上述列举的案例一、案例二中,如果被告人构成诈骗罪的帮助犯,那么法院以从旧兼从轻的原则判处被告人本罪,好像就有一些问题了。

总之,若是网络帮助行为与正犯具有共同故意,既构成帮助犯又构成本罪,那么则依据想象竞合原则,从一重罪处罚;若网络帮助行为与正犯没有共同故意或共同故意不清,则只能依本罪处罚。

---

〔43〕 张明楷:《刑法分则的解释原理》,中国人民大学出版社2011年版,第40页。

论网络诈骗中的中立帮助行为

孙森森*

【内容摘要】 网络诈骗案件中，中立帮助行为具有正犯化的必要性和正当性。在具体认定上，要成立帮助信息网络犯罪活动罪，中立帮助行为与危害结果间应具有因果关系；达到情节严重才能入罪；中立帮助行为人应明知他人利用信息网络实施诈骗犯罪；间接故意也可成立该罪。

【关键词】 网络诈骗　中立帮助行为　正犯化

网络已经成为人们必不可少、经常使用的工具，并在促进社会进步、便捷日常生活等方面发挥着巨大的作用。但因其具有低成本、虚拟性、隐蔽性、便捷性、无地域性等特点，为犯罪提供了便利，共同犯罪更容易结成，尤其是利用信息网络实施的诈骗罪、金融诈骗犯罪等网络诈骗犯罪常形成黑色产业链，社会危害性巨大。由于网络技术难度较高，具有专业网络知识技能的人员就成为网络共同犯罪中的关键一环。司法实践中的难题是，这类技术行为常与正常经营行为混杂在一起，难以判断是否为网络诈骗犯罪中的帮助行为。2015 年出台的《刑法修正案(九)》固然规定了帮助信息网络犯罪活动罪这一罪名，但在司法认定中仍存在许多争议与疑难。本文即以频发的网络诈骗案件为例，试分析网络诈骗中的中立帮助行为如何处理。

一、问题的提出

2015 年 10 月 28 日，北京警方破获一个制作假冒“奔跑吧兄弟”“中国好声音”

* 孙森森，中国人民大学法学院 2014 级法学硕士研究生。

"出彩中国人"等热门节目网站的网络公司,该公司长期为不法人员提供网站制作、域名注册、空间租赁、安全防护等服务,涉及各地诈骗案件700余起,涉案金额3000万余元。[1] 这类帮助行为在网络诈骗案件中已不少见,比如明知他人可能在网页上放置不良信息却事前不予以阻止,或明知他人已经放置不良信息后,继续提供连接服务致使不良信息得以传播[2];电信运营商为诈骗集团提供通信线路、服务器等技术支撑;又如电视购物频道明知商品为残次品,仍提供广播电视网络平台进行推销,致使一部分人上当受骗。这类行为通常表面上看起来是中性的、日常的活动,而且一般在民法等部门法的视野下是合法的。但是不可否认的是,这些行为在客观上对犯罪人起到了帮助作用,是犯罪人实施犯罪过程中必不可少的一部分。根据共同犯罪的基本原理,不直接参与实行行为,但为实行行为创造条件、提供帮助的行为人,属于帮助犯,提供支持者认识到了罪犯的行为,并起到帮助效果,应该按照帮助犯予以处罚。那么,法律是否应当惩罚外表看起来中立无害,但客观上又有帮助作用的行为呢?这就是刑法上的"中立的帮助行为"之争。[3]

结合《刑法修正案(九)》的规定,《刑法》第287条之二将"明知他人利用信息网络实施犯罪,为其犯罪提供互联网接入、服务器托管、网络存储、通讯传输等技术支持,或者提供广告推广、支付结算等帮助,情节严重的"行为规定为帮助信息网络犯罪活动罪。这实际上是将中立的帮助行为拟制为正犯,单独成立罪名。这一做法受到不少学者的反对。有学者认为,这是要求企业履行网络警察的义务,最终可能会阻碍甚至窒息整个互联网行业的发展。[4] 还有学者指出:"为他人提供互联网接入、服务器托管、网络存储、通讯传输等技术支持的网络服务商,属于网络连接服务商或网络平台服务商。对于处于营业地位的从事互联网接入、服务器托管、通讯传输的网络连接服务商的刑事责任,国外判决原则上予以否认,大致的理由无外乎有:(1)仅仅提供连接服务的网络服务商,没有介入审查他人所传输信息内容的真实性、合法性的义务;(2)互联网接入行为和犯罪结果之间的因果性并不充分;(3)事实上,面对海量信息,网络服务商难以辨别真伪,要求网络服务商履行甄别义

---

〔1〕 参见卢国强:《北京警方破获专门制作"中国好声音"等诈骗网站的犯罪团伙》,中国警察网:http://news.cpd.com.cn/n3559/c30980039/content.html,最后访问日期:2015年11月10日。

〔2〕 参见陈洪兵:《网络中立行为的可罚性探究——以P2P服务提供商的行为评价为中心》,载《东北大学学报》(社会科学版)2009年第3期。

〔3〕 参见车浩:《谁应为互联网时代的中立行为买单?》,载《中国法律评论》2015年第1期。

〔4〕 同上引。

务会使得现代社会的网络运营瘫痪。……对于从事网络存储的网络平台服务商而言,其行为也是中立性的,一方面,其有义务保存服务对象的资料,尊重会员的言论自由;另一方面,该服务商面对海量信息时,事实上难以进行日常审查,因此,也不宜定罪。"[5]可见,对于网络空间中中立帮助行为是否具有正犯化的必要,仍然存在质疑,需要进行论证。

此外,网络诈骗中中立帮助行为的司法认定也存在疑难。一方面,在网络诈骗案件中需要认定行为人实施帮助网络诈骗犯罪的行为。帮助网络诈骗犯罪的行为并不是传统犯罪中帮助行为进行简单的平台转换。传统犯罪中,帮助行为人与被帮助者通常为特定人,网络空间的帮助行为则不同,其又可以分为四种类型:一对一、一对多、多对一和多对多,具体表现为特定的一人对特定的另一人提供帮助、特定的一人对不特定多人提供帮助、特定多数人对特定一人提供帮助、不特定多数人对特定一人提供帮助、特定多数人对特定多数人提供帮助、不特定多数人对特定多数人提供帮助以及不特定多数人对不特定多数人提供帮助。基于网络技术、网络平台的特点,网络空间的帮助行为在社会危害性和行为独立性上具有独特的网络色彩。存在疑问的是,如果被帮助者的行为仅是违法行为,未达到犯罪程度,或者实行行为尚未被查处,正犯化后的中立帮助行为是否能得到刑法的评价?帮助信息网络犯罪活动罪的成立时点是以帮助行为的开始实施为标志还是以正犯着手实施实行行为为标志?换句话说,正犯化后的中立帮助行为构成犯罪,是否要以存在实行行为且实行行为构成犯罪为前提?此外,"帮助"要如何界定?是否所有提供互联网接入、服务器托管、网络存储、通讯传输、广告推广、支付结算等帮助的行为都可以认定为正犯化的中立的帮助行为?另一方面,在网络诈骗案件中成立帮助信息网络犯罪活动罪还需要证明行为人明知他人利用信息网络实施诈骗犯罪。但司法实践中经常出现的是,不处于核心环节的被告人在庭审中会提出对诈骗行为不明知、未参与共同诈骗犯罪的辩解。[6] 网络空间不同于现实社会,行为人之间往往不了解彼此的真实身份,对于犯意联络的认定是实践中认定共同犯罪的难题,对于正犯化后的中立帮助行为是否还需要具备共同犯罪的意思联络,帮助者的主观故意是否仅限于直接故意等问题也存在争议。

---

〔5〕 参见周光权:《网络服务商的刑事责任范围》,载《中国法律评论》2015 年第 2 期。

〔6〕 戴长林主编、最高人民法院刑事审判第三庭编著:《网络犯罪司法实务研究及相关司法解释理解与适用》,人民法院出版社 2014 年版,第 57 页。

二、网络诈骗犯罪中立帮助行为正犯化的正当性

（一）中立帮助行为的可罚性

中立的帮助行为并不是一个新话题。在社会生活中，每天有许多日常行为发生，其中一些行为，直接或间接地为犯罪行为的实行提供了帮助。比如，五金店老板看到马路上有人在斗殴，斗殴者进店买菜刀，老板估计该顾客可能用菜刀杀人，仍然向其出售菜刀；甲向乙借了1万元钱，在应该还钱的当日，甲准确地得知乙肯定用甲即将归还的1万元钱去贩卖毒品，甲还是把1万元钱还给了乙，乙果然用甲归还的1万元钱贩卖了毒品[7]；在国外也不乏此类情况，比如，日本某行为人明知开设赌场的人购买鸡的目的就是用之作赌具，以开设赌场盈利，还是向其出售了供赌博用的鸡。[8] 在何种程度上，一个日常中立的行为，能够被评价为是可罚的犯罪行为？

有学者认为，刑法是整个法律体系的一部分，它必须在宪法的引领下，与民法等法律一起，服务于整个法秩序的维护；因此，刑法教义学的解释结论，应当有利于维护法秩序的统一；就刑法与民法的关系而言，尽管民法上的违法行为不一定构成刑法上的犯罪，但是，民法上的合法行为肯定不构成刑法上的犯罪；如果把民法上的合法行为解释为刑法上的犯罪，就必然会破坏法秩序的统一。[9] 可见，站在规范违反说的立场上，中立的帮助行为只要不违反其他部门法，就不应被当作刑法上的犯罪。

然而，更多学者认为中立的帮助行为有可能构成犯罪行为的帮助犯，具体有主观说、客观说和折中说三种观点。

主观说认为，应当立足于行为者的主观方面划定何种中立行为可成为帮助犯。如我国《刑法》第156条[10]以“与走私罪犯通谋”作为成立走私罪共犯的条件。客观说则从中立帮助行为本身的客观性质方面来判断是否成立帮助犯。如有学者认

---

〔7〕 参见冯军：《刑法教义学的立场和方法》，载《中外法学》2014年第1期。

〔8〕 参见杜文俊、陈洪兵：《商品销售中立行为的帮助之可罚性探究》，载《贵州警官职业学院学报》2009年第6期。

〔9〕 参见本章前引7。

〔10〕《刑法》第156条规定：“与走私罪犯通谋，为其提供贷款、资金、账号、发票、证明，或者为其提供运输、保管、邮寄或者其他方便的，以走私罪的共犯论处。”

为,“不具有侵害法益危险性的行为,不具有帮助行为性,不符合帮助犯的客观要件。为此,中立行为帮助的可罚性问题可以归结为帮助行为性的判断问题。具体帮助行为性的判断,应考虑是否制造了不被法允许的危险,基于利益衡量是否存在优越的利益需要保护,是否存在注意义务违反等,进行综合判断。故笔者自称‘帮助行为性说’。需要指出的是,帮助行为性的判断只能是一种客观的判断,与行为人是出于确定的故意还是未必的故意无关。质言之,帮助行为性是客观判断的问题,不应掺入主观归责的因素。”〔11〕折中说即综合中立帮助行为的实行者主、客观方面的各种因素,对中立的帮助行为是否构成帮助犯进行限定。如我国台湾地区的林钰雄教授认为,“关于中性行为的可罚性问题,首要是应在何层次(构成要件该当性层次、违法性层次)检验的问题,就此,首先应依照系争‘刑法’分则的构成要件规定,以及正犯与共犯区别的理论,区分出系争中性行为应定性为‘正犯’或‘共犯’的行为来讨论;其次就中性帮助行为而言,检验重点在于客观归责法则中的‘制造法所不容风险(含可容许之风险)’以及‘行为人之特殊认知’两个部分,前者是客观归责的原则规则,纯以客观面向判断;后者是例外规则,必须同时考虑主观故意问题。”〔12〕也就是说,如果这种日常生活举动没有制造刑法所不允许的风险,或者所制造的仅是可以容许的日常生活的风险,那么就无法用刑法规制。同时,如果正犯摆明了就是要以该提供物来实现违法行为,而提供者也完全知悉正犯的打算,提供者就是以帮助犯故意来帮助正犯的人,构成帮助犯。而且,无论帮助行为是否具有不可取代性或者是否做出了关键性的贡献,都不影响帮助犯的成立。反之,如果提供者并不知道正犯的犯罪打算,或者仅仅存在相当模糊的臆测,那么提供者不但主观上不具有帮助故意,其行为即使实际上帮助正犯实现犯罪,也只是制造了可容许的风险,不成立帮助犯。张明楷教授认为,“应当通过综合考虑正犯行为的紧迫性,行为人(帮助者)对法益的保护义务,行为对法益侵害所起的作用大小以及行为人对正犯行为的确实性的认识等要素,得出妥当的结论。”〔13〕与林钰雄教授不同的是,张明楷教授将正犯行为的紧迫性纳入考虑的范围,如果正犯的行为并不紧迫,那么实施中立帮助行为的人不宜认定为帮助犯。周光权教授认为,日常生活行为是否可能成立帮助犯,要考虑:“(1)从客观上看行为是否具有明显的法益侵害性,即日常

---

〔11〕 陈洪兵:《中立的帮助行为论》,载《中外法学》2008 年第 6 期。

〔12〕 林钰雄著:《新刑法总则》,中国人民大学出版社 2009 年版,第 362 ~ 363 页。

〔13〕 张明楷:《刑法学》(第四版),法律出版社 2011 年版,第 385 页。

生活行为对于正犯实行行为的物理、心理因果性影响大小，行为本身给法益带来的危险是否达到了可以作为‘帮助’看待的程度；(2)从主观上看行为人是否对他人可能实行犯罪有明确认识，即是否存在帮助故意；(3)从共犯处罚根据看，行为对正犯实行行为违法性、因果流程的影响，是否达到足以被评价为帮助的程度。”〔14〕可见，与林钰雄教授的观点相似，如果帮助行为制造了难以被法律所容忍的风险，则以帮助犯论处。如果仅仅因为行为人多少知道他人可能会利用其行为实施犯罪，就对其进行处罚，就会过分夸大帮助犯的范围，使刑法的“手臂”伸得太长，不利于维护法的安定性和法治秩序的形成。

笔者认为，对于中立的帮助行为来说，如果面临不同部门法规定的义务的冲突，两者不能同时履行时，可以衡量哪一种义务更重要，按照法益所处的位阶，保护优越的利益。如果此时选择了较为不优越的利益，而使优越的利益受到损害，实际上也是对正犯实行行为所造成的危险的一种维持。比如本文在开篇提到的制作假节目网站的网络公司，面对按照合同为他人制作网页的合同利益和即将遭受风险的他人财产利益的冲突，应保护他人财产利益，而非选择合同利益。网络公司选择了合同利益，使他人财产利益遭到损害，实际上网络公司的行为也是对诈骗犯诈骗行为所造成危险的一种维持。

(二)网络诈骗犯罪中立帮助行为正犯化的必要性

首先，网络诈骗犯罪中中立帮助犯的危害性大，起到主要作用，需要评价为主犯。传统理论在对社会危害性程度的评价中，一般认为帮助犯行为的危害性要低于正犯行为的危害性，如果正犯不构成犯罪，对帮助犯也就没有处罚的必要。但在网络共同犯罪中，两者的危害性程度则与传统犯罪中的危害性程度不尽相同。在网络空间中，计算机技术至关重要。尤其是网络诈骗犯罪中，充足的技术支持通常是决定诈骗成败和效果的关键。比如，犯罪团伙通过伪基站假冒中国移动10086、工商银行95588发送短信，架设假冒网站冒充官网，以骗取受害人的信任。倘若没有技术支持使其能够以假乱真，一般人不会相信普通号码发来的信息，不会上当受骗。提供了重要的技术支持的帮助犯发挥的作用往往大于正犯，而且帮助的对象很可能是人数不确定的群体，究竟有多少人从帮助犯那里获得帮助从而转化为犯

---

〔14〕 周光权:《刑法总论》(第二版)，中国人民大学出版社2011年版，第235~236页。

罪行为难以估计。基于网络犯罪中帮助犯在共同犯罪中所起的作用和危害性,完全可能将其评价为主犯,不再完全适合以"从犯"来评价。从理论上来看,帮助犯和主犯是根据不同的分类标准而对共同犯罪人所作的分类,两者的外延也有交叉的可能。

其次,网络诈骗犯罪中中立帮助犯的独立性强,对正犯的从属性弱。中立帮助犯的性质问题,即中立帮助犯有无从属性问题,是认定中立帮助犯罪责的前提问题,在传统犯罪中对该问题也多有讨论。关于共犯的性质问题存在共犯独立性说和共犯从属性说,共犯独立性说已经基本退出历史舞台,目前共犯从属性说是主流观点,即"主张教唆行为、帮助行为并非属于符合构成要件行为的实行行为,在实质上不具有侵害法益的直接、现实的危险性,或者说侵害法益的危险还不充分,故仅此还不足以构成犯罪,只有在被教唆者、被帮助者实行了犯罪的场合,一般才成立共犯。"〔15〕也就是说,帮助行为是借助于正犯而间接地实现法益侵害,如果说正犯是"第一次的责任类型",那么帮助犯则是正犯背后派生的"二次责任类型"。〔16〕所以正犯实施了刑法分则规定的具体犯罪的基本构成要件行为(实行行为),帮助犯对正犯的实行行为予以加功,间接地引起法益侵害后果。帮助犯的法益侵害性来自其所提供帮助的正犯,因此,只有当正犯实施了犯罪,才有处罚帮助犯的必要。但是,网络诈骗犯罪中的中立帮助行为具有很大程度上的独立性,与传统的中立帮助行为有所不同。从提供网络犯罪工具的帮助行为与实行行为的关系来看,在实行犯所实施的具体犯罪方面两者的联系已经很小:其一,帮助犯对于实行犯将要实施的具体犯罪内容,例如罪名、时间、地点、对象等都没有明确的认识;其二,有时两者之间没有具体犯罪的意思联络,而只是帮助者对被帮助者的一种放任;其三,被帮助者可能尚未达到犯罪程度,但网络的"聚拢效应"使得帮助者的行为危害性远大于被帮助者,或者被帮助者处于司法管辖区之外而无法进行刑事责任的评价,以正犯的定罪为前提和基础去追究帮助者的刑事责任就变得不可能。〔17〕举例来说,黑客通过入侵有价值的网络站点,盗走用户数据库,在取得用户数据后,黑客通过一系列的技术手段清洗数据,并在黑市上将有价值的用户数据变现交易。〔18〕黑客对

---

〔15〕钱叶六著:《共犯论的基础及其展开》,中国政法大学出版社2014年版,第157页。

〔16〕参见钱叶六:《双层区分制下正犯与共犯的区分》,载《法学研究》2012年第1期。

〔17〕于志刚:《传统犯罪的网络异化研究》,中国检察出版社2010年版,第381~382页。

〔18〕林龙勇、曾祥龙、张前进:《网络技术犯罪趋势加重广东打掉12个非法黑客产业团伙》,载人民网:http://gd.people.com.cn/n/2015/1021/c123932-26876405.html,最后访问日期:2015年11月10日。

于下游犯罪的实行犯将要实施的具体犯罪的罪名、时间、地点、对象等都没有明确的认识;两者之间没有具体犯罪的意思联络,黑客也并不在乎被帮助者购买信用卡后从事什么活动;黑客的行为危害性极广,而且被帮助者范围涉及全国各地。将这种中立帮助行为正犯化才能正确评价其对法益的侵害。

所以,网络诈骗犯罪中的中立帮助行为具有可罚性,将中立帮助行为正犯化为帮助信息网络犯罪活动罪具有现实意义和理论支持。

三、网络诈骗犯罪中正犯化中立帮助行为的司法认定

刑法的"手臂"应有适当的"活动范围"。倘若给中立帮助行为者(如网络服务商)赋予过重的甄别责任,可能也会阻碍互联网行业的发展。这就要求我们进行合法合理的刑法解释,明确对中立帮助犯的处罚限度和范围。本文第三部分就结合《刑法》第287条之二帮助信息网络犯罪活动罪的规定和网络诈骗犯罪中中立帮助行为的特点,从客观阶层和主观阶层两个方面对网络诈骗犯罪中的中立帮助行为加以解释。

(一)客观阶层的认定

首先,帮助者需实施提供互联网接入、服务器托管、网络存储、通讯传输等技术支持,或者提供广告推广、支付结算等帮助行为。但帮助行为需要有促进危险的作用,正犯化后的帮助行为需与危害结果有因果关系,并不是所有帮助行为都可以构成帮助信息网络犯罪活动罪。在德日刑法中,对于共犯行为与正犯行为、正犯结果之间是否需要存在因果关系,有因果关系不要说和因果关系必要说。因果关系不要说认为,在帮助犯的成立方面,不要求帮助行为与正犯结果之间具有因果关系,因为正犯是引起了正犯结果的侵害犯,帮助犯是以使正犯行为产生侵害法益的危险为根据而受到处罚的危险犯。因果关系必要说则认为对于帮助犯因果关系是必要的,又可分为两种:一是正犯行为说,认为只要有帮助行为和正犯行为间的因果关系就够了;二是正犯结果说,认为帮助行为和正犯结果间的因果关系也是必要的。[19] 在我国刑法体系之下,教唆犯以及帮助犯的成立都以正犯的存在为必要,所

〔19〕 参见杨金彪:《共犯的处罚根据》,中国人民公安大学出版社2008年版,第229~232页。

以以共犯独立性说为前提的因果关系不要说并不妥当。针对帮助犯的因果关系问题,我国有学者认为,“仅有帮助他人犯罪预备的行为和意思,没有帮助实行行为的行为和故意的,不构成共同犯罪。例如,杀人犯打的前往杀人现场,出租车司机言谈之中发现乘车人正在赶往犯罪现场前去杀人,依然将其拉到犯罪现场并收取出租车费的,不构成共同犯罪。帮助行为的本质是加功于实行犯罪,从而有利于犯罪的完成,若是对他人实行犯罪没有加功的作用和意义,反而降低了犯罪实行行为的社会危害和危险性的,不是帮助行为。”[20]也就是说,这种观点从共犯自身的侵害法益的抽象危险当中寻求其违法的依据,将帮助犯的范畴仅限于帮助行为与实行行为之间的帮助关系。然而有学者认为“帮助犯的帮助行为与实行犯的实行行为之间的关系,并不是因果关系……帮助犯实施的帮助行为只是为实行犯实施犯罪创造便利条件。但不能由此否认帮助行为与共同犯罪结果之间具有因果关系……在共同犯罪情况下,并不要求共同原因中的各犯罪行为对于犯罪结果发生具有独立的原因力,而只要这些犯罪行为互相配合、互相作用能够引起共同犯罪结果发生,就应该认为这些犯罪行为与共同犯罪结果之间具有因果关系。”[21]这种观点则近似于正犯结果说,将帮助犯与共同犯罪结果之间的因果关系视为帮助犯因果关系判断的依据。与此相似的是,有学者认为,“只要站在事后的立场上,将有帮助行为的情形和没有该帮助行为的情形进行对比,看正犯结果在构成要件范围内是否有重大变更。有的话,可以说两者之间存在因果关系;否则,就不能说两者具有因果关系。具体来说,其包括以下内容:第一,在帮助行为使正犯结果发生了重大变更的场合,两者之间存在因果关系……第二,在帮助行为强化了正犯的侵害行为强度的时候,两者之间存在因果关系。”[22]也就是说,正犯侵害或者威胁法益的结果当中,是否具有帮助行为的贡献,是判断因果关系的关键。

其次,帮助行为要达到“情节严重”才能独立成罪。对“情节严重”的司法解释尚未出台。笔者认为,在信息网络作为犯罪工具、犯罪平台的情况下,我们也应将网络因素作为定罪量刑时考虑的因素。那么应该选取什么网络因素作为标准呢?从

---

〔20〕 曲新久:《刑法学》(第四版),中国政法大学出版社 2012 年版,第 161 页。

〔21〕 陈兴良著:《共同犯罪论》(第二版),中国人民大学出版社 2006 年版,第 260 页。

〔22〕 参见黎宏:《论中立的诈骗帮助行为之定性》,载《法律科学》(西北政法大学学报)2012 年第 6 期。

现有司法解释[23]来看，司法实践中已经开始将“信息条数”“电话人次”“实际被点击数”“注册会员数”“受害人次”“身份认证信息组数”“网页数量”“链接数量”等能够反映网络犯罪特有属性的数额标准纳入网络犯罪评价体系之内。有学者研究得出，“信息时代对犯罪定量标准的研究一般可以从违法犯罪行为链条的过程视角进行展开。一般思路是多少主体通过多少次数的行为手段，针对多少对象进行了多大的侵害。第一，从行为的末端出发，探讨实害和危险如何计量，有多少对象受到侵害和威胁；第二，从行为中途来看，行为手段如何，技术种类多少，是否足以成为定罪量刑的标准；第三，看行为次数、时长多少；第四，从行为起点出发，看有多少主体参与”。[24] 具体到网络诈骗案件中的中立帮助行为，从行为末端出发，可以通过技术支持等帮助行为涉及的网页数量、链接数量、信息条数等综合计量其实害和危险；从行为中途来看，可考察其帮助行为的具体技术手段、技术种类、次数以及发挥作用的时间是长期还是短期；最后从行为起点出发，查明有多少主体参与。总体来说，是以综合的因素标准来进行判断，而非传统犯罪中较为单一的判断标准。这一判断标准同样可以佐证中立帮助行为与危害结果间的因果关系。

（二）主观阶层的认定

网络空间的虚拟性使得共同犯罪的意思联络具有模糊性、隐秘性等特点，导致意思联络的明确性、相互性、具体性问题呈现出淡化、弱化的态势。正犯化后的帮助行为，首先，需证明其明知他人利用信息网络实施犯罪。具体到网络诈骗犯罪中的帮助行为，即明知他人利用信息网络实施诈骗犯罪。此处对“信息网络”“网络”应采取广义的解释，即包括计算机互联网、广播电视网、固定通信网、移动通信网等信息网络，以及向公众开放的局域网络。采取广义的解释主要是基于以下几点理由：第一，网络实现了从“互联网1.0”到“互联网2.0”的过渡，又在移动上网技术的支

---

[23] 比如：《关于办理危害计算机信息系统安全刑事案件应用法律若干问题的解释》《关于办理利用信息网络实施诽谤等刑事案件适用法律若干问题的解释》《关于审理扰乱电信市场管理秩序案件具体应用法律若干问题的解释》《关于办理知识产权刑事案件具体应用法律若干问题的解释》《关于审理破坏公用电信设施刑事案件具体应用法律若干问题的解释》《关于审理危害军事通信刑事案件具体应用法律若干问题的解释》《关于办理侵犯知识产权刑事案件适用法律若干问题的意见》《关于办理诈骗刑事案件具体应用法律若干问题的解释》《关于审理破坏广播电视设施等刑事案件具体应用法律若干问题的解释》。

[24] 于志刚、郭旨龙：《信息时代犯罪定量标准的体系化构建》，中国法制出版社2013年版，第254～255页。

持下迎来了“移动互联网”时代,犯罪分子也可以在任何时间、地点、移动终端设备上利用网络实施犯罪行为。特别是我国正处于“三网融合”的快速发展时期,电脑、手机、电视都能上网,网络与生活更紧密地联系在一起。[25] 在数字化革命的大背景下,单单讨论狭义的计算机互联网中的犯罪是不符合现实需求的。第二,从现有司法解释来看,《关于办理危害计算机信息系统安全刑事案件应用法律若干问题的解释》(以下简称2011年两高《解释》)对“计算机信息系统”“计算机系统”采取广义的定义,[26]将计算机系统扩张解释为所有具备自动处理数据功能的系统,也就包括了移动终端设备、平板电脑等任何内部设置的操作系统具备处理数据功能系统的设备。相似地,《关于办理利用信息网络实施诽谤等刑事案件适用法律若干问题的解释》(以下简称2013年两高《解释》)对“信息网络”也采取广义的定义,[27]不考虑终端设备是计算机、电视还是电话,也不局限于互联网,而是囊括了所有可能传播信息的网络,避免司法实践出现界定上的疑难。第三,行为人单单依靠互联网平台、单纯依靠病毒或流氓软件很难完成犯罪,尤其是利用被害人在手机等终端联网而实施犯罪的行为人,常常需要移动运营商的配合或默许。故将互联网单独拆分出来讨论也是不现实的。第四,从公安机关司法实践中的用词习惯来看,常用“电信诈骗”“网络诈骗”等词泛指利用互联网、固定通信网、移动通信网等网络进行欺诈的刑事案件,采用广义的网络含义,更符合司法实践情况。其次,本文将利用信息网络为工具,采用虚构事实或隐瞒真相的手段,实施欺诈活动,骗取他人财产的构成犯罪的案件笼统地概括为网络诈骗犯罪。这类犯罪的特点是利用信息网络为工具,而且针对不特定多数人实施,[28]不仅在犯罪手段上更新换代,而且影响了网络社会的稳定与安全。

---

〔25〕 参见于志刚:《三网融合视野下刑事立法的调整方向》,载《法学论坛》2012年第4期。

〔26〕 2011年两高《解释》第11条规定:“本解释所称‘计算机信息系统’和‘计算机系统’,是指具备自动处理数据功能的系统,包括计算机、网络设备、通信设备、自动化控制设备等。”

〔27〕 2013年两高《解释》第10条规定:“本解释所称信息网络,包括以计算机、电视机、固定电话机、移动电话机等电子设备为终端的计算机互联网、广播电视网、固定通信网、移动通信网等信息网络,以及向公众开放的局域网络。”

〔28〕 根据2011年两高《解释》第5条规定:“……利用发送短信、拨打电话、互联网等电信技术手段对不特定多数人实施诈骗,诈骗数额难以查证,但具有下列情形之一的,应当认定为刑法第二百六十六条规定的‘其他严重情节’,以诈骗罪(未遂)定罪处罚……”在网络欺诈刑事案件中,行为主体在实施诈骗行为时,犯罪对象是随意、随机的,没有特别进行选定,其产生的危险是广泛的,危害结果是行为人无法估计的。虽然行为主体最后对某个产生错误认识的特定的人实施了诈骗,不特定转变成了特定,但应结合行为主体全部的犯罪过程来判断,而不是只看结果。

认定帮助犯的故意,对于帮助犯的成立具有重大意义。帮助者虽然对正犯的实行行为予以加功,但如果主观上缺乏故意,就不可能以其行为侵害了法益为由,将其认定为帮助犯。对于能否认定具有共同犯罪的故意,实践中往往是参照毒品犯罪的认定方式,如果行为人接受指令的方式以及其获得的报酬不属合理范围,或者是从正常人角度能发现该环节具有违法犯罪性的,一般以推定明知的方式,认定其系共同犯罪人。[29] 举例来说,在南通市公安局2015年破获的特大妨害信用卡管理案中,犯罪嫌疑人通过收购的方式获取真实身份证件,选择容貌、年龄相似的办卡人员骗领信用卡,再通过互联网向全国各地销售包括银行卡、他人身份证、手机卡、U盾以及开户申请单在内的"银行卡套餐",在淘宝网店以其他商品的名义进行交易。至于对方购买这些银行卡的用途,他们从不过问。据南通警方调查发现,目前该案中大部分银行卡疑似被用来从事网络诈骗、贩毒、洗钱、集资诈骗、传销、行贿、受贿等犯罪活动。[30] 对此,能否以推定明知的方式,认定其为下游犯罪的共同犯罪人呢?笔者认为不可。虽然该案中犯罪嫌疑人形成办卡、收卡、卖卡这样一条庞大的网上非法买卖银行卡黑色利益链条,具有明显的违法犯罪性,而且对下游犯罪中正犯的实行行为提供了重要的帮助,但是主观上缺乏下游犯罪的故意,仅具有妨害信用卡管理罪的故意。若以推定的方式认定犯罪嫌疑人对下游犯罪明知,则与犯罪嫌疑人的主观恶性不相匹配。不能因为出现了严重的结果,就倒推出犯罪嫌疑人的明知内容。

对于帮助行为人为间接故意能否认定为共犯的问题,也存在争议。以手机改号服务为例,2008年起网络电话拨号软件开始在网上泛滥,它利用了现代网络通信技术中的一个技术缺陷,能将主叫号码信息进行修改,并冒充正常的主叫号码数据发送并显示在被叫方的电话上。实质也就是隐藏真实的主叫号码信息,使被呼叫者产生误判,并利用这种错误认识达到自己的合法或非法的目的。[31] 这种技术很有可能被用于违法犯罪活动,尤其是诈骗犯罪:北京市公安局接到多起报警,反映不法分子利用改号软件等方式套用当地公安局总机号码进行诈骗活动;山西各地公安也接到多起该类型诈骗,不法分子瞄上多家政法单位在网站公开的政务电话,

---

〔29〕 参见本章前引6。

〔30〕 参见佚名:《银行卡变商品网上现"犯罪链"》,载《上海法治报》2015年10月20日第B03版。

〔31〕 参见皮勇:《从手机改号软件泛滥看我国信息网络安全立法》,载《法治论丛》(上海政法学院学报)2008年第6期。

利用改号软件伪装成官方来电行骗;有人利用改号软件,冒充温州市公安局电话号码,诈骗黄女士 9 万元;还有人利用改号软件冒充警察连续三次诈骗同一老太,将其一百多万元积蓄全部榨干。[32] 那么,制作、销售手机改号软件的行为人是否成立诈骗犯罪的共犯?有学者认为,改号软件的制作、销售者的直接目的在于牟利,对购买者使用改号软件进行各类活动包括违法犯罪活动持放任的心理态度,由于我国《刑法》规定的共同犯罪的共犯心态必须是直接故意,改号软件的制作、销售者不可能与使用者构成共犯。[33] 与此不同的是,最高人民法院刑事审判第三庭的法官认为,对于帮助犯,尤其是网络诈骗犯罪中已经具有一定职业化趋势的帮助团伙,只有间接故意也可以构成共同犯罪。[34] 笔者认为,站在从严打击网络诈骗的立场来看,后者的观点是可取的。较为明确的是,对于网络诈骗案件中正犯化的中立帮助行为来说,具有直接故意或者间接故意都可以单独成立犯罪。如果将间接故意排除在外,犯罪嫌疑人大可都以此为借口而逃避刑事责任。而且在网络诈骗案件中,犯罪分子之间常常不需要进行互相了解,帮助与被帮助常常是一种心知肚明的"默契",要通过证据证明直接故意也具有一定的困难。故行为人具有间接故意可以成立帮助信息网络犯罪活动罪。

四、结语

近年来,中立帮助行为成为刑法理论讨论的一个热点。对网络空间的中立帮助行为,有不少学者呼吁将其正犯化独立成罪。2015 年出台的《刑法修正案(九)》恰好规定了帮助信息网络犯罪活动罪,但质疑声仍有不少,司法认定仍有疑难。本文结合网络诈骗案件,认为有必要将中立帮助行为正犯化,并结合案例,进一步探讨了帮助信息网络犯罪活动罪中行为与结果的因果关系、情节严重如何认定、主观明知不能任意推定、间接故意可以成立该罪等问题。但论证多有不周密之处,在今后的研究中应加强论证的力度以及实证的分析。

---

〔32〕 参见游寰臻:《工商总局叫停网售改号软件 终结网络诈骗还需法律跟进》,载《通信信息报》2013 年 7 月 24 日第 B03 版。

〔33〕 参见本章前引 31,第 114 页。

〔34〕 参见本章前引 6,第 62 页。

论《网络安全法》中的从业禁止

王　烁*

【内容摘要】《网络安全法》第63条第3款设置了针对网络安全犯罪行为的从业禁止制度。《网络安全法》中的从业禁止与以往的其他法律、行政法规中的从业禁止存在较大的不同，特征上接近于刑法中的从业禁止。通过人民法院对《刑法》第37条之一第3款“从其规定”的适用，其他法律、行政法规中的从业禁止的实质效果实现了相同期限的非刑罚性处置措施和前科附随后果的综合。个人违反《网络安全法》第27条规定，受到刑事处罚的，应区分是否利用职业上的便利，作出不同的处理；单位违反《网络安全法》第27条规定，受到刑事处罚的，不应对直接负责的主管人员和其他责任人员适用刑法中的从业禁止。

【关键词】《网络安全法》　从业禁止　特定义务　职业便利

2016年11月7日第十二届全国人民代表大会常务委员会第二十四次会议审议通过《中华人民共和国网络安全法》(以下简称《网络安全法》)，并于2017年6月1日正式施行。该法的通过对维护我国的网络安全，乃至国家安全，建立一个和平、安全、开放、合作的网络空间具有重要的意义。其中，该法第63条第3款设计了网络安全犯罪行为的从业禁止〔1〕制度，禁止受到刑事处罚的人员从事网络安全管理和网络运营关键岗位的工作。该制度与《刑法》第37条之一所规定的从业禁止充分配合，将对网络安全犯罪行为起到有效的预防作用。

---

* 王烁，北京化工大学文法学院讲师，硕士生导师，法学博士。

〔1〕 从业禁止，也有学者称为职业禁止，因不同学者表述方式不同，本文中同时使用从业禁止和职业禁止。本文所述从业禁止仅针对因受到刑事处罚而引发的从业禁止。

一、从业禁止的不同类型

《刑法修正案(九)》新增《刑法》第 37 条之一的从业禁止规定之前,因受过刑事处罚而接受从业禁止的相关规范分散规定于相关行业的法律、行政法规中。如《教师法》第 14 条规定:"受到剥夺政治权利或者故意犯罪受到有期徒刑以上刑事处罚的,不能取得教师资格;已经取得教师资格的,丧失教师资格。"《检察官法》第 11 条规定"下列人员不得担任检察官:(一)曾因受过刑事处罚的……《律师法》第 7 条规定"申请人有下列情形之一的,不予颁发律师执业证书:……(二)受过刑事处罚的,但过失犯罪的除外……"《刑法修正案(九)》新增刑法第 37 条之一,规定"因利用职业便利实施犯罪,或者实施违背职业要求的特定义务的犯罪被判处刑罚的,人民法院可以根据犯罪情况和预防再犯罪的需要,禁止其自刑罚执行完毕之日或者假释之日起从事相关职业,期限为三年至五年。被禁止从事相关职业的人违反人民法院依照前款规定作出的决定的,由公安机关依法给予处罚;情节严重的,依照本法第三百一十三条的规定定罪处罚",正式确立了我国刑法中的从业禁止制度。从性质上看,刑法中的从业禁止并非新增的刑罚种类,并非新的附加刑,而是一种"预防性措施",〔2〕"实质上是保安处分的刑事法律化"。〔3〕

上述规范的效果均表现为剥夺他人从事相关职业的资格,是对他人从业的一种禁止性规定,且原因都在于受过刑事处罚。据此,有学者将这些规范概括性地称为"有前科者从业禁止"。但这种认为上述规范仅存在形式上"将对有前科者的从业禁止规定定位为一种刑事司法处分抑或行政法上的处罚规定……前者的强制性与严厉程度远高于后者"〔4〕的差异,并未充分意识到刑法中的从业禁止与其他法律、行政法规中规定的从业禁止的本质特征区别。

首先,其他法律、行政法规中的从业禁止,"虽然也表现为基于定罪量刑记录而

〔2〕《关于〈刑法修正案(九)草案〉的说明》中提及"此外,还根据有关方面的意见,完善了预防性措施的规定,对因利用职业便利实施犯罪,或者实施违背职业要求的特定义务的犯罪被判处刑罚的,人民法院可以根据犯罪情况和预防再犯罪的需要,禁止其自刑罚执行完毕之日或者假释之日起五年内从事相关职业。"

〔3〕时延安、王烁、刘传稿:《〈中华人民共和国刑法修正案(九)〉解释与适用》,人民法院出版社 2015 年版,第 46 页。

〔4〕参见叶良芳:《论有前科者从业禁止及其适用》,载《华北水利水电大学学报》(社会科学版)2015 年第 4 期。

剥夺某人一定的法律资格或者权益,但这种剥夺并不是量刑的一部分,而是受到刑罚处罚之后而产生的后果",[5]其"源于犯罪人受过刑罚处罚所形成的前科地位,是前罪刑罚的一种后遗效应",[6]必然地伴随着前罪而出现。而刑法中的从业禁止,是法院司法裁判的一部分,在司法裁判中选择性地与定罪量刑的结论同时作出,作为非刑罚处置措施与刑罚后果共同作用于犯罪人。

其次,虽然两者都能够通过禁止犯罪人未来从事相关职业来达到预防再犯的效果,但是两者的出发点或考量因素并不完全相同。刑法中的从业禁止,必须与被禁止从事的相关职业的"职业便利"或"职业要求的特定义务"相关,即必须具有职业内容的一致性。不能因为利用 A 职业的职业便利,或者实施违背 A 职业要求的特定义务的犯罪,而禁止犯罪人从事完全不相关的 B 职业。而大部分其他法律、行政法规中所规定的从业禁止,与犯罪人因实施何种犯罪受到刑事处罚并无关联性。所以,前者是因为犯罪人已经实施了与职业便利或要求的特定义务有关的犯罪,即基于已然之罪而对未来再次实施同类犯罪的可能性进行预防。而后者"属于以社会一般执业观念为价值取向的禁止性规定"。[7] 犯罪人因为实施过犯罪行为,被认为不具备从事某些职业的基本素养要求,如《教师法》第 10 条规定取得教师资格的前提是"遵守宪法和法律,热爱教育事业,具有良好的思想品德",《检察官法》第 10 条规定"担任检察官必须具备下列条件:……(四)有良好的政治、业务素质和良好的品行……"《律师法》第 5 条规定"申请律师执业,应当具备下列条件:……(四)品行良好",而并非考虑其极有可能未来会利用职业便利或违背职业要求的特定义务实施犯罪。

最后,其他法律、行政法规中的从业禁止,"往往具有被动触发性或消极性,即被判处过刑罚的人员只是不具备某种任职资格",[8]一方面,"相关机构并不会主动、积极地去进行禁止的确认,而是在特定人员在进行某种资格确认时,予以排除即可";[9]另一方面,刑法虽然规定了前科报告义务,但受过刑罚的人员并不负有主动避免从事该职业的责任,这些法律、行政法规也并未规定任何不利后果。而被处

---

〔5〕 参见林维:《刑法中从业禁止研究》,载《江西警察学院学报》2016 年第 1 期。

〔6〕 参见于志刚:《从业禁止制度的定位与资格限制、剥夺制度的体系化——以〈刑法修正案(九)〉从业禁止制度的规范解读为切入点》,载《法学评论》2016 年第 1 期。

〔7〕 参见刘斯凡:《论对有前科者就业的限制与保护》,载《河南警察学院学报》2014 年第 1 期。

〔8〕 参见林维:《刑法中从业禁止研究》,载《江西警察学院学报》2016 年第 1 期。

〔9〕 同上引。

以刑法上从业禁止的人员必须主动遵守法院作出的决定,不得违反该决定从事相关职业,否则将会受到行政处罚或以《刑法》第313条拒不执行判决、裁定罪定罪处罚。

从上述区别可以看出,《刑法》第37条之一的从业禁止与其他法律、行政法规中所规定的从业禁止显然不能等量齐观,两者具有本质的不同,前者是作为非刑罚处置措施的从业禁止,后者则是作为前科附随后果的从业禁止。

二、《网络安全法》中的从业禁止的特征

《网络安全法》第63条第3款规定:"违反本法第二十七条规定,受到治安管理处罚的人员,五年内不得从事网络安全管理和网络运营关键岗位的工作;受到刑事处罚的人员,终身不得从事网络安全管理和网络运营关键岗位的工作。"即针对网络安全犯罪行为设置了从业禁止。从时间上来看,该网络安全犯罪行为的从业禁止规定,制定通过于《刑法》第37条之一的从业禁止之后。那么《网络安全法》中的从业禁止是否仍然与之前单纯作为前科附随后果的其他法律、行政法规中的从业禁止具有相类似的特征?还是随着刑法中的从业禁止制度的出现,新出台的法律、行政法规所规定的从业禁止的特征可能发生变化?

《网络安全法》中的从业禁止规定,与之前其他法律、行政法规中的从业禁止存在不少相同之处,如其源于之前定罪量刑所形成的前科地位,禁止从事相关职业的年限是终身等。但同时与传统的其他法律、行政法规中的从业禁止也存在明显的差异。

第一,作为禁止原因的前罪的特定化。引发《网络安全法》中的从业禁止的前罪并不具有广泛性,而仅限于因违反《网络安全法》第27条规定而构成的犯罪。《网络安全法》第27条规定:"任何个人和组织不得从事非法侵入他人网络、干扰他人网络正常功能、窃取网络数据等危害网络安全的活动;不得提供专门用于从事侵入网络、干扰网络正常功能及防护措施、窃取网络数据等危害网络安全活动的程序、工具;明知他人从事危害网络安全的活动的,不得为其提供技术支持、广告推广、支付结算等帮助。"因违反该规定而可能构成的犯罪包括,如《刑法》第253条之一的侵犯公民个人信息罪,第282条的非法获取国家秘密罪,第285条的非法侵入计算机信息系统罪,非法获取计算机信息系统数据、非法控制计算机信息系统罪,提

供侵入、非法控制计算机信息系统程序、工具罪，第 286 条的破坏计算机信息系统罪，第 287 条之一的非法利用信息网络罪，第 287 条之二的帮助信息网络犯罪活动罪等。

第二，作为禁止原因的前罪为违背法律明确规定的特定义务的犯罪。《网络安全法》第 27 条通过规定在网络活动中的三个“不得……”设置了为维护网络运行安全，任何个人和组织在网络活动中必须不得作出一定行为的约束，即必须遵守的义务。且该必须不得作出的行为被规定得具体、明确，所以该义务并非一种抽象的原则性义务，而是从事网络活动中需遵守的特定义务。

第三，前罪所涉及之行为与禁止从事的职业之间存在一定的关联性。《网络安全法》第 27 条规定的不得从事危害网络安全的活动，不得提供用于危害网络安全的活动的程序、工具，不得为危害网络安全的活动提供帮助等义务，其核心内容为“危害网络安全的活动”。因违反该义务受到刑事处罚，不得从事的职业为网络安全管理和网络运营关键岗位，均与网络安全密切相关。前者岗位的工作内容即为有效管理网络安全，后者岗位虽并不直接涉及管理网络安全，但网络运营关键岗位对于网络运营者正确履行网络安全保护义务，[10]起着至关重要的影响作用。

《网络安全法》中的从业禁止所呈现出来的上述变化，使得其形式上看起来非常接近于《刑法》中的从业禁止。但与《刑法》中的从业禁止相比，上述几点相似之处也存在需明确的区别。虽然作为禁止原因的前罪为违背法律明确规定的特定义务的犯罪，但《网络安全法》第 27 条所规定的义务并非是仅针对网络相关职业的特定义务。《网络安全法》第 27 条针对的对象为“任何个人和组织”，即既包括从事网络相关职业的个人和组织，也包括从事网络相关职业以外的其他职业，还包括使用网络进行网络活动的个人和组织。此外，虽然前罪涉及之行为与禁止从事的职业之间存在着关联性，但《网络安全法》上的从业禁止在禁止从事的职业范围上作出了具体化、特定化的规定。《刑法》中的从业禁止所禁止从事的“相关职业”的范围并不特定，人民法院“可以参照劳动和社会保障部、国家质量监督检验检疫总局、国家统计局 2015 年联合组织编制的《中华人民共和国职业分类大典》对职业的分类，除职业本身涉及多个大类的情况，原则上不得超出每一大类所包含的中类的范围

---

〔10〕《网络安全法》第 9 条规定：“网络运营者展开经营和服务活动，必须遵守法律、行政法规，尊重社会公德，遵守商业道德，诚实信用，履行网络安全保护义务，接受政府和社会的监督，承担社会责任。”

(‘相同大类原则’)”[11],根据不同的案件情形自由裁量禁止的职业范围。而《网络安全法》中的从业禁止并非概括规定禁止犯罪人未来从事与网络相关的职业,而是将禁止从业的范围具体为网络安全管理和网络运营关键岗位的工作。

由此可以看出,在《刑法》中的从业禁止确立之后制定通过的《网络安全法》中的从业禁止,与之前的其他法律、行政法规中所规定的从业禁止存在明显的不同,一定程度上接近于《刑法》中的从业禁止,但亦有着一定的差别。显然,《网络安全法》中的从业禁止兼具了《刑法》中的从业禁止和其他法律、行政法规中的从业禁止的部分特征,该制度中与《刑法》中的从业禁止和其他法律、行政法规中的从业禁止的重合现象表现的更为明显(如下表所示),这意味着《网络安全法》中的从业禁止的适用与《刑法》第37条之一的联系将更为紧密。

	前罪范围	禁止从事的职业范围	禁止的期限
其他法律、行政法规中的从业禁止	一般无具体限制	固定的某一职业,与前罪所涉犯罪类型并无关联	不同规定,但绝大部分为终身
《网络安全法》中的从业禁止	因违背保障网络安全的义务而构成的犯罪	与网络安全有关联的网络安全管理和网络运营关键岗位	终身
《刑法》第37条之一的从业禁止	利用职业便利实施犯罪,或者实施违背职业要求的特定义务的犯罪	与前罪所涉职业具有一致性的相关职业	3~5年

三、对《刑法》第37条之一第3款“从其规定”的解读

《刑法》第37条之一第3款规定,当其他法律、行政法规对犯罪人从事相关职业另有禁止或者限制性规定的,应当遵从其他法律、行政法规的规定。“从其规定”阐明了在适用中如何处理《刑法》第37条之一的从业禁止与其他法律、行政法规的从业禁止之间的关系。有学者认为,“‘从其规定’只是意味着在行为构成犯罪并且应当适用职业禁止的前提下,人民法院仅就职业禁止的适用条件和期限依照其他法律、行政法规的规定做出适用决定。换言之,当其他法律、行政法规对职业禁止的适用条件和期限另有规定时,便不受我国《刑法》第37条之一规定的‘禁止其自刑

[11] 参见武晓雯:《论〈刑法修正案(九)〉关于职业禁止的规定》,载《政治与法律》2016年第2期。

罚执行完毕之日或者假释之日起从事相关职业，期限为三年到五年”的限制。’”〔12〕笔者认为，该观点的表述并不准确。《刑法》中的从业禁止的适用条件包括两个方面：一是适用前提或主体条件，即禁止对象应当因相关职业犯罪被判处刑罚；二是实质根据或条件，即根据犯罪情况和预防再犯罪的需要。如果按照该学者的观点，则适用前提和实质根据都应当根据其他法律、行政法规的规定，不需受《刑法》第37条之一的限制，也就意味着不需要受限于职业犯罪、犯罪情况和预防再犯罪的需要等条件，但这显然不符合《刑法》第37条之一的规范目的。

从《刑法》第37条之一的文字表述上看，第1款和第3款的衔接之处在于“其”字，即第1款中的“禁止其自刑罚执行完毕……”第3款中的“……对其从事……”这两个“其”所指代的对象应当具有同一性。第1款中的“其”指代的对象显然是因利用职业便利实施犯罪，或者实施违背职业要求的特定义务的犯罪被判处刑罚的人，第3款中的“其”所指的也应该是此类人。如此，“另有禁止或者限制性规定”的针对内容应当不包括职业犯罪，而涉及的是犯罪情况和预防再犯罪的要求等内容。即适用其他法律、行政法规中从业禁止的规定，必须以实施职业犯罪为前提，但人民法院可能并不需要考虑犯罪情况和预防再犯罪的需要。如2006年《娱乐场所管理条例》第5条规定，因犯罪曾被剥夺政治权利的，不得开办娱乐场所或者在娱乐场所内从业。人民法院对于因利用娱乐场所的便利实施犯罪的开办者或从业者，应当判处附加或独立适用剥夺政治权利的，不需要考虑犯罪和预防再犯罪的需要，不受3年至5年的期限限制，应当宣告犯罪人终身禁止开办娱乐场所或者在娱乐场所内从业。

有学者质疑，根据《刑法》第37条之一第3款的规定，“在刑法与行政法同时规定职业禁止的情况下，应当依照行政法的规定。既然两种处罚的本质与目的各不相同，刑法中职业禁止的效力为什么要低于其他法律甚至法规中的行政处罚呢？”〔13〕在两种责任的关系上，完全可以是聚合关系，而非竞合关系。一定程度上，笔者赞同该观点。如前文所述，《刑法》中的从业禁止和其他法律、行政法规中的从业禁止的出发点和责任主体完全不同，针对犯罪人同时存在两种性质不同的从业禁止也的确是完全可行的。但是，如果认可这种各自独立的适用方式，那么《刑法》第37条之一第3款中的“从其规定”便成为了一纸具文，毫无意义。

---

〔12〕 参见武晓雯：《论〈刑法修正案（九）〉关于职业禁止的规定》，载《政治与法律》2016年第2期。

〔13〕 参见刘夏：《保安处分视角下的职业禁止研究》，载《政法论丛》2015年第6期。

笔者认为,在客观存在"从其规定"适用原则的前提下,对"从其规定"而导致的两种不同性质的从业禁止之间的关系,既不能认为是聚合关系,也不能简单认为是一种竞合关系,而是通过适用"从其规定",实现两者的综合化。这种综合化并非简单的形式上的并列,亦并非责任主体的单纯转移,而是意味着其他法律、行政法规中从业禁止的实质效果的两面化。具体而言,通过"从其规定"的适用,人民法院根据其他法律、行政法规中的相关规定对犯罪人宣告从业禁止,对其他法律、行政法规中的从业禁止的实质效果实现了相同期限的非刑罚性处置措施和前科附随后果的综合。如《义务教育法》第 24 条第 3 款规定,学校不得聘用曾经因故意犯罪被依法剥夺政治权利的人担任工作人员。该条款实际上禁止了因故意犯罪被依法剥夺政治权利的人从事学校工作人员的职业,不考虑与刑法中的从业禁止的适用关系,该从业禁止的责任主体并非犯罪人,而是学校。如果有人因利用学校工作人员的便利条件实施故意犯罪被依法剥夺政治权利,则人民法院应当遵从该条款规定,宣告该犯罪人终身不得从事学校工作人员的职业。此时,该从业禁止的责任主体不仅包括学校,学校仍然需要遵循该条款规定,在聘用相关人员时,严格审核其是否符合要求,而且还包括犯罪人本人,即犯罪人不得主动寻求在学校担任工作人员。该条款原有的前科附随后果仍然存在,同时,因为《刑法》第 37 条之一第 3 款"从其规定"的适用,又衍生出非刑罚性处置措施的效果,两种效果针对不同责任主体同时存在,且期限相同。

四、《网络安全法》中的从业禁止的适用

与刑法中的从业禁止在主体范围、前罪范围、禁止从事职业的范围等内容上具有较高重合度的《网络安全法》中的从业禁止,在适用《刑法》第 37 条之一第 3 款"从其规定"时,较之于一般的其他法律、行政法规中的从业禁止,显然有着更为复杂的适用情形。

	主体范围	前罪范围	禁止从事职业的范围	禁止期限
《网络安全法》中的从业禁止	任何个人和组织	因违背保障网络安全的义务而构成的犯罪	与网络安全有关联的网络安全管理和网络运营关键岗位	终身
《刑法》第 37 条之一的从业禁止	从事特定职业的人	利用职业便利实施犯罪,或者实施违背职业要求的特定义务的犯罪	与前罪所涉职业具有一致性的相关职业	3~5 年

(一)自然人犯罪从业禁止的适用

上表中,主体范围和前罪范围为适用条件,禁止从事职业的范围和禁止期限为适用后果。根据主体范围和前罪范围的重合内容,可以出现不同的组合方式,形成不同的适用条件,导致出现不同的适用后果。具体而言,《网络安全法》中从业禁止的主体范围为任何个人,既包括从事网络相关职业的人,也包括非从事网络相关职业的人;前罪范围为违背保障网络安全的义务而构成的犯罪,但由于该义务的主体为任何人,该义务并非网络相关职业专属义务,因主体行为可能作为网络相关职业特定义务出现,亦可能作为个体义务出现。所以,可能出现如下情形。

1. 从事网络相关职业的人,违反《网络安全法》第 27 条规定,受到刑事处罚的

从主体身份上看,该情形符合适用《刑法》第 37 条之一的主体要求。但由于《网络安全法》第 27 条针对的对象为任何人,从事网络相关职业的人违反该条的规定,是否即意味着实施违背职业要求的特定义务的犯罪? 笔者认为不能作此绝对的判断。现代社会为网络社会,网络具有普遍性,几乎人人都接触网络,使用网络,所以《网络安全法》第 27 条针对的是任何人,任何人都有可能实施危害网络安全的行为。从事网络相关职业的人较为特殊,其以接触网络、使用网络为职业,为谋生的工作方式。同时,其在工作之余,作为一般人角色存在时,会和其他非从事网络相关职业的人一样,仍然会接触网络、使用网络。如果不作区分,将混淆从事网络相关职业的人在维护网络安全上的个体义务和职业义务,进而加重其责任承担和处罚后果。由于“在多数情况下,利用职业便利与违反职业义务是紧密交织、彼此重合的”,[14] 在难以直接区分个体义务和职业义务的情况下,可以考虑是否“利用职业便利”来判断何时违反的是个体义务,何时违反的是职业义务。

“利用职业便利,是指行为人利用了从事某种职业所形成的特殊便利和条件。”[15] 行为人如果利用了其从事网络相关职业所形成的特殊便利和条件,即为利用职业便利,也即违背了职业义务。行为人在工作期间,利用工作设备和工作网络环境的,应当认定为利用职业便利,违背了职业义务。相应地,行为人在非工作期间,使用个人设备和家庭网络环境的,不应认定为利用职业便利,属于违背个体义

〔14〕 参见刘夏:《保安处分视角下的职业禁止研究》,载《政法论丛》2015 年第 6 期。

〔15〕 参见刘志伟、宋久华:《论刑法中的职业禁止制度》,载《江西社会科学》2016 年第 1 期。

务。据此,可以将从事网络相关职业的人,违反《网络安全法》第27条规定,受到刑事处罚的从业禁止分为以下两种情形。

(1)行为人在工作期间利用工作设备和工作网络环境的

在此情形下,人民法院在判处刑罚的同时,应当依据《刑法》第37条之一第1款、第3款和《网络安全法》第63条第3款的规定,宣告行为人终身禁止从事网络安全管理和网络运营关键岗位的工作。此外,人民法院仍然可以根据行为人的犯罪情况和预防再犯罪的需要,禁止行为人从事除网络安全管理和网络运营关键岗位等以外的其他网络相关职业3年至5年。

(2)行为人在非工作期间使用个人设备和家庭网络环境的

在此情形下,由于未利用职业上的便利,未违反网络相关职业的特定义务,人民法院不得适用《刑法》第37条之一的规定,对行为人宣告从业禁止。但根据《网络安全法》第63条第3款的规定,行为人终身不得从事网络安全管理和网络运营关键岗位的工作。

如前文所述,虽然(1)和(2)两种情形下,行为人都面临着终身不得从事网络安全管理和网络运营关键岗位的工作的从业禁止,但在(1)情形下,行为人不得主动寻求谋取网络安全管理和网络运营岗位的工作,网络运营者在聘用相关人员时,亦需仔细审核其资格;在(2)情形下,对行为人禁止从事网络安全管理和网络运营岗位工作的责任仅在于网络运营者。

2. 从事非网络相关职业的人,违反《网络安全法》第27条规定,受到刑事处罚的

对于从事非网络相关职业的人,《网络安全法》第27条所规定的义务,不可能成为其职业上的特定义务,但仍然存在利用职业上的便利,违反《网络安全法》第27条,构成犯罪,受到刑事处罚的可能。与前文一致,利用职业上的便利,指行为人在工作期间,利用工作设备和工作网络环境;未利用职业上的便利,指行为人在非工作期间,使用个人设备和家庭网络环境。

(1)行为人利用职业上的便利

在此情形下,人民法院在判处刑罚时,可以依据《刑法》第37条之一第1款,根据行为人的犯罪情况和预防再犯罪的需要,禁止行为人从事与之前所利用便利之职业具有一致性的相关职业3年至5年;同时,应当依据《刑法》第37条之一第1款、第3款和《网络安全法》第63条第3款的规定,宣告行为人终身禁止从事网络安

全管理和网络运营关键岗位的工作。

(2)行为人未利用职业上的便利

未利用职业上的便利,人民法院不得对行为人适用《刑法》第 37 条之一的规定,不得宣告从业禁止。但根据《网络安全法》第 63 条第 3 款的规定,行为人终身不得从事网络安全管理和网络运营关键岗位的工作。

(二)单位犯罪从业禁止的适用

《网络安全法》第 27 条规定的义务即针对个人,也针对组织,也即存在单位违反该条义务,构成犯罪的情形。对于单位犯罪的,是否能够对单位适用从业禁止。有学者认为,“单位具有单独的意志,且能支配或容认其成员实施危害社会的行为,因而单位在刑罚执行完毕之后仍然能够再次利用其职业便利实施危害社会的行为。故对单位也应该适用刑法职业禁止令。”[16] 亦有学者认为,“职业仅指自然人从事的职业。相应地,利用职业便利实施的犯罪,或者违背职业要求的特定义务的犯罪,也仅限于自然人犯罪,不包括单位犯罪。”[17] 但由于《网络安全法》第 63 条第 3 款中针对的是“受到刑事处罚的人员”,加之“网络安全管理和网络运营关键岗位的工作”难以由单位来从事。所以,本文需讨论的是,单位违反《网络安全法》第 27 条的规定,直接负责的主管人员和其他责任人员是否可以适用从业禁止。

《刑法》第 31 条规定,单位犯罪的,对单位判处罚金,并对其直接负责的主管人员和其他直接责任人员判处刑罚。而《刑法》第 37 条之一的从业禁止是一种非刑罚处置措施,不属于刑法所规定的能够对直接负责的主管人员和其他直接责任人员所施加的后果范围,“对直接负责的主管人员和其他责任人员适用职业禁止有失公平”。[18] 虽然不能够对直接负责的主管人员和其他责任人员根据《刑法》第 37 条之一的规定宣告从业禁止,但是《网络安全法》第 63 条第 3 款的从业禁止规定,仍然决定了其终身不得从事网络安全管理和网络运营关键岗位的工作。

---

〔16〕 参见卢建平、孙本雄:《刑法职业禁止令的性质及司法适用探析》,载《法学杂志》2016 年第 2 期。

〔17〕 参见刘志伟、宋久华:《论刑法中的职业禁止制度》,载《江西社会科学》2016 年第 1 期。

〔18〕 同上引。

网络集资中“不特定对象”的证券法解读

张　曜*

【内容摘要】　对于非法集资中“不特定对象”的判定，我国《刑法》与相关司法解释规定的标准不符合法律的立法目的，也不利于民间融资的健康发展，包括“口口相传”“亲友”“单位内部人”等概念的确立缘于运用刑法思维解决金融法问题。从金融法的角度审视，美国私募发行豁免制度中的“既存的实质性联系”标准和“获许投资者”标准可为我国集资对象“特定化”的判定提供思路；同时，对于如今的互联网非公开融资行业也应当设置相应的投资程序以识别“特定对象”，免于陷入非法集资之困境。

【关键词】　非法集资　不特定对象　金融法

一、问题的提出

近年来，随着互联网金融热潮的兴起，非法集资案件频发。从2003年的孙大午案、2012年的吴英案，到2015年的e租宝案，非法集资的渠道逐渐由传统的“口口相传”或线下推介方式转变为网络公开推介，影响对象群体的规模逐渐由数人演变为数十万人之多；与此同时，国家鼓励科技创新、中小企业发展的政策对应着中小企业日渐扩张的资金需求。在此背景下，如何为广大的中小企业确定融资对象提供合法性指引，建立多层次的信贷供给市场，已然成为缓解数十年来困扰我国中小企业融资不适感的重要途径。

另外，自吴英案以来，关于其非法集资对象是否构成“不特定社会公众”的学术

---

* 张曜，华东政法大学国际金融法律学院2014级法学硕士研究生。

争鸣不绝于耳,[1]司法实践中又常用吸收存款对象的多寡作为判断“社会公众”的标准。虽然最高人民法院《关于审理非法集资刑事案件具体应用法律若干问题的解释》(以下简称《解释》)第1条第2款规定了“未向社会公开宣传,在亲友或者单位内部针对特定对象吸收资金的,不属于非法吸收或变相吸收公众存款”,但如此不顾关系亲疏远近的生硬判断方式不仅与立法上界定集资对象是否特定的意图相违背,也与非法集资的实践不相符合。[2] 在互联网金融领域,2014年12月,证券业协会发布《私募股权众筹融资管理办法(试行)(征求意见稿)》,其中关于“私募股权众筹”的概念受到广泛质疑,[3]2015年8月,证券业协会在未给出明确解释的情况下发布的《关于调整〈场外证券业务备案管理办法〉个别条款的通知》中,将“私募股权众筹”的概念修改为“互联网非公开股权融资”,也体现出我国金融规则的制定者时至今日仍然对于融资对象的把握缺乏足够认识。融资对象的“特定”与“不特定”,“私”与“众”将直接影响法律对于合法私募和非法集资的行为界限。

正如美国联邦最高法院在1953年的Ralston Purina案中阐述的:“向所有红头发的人、芝加哥或旧金山的所有居民、通用汽车或美国电报电话公司的所有股东发出证券要约,其‘公共性’并不比不受限制地向全世界发出要约的公共性更少……在任何情形下,对‘公’与‘私’的区分都应当建立在形成该区别的决定因素和区分目的的基础之上”。[4] 当刑法思维无法对集资对象的“特定性”作出合理解释之时,回归非法集资罪的本源,以金融法的视角对其进行再审视是解决问题的应有之义。

二、刑法思维应对非法集资案件的不适应性——回归金融法的视角

(一)刑法对非法集资不特定对象的解读与局限

非法集资作为数个罪名的统和称谓,主要包含《刑法》中的非法吸收公众存款

---

〔1〕 在吴英案中,金华市中级人民法院认定吴英在2005年至2007年,以非法占有为目的先后从林卫平等11人处非法集资人民币7.73395亿元,实际集资诈骗人民币3.84265亿元,并以集资诈骗罪判处吴英死刑。然而在该案中,集资对象主要是当地的资金掮客或中产阶级群体,且吴英以“口口相传”方式进行集资是否符合非法集资中“不特定对象”的判定标准,存在广泛争议。

〔2〕 参见彭冰:《非法集资行为的界定——评最高人民法院关于非法集资的司法解释》,载《法学家》2011年第6期。

〔3〕 普遍认为,“私募股权众筹”的概念中关于“私”和“众”术语的同时存在似乎存在逻辑上的矛盾。

〔4〕 See SEC v. Ralston Purina Co., 346 U.S. 119, 124(1953).

罪、集资诈骗罪和擅自发行股票、公司、企业债券罪。[5] 1995 年全国人大常委会通过《关于惩治破坏金融秩序犯罪的决定》,正式确立了非法吸收公众存款罪和集资诈骗罪的罪名,1997 年《刑法》在此基础上增设了擅自发行股票、公司、企业债券罪,正式形成了我国刑事领域规制非法集资行为的法律依据,但对于相关的集资方式、集资对象等并未作出具体规定。1998 年 4 月,国务院颁布了《非法金融机构和非法金融业务活动取缔办法》,规定非法吸收公众存款是指"未经中国人民银行批准,向社会不特定对象吸收资金,出具凭证,承诺在一定期限内还本付息的活动"。之后 1999 年,中国人民银行发布了《关于取缔非法金融机构和非法金融业务活动中有关问题的通知》,阐明了非法集资的定义,即"非法集资是指单位或者个人未依照法定程序经有关部门批准,以发行股票、债权、彩票、投资基金证券或其他债权凭证的方式向社会公众募集资金,并承诺在一定期限内以货币、实物或其他方式向出资人还本付息或给予回报的行为",但对于何类群体构成法律规定的"不特定对象"和"社会公众",该通知并未给出明确指示。

2010 年 5 月,最高人民检察院、公安部颁布《关于公安机关管辖的刑事案件立案追诉标准的规定(二)》,确立了认定非法集资对象的"人数标准",即"个人非法吸收或者变相吸收公众存款三十户以上或单位非法吸收或者变相吸收公众存款一百五十户以上",2010 年 12 月,《解释》在将人数标准由"户"改"人"的同时对非法集资概念的特征要件予以细化,确立了非法集资行为的非法性、公开性、利诱性和社会性,其中公开性和社会性构成了判定集资对象的基本原则,即是否"通过媒体、推介会、传单、手机短信等途径向社会公开宣传"和"向社会公众即社会不特定对象吸收资金",此外,《解释》也为集资行为设定了类似"安全港"的豁免规则,即"未向社会公开宣传,在亲友或者单位内部针对特定对象吸收资金的,不属于非法吸收或者变相吸收公众存款"。但是在诸如"公开""公众""亲友""单位内部"等关键用词的表述上,不仅《解释》未给出明确界定,而且其逻辑也存在不合理之处。

一是集资活动的公开性。《解释》规定"通过媒体、推介会、传单、手机短信等途径向社会公开宣传"等属于法律明令禁止的宣传途径,但对于实践中尤其是江浙地区广泛存在的"口口相传"行为并未给出明确规定。事实上,在《解释》起草过程中,早已有意见提出应当对"口口相传"予以特别说明,但因为对"口口相传"的定性需

---

〔5〕 参见我国《刑法》第 176 条、第 179 条、第 192 条。有观点认为非法集资还包括作为口袋罪名的非法经营罪,本文对此不作讨论。

要根据主客观相一致的原则进行具体分析,考虑集资者是否知情、态度如何、有无具体参与、是否设法阻止等因素判定,故未在《解释》中对此专门作出规定。[6] 然而在实际审判中,对口口相传的判定缺乏明确的法律指引,且具体案件中当事方可能同时涉及多重身份关系,是否需要区分亲友内部和资金掮客的口口相传?如果需要区分,那么集资对象同时通过两类渠道获取信息如何判定?更细化地思考,所谓“亲友”的概念如何认定,密切往来的生意伙伴与社会公众的界限如何区分?无论是在曾经热议的吴英案,还是近年来各地法院审判的非法集资案件中,法院都未能对此给出相对精细的分析。[7]

二是集资活动的社会性,即向社会公众即社会不特定对象吸收资金。在区分合法的民间借贷和非法吸收公众存款的问题上,普遍观点多集中在对“公众”二字的理解之上,即向特定人群借款的,就构成民间借贷,向不特定人群借款的,就构成吸收公众存款。[8] 而何为“社会公众”或“特定人”,有观点认为应该综合集资对象是否具有不特定性或开放性予以判定,而区分的依据就是是否满足亲友或单位内部人之条件。[9] 其不妥之处有二:一方面,所谓“特定”或“不特定”本身并非确定的概念术语,以此作为具体的法律规则将使得规则解释面临不确定性的后果,如同 Ralston Purina 案所阐述的,区分“特定”的重要标准应当是法律的立法目的,即何类群体需要法律的保护,并据此确立明晰的判定规则;另一方面,《解释》在规制集资对象的同时规定了“亲友”和“单位内部人”的豁免规则,从词义上理解,“亲友”的范围包括亲戚朋友,而亲戚朋友的范围广泛,知己之交、生意伙伴或是一面之缘是否可称为朋友,法律和文化对此的看法或许不尽相同,具体裁判案件时更容易带来诸多困惑。而从立法意图上理解,刑法之所以为“亲友”和“单位内部人”集资设定类似安全港的豁免规则缘于此类群体辐射范围有限,不属于“社会公众”,[10] 然而

---

〔6〕 参见刘为波:《〈关于审理非法集资刑事案件具体应用法律若干问题的解释〉的理解与适用》,载《人民司法》2011 年第 5 期。

〔7〕 本文对 2014 ~ 2015 年全国法院审理的非法集资案件进行了考察。通过考察发现,在实际审判中,除了明显采取社会公开招揽(传单、短信)等的宣传方式,法院对于“口口相传”的认定往往轻描淡写,更多的是将“口口相传”与不特定对象相联系,而非按照《解释》的精神对此类行为进行区分。

〔8〕 参见赵秉志:《非法吸收公众存款罪探讨》,载《人民司法》2004 年第 2 期。

〔9〕 参见刘宪权:《刑法严惩非法集资行为之反思》,载《法商研究》2012 年第 4 期。

〔10〕 参见最高人民法院刑三庭副庭长罗国良新闻发言:《亲友或单位内部集资不属于非法集资》,载 http://finance. people. com. cn/money/n/2014/0421/c42877 - 24922609. html,最后访问日期:2016 年 4 月 12 日。

无论是亲友,还是单位内部人,其关系都有远近之分,所需要保护的程度各不相同,如此"一刀切"地判定标准在实质上也与立法精神不符。事实上,在《解释》的制定过程中,立法者认为对集资对象"特定"的判定基础应当是集资参与人的抗风险能力,法律干预非法集资的主要原因是社会公众缺乏投资知识,[11]且难以获取相关的投资信息,"亲友"和"单位内部人"的立法规则显然与社会性要件的立法精神发生了严重偏离。

(二)运用金融法解释非法集资的基础

事实上,非法集资虽然由《刑法》予以规制,但却并非由《刑法》创设而来。全国人大常委会于1995年5月通过的《商业银行法》首次提出了"非法吸收公众存款"的概念,该法第79条规定:"未经中国人民银行批准,擅自设立商业银行,或者非法吸收公众存款、变相吸收公众存款的,依法追究刑事责任;并由中国人民银行予以取缔"同年6月,《关于惩治破坏金融秩序犯罪的决定》获得通过,正式确立了非法吸收公众存款罪的罪名,其中第7条规定:"非法吸收公众存款或者变相吸收公众存款,扰乱金融秩序的,处三年以下有期徒刑或者拘役,并处或者单处二万元以上二十万元以下罚金……"1997年《刑法》制定之时,几乎将上述规定完整继承下来,规定为《刑法》中的"集资诈骗罪"和"非法吸收公众存款罪"。

关于"擅自发行股票、公司、企业债券罪",在其被正式纳入《刑法》之前,国务院早已出台过相应的金融规范。1993年4月,国务院颁布的《股票发行与交易管理暂行条例》第70条规定:"股份有限公司违反本条例规定,有下列情形之一的……(一)未经批准发行或者变相发行股票的……"同年9月,国务院通过的《企业债券管理条例》第26条规定:"未经批准发行或者变相发行企业债券的,以及未通过证券经营机构发行企业债券的,责令停止发行活动,退还非法所筹资金,处以相当于非法所筹资金金额5%以下的罚款。"即使《证券法》于1998年才以法律的形式将擅自发行证券的罪名予以确立,但在1997年《刑法》颁布之前早已可以在相关的金融条例中寻觅到相关罪名的立法思想。因此从这个意义上说,非法集资的概念并非源于《刑法》之创设,而是《刑法》对金融法概念的引入,或者可以称之为《商业银行

---

[11] 参见刘为波:《〈关于审理非法集资刑事案件具体应用法律若干问题的解释〉的理解与适用》,载《人民司法》2011年第5期。

法》和《证券法》的刑法化。[12]

因此,如果本着金融法的思路分析,可以发现使得集资对象“合法化”的蛛丝马迹。从法律后果来看,与非法集资相对应的合法集资方式称为私募;而从募集方式来看,私募是与证券公开发行相对应的概念,由于我国法律未对合法私募作出明确定义,对私募的理解通常参照《证券法》第10条第2款、第3款[13]和国务院办公厅《关于严厉打击非法发行股票和非法经营证券业务的有关问题的通知》[14]关于证券公开发行的相关规定,即私募融资通常需要满足以下条件:(1)向不超过200人的特定对象募集资金;(2)未使用广告、公告、广播、电话等公开劝诱方式传播信息;(3)以非公开方式向公众转让股票,转售后投资者人数未超过200人。与之相对应的是,自美国1933年《证券法》实施以来,SEC在长达近60年的时间内为私募发行豁免建立起了明晰的判定规则,其中的“禁止一般性招揽”规则与我国的“未使用广告、公告、广播、电话等公开劝诱方式传播信息”规则相对应,而通过146规则、《D条例》所确立的私募融资“安全港”(safe harbor)规则则通过精细的法律构造回避了我国集资对象“特定”与否所带来的立法难题,或可为我国非法集资“不特定对象”的判定有所借鉴。

三、美国私募发行豁免制度对“不特定对象”的判定与解读

(一)私募融资的“特定”对象——“安全港”规则的建立

1. 私募融资豁免“人数标准”的形成

证券法一个经久不衰的难题是,如何公平地对待小企业。历史上,很多证据证

---

〔12〕 参见黄韬:《刑法完不成的任务——治理非法集资刑事司法实践的现实制度困境》,载《中国刑法学杂志》2011年第11期。

〔13〕 《证券法》第10条第2款规定:“有下列情形之一的,为公开发行:(一)向不特定对象发行证券的;(二)向特定对象发行证券累计超过二百人的……”《证券法》第10条第3款规定:“非公开发行证券,不得采用广告、公开劝诱和变相公开方式。”

〔14〕 国务院办公厅《关于严厉打击非法发行股票和非法经营证券业务的有关问题的通知》规定:“向特定对象发行股票后股东累计不超过200人的,为非公开发行。非公开发行股票及其股权转让,不得采用广告、公告、广播、电话、传真、信函、推介会、说明会、网络、短信、公开劝诱等公开方式或变相公开方式向社会公众发行。严禁任何公司股东自行或委托他人以公开方式向社会公众转让股票。向特定对象转让股票,未依法报经证监会核准的,转让后,公司股东累计不得超过200人。”

明,相当大比例的证券欺诈是新投机公司的发起人实施的。[15] 为了鼓励小企业的创立和发展,美国证券法的立法者为小企业的融资问题创设了精细的私募豁免和小额豁免规则,使得小企业能够在不缴纳高额注册费的情况下从公开市场或私募市场中获得融资。美国《1933 年证券法》第 4(2)条最先规定了证券私募发行之豁免条件,即"发行人进行的与公开发行无关的交易"可以豁免向 SEC 注册。[16] 然而遗憾的是,立法史并未对此规则的理解给出详尽的解释,可以作为参照的是众议院委员会的国会档案对该规则的简要记录,即认为该豁免允许"发行人向特定的人进行特定的或独立的证券销售,且该豁免一般针对没有适用《证券法》的实际需要或与公众利益太遥远的交易"。[17]

在立法解释沉默的情形下,行政解释给出了更具有适用性的标准,即使 SEC 无意创设以 25 人为区分节点的"人数标准",在 1935 年的一份通告(release)中,SEC 指出:"一项交易是否涉及公开发行是一项事实问题,应综合所有的周遭情势作出判断,而非仅仅以受要约人的数量作为唯一的衡量标准。"[18] SEC 进一步指出,考虑一项发行是否应纳入豁免范围的主要考虑因素:(1)受要约人的数量、受要约人之间的关系以及他们与发行人之间的关系;(2)出售要约单位的数量;(3)发行规模;(4)发行方式。[19] 与此同时,SEC 也并未放弃人数标准衡量的重要性:"通常情况下,向不超过约 25 个人发行或者发行对象不多,可以认为不涉及公开发行",[20] 而在此之后到 1953 年之前很长的适用期间内,SEC 对"25 人标准"的重视使得其他综合考量的条件逐渐淡化,受要约人是否超过 25 人也即成为 SEC 衡量是否涉及公开发行的主要标准。

2. SEC v. Ralston Purina Co. 案:"人数标准"向"需求保护"标准的变迁

"人数标准"的衡量方式最终于 1953 年联邦最高法院裁决的 SEC v. Ralston

---

[15] Seligman The Historical Need for a Mandatory Corporate Disclosure System, 9 J. Corp. L. 1, 34 – 36 (1983).

[16] 15 U. S. C. § 77d(2).

[17] See Loss & Seligman, Securities Regulation, at 1362 – 1366(3d ed. 1999).

[18] See Securities Act Release 285(1935).

[19] See Securities Act Release 285(1935).

[20] See Securities Act Release 285(1935).

Purina Co. 案〔21〕被更加合理的“需求标准”所替代。该案件的主要关注点在于:向“关键雇员”(key employee)长期销售库存股票是否应当被认定为公开发行。Ralston Purina 公司认为其并未向每个员工都发出要约,只有符合“关键雇员”条件的员工才能收到要约,因此符合私募发行的“特定对象”条件而免于向 SEC 注册,而 SEC 却认为该项发行属于公开发行,因此双方展开诉讼。案件最终上诉到联邦最高法院,在该案具有里程碑式的判决理由中,最高法院指出“《证券法》第 4(2)条豁免规则的运用应立足于此类交易对象是否需要(needs)《证券法》的保护,如果发行对象能够实施自我保护,则此类发行属于‘不涉及公开发行’的交易”,而非仅以受要约人数作为区分公开发行和私募发行的标准。

Ralston Purina Co. 案是美国证券法历史上一个非常重要的案例,在各方就“私募发行豁免”问题莫衷一是,陷入迷思甚至可能踏上歧途之际,联邦最高法院挺身而出,提出了自己对《证券法》中超级精练的“九字条款”〔22〕的见解,从而改变了美国私募发行法律制度的未来走向。〔23〕 但是,或许是考虑到纯粹需求标准的适用性和数字标准仍然具有相关的作用,最高法院在拒绝“对私募发行给出量化解释”〔24〕的同时也声明“在执行制定法时,并不阻止 SEC 运用一些数字标准(numerical test)来确定是否需要对某个特定的豁免请求开展调查”。〔25〕 因此,即使在 Ralston Purina Co. 案判决之后,SEC 仍然通过了“拇指规则”(rule of thumb)试图继续以经验理论将不超过 25 个受要约人的发行归入第 4(2)条的豁免规则中〔26〕。可以预见的是,“拇指规则”显然是重蹈覆辙的错误规则,而 1958 年之后,随着行政和司法对数字安全港的侵蚀,SEC 彻底摒弃了之前对“人数标准”的坚持立场,Ralston Purina Co. 案中所体现的“需求”(needs)和“信息获取”(access)标准逐渐成为衡量私募发

〔21〕 See SEC v. Ralston Purina Co., 346 U. S. 119(1953). 罗尔顿公司(Ralston Purina Co.)在 1947 ~ 1951 年在未经 SEC 注册的情况下通过邮政系统向其指派的“关键雇员”发售股票,SEC 认为罗尔顿公司的发售行为构成了证券公开发行,应当按照规定向 SEC 注册,罗尔顿公司则认为发售针对的是“特定对象”因而属于证券私募而可以豁免注册,双方因此展开诉讼。

〔22〕 “九字条款”即美国《1933 年证券法》第 4(2)条对私募发行豁免的最早规定:“Transactions by an issuer not involving any public offering”,《证券法》对私募的规定仅限于这九个字。参见郭雳:《美国证券私募发行法律问题研究》,法律出版社 2004 年版,第 51 页。

〔23〕 参见郭雳:《美国证券私募发行法律问题研究》,北京大学出版社 2004 年版,第 56 ~ 57 页。

〔24〕 See SEC v. Ralston Purina Co., 346 U. S. 119(1953).

〔25〕 See SEC v. Ralston Purina Co., 346 U. S. 119(1953).

〔26〕 See H. R. Rep. No. 1542, 83d Cong., 2d Sess. 19(1954).

行豁免的重要条件。[27]

从某种意义上讲,Ralston Purina Co. 案将私募发行豁免拖回了《证券法》既有的轨道,但相对于"人数标准",至少在操作性上,"需求标准"或"信息获取标准"都显得有些过于抽象,[28]以致法院在裁判具体案件时往往对标准的适用产生严重分歧。[29] 更为严重的是,20 世纪 70 年代早期的法院判例将"需求标准"中发行人与受要约人之间的关系要求上升到了近乎使私募发行豁免制度沦为空谈的地步,即只有存在近乎等同于公司内部人(insider)的"特殊关系"才意味着投资者能够实施"自我保护",[30]因此大量私募发行的豁免请求被法院否决。Ray Garrett 律师在其担任证券交易委员会主席之前更是将"需求标准"的模糊内涵比喻为"一团乱麻"(a kind of mishmash),"'需求标准'的救命处方似乎是一个秘密,正如一个永远不能确信是否能够命中的移动活靶"。[31]

3."安全港"规则的提出:146 规则

私募的发展要求法律对其豁免条件作出明确的规定,由于"需求标准"的模糊性和司法裁判的适用分歧,SEC 于 1974 年颁布了 146 规则(rule 146)[32]试图为私募发行豁免建立明晰且可适用的"安全港"(safe harbor)标准。在满足以下条件的情形下,符合 146 规则的私募发行即可自动获得《证券法》第 4(2)条的豁免:(1)发行人或其代理人不得对要约进行任何形式的一般性招揽和广告;(2)发行人或其代理人在发出要约之前有充分合理的理由相信受要约人具有衡量投资收益和风险的相关知识,或者其财力足以承受相应的经济风险;(3)在任何的证券销售前,发行人应当有充分合理的理由相信,受要约人在进行合理询问(reasonable inquiry)之后能

---

〔27〕 See Loss & Seligman, Securities Regulation, at 1378(3d ed. 1999). 即受要约人是否需要《证券法》的保护以及是否能够获取充分的信息。

〔28〕 参见郭雳:《美国证券私募发行法律问题研究》,法律出版社 2004 年版,第 61 页。

〔29〕 法院在适用标准上的分歧是"需求标准"受到谴责的首要原因,如在 Hill York Corp. v. Am. Int'l Franchises, Inc. 案中,法院将发行人与购买方的联系作为关注重点;在 United States v. Hill 案中,法院则重点关注购买方的复杂性;而在 SEC v. Cont'l Tobacco Co. 案中,法院则将重点放在了发行人的披露方式和受要约人的数量方面。See William K. Sjostrom, Jr., Relaxing the Ban: It's Time to Allow General Solicitation and Advertising in Exempt Offerings, 32 Florida State University Law Review, 13(2004).

〔30〕 See SEC v. Continental Tobacco Co., 463 F. 2d 137(5th Cir. 1972).

〔31〕 Ray Garrett, Jr., The Private Offering Exemption Today, in Fourth Annual Institute on SEC Regulation 3, 10 – 11(Robert H. Mundheim et al. eds. 1973).

〔32〕 See Rule 146, SEC Securities Act Release 5487(1974).

够获得充分信息以评估投资的收益和风险,或者受要约人具有衡量投资收益和风险的相关知识,或者其财力足以承受相应的经济风险;(4)任何受要约人都应当能够获得或者掌握与发行人相关的详细信息。[33] 值得注意的是,146 规则对私募筹资额并没有限制,但规定私募购买人数不得超过 35 人,投资额在 15 万美元以上的大额投资者可免于计算在内。[34]

不幸的是,146 规则的实施并未如同它的制定初衷那般为证券市场所认可,在其颁布后不久,证券法领域的学者便对其开展了猛烈的抨击,甚至称其为“40 年以来 SEC 所作出的最糟糕举措”,[35] 时任 SEC 主席 Harold Williams 在国会发言时也直接指出,“严格遵循 146 规则将使得私募发行陷入过度复杂和昂贵的境地,且随时可能面临豁免资格丧失的行为风险”。或许是作为对 146 规则严厉批评的回应,SEC 分别于 1975 年和 1980 年颁布了两个可替换的有限发行豁免规则:240 规则和 242 规则,通过对《证券法》第 3(b)条小额发行豁免制度的细化,作为对此前饱受争议的 146 规则的回应与补救。[36]

从实施效果来看,146 规则并未作为一项成功的豁免规则被行业认可,但相比于之前的“需求标准”混沌状态,146 规则至少为私募发行确立了明晰的豁免标准,更具有意义的是,146 规则对“信息获取”程度所表现的立场使 20 世纪 70 年代法院裁判广泛采用的“关系检验”标准转变为更加温和的“分离检验”标准,1977 年第五巡回法院在 Doran v. Petroleum Management Corporation 案的判决结论正式确立了这一标准:“特殊关系”不再作为衡量是否符合豁免条件的关键因素,发行人可以通过两种途径纳入第 4(2)条的豁免范围,一是证明所有的受要约人享有与发行人之间的“特殊关系”或者是发行人的知情人,使其得以有效地获得本应由注册程序提供的信息;二是受要约人不具备与发行人的“特殊关系”,但是能够依赖发行人的实际披露获取本应由注册程序提供的信息。[37] Doran 案提出的“分离检验”标准肯定

---

〔33〕 See Rule 146, SEC Securities Act Release 5487(1974).

〔34〕 See Rule 146, SEC Securities Act Release 5487(1974).

〔35〕 See Homer Kripke, SEC Rule 146: A “Major Blunder”, 3 N. Y. I. J. 1(1974).

〔36〕 规则 240 规定:拥有 100 及以下收益所有人且在 12 个月内出售不超过 100 万美元证券的发行人可以豁免向 SEC 注册;规则 242 规定:6 个月内向不超过 35 名非合格投资者出售不超过 200 万美元证券的发行人可以免于向 SEC 注册(合格投资者不受此限);同时,无论是规则 240 还是规则 242,发行人都不得采用一般性招揽和广告的方式进行公开宣传。See Loss & Seligman, Securities Regulation, at 1413(3d ed. 1999).

〔37〕 See Loss & Seligman, Securities Regulation, at 1418(3d ed. 1999).

了信息披露对私募发行豁免的重要作用,使得私募发行豁免制度的发展重新回到了正轨,而146规则的部分思想也为SEC于1982年颁布的更加合理的D条例所沿用。

4.“安全港”规则的建立与完善:D条例

出于简化现有“过度繁杂”的私募发行豁免制度的考量,SEC于1982年颁布了D条例作为规则146、规则240和规则242的综合体以替代原有规则。[38] D条例由规则501~508组成(规则507~508为1989年修订时增加),规则501~503规定了三个豁免规则通用的条件和含义;规则504~506为D条例的核心规则,其分别取代了之前的规则240、规则242和规则146;规则507~508则为1989年增加的与豁免规则相关的资格丧失条款,[39]其中规则504~506的基本区别如下:[40]

	法律依据	发行限额	投资者限额	宣传方式	发行人资格
规则504	《证券法》第3(b)条:小额豁免	100万美元(12个月)	无限制	无限制	非投资公司、不受1934年证券交易法报告要求约束的公司
规则505	《证券法》第3(b)条:小额豁免	500万美元(12个月)	投资者不超过35人(合格投资者无限制)	不允许广告等公开劝诱方式	非投资公司、未因违反条例A而被剥夺资格的公司
规则506	《证券法》第4(2)条:私募豁免	无限制	投资者不超过35人(合格投资者无限制)	不允许广告等公开劝诱方式	无限制

如上表所示,D条例中的规则504和规则505主要是由《证券法》的小额豁免制度发展而来,[41]而作为私募发行豁免146规则的延伸和发展,D条例的506规则将“安全港”制度的精华完整地继承下来并发展出了更为明晰且具有可操作性的标准,其核心内涵包含以下两点:(1)对“获许投资者”的发行没有人数限制,也没有信息披露要求;(2)禁止广告等公开招揽方式,但在对象区分方面应当考虑招揽对象与发行人是否存在“既存的实质性联系”。

首先,对于“获许投资者”的概念,主要规定在证券交易委员会规则215和《证

〔38〕 See Securities Act Release 33-6339(1981).

〔39〕 See Regulation D (amendment), SEC Securities Act Release 6825(1989).

〔40〕 See 17 C. F. R. § 230.504-506.

〔41〕 小额豁免制度源于《证券法》第3(b)条。根据该项规则,如果符合“从公共利益角度来看,某项发行所涉数额较小或者特征有限,无须通过《证券法》的规则保护投资者”。See 15 U. S. C. §77c(b).

券法》第2(15)(ii)条中,[42]泛指银行、保险公司、投资公司等机构投资者或者在金融经验、资产净值,或金融事务方面拥有符合“获许投资者”资格的投资者,有学者将其总结为三个标准,即投资经验、与发行人的关系和财富标准。[43] 就自然人投资者而言,主要包括:(1)发行人的所有董事、高管和普通合伙人;(2)购买证券时自有资产或与其配偶的共同资产净值超过100万美元的自然人;(3)近两年个人年收入超过20万美元,或与其配偶的共同收入超过30万美元,且当年能够合理预期达成该收入水平的自然人。此类群体或是具有进行投资的相关知识或者经验,或是具有能够承受相关投资风险的经济基础,因此立法者认为无须赋予此类群体与普通投资者相同或类似标准的法律保护。

其次,对于私募融资的宣传方式,美国与我国法律都禁止使用广告等公开招揽方式进行宣传,但是,在对公开宣传方式的判定方面,SEC通过一系列的“不监管行动函”(以下简称不行动函)(no - action letter)[44]逐步确立了“既存的实质性联系”的审查标准。在对一般性招揽制度的解读中,SEC通过Woodtrails - Seattle, Ltd.不行动函[45]明确了合伙人与潜在投资者之间存在的“既存的实质性联系”使得该项要约不构成一般性招揽;[46]在E. F. Hutton & Co.不行动函[47]的回复中,SEC认为如果发行人或其代理人与受要约人之间的相互联系在招揽行为之前已经建立,那么这类联系可以被认定为“既存的联系”;对于“实质性联系”的含义,SEC在Mineral Lands Research & Mktg. Corp.不行动函[48]中指出,如果发行人或其代理人能够事先知晓相关联方的财务状况和成熟度,或者其他具有实质性和持续性的联系,那么这类联系则可以被视为“实质性的联系”。具体来说,“既存的实质性联系”体现

[42] See 17 U. S. C. §230.215, See 15 U. S. C. §77(b)(ii).

[43] 参见彭冰:《构建针对特定对象的公开发行制度》,载《法学》2006年第5期。

[44] 不行动函(no - action letter)作为SEC对指导性交易的一类非正式解释函件,对D条例规则的细化和申请人的行为指引有着重要影响。在不行动函中,SEC通过告知申请人明确的行为预期,明确在某些特定的交易事项发生后,SEC是否将保留采取法律行动的权利。

[45] See Woodtrails - Seattle, Ltd., SEC No - Action Letter(1982).

[46] 对“既存的实质性联系”的解释同样可见于1988年的Robert T. Willis, Jr., P. C.不行动函。See also Robert T. Willis, Jr., P. C., SEC No - Action Letter(1988). 尽管SEC多次声称“事先联系的存在并非规避一般性招揽行为的唯一方式”,然而迄今为止,SEC也从未公布任何不行动函以试图分离事先特定关系的存在与一般性招揽行为之间的紧密联系。See Patrick Daugherty, Rethinking the Ban on General Solicitation, 38 Emory L. J. 67, 107(1989).

[47] See E. F. Hutton & Co., SEC No - Action Letter(1985).

[48] See Mineral Lands Research & Mktg. Corp., SEC No - Action Letter(1985).

为发行人与投资者之间在招揽行为进行之前已经存在的商业联系,如果发行人事先确信其招揽的对象都具有相应的投资财务要求和投资经验或者其他实质性的(商业)联系,那么此类招揽行为(如以电子邮件方式向此类对象发送招揽信息)将不构成公开招揽。也就是说,如果在同时满足“既存的联系”和“实质性联系”的情形下,发行人能够确信招揽对象具有进行该项投资的财务能力或投资经验,由此进行的宣传将不构成“公开宣传”。

(二)网络私募对象的“特定化”标准:“调查问卷模式”的建立

根据D条例第502(c)条的规则,[49] SEC对于何种行为不构成一般性招揽与广告的限缩理解在很大程度上影响了私募合约安排成功的可能性,因为按照D条例的规定,一家初创企业在不得进行广告招揽行为的情形下将难以吸引足够数量的投资者来购买它的证券,除非这家初创企业事先与足够数量的获准投资者(accredited investors)建立联系或者指导雇佣掌握此类投资者信息的相关方以协助企业募集资金,但在大多数情况下,此类初创企业往往难以获得充分的资金支持。

有监管必有创新。在初创企业对流动资金孜孜以求的背景下,金融家们开始重新审视被视为招揽投资者首要阻碍的502(c)规则,他们指出,502(c)规则所规定的“发行人或其代理人”(issuer or any person acting on its behalf)概念意味着招揽者可以是发行人以外的主体如投资银行。因此,投资银行可以事先通过适当途径搜寻适合投资者以建立“事先的实质联系”,并接受初创公司的雇佣与适合的投资者撮合融资事项,初创公司则向投资银行支付适当报酬(可能是总发行收入的百分之十加上额外费用)。[50] 在市场利益的推动下,投资银行有着充分的激励以事先搜寻充分数量的获准投资者信息并与他们建立“事先的实质联系”,建立信息数据库能够帮助投资银行及时为初创企业提供数量可观的获准投资者信息,进而吸引更多的初创企业成为他们的客户而获得可观的资金收入。[51]

---

〔49〕 第502(c)条规定:(1)任何刊登或发布在报纸、杂志或类似媒体或电台广播发布的广告、文章、通知或其他信息;(2)任何通过一般性招揽或广告的方式邀请参加人出席的研讨会或会议都可能符合一般性招揽或广告的成立条件。See 17 C. F. R. §230. 502(c).

〔50〕 See William K. Sjostrom, Jr., “Relaxing the Ban: It's Time to Allow General Solicitation and Advertising in Exempt Offerings”, 32 *Florida State University Law Review*, 13(2004).

〔51〕 See Donald C. Langevoort, Angels on the Internet: The Elusive Promise of “Technological Disintermediation” for Unregistered Offerings of Securities, 2 J. Small & Emerging Bus. L. 7(1998).

SEC 肯定了此类规避第 502(c)条款的行为模式。在 1985 年的 Bateman Eichler 不行动函[52]中,SEC 对投资银行如何建立获准投资者数据库以绕过 D 条例的“禁止一般性招揽与广告”原则给予了回复和指导。Bateman Eichler 是一家在美国 47 个州开展营业活动的授权经纪商,并且经常在 D 条例规则 505、规则 506 的范围内以有限合伙的方式充当私募要约的销售代理商。为了扩张其享有的获准投资者/受要约人的数据库,Bateman Eichler 计划设计一套程序以识别潜在的获准投资者。主要内容为 Bateman Eichler 的业务经理每月向特定的商业人群,如当地教授、律师、财务人员和公司高管等发送邮件,邮件内容包含一份信函和一份调查问卷(questionnaire),业务经理将对收到回复的调查问卷进行审阅并联系回复者以获取额外需要的个人和财产信息,符合要求且已经获得必要信息的回复者将会被列入 Bateman Eichler 制定的潜在的投资者清单中,用于在未来出现与其个人和资产状况相符合的融资方时撮合两者进行投资交易。对于上述事实,SEC 在不行动函中指出:设计程序用于识别潜在受要约人的行为不构成证券的公开要约行为,且此类程序使得受要约人与经纪商之间成功地建立了实质性的联系,因而日后对该特定对象的要约行为将不会触及 D 条例禁止一般性招揽行为的红线。同样地,SEC 在两年后的 H. B. Shaine & Co. 不行动函[53]中进一步确认了这一标准,Shaine 公司同样作为授权经纪商和纽约证券交易所的会员,并通过调查问卷的方式收集回复者的信息(包括回复者的履历、投资经验、教育情况、收入和净资产等的状况)以识别潜在的获准投资者,SEC 在不行动函中阐述道:如果回复者提供了问卷所需要的完整信息且经审核符合条件,那么行为双方之间将成功地建立起“既存的实质性联系”进而受到“安全港”规则的保护。

SEC 于 1996 年发布的 IPO NET 不行动函[54]和 1997 年发布的 Lamp Technologies 不行动函[55]则为互联网领域的私募股权融资方式提供了颇具建设意义的行为范本。IPO NET 是一家利用互联网帮助私募发行人进行私募融资的网络公司,为了符合 D 条例关于私募发行豁免的条件,IPO NET 公司要求只有经过密码认证和“获准投资者”认证的特定投资者才能够访问投资专区以从事投资活动。在通过

---

[52] See Bateman Eichler, Hill Richards, Inc., SEC No - Action Letter(1985).

[53] See H. B. Shaine & Co., Inc., SEC No - Action Letter(1987).

[54] See IPONET, SEC No - Action Letter(1996).

[55] See Lamp Technologies, SEC No - Action Letter(1997).

"获准投资者"资格认证之前,投资者需要完成一份网络问卷并在线提交,只有问卷信息符合 D 条例第 501(a)条款"获准投资者"或 506(c)条款"成熟投资者"条件的投资者才能够获得网站密码并进入投资会员专区,且其能够获得的私募融资信息仅限于其成为正式会员之后网站所发布的私募信息。IPO NET 网站采用的在线问卷调查方式得到了 SEC 的肯定,首先,只有经审查符合"获准投资者"或"成熟投资者"条件的投资者才能够获得其注册时间点之后的私募融资信息,这一行为使得网站与投资者之间建立了"既存的实质性联系";其次,即使投资者成功注册为会员,也需要在经历一段间隔期之后才能够实际参与私募融资,且该注册行为并不具体指向任何特定的私募活动,因此 IPO NET 网站的推介行为符合 D 条例关于私募发行的豁免条件。

通过对 SEC 与私募发行方式有关的不行动函总结,"既存的实质性联系"标准已经成为 SEC 在判断是否属于"一般性招揽"时最重要的考虑。[56] 而相比于纸面的推介方式,SEC 对互联网私募推介方式的态度则显得更加谨慎,毕竟在网络环境中无论是平台还是投资者对复杂程序的遵循情况都不如现实生活中那般严谨,因而在 2000 年 SEC 发布的一则通告(release)[57]中,SEC 特别声明网络私募的推介方式应当严格遵循类似 IPO NET 网站的审核流程,且建议网站服务的提供者考虑注册成为经纪人或交易商,以免违反《证券交易法》第 15 条关于禁止未注册的经纪人或交易商从事证券交易的规定。

四、美国私募发行豁免制度对我国刑法判定"不特定对象"的启示

我国刑法对非法集资"不特定对象"的解释不清很大程度上是由于刑法解释思维在应对金融法问题时产生的不适应性带来的。无论是民间融资,还是近年来蓬勃发展的互联网金融业务,其本质上都属于"去中介化"的融资方式,而对于此类融资方式,法律通常通过证券法予以调整,重点在于建立成熟的信息披露制度。[58] 对

---

〔56〕 参见梁清华:《我国私募禁止一般性招揽制度的构建——借鉴美国证券私募发行方式》,载《政法论坛:中国政法大学学报》2014 年第 1 期。

〔57〕 See SEC Securities Act Release 7856(2000).

〔58〕 参见彭冰:《非法集资活动的刑法规制》,载《清华法学》2009 年第 3 期。

于中小企业来说，本身不符合从资本市场公开筹集资金的条件，由于信息不对称的原因，仅仅通过以“熟人关系”为主导的民间融资难以筹集足够的资金，〔59〕而银行作为金融中介虽然能够克服信息不对称的问题，但出于信贷成本收益的考量，却又不愿意向高风险的中小企业提供融资，因此中小企业不得不铤而走险扩大集资群体。我国刑法对非法集资的认定标准过严，将“父爱式”保护的严苛标准引入金融领域，却又未能注重金融刑法立法中“立罪至后”的谦抑原则，〔60〕整体上影响了我国民间融资的发展。

在具体规则的设计方面，刑法将社会公众当然地认定为需要保护的弱势群体，同时将“亲友、单位内部人”视为能够进行自我保护的投资者，实际上是未能明晰非法集资罪立法目的与对象区分之间的逻辑关系，或者可以认为，我国刑法的立法者在对非法集资罪进行探讨之时，虽然注意到了对集资对象的区分需要考虑集资参与人的抗风险能力，但却未能找到合适的区分标准，只能以并非具有法学概念上明确概念的“亲友”“单位内部人”作为抗风险能力的区分依据，在形式上，可能会导致刑法罪刑法定原则的适用困难；在实质上，也未能将行为的社会危害性予以区分。〔61〕 在美国证券法关于私募豁免的规则和 SEC 的实践中，逐步建立起了符合保护投资者的立法目的且具有可操作性的区分标准，对我国非法集资行为“公开性”和“社会性”的理解具有较强的借鉴意义。

（一）“既存的实质性联系”标准对非法集资“公开性”的借鉴

根据《解释》的规定，公开性特征是指“通过媒体、推介会、传单、手机短信等途径向社会公开宣传”，然而实践中宣传方式多种多样，法律不可能以列举的形式涵盖所有类型，因此，在具体问题出现时往往需要法院依据相关的原则标尺作出衡量。以吴英案以来广泛讨论的“口口相传”为例，《解释》要求根据具体情况结合集资人是否知情、态度如何、有无具体参与、是否设法加以阻止等主客观因素进行综合判断，〔62〕但是否需要考虑其他因素，考虑几项因素，目前暂无明确标准，甚至在民

〔59〕 参见岳彩申：《民间借贷的激励性法律规制》，载《中国社会科学》2013 年第 10 期。

〔60〕 参见胡启忠：《金融刑法立罪逻辑论——以金融刑法修正为例》，载《中国法学》2009 年第 6 期。

〔61〕 刑法形式解释论与实质解释论的博弈，正是罪刑法定原则与社会危害性理论之博弈。参见陈兴良：《形式解释论的再宣誓》，载《中国法学》2010 年第 4 期。

〔62〕 参见刘为波：《〈关于审理非法集资刑事案件具体应用法律若干问题的解释〉的理解与适用》，载《人民司法》2011 年第 5 期。

间融资活跃的浙江省,丽水市人民检察院竟公开刊文呼吁将“口口相传”直接纳入《解释》的宣传方式中,[63]足以见得我国的司法机关在此类行为判断方面的困境与指导思想的失效。

美国对私募发行豁免制度的规则亦存在相同的问题。D 条例通过列举式的立法方式使得一般性招揽与广告原则的具体行为得以明确,然而与大多数列举式立法方式所面临的问题相同,在未形成统一性概念和原则的情况下,D 条例所精心刻画的行为准则也就难免会出现“钻空子”的行为。对此,SEC 通过一系列市场监管实践建立的“既存的实质性联系”标准即成为衡量宣传行为公开性的司法标准。据此,我国非法集资中“口口相传”行为的定性可依据如下标准解释:如果集资者与“口口相传”的对象之前存在“既存的实质性联系”,即集资者事先确信其信息传递的对象都具有相应的投资财务要求和投资经验或者其他实质性的(商业)联系,那么“口口相传”行为不应当认定为公开宣传,反之则应当认定为向“不特定对象”进行了公开宣传。

相比于《解释》将公开性的判定标准放在宣传行为方面,“既存的实质性联系”将注意力集中于集资者与集资对象之间的信息获取能力,即如果集资对象因为满足该条件具有了相应的抗风险能力,则法律无须为此类群体设定强制的法律保护,因为商业投资必然伴随商业风险,在融资行为中,法律应当将规范重点放在信息披露和信息获取能力方面,保障金融市场的公正透明,而非作为任何投资交易风险的“托付人”。

(二)“获许投资者”标准对非法集资“社会性”的借鉴

在美国私募发行豁免制度中,对“获许投资者”的私募发行没有数量限制,因为法律推定此类群体具有相应的风险判断能力或风险承受能力,因此无须为其设置严格的交易限制。事实上,“获许投资者”的概念在我国金融法律中已有相关的规则,如我国《信托公司集合资金信托计划管理办法》第 6 条规定:“前条所称合格投资者,是指符合下列条件之一,能够识别、判断和承担信托计划相应风险的人:(一)投资一个信托计划的最低金额不少于 100 万元人民币的自然人、法人或者依法成立的其他组织;(二)个人或家庭金融资产总计在其认购时超过 100 万元人民币……(三)个人收入在最近三年内每年收入超过 20 万元人民币或者夫妻双方合

---

[63] 参见浙江省丽水市人民检察院:《“口口相传”也是非法集资重要宣传途径》,载《检察日报》2011 年 3 月 28 日第 003 版。

计收入在最近三年内每年收入超过30万元人民币……”同时，近期颁布的《私募投资基金监督管理暂行办法（征求意见稿）》也规定“合格投资者指具备相应风险识别能力、风险承担能力、投资于单只私募基金的金额不低于100万元，且符合下列标准的单位和个人：净资产不低于1000万元的单位；个人金融资产不低于300万元或近三年个人收入不低于50万元”，满足此条件则被推定具有相应的风险承受能力。

我国刑法的立法者将社会公众不加区别地视为金融投资的弱势群体，实质上是对金融立法欠缺充分理解。在现实案例中，多数社会公众或社会“不特定对象”确实直接指向诸如退休职工、中老年群体等弱势群体，但其中也不乏富有经验的投资者和富有阶层，比如在吴英案中，实际上吴英的部分集资对象正是浙江当地颇为活跃的资金掮客，这些投资者具有较为雄厚的财产基础，在当地的商业圈也能够掌握吴英的投资信息，很可能符合“获许投资者”的标准，其为自己的投资承担投资风险也在情理之中。我国刑法不加区别地禁止任何面向社会公众的融资渠道将在很大程度上阻碍民间资本参与金融投资的途径。尤其是在鼓励民间资本金融创新和金融投资的今日，立法者在不放松对社会弱势群体保护的同时，应当鼓励符合条件的“获许投资者”参与金融市场，扩大中小企业的民间融资渠道。

（三）网络私募发行对象的“特定化”方式

作为与传统线下集资相对应的概念，网络私募平台非法集资的风险同样需要谨慎对待。与传统的私募融资方式不同，网络传播本身即具有公开性的特点，稍有不慎则可能触碰非法集资“红线”。此外，2014年12月，证券业协会发布《私募股权众筹融资管理办法（试行）（征求意见稿）》中首次提出“私募股权众筹”概念，因“私”与“众”的概念混淆造成理论争议，之后证券业协会发布通知将“私募股权众筹”的概念修改为“互联网非公开股权融资”，体现出我国的规则制定者对相关概念的理解存在偏差。实质上，作为与股权众筹相对应概念的“互联网非公开股权融资”与美国的网络私募平台具有异曲同工之处，即合法的网络非公开集资行为。

在集资对象的“特定化”方面，“互联网非公开股权融资”平台亦可通过与投资人建立“既存的实质性联系”来规避公开招揽的宣传禁令；同时，集资平台应当建立类似美国IPO NET网站提供的投资“调查问卷”，只有问卷信息符合“获准投资者”或“成熟投资者”条件的投资者才被允许接收融资项目信息并进行项目投资，此类通过“调查问卷”筛选后的投资者即构成了网络非公开集资平台的“特定化”对象。

异化与发展:互联网金融创新与非法集资的界分

田宏杰 [*]　王　然 [**]

【内容摘要】 网络非法集资案件具有空间隔离、交易虚拟、推广传销等特点,又因与互联网金融创新纵横交织,极易发生混淆,有必要在秉持市场竞争对互联网金融创新的激励作用以及坚守罪刑法定原则的基础上,明确刑事法的保障法地位,探明非法吸收公众存款罪是为保障金融管理秩序而设置,而非阻碍互联网金融创新发展的法律桎梏。对非法吸收公众存款罪的解读不能局限于采取公开宣传的方式吸收不特定公众的存款,同样应判断其是否违反了金融管理法规,即是否将吸收来的不特定公众的存款已经投入或者意欲投入金融领域,参与金融活动中去,如此方能对互联网金融创新与以"创新"为名的非法吸收公众存款行为进行精准界分。

【关键词】 互联网金融　委托理财　众筹　P2P 非法集资

互联网金融是传统金融行业与网络发展高度融合的产物,现已成为金融行业发展的新兴支柱,然而随着互联网金融产业规模的快速增长,互联网金融犯罪也如影随形,其中又以非法吸收公众存款刑事案件尤为突出。从某区检察院 2010 年以来此类案件的受理情况来看,受理数量呈现逐年增长态势,截至 2015 年 6 月已受理 109 件 484 人,仅 2014 年有 37 件 120 人,涉及投资人 6800 余人,涉案金额高达 72.24亿余元,其中借助互联网金融支付工具或者以发展互联网金融为幌子等网络

* 田宏杰,中国人民大学法学院教授、博士生导师,北京市东城区人民检察院副检察长。

** 王然,北京市东城区人民检察院研究室干部,法学博士。

犯罪案件又占全部案件的30%之多。司法实践中,互联网金融与非法集资相互交织,罪与非罪、此罪与彼罪区分复杂,又由于现行刑法对非法吸收公众存款罪的定位不明,造成新型非法集资案件认定难题,加之非法集资刑事案件牵涉面广、社会影响大,极易引发群体性涉法涉诉信访事件,使得该类案件成为司法实践中的棘手问题。为此,笔者拟秉承互联网金融创新与刑法基本定位的立场,以问题为导向,立足于实践中该类案件案发特点和争议焦点,在对非法吸收公众存款罪规制范围作本质解读的基础上,试图厘清互联网金融创新与非法集资犯罪的界分问题,不妥之处,敬请大家指正。

一、网络非法集资案件案发特点

由于网络信息传播具有匿名性、无国界性、瞬时性和电子化的特点,相比于传统非法吸收公众存款案件,网络空间的非法集资案件具有如下特点。

一是网络非法集资案件中嫌疑人采用网络技术手段,实现经营者与投资者及办案机关的数字化隔离。网络非法集资信息虽然公开互联,但身居幕后的实际操控者却相当隐蔽,造成对此类案件的查处困难。例如,在查处的某网络非法吸收公众存款案件中,犯罪嫌疑人将非法吸收公众存款的网站架设于境外服务器,融资平台的推广和融资信息的发布面向国内公众,吸引投资者采取网络操作的形式进行投资及交易,一旦网站关闭,相关取证工作则十分困难。

二是网络非法集资案件嫌疑人由签订书面认购协议转向电子合同确权,分红方式由现金返利转向发放虚拟货币。在实体领域的非法吸收公众存款案件中,经营者与投资者常签订书面的投资认购协议,确认投资者的投资份额,同时规定相应的返利金额、返利时间。然而,网络非法吸收公众存款案件中,由于信息数据的传递、投资款项的转移支付通常在网络虚拟空间,借助于第三方交易支付平台。经营者与投资者也就不再需要签订书面的投资认购协议,而只需通过建立每个投资者的认购账户,列明认购金额和返利金额等信息,这样一方面提升了吸收公众存款的效率,另一方面也降低了被查处的风险,使得经营者采用电子虚拟货币代替真实货币返利,更方便转移资金、拖延还款时间。

三是网络非法集资案件嫌疑人采取传销手段扩大吸收公众存款的范围,导致投资者与嫌疑人的身份混同。由于互联网吸存使投资更加便捷,双方只需签订电子合同,将投资款支付给第三方平台便可达成协议,从而能够吸引更多人投资。该类案件单个投资人的数额均较小,100 元以上即可投资,同时由于网络传播的广泛性,导致案件涉及的人数非常庞大。网络非法吸收公众存款案件中,投资者认购最初经营者的虚拟项目股份后,又会在线下招揽更多的投资者加入,以获取后来投资者投资额的比例提成。如此反复,先来的投资者甚至会被发展成为整个经营项目的骨干成员,成为传销经营网络中的关键环节,由此也就形成投资者与嫌疑人的身份混同。

四是该类案件涉及大量电子证据,数据恢复和固定难度大,给认定涉案金额和追赃减损带来巨大障碍。该类案件中涉案公司电脑或服务器中记载的电子数据是认定案件事实的重要证据,而相关证据一旦被销毁,则难以通过技术手段予以恢复,并且由于其全部交易都是在网上通过电子化形式进行,一旦数据被毁,关联的借款项目就难以核实,给认定集资款数额和用途工作带来困难,同时也对公安机关追查涉案资金去向造成了巨大障碍。又由于权利凭证等核心证据表现为电子化形式,一旦相关电子证据没有得到及时固定,投资人的损失将难以返还,案发后扣押款物的分配比例也难以合理确定,极易激化矛盾,引发社会不稳定因素。

二、网络非法集资案件法律适用争议

网络非法集资案件可能涉及《刑法》分则第 3 章规定的非法吸收公众存款罪,欺诈发行股票债券罪,擅自发行股票、公司、企业债券罪,擅自设立金融机构罪,组织领导传销罪,非法经营罪,集资诈骗罪 7 个非法集资类的罪名,其中尤以非法吸收公众存款罪与互联网金融创新的界分最为困难。虽然根据 2010 年最高人民法院《关于审理非法集资刑事案件具体应用法律若干问题的解释》(以下简称“2010 年解释”)对非法吸收公众存款罪的认定作了不同侧面的解读,但与实践中的网络委托理财、网络众筹、P2P 网络借贷仍然存在形式上的契合性。[1] 具体争议如下:

〔1〕 2010 年最高人民法院《关于审理非法集资刑事案件具体应用法律若干问题的解释》第 1 条规定:“违反国家金融管理法律规定,向社会公众(包括单位和个人)吸收资金的行为,同时具备下列四个条件的,除刑法另有规定的以外,应当认定为刑法第一百七十六条规定的非法吸收公众存款或者变相吸收公众存款:(一)未经有关部门依法批准或者借用合法经营的形式吸收资金;(二)通过媒体、推介会、传单、手机短信等途径向社会公开宣传;(三)承诺在一定期限内以货币、实物、股权等方式还本付息或者给付回报;(四)向社会公众即社会不特定对象吸收资金。”未向社会公开宣传,在亲友或者单位内部针对特定对象吸收资金的,不属于非法吸收或者变相吸收公众存款。

(一)网络委托理财与非法集资的界限问题

“2010 年解释”虽然将“以委托理财的方式非法吸收资金的”作为非法吸收公众存款罪的一种行为方式,然而在司法实践中,行为人究竟是开展委托理财业务,还是以委托理财为名,行非法吸收公众存款之实仍有争议。例如,犯罪嫌疑人胡某成立北京鼎盛互联公司,并开设互联网平台,宣传推广互联网金融投资咨询等,实际主要从事招揽客户入资委托理财、进行外盘黄金炒作业务,先后共吸纳众多投资人资金共计 600 万余元。公司向客户许诺,一旦选择鼎盛公司的委托理财服务,即可获得高额收益,约定每季度至少收益率在 8.75%。鼎盛公司前三个季度均能返息,但称在第四季度由于公司业务亏损,本金和收益均无法偿付。经对鼎盛公司及胡某关联账户进行调查,确实存在很多笔在境外理财汇款的业务。胡某开办网络公司接受投资人入资进行境外理财业务,向客户返还本息后,收取营利提成的行为,形式上同样符合了公开网络宣传、吸收不特定投资者参与、返还本金及盈利的形式要件,那么究竟其行为属于委托理财行为,还是变相非法吸收公众存款,存有疑问。

(二)网络众筹与非法集资的区分问题

2012 年 4 月,美国时任总统奥巴马签署了 JOBS(Jumpstart Our Business Act)法案,允许通过互联网为项目募集资金,引发了全世界对众筹融资与互联网金融的高度关注。在国际的示范效应下,众筹也很快在中国生根发芽,网络众筹迅速蔓延。然而在中国金融市场环境下,众筹平台却可能存在如下问题:(1)若众筹平台事先向投资人归集资金,然后寻找投资项目,再将事先归集的资金投向其他金融项目,则有可能涉嫌非法吸收公众存款。(2)若众筹平台将投资人投资项目的资金转移或挪作他用,则有可能涉嫌集资诈骗。(3)股权型众筹模式可能会涉嫌擅自发行、销售股票。[2] 就“2010 年解释”而言,众筹平台的推广也采用了公开宣传的形式,也面向了不特定的公众,除了公益性质的众筹外,投资性众筹融资会有回报率的约定,股权性众筹融资还会将股权作为回报的内容,有相关利益回报的众筹均有可能涉及非法吸收公众存款罪。因此,众筹范围与经营方式的不同,可能由此就成为非法集资的手段形式,判断众筹融资与非法集资的界限就尤为必要。

---

〔2〕 参见陈文韬:《浅析互联网金融犯罪中二次违法性原理的适用问题》,载陈旭主编:《金融检察年刊(2014):金融检察与金融创新》,法律出版社 2015 年版,第 121 页。

(三)P2P网络借贷与非法集资的界分问题

当前个人对个人借贷行业(peer to peer lending, P2P)飞速发展,全国从事P2P借贷业务的公司已超过2000家,但由于外部监管及法律规范缺失等原因,部分P2P的运行模式存有触碰非法集资"红线"的风险。例如,在查办的李某涉嫌非法吸收公众存款罪案中,李某为远达创投资产管理有限公司的法定代表人,该公司将名下的网络融资平台宣传为P2P模式,通过平台对外发布虚构的房产抵押标的项目、个人信用卡标的项目等,承诺高达20%的高额返利,将客户的资金吸收转移至王某个人账户,后辩称原有项目亏损将平台所融资金挪用投资股指期货。涉案公司网站实名认证的注册用户就有7万余人,实际通过网站开展过业务的共有1.7万余人,涉案金额人民币1.3亿元。由于P2P信贷网站经营信息的不对称,投资者可能无法实时掌控投资款去向及实际经营变化情况,是否只要实际经营情况与宣传项目情况不符,就一概认定为非法集资犯罪,存有争议。

三、互联网金融刑法介入的原则与规范

伴随互联网金融的快速发展,新类型网络非法集资案件也不断涌现,犯罪手段翻新更加隐蔽,给司法人员界定非法集资与合法的民间融资、金融创新与金融犯罪带来了很大的挑战,而这种挑战同样来自对互联网金融法律监管标准的缺失以及非法吸收公众存款罪规制范围的异化。因此,有必要在厘清互联网金融刑法介入原则的基础上,对非法集资的基础性罪名——非法吸收公众存款罪进行本质解读,明确其调整范围,划定网络非法集资的基本入罪门槛。

(一)互联网金融创新与罪刑法定

互联网金融的健康发展离不开金融刑法的保驾护航,明确区分金融创新与金融犯罪,准确界定罪与非罪,有利于非法集资行为的惩治与预防,有利于优化互联网金融创新发展环境。前已述及,互联网金融属于金融行业与互联网精神高度融合的产物,是金融发展的新兴领域。社会经济形态的变迁促进法律制度的变迁,而互联网金融行业的发展必然带来互联网金融监管机制的变革。然而金融监管机制的变革并非与经济变迁一样可以实时更新,必然滞后于蓬勃发展的互联网经济,正

如互联网专车平台的快速发展需要网络约车规范的出台一样,互联网金融的发展也呼唤相关金融监管规范的发布。从鼓励互联网金融创新的角度来讲,理应充分发挥市场经济的激励作用,明确创新即是对原有制度设计的突破,借助互联网精神对传统金融业的创新,在没有违反禁止性规定的情况下都应该予以鼓励。又因为对互联网金融的正面引导监管规范明显滞后于互联网金融创新发展本身,对互联网金融失范行为,包括互联网金融犯罪的惩治就只能依赖于现行非法集资类犯罪的合理解读。那么解读的合理与否仍应以其所服务的互联网金融发展为标准,是对互联网金融参与各方的利益平衡,同时在解读中不应突破罪刑法定原则的樊篱,随意将虽系危害社会的行为,但超出国民预测可能性的纳入刑法调整的范畴。

(二)恪守刑法保障法的基本立场

互联网金融犯罪属于行政犯罪的一类,其因同时违反金融法律规范与刑事法律规范,而承担行政法律和刑事法律的双重责任。从刑法与其他部门法的关系来看,刑法作为所有部门法的后盾与保障,无论是犯罪圈的划定还是刑事责任的追究,既要在形式上受制于其保障的前置法之保护性规则的规定,更要在实质上受制于其与前置法之保护性规则共同保障的调整性规则的规定。对于前者,刑法是补充法、救济法;对于后者,刑法是从属法、次生法。因而前置法定性与刑事法定量的统一,不仅是包括自然犯与行政犯在内的所有刑事犯罪的认定机制,而且是对刑法与其前置法在犯罪规制上的定性从属性与定量独立性关系的揭示与反映。[3] 从行政法与刑法的各自定位来看,行政法是维护国家社会法秩序的法律规范,具有积极主动施行的特点,而刑法是作为确保行政法等其他部门法得以贯彻实施的保障法而存在的,具有被动触发的特点。从行政法与刑法本质定位来看,两者协调配合,共同为法秩序的确立维护发挥作用。然而,与西方多数国家刑事立法与行政立法不同的是,我国刑法对犯罪行为的界定采取的是"定性+定量"的双重规定模式,即刑法对犯罪行为的界定不仅以危害行为的刑事违法性为条件,还要求其具备一定程度的社会危害性,情节显著轻微的危害行为并不作为犯罪处理。也就是说,一般违反行政法秩序的行为给予行政处罚即可,属于行政法调整的范畴,而不作为行政犯罪处理。由于此种法律规定特点,对于互联网金融的失范行为首先应当由处于第

---

〔3〕 参见田宏杰:《行政犯罪的法律属性及其责任——兼及定罪机制的重构》,载《法学家》2013年第3期。

一梯队的金融监管法律规范调整,只有在行政处罚不足以评价其社会危害行为时,才有处于第二梯队的刑法介入的必要,如此方能恪守刑法的保障法立场和刑法谦抑的原则。

(三)非法吸收公众存款罪的本质解读

前已述及,就网络非法集资犯罪涉及的 7 个罪名而言,争议最多的就是基础性罪名——非法吸收公众存款罪。司法实践中对网络空间非法吸收公众存款罪的认定困难,一方面源于互联网金融监管规范缺失,存在误将违背监管标准当作非法吸收公众存款的入罪门槛的问题;另一方面源于传统刑事司法领域对于非法吸收公众存款罪的异化解读和适用。对于前一个问题笔者将在下文结合实际案例展开论述。

至于非法吸收公众存款罪的理解适用,由于现行刑法对该罪并非采用叙明罪状的方式进行规定,导致对其含义的理解素有争议。笔者认为,根据体系解释的方法,现行刑法将非法吸收公众存款罪规定在《刑法》第 3 章第 4 节破坏金融管理秩序罪中,其所要保护的法益是金融管理秩序,自然也就包括互联网金融管理秩序。因此,对于非法吸收公众存款罪的理解离不开对金融管理活动的语义环境,也只有非法吸收公众存款属于参与金融活动的一部分时,才有可能破坏到金融管理秩序,成为金融失范行为,继而被刑法评价为金融犯罪。因此,对于非法吸收公众存款罪的理解既要关注"吸收公众存款",还要着眼于"非法"。此处的"非法"不仅指开展的吸收存款活动未经批准,同时应指行为人违反了金融管理法规,参与了不正当的金融活动。〔4〕 基于上述理解,对非法吸收公众存款罪的解读就不能仅仅局限于采取公开宣传的方式吸收不特定公众的存款,同样应判断其是否违反了金融管理法规,即将吸收来的不特定公众的存款已经投入或者意欲投入金融领域,参与金融活动。对于那些没有参与金融活动的吸收存款行为,只可能考虑构成非法经营罪或者擅自发行股票等罪名,而没有成立非法吸收公众存款罪的空间。

然而不容乐观的是,为了发挥刑法维护社会稳定的功能,司法实践中普遍存在

---

〔4〕 有观点认为,2010 年司法解释仅规定了构成非法吸收公众存款罪须符合四个条件,并没有规定吸存款的去向问题。笔者认为,这是对 2010 年司法解释规定的误读。在司法解释中明确将《刑法》条文的中"非法"解释为"违反国家金融管理规定"和"未经有关部门依法批准或者借用合法经营的形式吸收资金",其中"违反国家金融管理规定",就是指吸收资金参与了金融活动,破坏了金融管理秩序。

将非法吸收公众存款罪异化为惩治扰乱借贷秩序行为,而非作为惩治破坏金融管理秩序行为的罪名,即凡是未经批准吸收公众存款的行为,均有可能被纳入非法吸收公众存款罪的调整范围,而全然不顾吸收存款的理由、资金流向等问题。[5] 如此,也就造成了非法吸收公众存款与民间借贷融资的混同,引发社会的不断非议。一旦行为人向多人约定高额利息的民间借贷,即有可能因为符合了“吸收公众存款”的条件被刑事追诉,而这在民法上却可能属于被许可的民事法律行为,只是会承担履约不能的民事法律责任。非法吸收公众存款罪规制范围的异化不仅会造成刑、民法律适用的抵牾,对于互联网金融发展来说,实际上起到了限制互联网民间借贷的消极作用,也就扼杀了互联网金融创新的空间。因此,应当在对非法吸收公众存款罪进行本质解读的基础上,去分析互联网金融创新和非法集资的界限,如此方能准确把握互联网金融创新与刑法基本原则。

四、网络非法集资犯罪的司法认定

基于对互联网金融领域创新原则的把握以及非法吸收公众存款罪的解读,笔者拟将易引发认识误区的网络委托理财、网络众筹、P2P 网络借贷等金融创新与以上述为名的非法吸收公众存款行为做出详细区分,以求提出可供一线办案部门实际操作的认定标准。

(一)以网络委托理财为名的非法吸收公众存款

从表现形式上来讲,网络委托理财也采用了网络宣传的方式推广项目,并接受不特定公众的委托提供理财服务,其与非法吸收公众存款极易混淆。笔者认为,网络委托理财与非法吸收公众存款的界分主要看签订的委托理财合同的效力如何。在前述案例中,犯罪嫌疑人胡某开办公司从事委托理财业务,先后接受郭某等人的委托,利用投资资金境外炒作黄金,以此获取资产收益,属于金融类委托理财合同。判断此案中的委托理财合同是否合法,关键点在于从委托理财合同内容本身进行分析。委托理财是受托人以委托人名义从事的,委托理财风险由委托人承担、委托理财收益由委托人享有的理财活动。在本案中,鼎盛公司承诺投资保本、固定收益,

---

〔5〕 当然,如果资金被行为人挥霍或用于违法犯罪活动,可能因具有非法占有目的而构成集资诈骗罪。

并将公司所有客户的投资钱款混同经营,并没有以委托客户名义从事理财活动,更没有告知公司客户潜在的理财风险,反而是在网络宣传中由鼎盛公司一方承担所有境外理财风险。由此可以看出,鼎盛公司与客户间已经不再是委托理财关系,而属于借贷关系,实际上是以高额利益相诱惑,吸收客户存款的行为。根据“2010 年解释”第 2 条第 9 项规定,“以委托理财的方式非法吸收资金的”,应当认定为变相吸收公众存款,以非法吸收公众存款罪定罪处罚。由以上分析,网络委托理财与非法吸收公众存款的界分至少包括三个基础性标准:

一是有无明示风险承担主体。“委托理财”本质上属于委托关系,委托事项的风险理应由委托人而非受托人承担。在冒名“委托理财”中,受委托理财主体存在赔偿客户损失的承诺,理财资金损失的风险由受托人承担,就失去了委托理财的本质属性,属于转移钱款所有权的吸收存款行为。

二是有无承诺收益。委托理财关系中委托人承担的风险不仅包括理财资金受损失的风险,还包括无法得到收益的风险。受托人若对最低收益进行承诺,同样突破了委托理财的平等合同关系,尤其是在承诺预期收益足以与理财本金数额相抵时,更是属于变相吸收公众存款行为。

三是受托人是否将接受的理财资金混同经营,并投向金融领域。受委托理财公司与投资人之间是建立在资产管理合同之上的委托代理法律关系,投资人的交易结算资金应当存放在第三方账户,以每个投资人的名义单独立户管理,体现的是客户的意愿,这是投资风险由客户自行承担的基础。如果受托人将客户资金混同经营,将无法区分出投资人的收益、风险,实际上演变成对客户存款的混同经营,符合非法吸收公众存款罪的构成特征。

(二)以网络众筹为名的非法吸收公众存款

与网络委托理财不同,网络众筹融资模式的出现就是为了项目或企业筹措资金,本质上就是以吸收资金为主要目的,在证监会对众筹融资缺乏明确的监管细则的情况下,网络众筹行为极易被认定为非法吸收公众存款行为。考察美国对众筹的监管规定,美国证交会(SEC)于 2015 年 11 月通过股权众筹监管新规,允许年收入在 10 万美元或者净资产在 10 万美元以下的普通投资者投资创始企业,投资上限为他们年收入或者净资产的 5%,两者之间取最大者为上限。年收入或者净资产在 10 万美元以上的投资者的投资上限为其年收入或者净资产的 10%,但在为期 12 个月内累计投资额不得超过100万美元。新规还规定,创始企业通过众筹募集资金的上限为每年不超过100万美元,这些创始企业不必在SEC注册;但是,这些企业需要向投资者提供有关企业运营的细节资料,包括如何使用资金、企业管理人员的名单以及公布持有该公司股份不少于20%的股东等信息。同时,涵盖在新规下的所有股权交易都必须通过在SEC注册的券商或者基金来完成。SEC要求,除部分额外豁免情形外,这些众筹股权禁止在1年内转让。[6] 可见,为了预防众筹的经营风险,保护小投资者利益,美国划定了投资者门槛、限制众筹经营者经营范围、设定众筹股权持股最短时限等较为细致的监管规定。笔者认为,对于众筹融资的正面监管来讲,当务之急也应当是借鉴国外的做法,设定发起人发行总额限制、单个投资者投资额限制、交易方式限制以及发行人的行为要求等要件,为互联网金融发展明确方向。除此之外,对于破坏金融管理秩序的冒名众筹融资也应纳入刑法的调整范围,作为反面规制的对象。具体来说,网络众筹与非法吸收公众存款罪的界分标准如下。

一是有无编造虚假的众筹项目。按照众筹项目的不同,网络众筹包括公益性众筹、股权众筹、回报收益类众筹。对于公益性众筹来讲,众筹项目真实存在,项目运营完全出于公益性质,并非进入金融领域,自然不会涉及非法吸收公众存款罪的问题。股权众筹是将给付投资人项目股权作为回报的众筹项目,回报收益类众筹是将金钱收益作为回报。即便股权众筹和回报收益众筹项目真实存在,仍然需要结合对项目前景是否存在故意夸大宣传,以及是否故意夸大资金回报率等进行判断。

二是看是否形成资金池。网络众筹是应当先有需要集资的项目,然后以项目运营作为由头来筹集资金。倘若没有实际项目存在,单纯吸收资金,且将资金混同于同一账户内,用于寻找潜在客户转贷盈利或参与其他金融活动,则背离了互联网金融的众筹精神,将“众人拾柴火焰高”演变为从事金融活动的非法吸收公众存款行为。

三是看是否参与金融活动,进入金融领域。委托理财是委托人将资金交付受

---

〔6〕 这项新规将在未来付诸实施。分析人士对此褒贬不一。反对者认为,创始型企业本身就具有较大的运营风险,而小投资者又是投资市场中的弱势群体。这项新规可能会埋下金融市场不稳定的隐患。但支持者认为,新规既为普通投资者创造了“生财”之道,又为那些资金不足的创新型企业进一步拓宽了融资渠道,是双赢的政策。载http://money.163.com/15/1110/13/B82IH6EG00253B0H.html,最后访问日期:2015年11月10日。

托人开展理财活动,自然包括参与金融活动。与委托理财不同,网络众筹是筹资人为了项目运营获得投资人的投资,筹资人获得钱款的绝对支配权,自担风险,自谋盈利。因此,网络众筹的项目必须属于非金融领域的项目。倘若允许网络众筹以金融项目为筹资项目,则在性质上与冒名委托理财型的非法吸收公众存款行为并无二致。

(三)以P2P网络借贷为名的非法吸收公众存款

P2P网络信贷在我国属新兴行业,虽然近年来相关国家部门进行了一定程度的监管,但由于监管缺乏立法依据并且针对性不强,导致P2P网络信贷极易突破中介平台功能,借网络借贷之名行非法集资之实。在“2014中国互联网金融创新与发展”论坛上,时任中国银监会创新监管部主任王岩岫对P2P行业提出了“十条监管原则”。虽然该表态并不具有法律规范的效力,但“十条监管原则”所体现的思维方式对区分P2P融资与非法集资之间的区别具有极大的参考价值。[7] 结合“十条监管意见”对P2P平台信息中介的定位以及司法实践中冒名P2P网络借贷案例,P2P网络借贷与非法吸收公众存款的界分标准应当包括以下方面:

一是看P2P网络借贷平台有无虚构借款项目,隐匿借款人信息。由于网络借贷双方信息存在不对称,P2P平台为投资人和借贷人提供信息中介服务,促使投资人和借贷人达成网络借贷合同。如果P2P平台借用自身信息优势,隐匿或虚构借款人信息,突破平台信息中介属性,成为借贷资金的中介商,则违背了互联网金融的发展原则。实践中涉案P2P信贷均在借款人信息上做手脚,或是虚构借款人,或隐匿借款人的信用评级等关键信息,为非法吸收公众存款创造条件。

二是看P2P网络借贷平台是否为借款本金和收益做出承诺,有无明确提示风

---

〔7〕 王岩岫主任提出的十条原则分别是:(1)项目要一一对应;(2)坚持实名制原则,明确资金流向;(3)明确P2P机构不是信用中介,也不是交易平台,而是提供信息服务的信息中介,应该与其他法定的金融业务界定好业务边界;(4)应该设定行业门槛,对从业机构资质,高管人员从业背景,以及资金托管,甚至IT设备提出要求;(5)在投资金和投资人资金应进行第三方托管,不能以存管代替托管,P2P机构自己不能碰钱,这也对打击非法集资有意义;(6)不得为投资人提供担保,不得为借款本金和收益做出承诺,不得从事贷款和受托业务,不得自保自融,而且不能承担过多的流动性风险;(7)要有明确的收费方式和可持续的发展道路,防止过度追求高额利润;(8)应该充分做好信息披露,做好风险提示;(9)应推进行业的规范制定,行业自律、资源共享;(10)必须坚持小微化,坚持普惠金融,不得分标拆标。载http://money.163.com/14/0927/12/A758MNKS00254TFQ.html,最后访问日期:2015年11月8日。

险。由于 P2P 网络平台仅仅是信息中介商,为投资人和借贷者提供信息支持服务,因此既不能向投资人承诺保本付息,也不能为借贷者提供担保。投资者借助于 P2P 网络借贷平台的信息支持,将个人资金直接借贷给资金使用者,风险应当由其自身承担,一旦蒙受损失应直接向借贷者追偿,P2P 平台仅因对提供信息审查有误承担赔偿责任。如果 P2P 网络平台作出保本付息的承诺,实际上是将信贷风险转移到平台上来,背离了信息中介的角色定位。

三是看 P2P 网络借贷平台是否经手资金,形成资金池。P2P 网络借贷平台属于信息中介平台,应当将投资人资金和在投资金进行第三方托管。倘若 P2P 平台经手资金,形成自有账户的资金池,那么 P2P 就突破了信息中介的定位,有了决定资金流向和选择借贷者的权利,也就异化为 P2P 网络借贷中的金融中介机构。

四是看 P2P 网络借贷平台有无使用投资人资金参与金融活动。由于 P2P 网络借贷的信息非对称性特点,投资人在信贷平台上看到的借款人有赖于 P2P 平台的审查把关,如果 P2P 平台将金融产品伪装成借款项目,那么投资人就无法获悉实际借款人的身份及其投资的项目,由此也就导致本来应该是借款人和投资人之间的债权债务关系,却被异化为投资人和平台之间的债权债务关系,一旦平台背后的公司资金链断裂,投资人的投资款即无法收回。因此,P2P 借贷平台借用投资人资金开展金融活动,实质上就是破坏金融管理秩序的非法吸收公众存款行为。

侵犯公民个人信息罪之“情节严重”认定标准构建

田宏杰[*]　吴昉昱[**]

【内容摘要】 我国现行《刑法》第253条之一侵犯公民个人信息罪之“情节严重”标准不明,从已有判决书来看,入罪标准存在地域性、区域化分歧。该罪的“情节严重”就体系地位而言属于构成要件要素,是对违法性的总体性评价,直接影响定罪;就内容而言,属于表明法益侵害的综合性情节。因此,司法实践中可根据单一标准,即侵犯公民个人信息数量、获取公民个人信息次数、非法交易信息数额或非法获利金额、获取公民个人信息手段以及造成的社会后果,任何一项达到情节严重标准,视为构成犯罪;也可以根据复合标准,即若行为没有达到任何一个指标,但接近两个或两个以上指标(如接近两个指标的80%)时,也构成犯罪。

【关键词】 侵犯公民个人信息罪　情节严重　整体性评价要素　认定标准

自2009年《刑法修正案(七)》新增非法获取、非法提供公民个人信息两罪至今,已历经5年司法实践,《刑法修正案(九)》确立侵犯公民个人信息罪也已将近一年,该罪名中“情节严重”的认定标准既无司法解释也无相关案例指导,司法实践中绝大多数侵犯公民个人信息犯罪的案件中认定“情节严重”的直接标准都是“信息数量”和“牟利数量”这两个指标,但由于我国地域差异较大,不同法院的认定标准

* 田宏杰,中国人民大学刑事法律科学研究中心教授,博士生导师。

** 吴昉昱,法学博士,上海市徐汇区人民法院法官助理。

存在较大差异,[1]“情节严重”的认定标准仍属刑法学界和实务界关注焦点的所在。

本文通过在北大法宝、中国裁判文书网、中国法院网三大判决文书网站以“窃取、非法获取公民个人信息罪”“出售、非法提供公民个人信息罪”“侵犯公民个人信息罪”为案由进行查询,截至2016年5月共检索到刑事判决书193例,剔除二审文书、判决事实或理由特别简单的判决书后,确定109例判决书作为实证分析对象。

一、本罪“情节严重”认定标准的学说聚讼

“情节严重”的功能有入罪情节和量刑情节两种:前者是指只有满足情节严重,才构成犯罪;后者是指具备这些情节时会促使立法者提高法定刑以区别于基本犯罪形态,此时情节严重的功能是在基本构成的基础上具有了重情节而加重其刑,因此也叫法定刑升格条件。[2] 我国现行刑法中侵犯公民个人信息安全的两个罪名中,情节严重都是入罪情节而非量刑情节。如何理解非法获取公民个人信息罪“情节严重”,刑法学者提出了单一标准说和混合标准说,具体如下。

(一)单一标准说

单一标准说是指认定情节严重时,应当考虑侵害的个人信息数量、盈利及获利金额、侵犯个人信息的次数、造成的后果等。学者们在论著中提及的指标包括如下种类:(1)非法获取信息数量较大的;(2)多次实施侵犯公民个人信息行为的,或者持续时间较长,或者因非法获取个人信息受行政处罚两次以上的;(3)侵犯公民个人信息的行为手段恶劣程度,如以贿赂或者胁迫、暴力手段获取个人信息的;(4)非法获利金额或者销售金额较大,或者造成他人经济损失较大的;(5)滥用个人信息危及公民正常生活秩序或造成公民人身、财产损失的,如用于婚外恋调查或非法讨

[1] 如有学者通过实证研究表明,A法官将非法所得数额达到500元至2000元以上的犯罪行为认定为“情节严重”,而B法官将5000元作为“情节严重”的金额起点;A法官将非法获取公民个人信息3次以上的视为“多次”获取个人信息,而B法官则认为一年内3次以上才构成“多次”。参见张玉洁:《论“非法获取公民个人信息罪”的司法认定——基于190件案例样本的分析》,载《华东政法大学学报》2014年第6期。

[2] 参见卢宇蓉:《加重构成犯罪研究》,中国人民公安大学出版社2004年版,第19页。

债等;(6)利用个人信息进行犯罪活动的;[3](7)形成窃取、提供、出售个人信息的犯罪组织网络的;[4](8)致使个人信息流向境外的。[5] 当然,不同学者对上述因素的重要性程度认识不同,因此各因素的排序存在差异。

(二)混合标准说

混合标准说认为,符合上述单一标准时当然构成情节严重,但量化标准仅具有参考意义,需要根据侵犯的法益综合考量全案事实、犯罪情节,综合性判断情节严重程度。[6] 如果未达到上述单一标准,但存在两项或者两项以上接近标准时,也构成犯罪,如侵犯公民个人信息虽未达到上述量化标准,但存在接近单项指标的80%以上,具有其他从重情节,如非法获取隐私信息的,也构成情节严重。[7]

本文认为,"情节严重"的标准构建需以对"情节严重"的理论认识为根基,以司法部门实践经验总结为依据。首先,明确"情节严重"的体系地位才能明确该标准在侵犯公民个人信息罪的定罪量刑中如何发挥作用。"情节严重"是我国刑法"定性且定量"构建模式标示违法性严重程度的常见标准,具有多重意义:一是"情节严重"标准是定罪情节,影响到行为人是否构成犯罪。侵犯公民个人信息罪属于结果犯,达到情节严重的标准就构成犯罪,否则就不构成犯罪;二是对情节严重的理解还关系到犯罪既未遂的认定。已经完成分则规定的犯罪行为但不满足"情节严重"标准时,是否成立该犯罪的未遂形态。换言之,当行为人的行为既遂,但未达情节严重时,是犯罪成立还是犯罪既遂?其次,构建情节严重的标准,不仅要明确各项因素,如根据行为、结果反映法益侵害性的要素,而且标准要细致到定量(或值域)。这就必须梳理我国现有的司法解释相关规定之间的均衡协调,同时依赖各地司法部门的实践经验,才能使该标准在未来的案件审判中科学地指导司法实践。

---

[3] 大多数论著提及前六项标准,参见张磊:《司法实践中侵犯公民个人信息犯罪的疑难问题及其对策》,载《当代法学》2011 年第 1 期;王昭武、肖凯:《侵犯公民个人信息犯罪认定中的若干问题》,载《法学》2009 年第 12 期;庄晓晶、林洁、白磊:《非法获取公民个人信息犯罪区域性实证分析》,载《人民检察》2011 年第 9 期。

[4] 参见刘宪权、方晋晔:《个人信息权刑法保护的立法及完善》,载《华东政法大学学报》2009 年第 3 期。

[5] 参见肖本山:《侵犯公民个人信息罪若干疑难问题探讨——兼论相关立法之完善》,载《黑龙江省政法管理干部学院学报》2009 年第 3 期。

[6] 参见"侵犯公民人格权犯罪问题"课题组、顾静薇:《论侵犯公民个人信息犯罪的司法认定》,载《政治与法律》2012 年第 11 期。

[7] 参见利子平、周建达:《非法获取公民个人信息罪"情节严重"初论》,载《法学评论》2012 年第 5 期。

二、“情节严重”体系地位的评议

(一)“情节严重”体系地位的学说评述

1. 客观处罚条件说

一般情况下,当行为同时具备不法和有责时,刑法上的犯罪即可成立。但也存在例外情况,某些犯罪在具备不法和有责之外,还需具备某些客观的成立要件,就是客观处罚条件。最初宾丁创建“客观处罚条件”、李斯特宣扬“客观处罚条件”时就指出,客观处罚条件不是“犯罪行为的创建性的组成部分”,结果加重犯的加重结果就是例证。〔8〕此后随着犯罪构成要件理论,客观处罚条件的概念也变得模糊不清,目前德国的主流观点认为客观处罚条件不是故意需要认识的内容。

客观处罚条件和犯罪构成要件的区分标准一直存在争议,客观处罚条件与犯罪构成要件要素实现分离,即从结果出发,看罪责是否需要覆盖这个结果,如需要,则属于构成要件要素,反之,则是客观处罚条件。〔9〕客观的处罚条件说随后被日本刑法理论界接受,他们认为客观处罚条件指与犯罪成立无关而只与行为人是否受罚有关的客观事实,这些客观事实不能被还原为犯罪成立条件,只能理解为政策性事由。〔10〕

客观处罚条件说是存在百年的刑法理论,回顾历史我们发现随着德日犯罪构成阶层理论由贝林的古典犯罪论体系、新古典体系的犯罪论体系最后发展为新古典与目的论结合的犯罪论体系发展,责任理论由结果责任论、心理责任论、规范责任论向功能责任论发展,客观处罚条件的概念也随之发生变化,目前学界通说认同的客观处罚条件理论是指在不法和责任之外不需要被认识但影响行为人责任承担的客观要素。客观处罚条件说存在两个问题:其一,罪责原则要求罪责覆盖所有行为的不法内容,即行为人受刑罚惩罚的前提是实施不法行为且该行为应受责难,而客观处罚条件说将犯罪构成与应受处罚进行分离,这与我国刑法规定尤为冲突,因为我国《刑法》总则第 13 条“但书”明确表明在我国应受惩罚性本身是犯罪构成的

〔8〕 参见王钰:《对客观处罚条件性质的历史性考察》,载《清华法学》2012 年第 1 期。

〔9〕 同上引。

〔10〕 [日]西田典之:《日本刑法总论》,刘明祥、王昭武译,中国人民大学出版社 2007 年版,第 64 页。

内容。[11] 其二,客观处罚条件一般只包含客观要素,典型的如日本事前收贿罪中"就任为公务员"被认为是客观的处罚条件。[12] 而我国的"情节严重"既可能包含客观要素作为对犯罪客观方面的危害程度评价,如侵犯公民个人信息罪中,行为人利用个人信息实施诈骗行为导致被害人重大财产损失,也包括客观要素作为对犯罪主观方面的危害程度评价,如行为人长期以来多次非法获取个人信息等,因此情节严重是个包含主客观要素的综合性评价。基于上述理由,客观的处罚条件很难被我国四要件犯罪构成理论借鉴。

2. 可罚的违法性说

可罚的违法性说兴盛于20世纪六七十年代的日本,以宫本英脩、佐伯千仞等为代表,他们认为犯罪行为首先需要被一般规范评价为违法行为,同时还需被刑法评价为可罚的行为。[13] 如佐伯千仞指出,违法性是质与量的统一,即在质上应当受到刑法制裁,量上达到一定严重程度,才存在可罚的违法性。[14] 可罚的违法性理论在日本司法实践中主要在单纯微罪案件、逸脱社会相当性、利益冲突型案件中起着良好的出罪功能。[15]

可罚的违法性说目前在日本受到诸多批判,但在我国台湾地区还有较强的影响力。反对者提出的质疑是,在构成要件该当性、违法性和有责性的三阶层中,可罚的违法性位置何在?若认为可罚的违法性阻却构成要件,则构成要件原有的违法性推定机能被弱化,无法推定符合构成要件的行为具备违法性,而需要在构成要件该当性之外对构成要件该当性进行实质判断,若不符合违法性程度,则予以阻却,这实质上架空了构成要件该当性这一阶层;若认为是有责性消极判断事由,则原有的有责性消极判断主要是正当防卫、紧急避险等事由,是对违法的阻却,而可罚的违法性却是对构成要件该当性的阻却,两种不同的阻却放在同一阶层,似乎也不妥。

3. "罪体—罪量—罪责"说

"罪体—罪量—罪责"理论是陈兴良教授创建的三位一体的犯罪构成体系,罪

---

〔11〕 参见陈兴良:《作为犯罪构成要件的罪量要素——立足于中国刑法的探讨》,载《环球法律评论》2003年秋季号。

〔12〕 《日本刑法》第197条第2项。冯军:《德日刑法中的可罚性理论》,载《法学论坛》2000年第1期。

〔13〕 参见[日]大塚仁:《犯罪论的基本问题》,冯军译,中国政法大学出版社1993年版,第121页。

〔14〕 参见李海东主编:《日本刑事法学者》(上),法律出版社、日本成文堂1995年版,第204页。

〔15〕 参见柯庆贤:《刑法专题研究》,台湾三民书局1998年版,第33页。转引自孙建保:《可罚的违法性理论利弊之启示》,载《华东政法大学学报》2014年第2期。

量是罪体、罪责以外的独立要件,且不需要行为人进行认识。将罪量要素排除出罪体,理由有二:第一,构成要件决定行为性质,罪量虽然是构成要件行为的附随结果,但它并不决定构成条件行为的性质。[16] 第二,罪体要素是行为人认识的对象,因而对于判断犯罪故意或者过失具有重要意义。罪量不能被视为罪体要素,否则需要行为人对罪量有认识才能构成故意犯罪,这不符合罪责形式的判断。[17]

"罪体—罪量—罪责"理论是陈兴良教授的创举,这一理论立足我国刑法规范实际,以阶层体系改造我国平面耦合式犯罪构成四要件理论,贯通中西方刑法理论,将罪量作为独立阶层,既有其合理的一面,当然也存在理论难以自洽之处。合理性体现在我国的"情节严重"即可能包含客观要素作为对犯罪客观方面的危害程度评价,既不能归入客观要件也不能归入主观要件,干脆单独将"罪量"置于主观与客观要件之外。

但问题在于从内容结构来看,虽然我国包括情节严重在内的罪量要素,只存在功能上的区分,在内容结构上罪量要素附着在构成要件要素之上,两者之间难以彻底剥离开。[18] 法律规范既是规范判断也是价值判断,脱离价值判断,形式判断便无以依存,失去形式判断,价值判断便无法实现。以我国现行《刑法》第 158 条虚报注册资本罪为例,以虚报注册资本数额巨大、后果严重和其他严重情节作为入罪情节,使用虚假证明文件或以其他欺诈手段虚报资本属于本罪的犯罪行为。从内容结构看,法益侵害由行为不法、结果不法共同体现,无论是罪量还是犯罪行为,法律规定的背后都蕴含着法价值判断,即本罪的法益,就形式上看体现为本罪中结果不法由罪量规定,行为不法由犯罪行为规定,两者紧密联系共同构成虚报注册资本罪;从功能看,罪量与犯罪行为又存在差异,犯罪行为反映了违法性的性质,而罪量反映了违法性的程度。因此罪量看似可与犯罪的客观方面、主观方面分离,但彻底脱离价值判断的规范判断并不存在,因此认为存在一个剥离罪量的狭义犯罪构成要件的假说,很难成立。

4. 犯罪成立消极条件说

"犯罪成立消极条件说"认为,犯罪行为不仅具有社会危害性或法益侵害性的行为,而且其危害必须达到一定程度,因此犯罪构成要件不仅要体现行为的社会危

〔16〕 陈兴良:《规范刑法学》,中国人民大学出版社 2013 年版,第 197 页。

〔17〕 同上引。

〔18〕 参见王莹:《情节犯之情节的犯罪论体系性定位》,载《法学研究》2012 年第 3 期。

害性或法益侵害性，还需要说明社会危害性或法益侵害性达到严重程度，因此犯罪构成要件除传统刑法理论列举的四个构成要件及分则具体犯罪的特殊要件以外，还包括行为正当性的判断及《刑法》第13条“但书”的判断，前者是犯罪构成的积极成立要件，而后者是犯罪构成的消极判断。[19] 因此该说将不构成犯罪的违法行为与正当防卫、紧急避险等正当化行为视同阻却犯罪成立的事由，作为与犯罪构成四要件相对应的“犯罪积极成立要件”，称为“犯罪成立的消极要件”。[20]

犯罪成立消极条件说的评价，合理之处在于“情节严重”与《刑法》总则第13条“但书”都具有的出罪功能，彰显了“情节严重”的价值评价功能。但其不合理之处也较为明显：第一，情节严重与“但书”的出罪事由是阻却构成要件该当性，是事实判断的阻却，而正当防卫、紧急避险则是实质违法性阻却，即符合犯罪构成该当性的行为因实质原因，不被刑法予以负的价值评判。事实上，我国的犯罪构成理论实际上经历了一个从平面耦合的四要件犯罪构成理论到改良后的两阶层或三阶层的犯罪构成理论，传统理论考察全部构成要件之后再讨论违法阻却事由的做法受到学者们的批判，在此过程中对刑法中的正当化行为如正当防卫和紧急避险的体系地位逐步达成共识，即正当化行为不属于构成要件要素，是对犯罪客观方面、主观方面判断之后进行的实质违法性判断。[21] 第二，违法性阶层或者正当化事由判断就是进行实质违法性判断，否则架空了构成要件要素的不法推定功能，为避免出现构成要件要素只剩形式判断，避免不法推定的价值判断功能被架空，不能将“情节严重”和《刑法》第13条“但书”视为犯罪成立的消极条件。

5. 整体性评价要素说

整体的评价性要素说由张明楷教授倡导，该说认为：首先，“情节严重”是构成要件要素，属于表明法益侵害的综合性情节。其次，立法技术的限制是导致我国刑法分则条文中出现大量“情节严重”规定的原因。入罪的行为不仅要具有刑事违法性，而且刑事违法性还需要达到严重程度，但哪些具体要素可用以表明程度严重，受制于立法技术，同时也为给司法实践留下自由裁量空间，采用情节严重的笼统表

---

〔19〕 参见张永红：《我国犯罪构成要素的新表达》，载《甘肃政法学院学报》2007年第4期。

〔20〕 同上引。

〔21〕 参见陈兴良：《违法性论的重塑——一个学术史的考察》，载《政法论坛：中国政法大学学报》2011年第5期；张明楷：《违法阻却事由与犯罪构成体系》，载《法学家》2010年第1期；周光权：《违法性判断的独立性兼及我国犯罪构成理论的改造》，载《中外法学》2007年第6期；田宏杰：《刑法中的正当化行为与犯罪构成关系的理性思考》，载《政法论坛》2003年第6期。

述。最后，在故意犯的场合，要求行为人对该客观情节具有故意，在过失犯的场合，要求行为人对该客观情节具有过失。[22]

（二）整体性评价要素说的提倡

本文赞同整体性评价要素说，“情节严重”是构成要件要素。虽然罪量的体系定位还存在争议，因为罪量是个内涵相当复杂的概念，尤其是结果加重犯的加重结果、数额犯的数额等，因此有学者提出“类构成要件复合体说”，将罪量要素分为构成要件基本不法量域内的情节，和溢出构成要件基本不法量域内的情节，前者如“情节严重”“数额较大”等规范的构成要件要素，后者又分为结果加重犯、客观的处罚条件和刑事政策原因。[23] 事实上，单就“情节严重”，学者们的争议主要集中在是否属于构成要件要素，否定论将“情节严重”视为客观的处罚条件或者消极的违法性判断事由，客观处罚条件在我国犯罪论理论中没有存在空间，消极的违法性判断事由将对构成要件要素的阻却和对违法性的阻却因素放在构成要件该当性判断之后的同一阶层进行实质判断，造成阶层体系混乱，因此本文不予采纳。肯定论者认为“情节严重”属于构成要件要素，本文是赞成的，其内部又分为将“情节严重”视为积极的构成要件要素和消极的构成要件要素，消极的构成要件要素又存在架空构成要件要素的不法推定功能，因此本文认为“消极的构成要件”概念不应当存在，“情节严重”属于构成要件要素，是对违法性的总体性评价，与《刑法》总则第 13 条一起实现出罪功能。

三、本罪“情节严重”认定标准构建

建立侵犯公民个人信息罪“情节严重”标准的前提是将“情节严重”视为整体性评价要素，同时笔者认为，情节严重并不仅仅是单一标准，而是混合标准，即情节严重的标准有两类，第一类是具体的、硬性的、单项指标的组合，如侵犯公民个人信息的数量、次数、持续时间等，达到上述任何标准，均视为满足情节严重标准。第二类是指，若行为没有达到任何一个指标，但接近两个或两个以上指标（如接近两个指标的 80%）时，也满足“情节严重”标准。具体标准建构如下。

---

〔22〕 参见张明楷：《犯罪构成体系与构成要件要素》，北京大学出版社 2010 年版，第 243 页。

〔23〕 参见王莹：《情节犯之情节的犯罪论体系性定位》，载《法学研究》2012 年第 3 期。

(一)侵犯公民个人信息数量较大

侵犯公民个人信息数量,是司法实践中绝大多数侵犯公民个人信息犯罪的案件中认定"情节严重"的直接标准。司法解释的定量标准应当结合我国已有相关罪名的司法解释标准,全面调研本罪国内各级法院案件判决的实证分析和全面梳理各级法院办案经验的基础上设定,受限于能力和时间,本文只能对已经公开的法院判决进行分析,并认为侵犯公民个人信息数量较大的标准设定为 10,000 条以上。

一方面,从已有的司法解释中,《刑法》第 363 条制作、复制、出版、贩卖、传播淫秽物品牟利罪的司法解释中规定,制作、复制、出版、贩卖、传播的淫秽电子信息,实际点击数达到5000 次以上的。[24] 非法获取计算机信息系统数据罪的"情节严重",是指获取支付结算、证券交易、期货交易等网络金融服务的身份认证信息以外的身份认证信息 500 组以上的。[25]

另一方面,在本文实证分析的 109 例判决书中,70. 64% 的判决书都将非法提供、获取的信息数量作为衡量情节严重的标准,其中 16. 51% 的判决书中以信息数量作为认定情节严重的唯一标准。

根据已有的案件判决看,倒卖个人信息的案件中,数量动辄成千上万条,甚至以亿计,当然也有文件数量太大,以个人信息文件的数据大小(G 或 T)计算。从本文重点关注的 109 个刑事司法判决里,其中在判决中明确以侵犯公民个人信息数量作为情节判断标准的案例有 64 例,侵犯公民个人信息 100 条以下的有 14 例,100 条至 10,000 条的有 20 例,10,000 条至 100,000,000 条的有 29 例,100,000,000 条以上的为 1 例,可见以公民个人信息为对象进行交易的行为所侵犯的信息数量极为庞大,动辄数百万,因此以 10,000 条作为入罪标准是合理的。

需要强调的是,对于如此大量的信息,被告及其辩护律师会以检察院提起诉讼的信息量中存在大量重复计数、个人信息不真实需要剔除为由提出抗辩,甚至提出上诉,而行为人侵犯的信息数量之所以产生争议,是因为对海量数据的真实性鉴定目前尚存困难。司法实践中较为可行的办法是结合数据源进行数据抽样检测,同

---

〔24〕 2010 年 2 月 2 日最高人民法院、最高人民检察院发布的《关于办理利用互联网、移动通讯终端、声讯台制作、复制、出版、贩卖、传播淫秽电子信息刑事案件具体应用法律若干问题的解释(二)》第 1 条第 2 款第 4 项。

〔25〕 2011 年 8 月 1 日最高人民法院、最高人民检察院《关于办理危害计算机信息系统安全刑事案件应用法律若干问题的解释》第 1 条第 2 项。

时考察数据来源，若源于国家机关或者金融、交通等特殊主体，未经转手，则真实性高，若经过多次转手，则需要加大鉴定力度，多次抽样检测数据的真实性，以剔除重复数据。

（二）多次获取公民个人信息的

在本文实证分析的109例判决书里，仅有24.77%的案件中，行为人因一两次非法获取或提供个人信息而受刑事制裁，其余均为多次实施侵犯公民个人信息的行为。但究竟“多次”应当具体如何确定，根据判决书尚无法看出明确态度。

作为入罪情节的“多次”在我国《刑法》中并不少见，如盗窃罪中“多次盗窃”是指二年内盗窃三次以上，抢劫罪中“多次抢劫”是指抢劫三次以上，除盗窃罪和抢劫罪之外，现行《刑法》还有多处法律条文有“多次”犯罪的规定，聚众淫乱罪中“多次参加”是指参加淫乱活动三次以上，非法制造、买卖、运输枪支、弹药、爆炸物罪中多次非法制造、买卖、运输、邮寄、储存弹药、爆炸物是指3年以内受到两次以上行政处罚又实施上述行为。[26] 对于侵犯公民个人信息罪，除了依照惯例以三次以上作为标准，也有学者建议以“一年中实施三次行为为原则，以受过一次行政处罚后再犯”为例外。[27] 也有学者主张以“一年内侵犯公民个人信息五次以上或者因此受过二次行政处罚后又实施”作为标准。[28]

由于我国目前没有单行的“《个人信息保护法》”，行政行为以法律规定或授权为前提，在我国现行《刑法》已经明确规定侵犯公民个人信息罪的情况下，以行政处罚作为刑事犯罪的前提并不合理。但“多次”应当具体如何确定，本文认为没有调研就没有发言权，因此建议最高人民法院、最高人民检察院在系统调研的基础上进行解释。《刑法》分则条文解释必须坚持罪责刑均衡原则，建议可以考虑以一年内五次以上作为标准。

（三）非法经营数额或非法获利金额较大

有学者指出获利金额或销售数额的大小与法益遭受侵害的程度没有必然联

〔26〕 2009年11月16日最高人民法院《关于审理非法制造、买卖、运输强制、弹药、爆炸物等刑事案件具体应用法律若干问题的解释》第9条。

〔27〕 参见李凤梅：《个人信息安全的刑法保障——〈刑法修正案（七）〉第7条析解》，载《河北法学》2009年第12期。

〔28〕 参见利子平、周建达：《非法获取公民个人信息罪“情节严重”初论》，载《法学评论》2012年第5期。

系,获利金额和销售金额大小取决于购买者的购买能力并且具有一定的偶然性,行为的法益侵害程度不因为价格提高而升高,因此,以获利金额作为情节严重的标准背离刑法的法益保护目的和刑法的谦抑性要求。[29] 本文认同侵犯公民个人信息罪不是目的犯,即是否以营利目的,是否最终实现营利,并不是确定罪与非罪的标准,但并不意味"情节严重"的标准不应当考虑获利金额、销售金额。

在109例判决书中,信息交易金额、因交易个人信息而取得的非法所得以及购买个人信息的支出金额均被视为判断"情节严重"的重要标准,案件比例达51.37%。另外,从罪责刑相均衡的角度看,侵犯公民个人信息罪的基本刑是3年以下有期徒刑或者拘役,我国《刑法》第281条非法生产、买卖警用装备罪也以"情节严重"作为入罪情节,其法定刑也是3年以下有期徒刑、拘役或者管制,两罪具有可比性,如均不以营利为目的。根据司法解释,非法生产、买卖警用装备罪的立案追诉标准之一是非法经营数额5000元以上,或者非法获利1000元以上。《刑法》第363条制作、复制、出版、贩卖、传播淫秽物品牟利罪的司法解释将利用淫秽电子信息收取费用违法所得5000元以上的认定为"情节严重"。因此本文建议,非法经营数额5000元以上或者非法获利1000元以上的可以作为"情节严重"的标准。

(四)获取公民个人信息手段恶劣的

由于公民个人信息大量由履行职责的或者提供服务的机构或者组织掌握,如税务机关掌握大量的纳税人信息、工商部门掌握大量的企业信息、公安部门内部联网掌握本省甚至全国的居民基本信息、民航公司掌握大量的公民出行信息,连锁酒店掌握大量的公民住宿信息,由于这些信息具有信息量大、信息真实等特点,因此在信息交易地下市场中价格较高。有权限进入这些数据库的工作人员就成为信息中间商关注的对象,有的以贿赂方式、有的以暴力胁迫等方式通过工作人员获取数据库信息,这些行为性质恶劣,因此即便获取信息数量不多,但综合考虑全案的法益侵害性,也应入罪。

如2012年12月至2013年4月,被告人吕某某为了谋取利益利用其在广东海信冰箱营销股份有限公司福州分公司担任业务员工作的便利,在未经公司任何授权下私自复印截留农户的身份证和户口本的资料,并将非法获取的农户的身份证

---

〔29〕 参见潘杜文、林维、付立庆等:《如何认定侵犯公民个人信息犯罪》,载《人民检察》2012年第16期。

和户口本复印件以每份人民币 50 元的价格出售给黄某甲，共计 105 份，被告人吕某某从中获利人民币 4740 元。黄某甲购买后将其用于虚假申报家电下乡补贴，骗取国家家电下乡补贴款。[30]

事实上，以恶劣手段获取个人信息的，与信息中间商批量倒卖信息数量不同，前者虽然获取信息的数量不大，但他们获取的每一条信息价格较高。如林某某等非法获取公民个人信息、行贿案中，浙江省出台规定，每年每人可以用他人驾照抵扣自己的高速违规记录一次。被告人林某某利用修改他人驾驶员联系方式，盗用他们的驾驶证信息抵扣车辆高速违章记录获利，经其修改的每一条记录价格为80～130 元。林某某对外宣称自己可以替人修改高速违规记录，而获取他人驾照信息、抵扣分数的信息则从温某某、黄某某等交警购买，截至案发一共向温兴印、黄小强支付信息购买费用 40 万余元。[31] 在本案中，林某某购买信息的金额远超出市场价格，且金额巨大，因此法院认为林某某的行为同时构成行贿案。若案发时间更早，当林某某购买信息条数不足数量较大的单项标准，贿赂金额较小尚不构成贿赂罪，则可依据行为手段恶劣认定情节严重。

（五）造成严重社会后果的

在 109 例判决书中，5.5% 的案件在个人信息交易数量、交易金额等因素外，额外考虑了个人信息泄露对信息主体、社会造成恶劣影响。因不法行为给公民造成严重后果的，如就国家而言损害公共利益，就社会管理而言扰乱行政秩序，就公民个人而言致使他人精神失常，给他人造成严重经济损失，导致他人正常生活、工作、学习受到严重干扰等，均应当认定为情节严重。

最典型的是“人肉搜索”中因非法泄露他人信息，导致信息主体遭受“网络暴力”精神受损甚至造成自杀等结果的。如黄某、廖某侵犯公民个人信息罪一案，[32] 被告人黄某、缪某因某行政审批手续未能批准，怀恨经办主任被害人王某某，并将王某某的个人开房记录等信息通过互联网发帖曝光，内容包含王某某单位、时任职务、历任职务等信息并写明其和家人名下在温州地区有多套房产。经多次发帖，王

---

〔30〕 参见上海市黄浦区人民法院（2014）黄浦刑初字第 397 号刑事判决书。

〔31〕 参见浙江省温州市中级人民法院（2013）浙温刑终字第 1346 号刑事判决书。

〔32〕 参见浙江省永嘉县人民法院（2015）温永刑初字第 81 号刑事判决书；浙江省温州市中级人民法院（2015）浙温刑终字第 528 号刑事判决书。

某某引起了社会舆论的广泛关注,不少新闻记者要求采访,不少亲友打电话向其询问,因社会舆论造成巨大的心理压力,王某某在随后的外出中卧轨自杀。司法实践中,因侵犯公民个人信息造成他人人身伤害、财产损失的案例不少,更有甚者严重侵害了社会管理秩序。浙江慧达驿站网络有限公司开发的酒店无线认证门户系统存在高危漏洞,2013 年 10 月 5 日经国内安全漏洞检测平台乌云(Wooyun. org)披露,由于该认证门户系统被多家知名连锁酒店采用,该系统运行多年,漏洞可能早被利用,大量的用户住宿信息已经泄露,消息一出引发巨大的社会影响。不久之后,网上出现文件名为“2000WCSV”的压缩包,内含 2000 万条酒店客户开房记录,甚至短短几日内有好事者以该数据包为基础开发出开房信息查询网站。[33]

(六)虽不符合某单一标准,但接近该单一标准且有其他从重情节的

达到上述数量或者危害结果标准,如信息数量、行为次数、销售金额、获利金额、人身、财产损害结果等,无疑可以直接认定构成情节严重,但在某些个案中,虽未达到上述标准,但接近且具有其他严重情节的,基于对全案法益侵害性的综合考量,也可以认定为“情节严重”。[34] 如走私淫秽物品罪的司法解释中规定,虽未达单项立案标准,但分别达到其中两项以上标准的 50% 以上的,也应予以立案;[35] 又如,抢劫罪的司法解释规定,抢夺公私财物,在出现某些规定的情节时,“数额较大”的标准按照普通“数额较大”标准按照原规定的 50% 确定。[36]

本文认为,与侵犯公民个人信息罪相关的其他严重情节包括获取隐私信息、获取信息为了实施其他犯罪行为情形,当然并不限于前述两项,而需根据全国各地法院调研的经验确定具体的事项。个人信息分为隐私信息和非隐私信息,出售、提供、非法获取隐私信息数量越大,法益侵害程度越重,入罪的必要性就越大,不应对数量要求过于严格。以个人定位信息为例,其属于与公民隐私密切联系的信息,手机定位在刑事侦查中对查获犯罪嫌疑人行踪、顺利抓捕脱逃犯人起着重要作用,可以

---

〔33〕 参见顾文剑、李燕、陆兵:《法院受理开房数据泄露第一案》,载《东方早报》2014 年 1 月 1 日第 A13 版。

〔34〕 参见利子平、周建达:《非法获取公民个人信息罪“情节严重”初论》,载《法学评论》2012 年第 5 期。

〔35〕 参见 2008 年 6 月 25 日最高人民检察院、公安部《关于公安机关管辖的刑事案件立案追诉标准的规定(一)》第 25 条。

〔36〕 2013 年 11 月 11 日最高人民法院、最高人民检察院《关于办理抢夺刑事案件适用法律若干问题的解释》第 2 条。

侧面证实定位信息也应当属于个人隐私，下文将对定位信息及其于个人信息的关系进行深入分析，此处不再展开。隐私信息被他人掌握，极易遭受其他犯罪侵害，如被暴力追债、敲诈勒索，甚至遭受生命危险。因公民个人信息被他人非法获取导致信息主体遭受下游犯罪侵害的案例不胜枚举，而使信息主体生命受到威胁甚至死亡的案例也屡见报端。如专门从事讨债业务的陈某甲为宋某某的公司讨债，通过调取朱某电话通话记录的方式寻找债务人朱某，根据朱某话单信息，陈某甲和宋某某找到朱某并将其从宜兴带回溧阳看管，非法剥夺其人身自由达 4 日之久。[37] 因此，当公民个人信息被非法获取后用于实施犯罪活动或者获取的信息与公民隐私、人身安全、个人尊严联系愈为密切，虽泄露或获取的公民个人信息数量少、牟利金额未达到单项标准，但接近该标准时，可综合全案根据行为人的法益侵害程度认定符合情节严重标准，构成侵犯公民个人信息罪。

---

〔37〕 参见江苏省溧阳市人民法院（2013）溧刑初字第 315 号刑事判决书。

侵犯公民个人信息罪“情节严重”之认定

——基于保护“个人信息权”的视角

陈梦寻*

【内容摘要】 2016年出台的《网络安全法》中明确了个人信息的定义，为侵犯公民个人信息罪中的“公民个人信息”认定提供了规范依据，个人信息应当同时具备“识别性”“记录性”“身份性”三项特征。“个人信息权”以个人信息为客体，是宪法上一项未列举的基本权利，是侵犯公民个人信息罪的保护法益。基于法益的解释指导功能与刑法的保障法性质，侵犯公民信息罪中“情节严重”的认定应当围绕“个人信息权”，同时结合前置法中的相关规定展开。

【关键词】 个人信息　个人信息权　侵犯公民个人信息罪　情节严重

有关侵犯公民个人信息罪，何为本罪规定的“公民个人信息”与“情节严重”聚讼不已。2016年11月通过的《网络安全法》首次给出了“个人信息”的定义，为认定“公民个人信息”提供了规范依据，但要明确哪些情形属于本罪规定的“情节严重”，需进一步分析“个人信息”的性质、特征、类型等内容。刑法解释中，法益具有重要的指导功能，本文认为侵犯公民个人信息罪保护的是“个人信息权”，“情节严重”的认定应围绕“个人信息权”展开。

一、“个人信息”的法律规定与理论解读

《刑法》第253条之一规定，违反国家有关规定，出售或者提供公民个人信息，

* 陈梦寻，中国人民大学法学院2016级博士研究生。

窃取或者以其他方法非法获取公民个人信息,情节严重的行为,成立侵犯公民个人信息罪。刑法是个人信息保护的最后一道防线,并未界定何为“公民个人信息”,要明确“个人信息”的范围,需回到前置法领域寻找根据。

(一)规范上的“个人信息”规定

我国现有法律规定中,《消费者权益保护法》第14条规定了消费者在购买、使用商品和接受服务时,享有个人信息依法得到保护的权利,《护照法》第12条、《居民身份证法》第6条、《统计法》第9条、《旅游法》第52条则规定了工作人员对履职过程中知悉的个人信息,应当予以保密。《社会保险法》第92条、《出境入境管理法》第85条,规定了对泄露个人信息的工作人员予以处分或者要求其承担赔偿责任。但上述规定均未界定“个人信息”,直到《网络安全法》出台,“个人信息”的规范含义才在法律上正式确定。《网络安全法》第76条规定,个人信息,是指以电子或者其他方式记录的能够单独或者与其他信息结合识别自然人个人身份的各种信息,包括但不限于自然人的姓名、出生日期、身份证件号码、个人生物识别信息、住址、电话号码等。基于此,个人信息的特征可概括为以下三点:(1)“记录性”——以电子或者其他方式记录;(2)“识别性”——能够单独或与其他信息结合识别;(3)“身份性”——有关自然人身份的各种信息。

(二)理论上的“个人信息”解读

现代信息论和控制论的创始人之一维纳(Norbert Wiener)将信息定义为:信息是人们在适应客观世界,并使这种适应被客观世界感受的过程中与客观世界进行交换的内容的名称。信息具有以下特征:首先,信息客观存在;其次,信息可再现;最后,信息可共享、可控制,可根据目的对其进行处理。[1] 比之信息论上的信息,法律上的信息要狭窄许多,仅指固定在一定载体上的对事物包括人自身的现象和本质的认识的表达,[2]强调信息被表达出来并固定于物质载体之上,为人支配与控制。法律上的信息的主要类别之一便是个人信息。

个人信息保护在世界范围内备受关注,不少国家和地区都制定了专门的个人信息保护法,通常开篇即明确界定何为个人信息。《德国联邦数据保护法》第3条

---

〔1〕 郎庆斌、孙毅、杨莉:《个人信息保护概论》,人民出版社2008年版,第3~4页。

〔2〕 齐爱民:《私法视野下的信息》,重庆大学出版社2012年版,第18~19页。

规定:个人数据指关于个人或已识别、能识别的个人(数据主体)的客观情况的信息。欧盟《一般数据保护条例》第 4 条规定:“个人资料”是指任何与一个已识别的或者可以识别的自然人相关的信息。我国台湾地区“个人资料保护法”第 2 条规定,“个人资料”,指自然人之姓名、出生年月日、国民身份证统一编号……社会活动及其他得以直接或间接方式识别该个人之资料。我国香港特别行政区《个人资料条例》第 2 条规定,“个人资料”,是指符合以下说明的任何资料:(a)直接或间接与一名在世的个人有关的;(b)从该等资料直接或间接地确定有关的个人的身份是切实可行的;(c)该等资料的存在形式令予以查阅及处理是切实可行的。参照以上规定,结合《网络安全法》第 76 条,本文认为个人信息应同时符合以下三项标准。

第一,“识别性”是个人信息的重要标准。“识别”是上述域外法律规定中反复出现的关键词,构成个人信息内容上不可或缺的法律要素。识别的对象是个人信息的主体,依据识别方式的不同,识别可分为直接识别与间接识别。身份证号码、肖像、指纹这类信息对应唯一的自然人,可以直接识别出信息主体,住址、职业、学历这类信息对应多个自然人,必须与其他信息结合才能完成识别。《网络安全法》第 76 条中“能够单独或者与其他信息结合识别”即对应直接识别与间接识别两种识别方式。

第二,个人信息的主体为自然人。欧盟《一般数据保护条例》规定:“个人资料”是与自然人相关的信息;我国台湾地区“个人资料保护法”规定:“个人资料”是自然人的资料;我国《网络安全法》也强调:个人信息是能够识别自然人身份的各种信息。个人信息是自然人主体的信息。与公民不同,自然人是基于自然规律出生并具有民事权利能力的人,公民则仅指具有一国国籍的自然人,因此自然人的外延更宽,不仅包括本国公民,还包括他国公民和无国籍人。

第三,个人信息必须是已经固定且可以处理的信息。我国香港特别行政区《个人资料条例》第 2 条明确要求“资料的存在形式”使得“查阅和处理”是可能的。我国《网络安全法》第 76 条也限制了个人信息的存在形式,要求个人信息必须是“以电子或者其他方式记录的”信息。个人信息必须是“已经固定”的信息,意味着个人信息存在于一定的载体之上。个人信息必须是“可以处理”的信息,指的是可以一定的方式查阅、检索或进行其他处理。之所以对个人信息予以形式上的限制,一是为了合理划分人格保护与个人信息特别保护的范围,防止造成不必要的重叠,二是防止走向个人信息流通的禁锢,影响社会的正常信息交流。[3]

综上,侵犯公民个人信息罪中的个人信息必须是能够识别自然人身份的信息,必须是已经以某种方式记录于一定载体之上的信息。由此,去识别化的、无法通过信息锁定主体的信息不应成为本罪的犯罪对象,公司、企业、社会团体等非自然人主体的信息不能成为本罪的犯罪对象,尚未固定的个人信息不能成为本罪的犯罪对象。

二、个人信息的法律属性

(一)个人信息是"个人信息权"的客体

个人信息是"物"还是"人格利益"? 主张个人信息是"物"的学说被称为"所有权客体说",该说认为个人信息之上的权利是所有权,信息主体为所有人。主张个人信息是"人格利益"的学说又可分为"隐私权客体说"与"人格权客体说",前者认为个人信息涉及隐私利益,后者认为个人信息不仅涉及隐私利益,还包含了其他人格利益。还有一种观点主张个人信息体现的是一种基本人权,是对人的基本权利和自由的保障,该说称为"人权客体说"。"所有权客体说"混淆了人格利益与财产利益,作为劳动创造成果的信息区别于个人信息,前者主要由知识产权保护其中的财产性因素,后者主要保护其中的人的个性因素。"人权客体说"是基于宪法的角度对个人信息属性的理解,与以上三种学说不在一个层面,其主要问题在于没有明确指出个人信息具体属于何种权利保护的客体,过于概括,欠缺实际意义。因此,学界的争议主要在于个人信息应当作为隐私权的客体还是作为人格权的客体予以保护。[4]

隐私权保护模式是美国模式,人格权保护模式是德国模式。美国法意义上的隐私权不仅具有消极、静态、阻碍他人获取与个人有关的信息等特性,而且具备了支配权的特点,具体包含了对个人信息是否被收集、储存、传播、修改等的决定权,按自身意志从事个人活动不受非法干涉的自由权,私有领域不受侵犯的权利,按自身意志利用个人信息满足自身需要的权利,此种意义上的隐私权承担了德国法中一

〔3〕 参见齐爱民:《个人信息保护法研究》,载《河北法学》2008年第4期。
〔4〕 同本章前引2,第118~121页。

般人格权的功能。基于这种开放的隐私权概念,我国有学者认为个人信息应当作为隐私权的客体予以保护。[5] 但是主流观点认为,个人信息应当作为人格权的客体,并提出应当单独规定一种具体的人格权——“个人信息权”予以保护,王利明教授认为个人信息与隐私虽然存在关联,但是就整体而言,个人信息的范畴远远超出隐私权的范畴,并且二者在权利属性、权利客体、权利内容和保护方式上存在诸多差别。[6] 石佳友教授指出,个人信息保护是一项独立的基本权利,其受到保护的宪法基础是个人的信息自决权。此外,以隐私来保护个人信息的局限性日益突出,信息本身具有越来越多的经济价值,信息保护的另一个目的还在于促进信息流通,而这与隐私权不具有相关性。[7] 齐爱民教授认为个人信息自决权保护模式就在于保护个人信息的全部利益,我国应当采取人格权保护模式,隐私保护模式与我国现有法律制度不符。[8] 综上,将个人信息作为“物”混淆了个人信息保护与知识产权保护的界限,将个人信息作为“隐私”难以实现对个人信息的全面保护。因此,个人信息应当作为人格权的客体,并且,个人信息作为一种人格利益不应归于一般人格权之下,而应当作为一种新生的具体人格权——“个人信息权”的客体加以保护。

(二)“个人信息权”兼具人格属性与财产属性

个人信息权是一项人格权并不排除其兼有财产利益。法律人格作为主体资格不得交易和处分,但人格的自由发展允许主体通过利用其人格要素来换取经济利益,影视明星广告代言就是其典型,人格法益之中蕴含的财产价值使得人格权具有成为财产权的可能。个人信息能够在法律允许的范围内被许可使用与其具有的财产属性密切相关。[9] 因此,个人信息权属于一种集人格利益与财产利益于一体的综合性权利,其既包含了精神价值,又包含了财产价值。[10] 个人信息既可作为商品直接转让给个人信息需求者,也可经加工处理形成有价值的数据库并利用数据库

---

〔5〕 参见周汉华:《中华人民共和国个人信息保护法(专家建议稿)及立法研究报告》,法律出版社 2006 年版,第 48 ~49 页。

〔6〕 参见王利明:《论个人信息权的法律保护——以个人信息权与隐私权的界分为中心》,载《现代法学》2013 年第 4 期。

〔7〕 参见石佳友:《网络环境下的个人信息保护立法》,载《苏州大学学报》2012 年第 6 期。

〔8〕 同本章前引 2,第 122 页。

〔9〕 参见韩强:《人格权确认与构造的法律依据》,载《中国法学》2015 年第 3 期。

〔10〕 同本章前引 6。

实现特定目的。[11] 现代社会中个人信息在商业运作、产品定位、市场营销等活动中发挥越来越重要的作用,使其在具有重要人身价值的同时具有难以忽视的经济价值。

(三)"个人信息权"内容

2017 年通过的《民法总则》第 111 条规定:自然人的个人信息受法律保护。任何组织和个人需要获取他人个人信息的,应当依法取得并确保信息安全,不得非法收集、使用、加工、传输他人个人信息,不得非法买卖、提供或者公开他人个人信息。考虑到一段时间以来,出售、提供、非法获取个人信息的违法行为泛滥,立法机关经研究认为,个人信息权利是公民享有的一项重要权利,明确对个人信息的保护有利于保护公民的个人尊严,使公民免受非法侵扰。个人信息权拟被确立为基本民事权利。虽然个人信息权在我国尚无明文规定,但是理论上个人信息权体系已经基本定型,并且内容细致丰富。具言之,个人信息权是本人依法对其个人信息所享有的支配、控制并排除他人侵害的权利,包括:(1)信息决定权,即本人直接控制与支配个人信息,决定个人信息是否被收集、处理和利用以及在多大范围、以何种方式、何种目的被收集、处理和利用的权利。(2)信息保密权,即本人要求信息处理者保持其个人信息隐秘性的权利。(3)信息报酬请求权,即本人因其个人信息被商业性利用而请求信息处理主体支付对价的权利。(4)其他权利:信息查询权、信息更正权、信息封锁权、信息删除权。[12]

三、"个人信息权"应当成为本罪保护的法益

(一)侵犯公民个人信息罪的保护法益观点争议

《刑法修正案(九)》对《刑法修正案(七)》设立的出售、非法提供公民个人信息罪与非法获取公民个人信息罪的补充修改,只是扩大了侵犯个人信息罪的处罚范围,并未变更本罪的犯罪对象,本罪规制的仍然是侵犯公民个人信息的犯罪,其保护的法益没有发生根本变化。对应于前置法领域中对"人格权客体说""隐私权客

---

〔11〕 洪海林:《个人信息的民法保护研究》,法律出版社 2010 年版,第 65 ~68 页。

〔12〕 参见齐爱民:《论个人信息的法律保护》,载《苏州大学学报》(哲学社会科学版)2005 年第 2 期。

体说”与“人权客体说”,刑法学界对本罪的保护法益也有不同认识,具体表现为以下几类学说。

1.“个人信息自由与安全说”

刑法学界的主流观点认为侵犯公民个人信息犯罪的保护法益应当是“公民个人的信息自由与安全”。《刑法修正案(七)》背景下,有观点主张,出售、非法提供公民个人信息罪与非法获取公民个人信息罪的犯罪客体均表现为公民个人的信息自由与安全;[13]还有观点认为,出售、非法提供公民个人信息罪的客体是公民个人的信息自由和安全。非法获取公民个人信息罪的客体是公民个人的信息安全和保守个人信息的权利。[14]《刑法修正案(九)》出台后,有学者主张侵犯公民个人信息罪的犯罪客体是公民个人信息安全,[15]其中的“公民的个人信息安全和自由”,是指公民自由支配其个人信息,不容他人侵犯的权利。[16]

2.“个人信息权说”

有学者在评析《刑法修正案(七)》时提出《刑法》第253条之一的修正意味着侵犯个人信息权将可能触犯刑法,并建议将该新增犯罪罪名直接确定为“侵犯个人信息权罪”;[17]还有观点主张本罪的犯罪对象是公民的个人信息,犯罪客体是公民的个人信息权,[18]该说明确提出侵犯个人信息罪的保护法益为“个人信息权”。

3.“隐私权说”

有观点认为,非法获取公民个人信息罪侵犯的是公民个人信息的秘密性,应当以公民个人信息秘密性被侵犯的程度作为评价“情节严重”的核心;[19]还有观点认为,非法获取公民个人信息罪意图通过打击非法获取有关公民隐私性信息的行为来保护公民的人身权、财产权和隐私权,因此该罪的法益为“公民的人格尊严和隐

---

〔13〕 参见赵秉志:《公民个人信息刑法保护问题研究》,载《华东政法大学学报》2014年第1期。

〔14〕 高铭暄、马克昌主编:《刑法学》(第六版),北京大学出版社2014年版,第481~482页。

〔15〕 谢望原、赫兴旺主编:《刑法分论》(第三版),中国人民大学出版社2016年版,第240页。

〔16〕 赵秉志主编:《刑法修正案最新理解适用》,中国法制出版社2009年版,第119页。

〔17〕 参见刘宪权、方晋晔:《个人信息权刑法保护的立法及完善》,载《华东政法大学学报》2009年第3期。

〔18〕 参见林哲骏:《侵犯公民个人信息罪定罪标准研究——以“个人信息”和“情节严重”认定标准构建为视角》,载《尊重司法规律与刑事法律适用研究》(下)——全国法院第27届学术讨论会获奖论文集。

〔19〕 参见庄晓晶、林洁、白磊:《非法获取公民个人信息犯罪区域性实证分析》,载《人民检察》2011年第9期。

私权”。[20] 该类观点关注的是个人信息的“秘密性”“隐私性”,虽提及对公民人格尊严的保护,但从其表述可明显看出对隐私权保护的侧重。

4.“其他说”

有观点提出,本罪的立法宗旨在于保护公民权益,应当以公民权益受侵害的程度作为判断“情节严重”的标准;[21] 还有学者对《刑法修正案(七)》评析时提出在应然意义上,该罪的保护法益应当从“公权主体”及“公权(益)关联主体”对公民个人信息的保有调整为包括但不限于“宪法隐私权”的“公民个人的信息自由和安全”或“个人隐私”,以更为有效地保护公民与个人信息及隐私相关的重大利益。[22] 该类观点意识到了保护公民基本权益的重要性,但对本罪保护的具体是哪种公民权益态度不明。

本文认为,“隐私权说”与“隐私权客体说”对应,注重个人隐私的保护,不能涵盖对已经公开但不涉及隐私的个人信息的保护。“其他说”大致与“人权客体说”对应,认为本罪的保护法益在于保护公民权益,在于保护“公民个人的信息自由和安全”或“个人隐私”,相对于“隐私权说”,更接近于对本罪保护法益的完整概括,但是观点笼统,表述不够清晰。“个人信息自由与安全说”与“个人信息权说”基本对应于“人格权客体说”,并且,“个人信息自由与安全说”与“个人信息权说”实可归于一类。具体而言,公民个人信息自由与安全以及保守个人信息的权利与个人信息权的内涵大致相同,“公民个人信息自由和安全”指的是公民自由支配个人信息并且不受他人侵犯的权利,“个人信息权”即本人依法对其个人信息所享有的支配、控制并排除他人侵害的权利,两者都强调主体对个人信息的支配控制(信息决定权)与排除侵害,至于“保守个人秘密的权利”则对应于个人信息权下的信息保密权。考虑到个人信息权作为一项逐渐成熟的基本权利,表述简洁清晰,内容自成体系,非刑事部门法领域中也广泛承认其重要地位,以其概括侵犯公民个人信息罪的保护法益更加妥当。下文将进一步论证“个人信息权”作为侵犯公民个人信息罪保护法益的合理性。

---

〔20〕 参见付强:《非法获取公民个人信息罪的认定》,载《国家检察官学院学报》2014 年第 2 期。

〔21〕 参见张磊:《司法实践中侵犯公民个人信息犯罪的疑难问题及其对策》,载《当代法学》2011 年第 1 期。

〔22〕 参见赵军:《侵犯公民个人信息犯罪法益研究——兼析〈刑法修正案(七)〉的相关争议问题》,载《江西财经大学学报》2011 年第 2 期。

(二)侵犯公民个人信息罪的保护法益应为"个人信息权"

1."个人信息权"的宪法视角考察

"人格尊严条款"是个人信息权的直接依据。我国《宪法》第38条规定:"中华人民共和国公民的人格尊严不受侵犯。禁止用任何方法对公民进行侮辱、诽谤和诬告陷害。"人格尊严,是与人身有密切联系的名誉、姓名、肖像等不容侵犯的权利,是人格权的基础,是以人的价值为核心的权利体系。人格利益是衔接个人信息权与人格尊严的关键,个人信息在现代社会成为人格形成的重要方面,承载着丰富的人格利益,其与名誉、姓名、肖像、隐私等在维护人格尊严上具有同等作用,因此,个人信息权应当为人格尊严所包含。有观点认为,可以将"人格尊严"认定为一般人格权,成为涵盖一般人格法益的框架性权利,统率已经类型化和各种将要类型化的各项具体人格权,为新型的人格利益上升为正式权利形态提供空间,形成宪法上人格权调整模式的基本架构——"人格尊严(一般人格权)+某些具体人格权"。[23]借鉴该种观点,人格尊严作为一般人格权,是个人信息权的上位概念,统率包含个人信息权在内的各项具体人格权。"人格尊严条款"成为保护人格法益的框架性规定,有足够空间将个人信息权容纳在内。

"人权条款"是个人信息权的补充依据。"国家尊重和保障人权"位于《宪法》第二章"公民基本权利和义务"的第1条。结构主义视野下,人权条款具有总括宪法具体权利和作为宪法基本原则的双重功能,"人权条款是宪法未列举权利的安身之所"。[24] 人权条款作为保障基本权利的概括性条款对列举的基本权利和未列举的基本权利均发挥一定的保障作用,但人权条款对于宪法未列举权利的保障只能是补充性的,例如,为了扩大基本权利保护范围,可以依照人权条款提炼现有条款中隐含的新的权利类型。人权是以人的尊严与自由为核心的价值体系,只要是维护人的尊严所必要的权利和自由都应该纳入国家的保护范围,人的尊严是宪法上未列举的基本权利的判断基础。[25] 个人信息权以人格尊严作为上位概念,对维护人的自由和发展具有重要价值,与人权保护的核心价值相契合,符合宪法上未列举

---

〔23〕 参见石毕凡:《作为基本权利的人格尊严及其规范意涵——以"卖淫女示众事件"为例》,载《现代法学》2008年第5期。

〔24〕 张薇薇:《"人权条款":宪法未列举权利的"安身之所"》,载《法学评论》2011年第1期。

〔25〕 参见胡锦光、韩大元:《中国宪法》,法律出版社2016年版,第160~163页。

的基本权利的判断标准，能够置于人权条款之下。

个人信息权作为一项基本权利在域外宪政实践中得到广泛认可。德国联邦宪法法院在1983年人口普查案判决中，以《德国基本法》第1条和第2条规定的人的尊严与人格权为宪法依据，通过一般人格权到自决权再到信息自决权的逻辑演绎，确立了信息自决权为德国基本法上的基本权利；美国的个人信息保护虽然从隐私权视角展开，联邦最高法院多以隐私权名义为个人信息提供保护，但是隐私权的实质内容已经从消极的不受干扰的权利转变为积极决定控制个人信息的权利；法国将该项权利称为个人资料保护权，法国宪法委员会以《宪法》第66条“人的自由”为根据，在通过宪法解释确认隐私权为宪法保障的基本权利的前提下，确立了个人资料保护权的基本权利地位。〔26〕个人信息权应当作为一项基本权利受到宪法的保护在世界范围内已经成为趋势，这种趋势凸显了个人信息保护与人的自由发展的密切联系，也为个人信息权在我国作为一项宪法未列举的基本权利提供了佐证。

个人信息权在民事基本法领域的确立与其作为一项宪法未列举的基本权利并不冲突。有学者提出，个人信息权是一项独立的民事权利，保护的是类型化的私益，是一种新型的具体人格权。〔27〕本文认为，个人信息权不仅仅是一种民事权利，更是宪法上未列举的一项公民基本权利。这涉及对人格权性质的理解，人格权究竟是仅具备宪法属性，还是同时具备宪法属性与民法属性？尹田教授认为，整个近代法律制度的基础和起点是自然人人格的普遍确认，人格权作为一种自然权利或者一种法定权利，根本不是来源于民法的授予，人格权的地位高于民事权利，民法的任务只是对其予以司法领域的保护。〔28〕刘凯湘教则主张人格权具有宪法权利与民事权利的双重属性，但更主要的是一种民事权利。宪法上规定了人格权不等于公民自动获得了司法领域的赋权，民事权利仍需民事基本法来赋权，可将其称为第二次赋权，民法典可以而且必须创设宪法中没有规定的人格权类型，因此人格权是由宪法和民法共同创设。〔29〕本文认为，需要回到宪法上的基本权利理论中去寻找这一

〔26〕参见姚岳绒：《论信息自决权作为一项基本权利在我国的证成》，载《政治与法律》2012年第4期。

〔27〕参见王利明：《论个人信息权在人格权法中的地位》，载《苏州大学学报》（哲学社会科学版）2012年第6期。

〔28〕参见尹田：《论人格权的本质——兼评我国民法草案关于人格权的规定》，载《法学研究》2003年第4期。

〔29〕参见刘凯湘：《人格权的宪法意义与民法表述》，载《社会科学战线》（哲学社会科学版）2012年第2期。

问题的答案。

基本权利具有双重性,即基本权利作为主观权利与客观价值秩序。前者是公民对抗国家的具体权利,后者是一种"价值秩序",构成立法机关建构各种国家制度,行政机关执行法律和司法机关解释法律的上位指导原则。作为客观价值秩序的基本权利要求国家为基本权利的实现提供实质性的前提条件,国家的这种帮助和促进的义务被称为"保护义务",而其中最主要的就是立法机关的义务,即基本权利实现的各种前提条件应当由立法机关制定法律使之完备。[30] 因此,个人信息权作为宪法上未列举的基本权利,在客观价值秩序的意义上统率整体法秩序内的所有个人信息保护,作为主观权利的个人信息权使得公民能够对抗国家权力活动,民事法领域对个人信息的保护是对作为客观价值秩序的个人信息权的细化规定,民事基本法对其予以二次确认,也即刘凯湘教授所称的"第二次赋权"。

2."个人信息权"的刑法视角考察

法益必须与宪法相关。刑法的任务是保护法益,法益是根据宪法的基本原则,由法所保护的、客观上可能受到侵害或者威胁的人的生活利益,其中由刑法所保护的人的生活利益就是刑法上的法益。因此,刑法将何种法益作为自己的保护对象,必须符合宪法的原则,宪法要求刑法保护的法益,应当成为刑法上的法益。[31] 基本权利由主观权利向客观价值秩序的转变,使得基本权利具有了客观价值的功能,形成了基本权利的价值体系,包括其制度性保障功能、组织与程序保障功能、基本权利的第三人效力功能以及保护义务功能,保护义务要求立法者通过设立刑法规范等,来制止国家以外的主体对公民基本权利的侵害,例如侮辱罪、诽谤罪、盗窃罪等就是国家在履行保障公民人格尊严、财产权等基本权利的义务。[32] 个人信息权作为一项宪法未列举的基本权利,其具有宪法要求刑法保护的客观价值功能,刑法应当予以保护,属于刑法上的法益。

透过结构主义视角,《刑法》的条文并非杂乱无章地散落在刑法典中,《刑法》分则的章罪名大体上明确了该章犯罪所保护的同类法益。侵犯公民个人信息罪是《刑法》第253条之一,位于《刑法》分则第四章"侵犯公民人身权利、民主权利罪"中,因此该罪所属类罪保护的法益应当是公民的人身权利和民主权利。具体到个

---

〔30〕 参见张翔:《基本权利的双重性质》,载《法学研究》2005年第3期。

〔31〕 张明楷:《刑法分则的解释原理》(第二版),中国人民大学出版社2011年版,第345页。

〔32〕 参见张翔:《基本权利的体系思维》,载《清华法学》2012年第4期。

罪保护的法益,犯罪通过侵害行为对象来侵害法益,行为对象本身体现法益,因而可以借助其对象特征来确定所保护的法益。[33]《刑法》第 253 条之一中,向他人出售、向他人提供、窃取、以其他方法非法获取的对象均是“公民个人信息”,除依国家有关规定,其收集与处理应当获得信息主体的同意或者授权,个人信息的非法流通严重破坏了主体对与自己人格利益密切相关的个人信息的控制与决定,侵犯了公民的人身权利,因此本罪保护的法益应当是“个人信息权”。

3.“个人信息权”的整体法视角考察

刑法永远是国家对抗违法行为的最后一道防线。罗克辛教授认为,从属性原则与法益保护原则具有完全相同的地位,只有当较为轻缓的规制手段制裁力量不足之时,才能考虑动用刑罚。[34] 田宏杰教授从法律规则性质的角度对上述原则作了更加深入的阐释,调整性规则建立正常的法律秩序,保护性法律规则追究法律责任和施加法律制裁以修复被破坏的法律秩序。因法律制裁手段的严厉性差异,保护性法律规则分为两个层次,其中刑事法成为非刑事保护性规则的保护性规则,在后者力量不足之时增援。无调整性规则即无对应的保护性规则,刑法并非完全独立的部门法,而是所有部门法的后盾与保障,因此,应当坚持“前置法定性与刑事法定量”相统一的定罪机制。[35]

具体到个人信息保护领域,个人信息权是一项重要的法益,受到整体法的保护,行政法与民法等非刑事部门法中对个人信息保护的规定依照行为手段的类型具体设置,以《网络安全法》的规定为例,在第 4 章“网络信息安全”中,第 41 条规定,网络经营者不得收集与其提供的服务无关的个人信息;不得违反法律、行政法规的规定和双方的约定收集个人信息。第 42 条规定,网络运营者不得泄露、篡改、毁损其收集的个人信息;网络运营者未经被收集者同意,不得向他人提供个人信息。第 44 条规定,任何个人和组织不得窃取或者以其他非法方式获取个人信息,不得非法出售或者非法向他人提供个人信息。第 64 条规定,违反以上条文规定,侵害个人信息依法得到保护权利的,给予行政处罚。刑法中的侵犯个人信息犯罪仅限于出售、提供、窃取或者以其他方法非法获取个人信息的行为,不包括不当收集、篡

〔33〕 同本章前引 3,第 351 页。

〔34〕 参见[德]克劳斯·罗克辛:《对批判立法之法益概念的检视》,陈璇译,载《法学评论》2015 年第 1 期。

〔35〕 参见田宏杰:《行政犯的法律属性及其责任——兼及定罪机制的重构》,载《法学家》2013 年第 3 期。

改、毁损个人信息的行为。但是在违法行为类型与犯罪行为类型一致的情形下,如何划定刑事法处罚的界限,则成为实现有效刑事处罚的重要问题,即何为出售、提供、窃取或以其他方法非法获取个人信息"情节严重"的行为。基于整体法的视角,"情节严重"的认定需要注意与前置法的合理衔接。

四、"个人信息权"为中心认定"情节严重"

侵犯公民个人信息中,"情节严重"是构成基准犯罪的定量标准,通说认为,结果不法与行为不法共同决定了犯罪行为的不法含量,法益侵害在不法当中具有基础地位,行为不法不论是从主观方面还是客观方面都需接受法益侵害的标准。故侵犯公民个人信息罪"情节严重"的认定应当以该罪保护的法益——"个人信息权"为基本标准。考虑到法益具有一定的抽象性,需结合前置法规定与理论研究中的个人信息保护为"情节严重"的认定提供操作标准。综观现有文献对本罪"情节严重"之理解,该"情节"主要涉及如下方面:(1)个人信息类型;(2)个人信息数量;(3)违法所得数额;(4)后果的严重程度;(5)行为次数;(6)信息用途;(7)行为方式;(8)行为人的一贯表现,是否曾经受到行政处罚或者刑事处罚;(9)形成非法购销公民个人信息网络组织。[36] 原则上,笔者认为"情节严重"的认定应当围绕结果不法与行为不法展开,但是考虑到我国司法实践中确实存在基于刑事政策因素考量"情节严重"的实际情况,本文也将其纳入考量范围,以此为分类标准对以上学界讨论的要素展开分析。

(一)基于结果不法考量之"情节"

1. 个人信息类型

个人信息的内容范围极其广泛,不同性质的个人信息中包含的利益大小有所区别,要实现对个人信息的有效保护,实现不同法律部门对个人信息保护的精确分工以及刑法对侵犯个人信息行为的有效惩罚,应当对其实行分级保护和分类保护。

以信息敏感度为核心的分级保护。一般而言,敏感个人信息与隐秘个人信息

---

〔36〕 喻海松:《网络犯罪的立法扩张与司法适用》,载《法律适用》2016 年第 9 期;同本章前引 20;利子平、周建达:《非法获取公民个人信息罪"情节严重"初论》,载《法学评论》2012 年第 5 期;同本章前引 21;王昭武、肖凯:《侵犯公民个人信息犯罪认定中的若干问题》,载《法学》2009 年第 12 期。

涉及个人隐私，在侵犯公民个人信息权的同时对个人隐私权产生了附带损害，对该类个人信息的法益侵害要大于对琐碎个人信息和公开个人信息的法益侵害。个人信息的敏感性和隐私性分级不可避免地要考虑信息主体的感受，理论上主张可以从三方面衡量个人信息的敏感度。第一，暴露容忍度，个人信息一旦暴露，如果对主体的日常生活、工作、财产、心理等造成极大的、灾难性的、不可挽回的负面影响，则暴露容忍度低；如果负面影响较大，并且能够采取一定的救济措施降低负面影响，则暴露容忍度中；如果负面影响较小并且可以接受，则暴露容忍度高。第二，扩散容忍度，同样以其对主体的日常生活、工作、财产、心理造成的负面影响的大小，能否挽回，能否救济将其分为扩散容忍度低、中、高三个等级。第三，滥用容忍度，参照上述标准将其分为滥用容忍度低、中、高三个等级。[37] 结合以上“暴露容忍”“扩散容忍”和“滥用容忍”的标准以及“高”“中”“低”的分级，本文认为，对敏感度“高”，容忍度“低”的个人信息的侵犯，可以作为认定侵犯公民个人信息罪“情节严重”的重要考虑因素。

以身份识别能力为核心的分类保护。在信息管理学研究中，根据影射的定义，对个人信息的个体识别性作了如下区分：(1)与个人身份具有双射属性的个人信息，这部分信息与特定主体一一对应，例如身份证件号码；(2)与个人身份具有单射属性的个人信息，这部分信息的主体是唯一的，但是特定主体可能拥有不同的这类信息，例如一个公民可能拥有多个银行账号、多个手机号码；(3)与个人身份具有满射属性的个人信息，这类信息属于状态信息，描述了特定社会群体的属性特征，这部分个人信息只能识别出一个群体，而无法识别出特定个人，例如，法学博士、年龄；(4)与个人身份既不满足单射也不满足满射的个人信息，这部分信息通常对应多个主体，并且其随时间的变化内容也会发生变化，例如宗教信仰、教育情况、工作单位。[38] 上述四类信息之中，前两种个人信息能够直接识别信息主体，后两种个人信息需要结合其他个人信息才能识别信息主体，在仅有后两种个人信息之时，不能认定为本罪构成要件要素的“公民个人信息”。一般而言，能轻易锁定信息主体的个人信息对个人信息权的侵害要大于间接识别信息主体的个人信息，本罪保护的法益是特定自然人的个人信息权，当信息只涉及某一群体而无法定位于特定自然人

〔37〕 参见刘雅琦：《基于敏感度分级的个人信息开发利用保障体系研究》，武汉大学出版社2015年版，第126～129页。

〔38〕 同本章前引38，第87～88页。

时,本罪保护的法益是安全的。

2. 个人信息数量

侵犯公民个人信息罪保护的法益是个人信息权,对个人信息权的侵害,既可以是对特定主体享有的个人信息权的严重侵害,例如行为人搜集有关特定个人的身份信息、财产信息、行踪信息、通讯信息等各方面信息后予以出售,也可以是对大规模主体的个人信息权的一般侵害,例如一次出售数万条个人财产信息。实践中,后种情形是侵犯公民个人信息罪的主要形态。在民法领域,这种侵害称为“分散损害”,也有学者将其称为“大规模的微型侵害”,其典型特征为单个受害者遭受的损失十分微小,甚至达不到最低损害的标准,但损害的总量却累计达到了可观数额。就单个受害人而言,损害是微小的,受害人往往不愿意请求行为人承担责任,但就整体侵权规模而言,损害又是巨大的,由此需要国家作为代理人去保护公民的权利。〔39〕 同理在刑法领域中,侵犯个人信息的数量大一方面反映对个人信息权累积侵害大,另一方面也波及了社会中的较多数人,社会危害性相对扩大,因此,个人信息的数量应当作为认定该罪“情节严重”的重要因素。

3. 违法所得数额

有学者指出,侵犯公民个人信息的行为是否获利、获利多少不应当成为本罪“情节严重”的认定标准。理由是,首先,本罪的目的在于防止信息被非法获取后对公民正常生活所可能带来的损害,而获利数额对应的是个人信息的本身价值,不是对应于个人信息可能造成公民权益损害的价值;其次,个人信息没有一个确定的价值衡量标准。〔40〕 本文反对上述观点,认为违法所得数额是衡量“情节严重”的重要标准。如前文所述,个人信息权作为一项人格权同时具有财产属性,其不仅包含精神价值也包含财产价值,权利人可以通过许可他人使用个人信息等途径获得经济收入。虽然个人信息没有统一定价,但是一般而言,越为重要的个人信息价值越高,侵害的个人信息数量越多,违法所得数额越高。

4. 后果的严重程度

侵犯个人信息造成的后果严重程度直接征表犯罪行为的不法含量。当个人信息的泄露与买卖给个人的日常生活、工作带来了灾难性的、不可挽回的负面影响,

---

〔39〕 参见[德]瓦格纳:《损害赔偿法的未来:商业化、惩罚性赔偿、集体性损害》,王程芳译,中国法制出版社 2012 年版,第 178 页;同本章前引 6。

〔40〕 同本章前引 18。

个人的财产与精神遭受双重损失，应当作为“情节严重”来考虑。

5. 多次实施侵犯个人信息的行为

行为人多次实施侵犯公民个人信息不单增加了结果不法的含量，同时也提高了行为不法的含量。行为人实施侵犯公民个人信息的行为次数越多，个人信息权累积遭受的侵害就越大，而多次行为可能意味着行为人以倒卖、非法获取个人信息为业，征表了行为人违反法规范的坚定意志，说明其具有较高的人身危险性。在认定本罪是否“情节严重”之时，行为的次数应当成为权重因素之一。

（二）基于行为不法考量之“情节”

行为不法的主观方面主要涉及行为人的故意、过失以及特殊的主观不法要素如特定的目的；行为不法的客观方面主要考虑行为人是否具有特殊的身份地位、行为实现结果不法的可能性以及行为的特殊方式。行为不法的判断亦需坚持法益侵害的标准，只有以追求结果不法为内容的主观要素才能成为行为不法的组成部分；只有客观上具备结果发生的现实可能性的行为方式才能成为行为不法，然而行为不法的判断还有自己的独立性，包含了一定的社会道德评价内容。[41] 因此，对侵犯公民个人信息罪的行为不法含量予以衡量的时仍应坚持“个人信息权”为核心，但是不排斥其他社会评价因素的合理介入。

1. 主观方面之特定目的

侵犯个人信息罪是故意犯罪，并且经常伴有特定目的，这种主观不法要素增加了行为的不法含量。实践中，行为人实施侵害公民个人信息的行为目的多种多样，有的为了牟利；有的为了拓展业务；有的为了推销产品；有的为了实施诈骗；有的为了不正当竞争；有的为了赌博网站会员注册。[42] 本文认为，侵害公民信息的行为是为实施下游犯罪作准备时，行为人的行为不法程度要明显高于行为人仅仅将个人信息用来拓展业务、推销产品。出于实施其他罪的目的侵害公民个人信息与出于商业目的侵害个人信息都对“个人信息权”造成了侵害，但是前者显示了行为人具有较大的主观恶性和人身危险性，应当将其作为“情节严重”的认定因素。

---

〔41〕 参见陈璇：《德国刑法学中结果无价值与行为无价值的流变、现状与趋势》，载《中外法学》2011 年第 2 期。

〔42〕 参见李玉萍：《侵犯公民个人信息罪的实践与思考》，载《法律适用》2016 年第 9 期。东莞市第三人民法院一审（2016）粤 1973 刑初 432 号；安溪县人民法院一审（2016）闽 0524 刑初 136 号。

2. 客观方面之行为手段

在考虑行为不法的客观方面上,主要涉及的是主体身份与行为方式,《刑法》第253条之一第2款已经明示了,从重处罚的是履行职责或者提供服务过程中获得的公民个人信息出售或者提供给他人的行为。行为的特殊方式的考虑主要涉及第3款规定的"窃取或者以其他方法非法获取公民个人信息"。换言之,具体哪些"其他方法"应当作为"情节严重"加以认定。以暴力、威胁、欺诈等方式获取公民个人信息的行为因其附带损害公民的其他人身权利、财产权利将其作为"情节严重"的衡量因素无须多言。本文以为,非法侵入公共的个人信息管理系统获取公民个人信息的行为也应当认定为情节严重,以方某某非法获取公民个人信息一案为例,行为人方某某先后非法侵入湖南省出生证明管理系统、浙江省免疫规划信息管理系统、湖北省免疫规划信息管理系统、一汽大众公司网站信息系统等多个计算机信息系统获得海量个人信息并转卖他人。[43] 一方面,以该种方式获得的个人信息数量巨大;另一方面,该种行为本身也扰乱了公共秩序,妨碍社会管理。

(三)基于刑事政策因素考量之"情节"

以德日构成要件理论分析我国基本犯"情节严重"之"情节"难以获得一个完满的解释。考虑到司法实践承认许多基本构成要件以外的要素在认定犯罪成立时的重要作用,难以用思辨的构成要件理论去否认现实流动的司法实践,所以本文结合我国司法实践中的一贯做法,将司法解释中认定"情节严重"高频出现的情形也纳入本罪"情节严重"的考量之中。

1. 行为人的一贯表现

考察行为人的一贯表现实为衡量行为人的人身危险性与主观恶性。人身危险性,指的是"行为人的具体的、动态的、人身性的事实特征,以未来实施危害行为的可能性为终极评价的,行为人对于现存社会秩序所构成威胁及其程度的属性。"[44] 以买进卖出个人信息、非法获取个人信息为业、曾因侵犯公民个人信息受到两次行政处罚又实施侵害公民个人信息行为的,应当认定为"情节严重"。结合《网络安全法》第64条第3款规定,"违反本法第44条规定,窃取或者以其他非法方式获取、非法出售或者非法向他人提供个人信息,尚不构成犯罪的,由公安机关没收违法所

〔43〕 参见漯河市郾城区人民法院一审(2016)豫1103刑初3号。

〔44〕 张小虎:《刑法学》,北京大学出版社2015年版,第198页。

得,并处违法所得一倍以上十倍以下罚款,没有违法所得的,处一百万元以下罚款。”如果行为人两次因出售个人信息被处以罚款又实施侵犯公民个人信息行为的,应当认定为“情节严重”。这种反复实施侵害公民个人信息的行为表现了行为人具有较大的人身危险性,未来实施侵害公民个人信息行为的可能性大。

2. 给国家带来巨大经济损失,对社会造成恶劣影响

2013 年 4 月 23 日“两高一部”《关于依法惩处侵害公民个人信息犯罪活动的通知》中指出,对于在履行职责或者提供服务过程中,将获得的公民个人信息出售或者非法提供给他人,造成重大经济损失、恶劣社会影响的,应当依法以非法出售、非法提供公民个人信息罪追究刑事责任。个人信息经常被用来从事非法讨债、电信诈骗等违法犯罪活动,由此可能引致严重的人身伤亡、财产损失等加重后果。以两起案件为例:山东女孩徐玉玉因个人信息泄露被用于电信诈骗,被骗光学费后猝死;广东女孩蔡淑妍因个人信息泄露被用于电信诈骗,被骗完学费后自杀溺亡。[45] 猝死以及自杀身亡的加重后果虽然超出了犯罪的基本构成,但是其对社会造成了恶劣影响,可以将其作为本罪“情节严重”的一种情形。将犯罪行为给国家带来重大经济损失和对社会造成恶劣影响纳入“情节严重”的考虑之中,已经超出了本罪的保护法益的范围,更多的是基于刑事政策的考虑。

3. 形成非法购销网络

个人信息的非法获取与非法流通已经成为网络黑色产业链条的重要环节,腾讯《2015 年移动支付网络黑色产业链研究报告》中提到,在黑市上已经形成了“木马—免杀—种马—个人信息非法收集—盗窃用户资金—洗钱—分赃”的黑产链条。个人信息的非法购销已经成为网络诈骗与恶意营销的关键环节。在巨大的经济利益的驱使之下,精通计算机技术的黑客也加入其中,不仅侵入有价值的网络站点,盗走用户数据库,而且还通过各种技术破解相关用户数据并将各种数据整合成包含多种个人信息的“社工库”,通过黑市将其变现交易。为了控制侵犯个人信息犯罪以及相关犯罪,对于形成非法购销网络的侵犯个人信息行为应当认定为“情节严重”,购销网络的建立使得海量个人信息被非法收集、分析、整合、买卖,产业化的操作方式使得个人信息面临规模性的侵犯,严重侵害了现有的社会秩序。

---

〔45〕 参见《最高检公安部联合挂牌督办第一批 21 起重大电信诈骗案件》,载《法制日报》2016 年 10 月 1 日第 1 版。

五、结语

信息是社会交往的重要媒介,抽象、宽泛但是客观存在。法律上的信息仅限于固定于一定载体之上的信息。法律保护个人信息不是要禁锢信息流通,而是在兼顾社会发展需要的同时,保护作为个人信息主体的个人权益。个人信息权作为一种与人格密切相关的权利,在世界范围内逐步得到广泛认可,为宪法文本所包含,在行政立法与民事立法中日益明确,将其作为刑法侵犯公民个人信息保护犯罪的法益符合基本法理。不能用孤立的眼光看待刑法中的侵犯公民个人信息罪,而应当基于宪法的框架,结合理论上对"个人信息"的分类分级研究,联系《网络安全法》等行政法律规定、《民法总则》等民事法律规定,在整体法秩序的框架内把握刑法保障法的属性,认定何种信息属于本罪的"公民个人信息",何种情节属于本罪的"情节严重"。如此,才能实现法治国下各部门法对个人信息保护的精确调整与刑法对侵犯公民个人信息行为的有效惩罚。

窃取网络虚拟财产行为定性探究

刘明祥*

随着计算机科学技术的发展和网络的普遍应用,网络在社会生活中的作用也越来越大。网上娱乐业尤其是网络游戏的繁荣发展,又导致网络虚拟财产的大量涌现,并诱发了一类新的侵权即侵犯网络虚拟财产现象的发生,特别是窃取网络虚拟财产的案件不仅占其中的绝大多数,而且在定性上目前仍有较大分歧,迫切需要从理论上做深入细致的研究,以便能够形成一致的认识。鉴于此,笔者撰写本文,对此展开论说。

一、窃取网络虚拟财产行为的定性分歧及其评析

对窃取网络虚拟财产〔1〕情节严重的行为如何定性处理?在2009年《刑法修正案(七)》增设非法获取计算机信息系统数据罪之前,各地司法机关做法不一,有的一概不作为犯罪处理;有的作为犯罪来处罚,但定性却不一致,大多是按盗窃罪定罪,也有的是按侵犯通信自由罪,还有的是按破坏计算机信息系统罪定性处理。〔2〕《刑法修正案(七)》颁布之后,对于这种行为的定罪仍不统一,有的按非法获取计算机信息系统数据罪定性,也有的还是按过去的做法定为盗窃罪,甚至还存在对同一

---

* 刘明祥,中国人民大学刑事法律科学研究中心教授,博士生导师。

〔1〕 网络虚拟财产有广义与狭义之分。广义的网络虚拟财产,是指一切存在于特定网络虚拟空间的专属性的虚拟物,包括ID(如QQ账号、电子邮箱)、虚拟货币、虚拟装备等;狭义的网络虚拟财产,则是指大型多人在线网络游戏中的物品,如特定网络游戏中的游戏币、武器、服装、土地或其他具有价值的物品。本文中的虚拟财产是从狭义而言的。

〔2〕 参见陈云良、周新:《虚拟财产的刑法保护路径之选择》,载《法学评论》2009年第2期。

案件一审以盗窃罪、二审按非法获取计算机信息系统数据罪定罪的混乱现象。[3]

目前,我国刑法理论界对窃取网络虚拟财产行为应如何定罪,也存在认识分歧,主要有四种不同主张:第一种主张是定非法获取计算机信息系统数据罪,认为《刑法修正案(七)》生效后,凡是违反国家规定,侵入计算机信息系统,非法获取其中储存、处理或者传输的数据,情节严重的,无论该计算机信息系统数据是否具有财产属性,是否属于值得刑法保护的虚拟财产,都不应再以盗窃罪论处。[4] 第二种主张是定盗窃罪,认为《刑法修正案(七)》增设非法获取计算机信息系统数据罪,主要针对的是网络安全秩序,所以,非法获取虚拟财产以外的其他计算机信息系统数据的行为,应按此罪处罚,但是,以盗窃方式获取虚拟财产这种类型的电子数据,主要针对的是虚拟财产所有者的财产权益,因此应定盗窃罪。[5] 第三种主张认为,盗窃网络游戏虚拟财产构成犯罪的,同时触犯盗窃罪与非法获取计算机信息系统数据罪两个罪名,属于想象竞合,可择一重罪处断。[6] 第四种主张认为,行为人实施盗窃虚拟财产的行为,必然要利用计算机网络系统,将不可避免地发生牵连犯罪的情况,同时触犯盗窃罪、非法侵入计算机信息系统罪、非法获取计算机信息系统数据罪等罪,一般应从一重罪处罚。[7]

在笔者看来,上述第四种主张("牵连犯说"),显然无法立足。众所周知,牵连犯是实质的数罪,即具备数个独立的构成要件,存在数罪并罚的可能性。正因如此,刑法对有些牵连犯规定实行数罪并罚,对有些牵连犯则从处罚便宜性的需要出发规定从一重罪处罚。但牵连犯成立的前提是必须要有两个以上(含两个)犯罪行为,仅实施一个行为或数行为只成立一罪(属于复行为犯)的,不可能构成牵连犯。而在窃取网络游戏虚拟财产的场合,行为人虽然通常是既实施了非法侵入计算机信息系统的行为,又实施了获取其中存储、处理或者传输的数据(虚拟财产)的行为,但由于非法侵入计算机信息系统或者采用其他技术手段,是构成非法获取计算机信息系统数据罪的必要条件,如果没有采取这种特定手段,而获取计算机信息系

---

〔3〕 参见夏尊文:《论盗窃网络游戏虚拟财产行为定性的法律根据》,载《行政与法》2014 年第 8 期。

〔4〕 参见梁根林:《虚拟财产的刑法保护——以首例盗卖 QQ 号案的刑法适用为视角》,载《人民检察》2014 年第 1 期。

〔5〕 参见王志祥、袁宏山:《论虚拟财产刑事保护的正当性——与侯国云教授商榷》,载《北方法学》2010 年第 4 期。

〔6〕 参见夏尊文:《论盗窃网络游戏虚拟财产行为定性的法律根据》,载《行政与法》2014 年第 8 期。

〔7〕 参见邹政:《盗窃虚拟财产行为的刑法适用探讨——兼论虚拟财产价格的确定》,载《法律适用》2014 年第 5 期。

统数据，就不构成这种罪，因此应当认为此罪是复行为犯，从而不能认为非法侵入计算机信息系统罪与非法获取计算机信息系统数据罪之间存在牵连关系。如同采取伤害被害人的手段夺取其财物的抢劫犯罪一样，不能说存在伤害罪与抢劫罪二种犯罪相牵连的问题。至于非法获取计算机信息系统数据罪与盗窃罪之间，更不可能存在牵连关系，而有可能是一种竞合关系，即对一个窃取网络游戏虚拟财产的行为，认定为既触犯非法获取计算机信息系统数据罪，又成立盗窃罪。当然，这是以从不同的角度对同一行为进行评价成立二罪（或二个以上罪）为条件的，如果仅成立一罪也就不可能存在竞合关系。肯定两罪之间存在竞合关系之后，还要进一步弄清是想象竞合还是法条竞合。

上述第三种主张（“想象竞合说”）认为，窃取网络游戏虚拟财产的行为，构成非法获取计算机信息系统数据罪与盗窃罪，二罪之间是一种想象竞合关系。有关这种行为能否构成盗窃罪，笔者将在下文展开论述。如果结论是否定的，即认为只可能构成非法获取计算机信息系统数据罪一罪，想象竞合也就无从谈起。但是，即使能够肯定盗窃罪成立，笔者认为，二罪之间的竞合关系也不是想象竞合，而是法条竞合。

一般认为，一行为触犯的数罪，若是由数法条所规定，而数法条之间存在重合或交叉关系的，是法条竞合；如果不存在这种关系，就是想象竞合。也就是说，想象竞合与法条竞合的根本区别，不在于是否必然触犯两个法条，而在于想象竞合是事实意义上的竞合，而法条竞合则是法律意义上的竞合。当行为触犯的两个法条之间存在从属（重合）或交叉的逻辑关系时，是法条竞合；若不存在这种逻辑关系，则为想象竞合。[8] 区分的关键在于对案件事实符合何种犯罪的构成要件进行评价或判断，总的原则是既要充分评价又要禁止重复评价。这是因为刑法对行为事实的评价，不能不足，也不能超过，必须不多不少刚刚好地完全评价。[9] 当一行为侵犯的法益与犯罪事实不是某一犯罪构成能够完全评价时，应宣告其触犯数罪，只因是一行为不能实行数罪并罚，而视为处罚上的一罪，这就是想象竞合的情形。当一行为侵犯的法益与犯罪事实，存在两个以上为保护同一法益而设立的数个犯罪构成可以适用时，由于禁止重复评价，只能选择最能反映案件全貌的犯罪构成来适用，这就是法条竞合。简言之，在一行为触犯刑法规定之数罪的场合，如果选择适用一

---

〔8〕 陈兴良、周光权：《刑法学的现代展开》，中国人民大学出版社 2006 年版，第 383 页。

〔9〕 柯耀程：《刑法竞合论》，中国人民大学出版社 2008 年版，第 49 页。

个刑法条文,就能对案件事实作出完整的评价,这是法条竞合,只需宣告行为人构成一罪;若不能对案件事实作出完整评价,则属想象竞合,应宣告行为人构成数罪,只是要从一重处断。

就窃取网络游戏虚拟财产的案件而论,如果肯定一个窃取虚拟财产行为既触犯非法获取计算机信息系统数据罪,又触犯盗窃罪,只要对两罪的构成要素作一比较,就不难发现窃取虚拟财产的行为包含了盗窃罪的所有构成要件要素,同时还要求在计算机信息系统中窃取,并要采取侵入计算机信息系统或者其他技术手段这样两个特别要素。由于前罪的构成要素包含了后罪的构成要素的全部内容,宣告前罪(不宣告后罪)就能对其犯罪事实做出完整的评价,因此,二罪之间无疑不是想象竞合,而构成普通法条与特别法条相竞合的关系。其中,非法获取计算机信息系统数据罪的法条是特别法条,而盗窃罪的法条是一般法条。不过,即便是肯定窃取虚拟财产的行为构成盗窃罪,也由于非法获取计算机信息系统数据罪还包含获取虚拟财产之外电子数据(完全与盗窃罪无关)的情形,也就是说,盗窃罪与非法获取计算机信息系统数据罪之间并非是完全包容与被包容的关系,只是有部分被包容,即存在两者相交叉的逻辑关系。

既然假设窃取网络游戏虚拟财产触犯的非法获取计算机信息系统数据罪还与盗窃罪之间存在竞合关系,那也只可能是法条竞合即特别法条与普通法条相竞合的关系,无疑应该采取特别法优于普通法的原则,适用特别法条,即适用非法获取计算信息系统数据罪(第 285 条第 2 款)定罪处罚。但是,当适用普通法条即盗窃罪(第 264 条)定罪处罚更重时,能否适用该法条定罪处罚呢?有学者持肯定态度;[10]笔者持否定主张,认为当普通法条与特别法条相竞合时,只有在法律有适用重法的例外规定的情况下,才能适用处罚更重的普通法条。例如,《刑法》第 149 条第 2 款规定:“生产、销售本节第一百四十一条至第一百四十八条所列产品,构成各该条规定的犯罪(即特别法条规定的特殊类型的生产、销售伪劣商品罪——笔者注),同时又构成本节第一百四十条规定之罪(普通法条规定的生产、销售伪劣产品罪——笔者注)的,依照处罚较重的规定定罪处罚。”由于刑法在涉及非法获取计算机信息系统数据罪与盗窃罪的规定中没有这样的类似规定,所以,只能适用特别法条(第 285 条第 2 款)定罪处罚。这是由法条竞合的特点与罪刑法定的原则所决定的。

---

〔10〕 参见冯亚东:《论法条竞合的从重选择》,载《法学》1984 年第 4 期。

众所周知,犯罪现象错综复杂,刑法分则对具体犯罪的规定不能太粗,应尽可能细致,这样才能做到罪质相符、罪刑相应。为了便于揭示行为的罪质,刑法往往会在普通罪之外,还要规定特殊罪。例如,盗窃财物的种类很多,不同的财物不仅价值大小有别,而且用途等各不一样。盗窃不同财物的危害性和危险性,可能会有很大差异,因而刑法在普通盗窃罪之外,另行规定了盗窃枪支罪、盗伐林木罪等特殊类型的盗窃犯罪。以突出这类犯罪的特点,并根据其特点制定特殊的处罚标准或规则,以适应同这类特殊犯罪作斗争的需要。与此同时,为了更好地体现罪刑法定原则,刑法规定的具体犯罪的法定刑不仅应当明确,而且要相对确定,并且法定刑跨度不能太大,不能给法官过大的自由裁量权,要在立法上充分体现罪刑相应,即犯多重的罪就处多重的刑。这就要求刑法对处刑差别较大的同一种犯罪,根据其情节的轻重,设置不同的规定。这就出现了特别法条与一般法条相竞合的问题。由此可见,刑法之所以设置特别法条,就是为了更好地揭示某种犯罪的本质,更充分地体现罪刑相应的原则。在司法实践中,只有适用特别法条的规定,才符合立法精神,才可能实现立法的目的。如果在法律没有例外规定的情况下,不适用特别法条的规定,那就是有法不依,并且在刑法某个条文对某种行为有明确的处罚规定的条件下,以该条文规定的处罚过轻为由,而适用处罚更重的其他法条,这明显违反了罪刑法定原则。另外,当特别法条是关于减轻犯的规定时,如果采取重法优于轻法的原则,刑法关于减轻犯的规定就根本无法适用,势必成为一纸空文。正因如此,在刑法没有特别规定的情况下,处理法条竞合问题,只能采取特别法优于普通法的原则。

上述第二种主张(“盗窃罪说”)认为,由于《刑法修正案(七)》增设的非法获取计算机信息系统数据罪,主要针对的是网络安全秩序,而窃取网络虚拟财产固然也是非法获取计算信息系统数据,但侵犯的主要是虚拟财产所有者的财产权益,与非法获取计算机信息系统数据罪的犯罪客体(或侵害法益)不符,因而应将这种行为排除在此罪的范围之外,另定为盗窃罪。笔者考虑到窃取网络虚拟财产行为主要侵害何种法益,确实与这种行为的科学定性有密切关系;加上窃取网络虚拟财产能否认定为“盗窃公私财物”,既是否符合盗窃罪的构成要件,也是能否定盗窃罪的关键所在,因而对这两个问题将在下文作专题论述。这里仅就把非法获取计算机信息系统数据罪中的“数据”,只限于网络虚拟财产之外的电子数据,这是否具有合理合法性的问题,提一点商榷性意见。在笔者看来,这样的解释显然是一种限制解释。

毋庸置疑,刑法并不绝对禁止限制解释,但从罪刑法定主义的立场而言,对刑法应严格解释,《法国刑法》第 111 －4 条有这样的明文规定。所谓严格解释,自然是指按法条文字的字义来解释。而限制解释是对法条文字做比其字面含义更窄的解释。虽然理论界的通说允许作有利于被告人的扩张解释和限制解释,但原则上不允许作不利于被告人的扩张解释和限制解释已成为学界的共识,除非有充足的理由并且确实符合立法精神,才破例允许作扩张解释或限制解释。特别是当某人的行为符合法律规定的轻罪的成立条件时,司法者却对轻罪的成立条件作限制解释,将其行为排除在外而适用重罪的法条来处罚,这显然是违反罪刑法定原则,也是我国刑法所禁止的。而按上述第二种主张,将窃取网络虚拟财产的行为按盗窃罪定罪处罚,最高可能处无期徒刑;以非法获取计算机信息系统数据罪定罪处罚,即便是情节特别严重的,最高也只能处七年有期徒刑。两相比较,可谓有天壤之别。由此可见,按上述第二种主张做如此不利于被告人的限制解释,显然不具有合理性,无疑也是违反罪刑法定原则的。

二、窃取网络虚拟财产行为侵害何种法益

窃取网络虚拟财产行为侵害的法益是什么? 要回答这一问题,当然有必要先弄清网络游戏中的装备等虚拟财产的法律性质。对虚拟财产是否属于法律上的财产,以及属于何种财产,目前学术界有财产否认说、物权说、债权说、知识产权说、特殊财产说(或新型财产说)、分阶段权利说、分类型权利说等几种不同学说,并且“整体上呈现出学说上的多歧样态”,难以形成较为一致的认识。[11] 这也在一定程度上表明,网络游戏中的虚拟财产同现实社会生活中的财产有重大差异,不能同日而语,也无法同等对待。

即便能肯定网络虚拟财产是法律上的财产,也不能由此得出这样的结论:窃取网络虚拟财产的行为侵害的法益主要是财产法益,因而应按盗窃罪定罪处罚。因为我国刑法将许多盗窃特定财物(或财产)的行为,规定为侵犯财产的盗窃罪之外的其他犯罪。如盗窃枪支、弹药、爆炸物、危险物质,这些物品或物质也是有经济价值的财物,但考虑到盗窃这类财物具有危害公共安全的特殊危险性,因而将其规定

〔11〕 参见董笃笃:《虚拟财产法律学说的回顾与反思》,载《重庆邮电大学学报》(社会科学版)2013 年第 5 期。

为独立的犯罪;又如盗伐他人承包经营管理的森林,也是盗窃他人财物,并会给他人造成财产损失,但由于这种行为破坏了国家的森林资源,因而要按盗伐林木罪而不是盗窃罪处罚。这充分说明行为侵害法益的核心所在,才是刑法所要保护的侧重点,并非只要有窃取某种物品的行为,同时给他人造成了财产损失,就要定盗窃罪这种侵犯财产罪。由此可见,窃取网络虚拟财产的行为,虽然会给游戏玩家带来财产损失,但这并不意味着对达到了严重危害程度的这类侵害行为,就应该按盗窃罪来定罪处罚,关键要看其侵害法益的核心所在,同时还得考虑其是否符合刑法规定的盗窃罪的构成要件。

那么,窃取网络游戏中的装备等虚拟财产行为的本质或侵害法益的核心何在?要回答这一问题,先必须弄清网络游戏及其装备的特点。据有的熟悉网络游戏的专业人士介绍,所有的网络游戏都是一个计算机应用程序(软件),游戏里的各种工具、装备,是软件开发人员编写的一段段功能不同的程序,即功能软件模块。同一种网络游戏中,有大炮装备与没有大炮装备的游戏相比,只是同一种游戏软件功能配置的区别,前者用起来功能更强大,玩家玩得更开心。这些功能软件通过有形的载体表现出来就不是虚拟财产,而是无形资产,在法律上表现为权利人拥有的一种权利。作为权利人的游戏运营商可以许可玩家使用游戏软件,通常是由玩家付费而获得游戏软件使用权,双方之间形成许可使用与被许可使用的法律关系。所谓装备被盗,形式上表现为运营商服务器里玩家账号项下的相关数据丢失,法律上表现为不同的权利人的权利受到了侵害。〔12〕玩家失去的是使用具有该种功能软件的权利,从而使其享受不到应有的游戏娱乐服务,同时,导致运营商提供给玩家的服务不能到位,自然会使客员减少、经营收益降低。可见,窃取网络游戏中的装备等虚拟财产行为的本质或侵害法益的核心所在,并非是侵犯财产所有权,而是妨碍网络游戏娱乐与经营活动,因而不具备盗窃罪的本质。

还应当看到,对窃取网络游戏装备的行为按盗窃罪定罪处罚,将网络游戏中的虚拟财产当作财产来保护,这就意味着国家事实上承认虚拟财产与真实财产在法律上具有同等地位,虚拟财产与真实财产的兑换就成了顺理成章的事,虚拟财产的价值也就会不断飙升,网络游戏行业就可能偏离其发展轨道,并且会为洗钱、赌博

〔12〕 参见青锋:《网络虚拟财产:刑法保护中的价值冲突和选择》,载《理论视野》2007 年第 5 期。

犯罪提供方便。[13] 事实上，国家有关行政机关已经意识到了这一点，并已采取相应的防范措施。如文化部、商务部在2009年下发的《关于加强网络游戏虚拟货币管理工作的通知》中明确指出："本通知所称的网络游戏虚拟货币，是指由网络游戏运营企业发行，游戏用户使用法定货币按一定比例直接或间接购买，存在于游戏程序之外，以电磁记录方式存储于网络游戏运营企业提供的服务器内，并以特定数字单位表现的一种虚拟兑换工具。网络游戏虚拟货币用于兑换发行企业所提供的指定范围、指定时间内的网络游戏服务，表现为网络游戏的预付充值卡、预付金额或点数等形式，但不包括游戏活动中获得的游戏道具。"该通知将网络游戏虚拟货币界定为"电磁记录"，仅"用于兑换发行企业所提供的指定范围、指定时间内的网络游戏服务"，不得用于支付、购买实物产品或兑换其他企业的任何产品和服务。文化部、公安部、原信息产业部等14个部委在2007年联合印发的《关于进一步加强网吧及网络游戏管理工作的通知》中也明确指出，网络游戏服务商不得提供以虚拟货币等方式变相兑换现金、财物的服务。这表明我国的有关行政规范性文件已规定，包括虚拟货币在内的网络游戏虚拟财产只能在网络游戏中使用，不能用来交易，也不能变相兑换现金、财物。不仅我国的有关行政主管机关对网络游戏虚拟财产持这种态度，而且国外也有一些国家的法律有这方面的明文规定。如在网络游戏最发达的韩国，法律早已禁止虚拟物品的交易。[14] 既然国家的法规禁止用网络游戏中的虚拟物品来交易，那就表明它不是财物，而只是网络游戏运营商家已经或即将提供的游戏服务，窃取网络游戏装备等虚拟物品(包括虚拟货币)，侵犯的就并非是财产所有权，因而不可能构成盗窃罪。

有论者提出，"我国现行法律并未禁止对虚拟财产的拥有和流转，国家不会因为公民在网络游戏中获取虚拟财产而对公民进行惩罚，现行法律也不禁止虚拟财产的交易，相反，虚拟财产和真实财产之间在网络上已经形成一整套固有的、自发的换算与交易机制。虚拟财产可以进行交易，这也就说明它具有流转性。基于社会上存在的对网络虚拟财产的需求，通过立法来禁止网络虚拟财产交易是不可行的。"[15] 毋庸置疑，法律并不禁止公民拥有和流转虚拟财产，网民之间在游戏网络上

---

〔13〕 参见侯国云:《论网络虚拟财产刑事保护的不当性——让虚拟财产永远待在虚拟世界》，载《中国人民公安大学学报》(社会科学版)2008年第3期。

〔14〕 参见施凤芹:《对"网络虚拟财产"问题的法律思考》，载《河北法学》2006年第3期。

〔15〕 参见王志祥、袁宏山:《论虚拟财产刑事保护的正当性——与侯国云教授商榷》，载《北方法学》2010年第4期。

用此种虚拟物品(如大刀)交换彼种虚拟物品(如大炮)自然是允许的,但这不是财物的交易,如同在同一游戏场地上,用自己玩的此种小车换他人玩的彼种小车,只是互换娱乐工具使用。至于民间大量存在虚拟财产与真实财产相交易的现象,甚至有人以此为业来牟取暴利,这固然是客观事实,但不能由此得出这种交易具有合法性的结论,更不能以此作为要把虚拟财产当财产来保护的根据所在。如同利用打牌娱乐的形式赌博,是社会上普遍存在的现象,但法律当然要禁止,对赌博欠下的赌债自然不能动用法律手段来保护。如果将网络游戏中的虚拟物品作为财物来保护,如行为人窃取了被害人花5000元从另一玩家那里买来的虚拟物品(屠龙刀),法院认定其盗窃了5000元财物,对其按盗窃罪定罪处罚,这就意味着我们的司法机关事实上将虚拟物品认定为财物,对被害人非法购买虚拟物品的行为予以保护,这当然不具有合理性。应当肯定被害人花钱购买虚拟物品的行为具有非法性,但其在网络上享受游戏服务的权利则应受到保护,行为人窃取其虚拟物品的行为就是对此种权利的侵犯,如果具备情节严重的条件,对其应按非法获取计算机信息系统数据罪定罪处罚。

另外,从国外的立法和司法情况来看,据笔者所知,德国、瑞士等许多国家都不将盗窃网络游戏中的虚拟财产按盗窃罪来定罪处罚。例如,《德国刑法典》第303条a规定了专门的"变更数据罪",对非法消除、扣压、使其不能使用或变更计算机信息系统数据(或电磁记录)的行为,规定了单独的法定刑。由于窃取网络游戏装备等虚拟财产实质上是非法获取计算机信息系统数据的行为,自然也在此种犯罪之列。之所以不把窃取网络虚拟财产的行为按盗窃罪定罪处罚,"这是因为《联邦德国民法典》规定的财产权只能存在于物上而不能在数据上,同样,在民法上限于物上的占有权和使用权也不能存在于数据上,这些权利只可能存在于数据的内存上。侵犯数据的可用性必然侵犯数据的使用权,因此,该条也保护对数据的使用权。"[16]又如,《瑞士刑法典》第143条单独设立了"非法获取数据罪",明确规定"为使自己或他人非法获利,为自己或他人获取以电子或以类似方式储存或转送的非本人的已经采取特殊保安措施的数据的,处5年以下重惩役或监禁刑"。窃取网络游戏装备等虚拟财产,无疑也是非法获取电子数据的行为,当然得按该条的规定定罪处罚,而不是按盗窃罪定罪处罚。

---

〔16〕 皮勇:《论欧洲刑事法一体化背景下的德国网络犯罪立法》,载《中外法学》2011年第5期。

如前所述,认为对窃取网络虚拟财产的行为不能定非法获取计算机信息系统数据罪的一条根本理由是,“盗窃虚拟财产显然没有扰乱公共秩序,它应属于侵犯财产类犯罪,而我国刑法将非法获取计算机信息系统数据罪归于扰乱公共秩序罪。”〔17〕但是,笔者认为,网络游戏装备等虚拟财产实际上是计算机信息系统的电子数据(或电磁记录),窃取虚拟财产也就是窃取电子数据,就会使计算机信息系统的运行受到妨害甚至无法运行。就网络游戏而言,只有预先设计的计算机信息系统能够正常运行,游戏玩家才能进入并按计划娱乐,游戏营运商才能正常经营获取利润。因此,保护网络游戏中的虚拟财产,归根结底是要保护游戏软件或计算机信息系统的正常运行。而窃取网络游戏软件系统的电子数据是妨害游戏软件正常运行(妨害计算机信息系统运行),这是扰乱公共秩序的一种表现,也是其侵害法益的核心所在,所以,要就此来论罪,而不是按盗窃财物来论。这正是许多国家或地区将窃取网络游戏中的虚拟财产的行为,以非法获取电子数据(或电磁记录)罪(不按盗窃罪)定罪处罚的根本原因所在。

三、窃取网络虚拟财产行为是否符合盗窃罪的构成要件

根据我国《刑法》第264条的规定,“盗窃公私财物”是盗窃罪成立必须具备的客观件。“财物”与“财产”是具有不同含义的法律概念,两者不能等同。即使能够肯定网络虚拟财产具有财产的属性,也不意味着它就是“财物”,能够成为盗窃罪的侵害对象。如文学作品、计算机软件之类的智力成果,是一种无形资产,是法律上的财产,可以成为侵犯著作权罪侵犯的对象,但却不能成为盗窃罪的侵害对象。网络虚拟财产的自然属性是电子数据(或电磁记录),是一种无形的东西,明显不同于刀、枪、车、马之类有形的物。因此,虚拟财产肯定不属于“财物”中的有体物。

有论者提出,窃取网络游戏中的装备后又转卖给了他人,行为人不仅自己得到了金钱,而且由于游戏装备大多是游戏玩家花钱获取的,实际上是使被害人损失了金钱,这同盗窃实物后通过销赃获取金钱并无本质差别,为何不能构成盗窃罪呢?〔18〕在笔者看来,窃取网络游戏中的装备与窃取现实世界中的实物有重大差别。如前所述,网络游戏装备是计算机的功能软件(或电子数据、电磁记录),拥有这种

〔17〕 李遐桢:《论盗窃虚拟财产的定性》,载《河北法学》2012年第11期。

〔18〕 参见许富仁:《关于盗窃虚拟财产的价值及其行为本质的分析》,载《学术交流》2006年第5期。

功能软件的游戏运营商可以大量复制,游戏玩家花钱取得游戏装备并非取得(或独占控制)了该功能软件,而只是具有了使用该功能软件的权利或条件,窃取网络游戏玩家花钱买来的游戏装备,也同样只是非法获取了游戏装备的使用权,并非取得(或独占控制)了游戏装备本身。因为网络游戏装备只能存在于特定的网络游戏系统之中,离开了该网络游戏系统,其中的游戏装备也就不复存在。这就决定了窃取网络游戏装备者,不可能转移占有游戏装备,通俗地说,就是拿不走,而只可能排除他人使用,自己去非法使用或让他人使用来收取报酬。如同行为人将某游戏娱乐场中特定轨道游戏车的锁换掉,使花钱取得钥匙来开游戏车的人因打不开车锁而无法使用,行为人自己开车玩乐或让别人开车玩乐收取费用,但他不可能将游戏车开出游戏场地,置于自己的独立占有或掌控之下。对这种妨碍权利人使用游戏装备,并通过让他人使用来非法收取费用的行为,按盗窃定罪处罚,显然不具有合理性。因为盗窃罪是一种夺取财物占有的犯罪,即财物在他人的占有之下,行为人采用窃取的方式使之脱离他人的占有而置于自己的占有之下。不转移财物的占有,只是未经授权而非法使用(包括盗用)他人财物的,有可能构成盗用性的其他犯罪,但在法律没有特别规定的条件下,不能定为盗窃罪。

毋庸讳言,我国刑法理论的通说认为,由于窃电之类的行为普遍存在,并且同盗窃有形体的实物没有本质差别,有必要按盗窃罪定罪处罚,司法实践中也一直是在这么做,因此,作为盗窃罪侵害对象的"财物"并非仅限于有体物。既然如此,能否将网络虚拟财产纳入"财物"中之"无体物"的范围呢?不少论者持肯定态度;[19]但笔者的回答是否定的。有关财物是否仅限于有体物的问题,国外刑法理论界早就有争议,各国司法实践中的做法也不一样。例如,对窃电行为,德国过去的最高裁判所从有体性说的立场出发,认为电不是财物,对窃用电的行为不能按盗窃罪处罚,而应该另设处罚规定。后来德国在修改刑法时,增设了盗用电力罪。可见,德国的立法和司法是将盗窃罪对象的财物仅限于有体物。[20] 在日本,由于民法规定"物是指有体物",但刑法中有"电气也视为财物"的规定,因此,关于刑法中的财物是否仅限于有体物的问题,有较大争议。不过,日本刑法理论界的通说是"有体物说",认为"电气也视为财物"的规定表明,"电气"本来不是财物,只是例外地视为财物。因此,尽管从保护的必要性与处罚的妥当性来看,对电气以外的有物理管理可能性

---

〔19〕 参见赵秉志、阴建峰:《侵犯虚拟财产的刑法规制研究》,载《法律科学》2008 年第 4 期。

〔20〕 [日]大塚仁等:《刑法解释大全》(第 9 卷),青林书院 1988 年日文版,第 165 页。

的能源也应纳入财物的范围,但从罪刑法定主义的立场而言,还是应该严格解释,即使是与电气有同样的物理管理可能性的热气、冷气之类的能源,仍不应包含在财物之中。〔21〕 另外,我国台湾地区的“刑法”将盗窃罪的对象限定为“动产”,但为了扩张盗窃罪的保护财产的范围,设有准动产的规定,即“电能、热能及其他能量……以动产论。”林山田教授认为,台湾地区“刑法”中盗窃罪的窃取客体,“似仍以有体物为限,无体物则有待条文的规定,方能成为本罪的窃取客体。”因为作为盗窃罪构成要件的窃取行为,首先是破坏他人对物的持有支配关系,其次是再建立一个新的持有支配关系,而无体物不具备这种被窃取的条件。〔22〕 所谓窃取网络游戏中的装备等虚拟财产,正如前文所述,无非是行为人采用技术手段盗用他人网络上的游戏装备,根本不存在破坏他人对物的持有支配关系的问题,也不可能再建立一个新的持有支配关系。并且,盗用网络游戏中的虚拟装备等虚拟财产同盗用电力等能量也有重要差异,电能、热能等能量经使用后即消耗殆尽,但网络游戏中的虚拟装备被行为人盗用之后,仍然还在网络游戏运营商控制的网络游戏场中,甚至还可能原样返还给特定的游戏玩家。有学者认为,在我国,盗窃财产性利益也可能构成盗窃罪。〔23〕 如果采取这种主张,窃取网络游戏装备后,即便是没有转卖获利,仅仅只是自己使用,由于其免费享受了他人提供的游戏服务,自然是获取了财产性利益,当然有可能构成盗窃罪。但是,笔者不赞成这种主张。从我国刑法的规定来看,固然不能将财产性利益排除出所有侵犯财产罪的对象范围之外,将部分侵犯财产罪(如诈骗罪、敲诈勒索罪)对象的“财物”扩大解释为包含财产性利益是合理的,但将所有侵犯财产罪特别是盗窃罪对象的“财物”,扩大解释为包含财产性利益则不具有合理、合法性。如将我国《刑法》第 267 条和第 275 条规定的“抢夺公私财物”“故意毁坏公私财物”之中的“财物”,解释为包含财产性利益,显然是不可思议的。由此可见,对我国刑法规定的侵犯财产罪对象的“财物”,是否有必要扩张解释为包含财产性利益,还得根据各种具体财产犯罪的特点而定,不可一概而论。

从德国、日本等大陆法系国家的刑法规定和理论解释来看,“认为债权等财产性利益不能成为盗窃罪的对象,可谓 19 世纪的观念”。〔24〕 德国、日本等大陆法系国

---

〔21〕 [日]大谷实:《刑法讲义各论》(新版第二版),成文堂 2007 年日文版,第 175 ~ 176 页。

〔22〕 林山田:《刑法各罪论》(上册),北京大学出版社 2012 年版,第 211 ~ 212 页。

〔23〕 黎宏:《刑法学》,法律出版社 2012 年版,第 719 页。

〔24〕 参见张明楷:《也论用拾得的信用卡在 ATM 机上取款的行为性质——与刘明祥教授商榷》,载《清华法学》2008 年第 1 期。

家至今仍未改变这种观念,在笔者看来,仍然是因为只有"基于被害人有瑕疵的意思,才可能转移债权等财产性利益,所以,这些国家的刑法往往规定抢劫罪、诈骗罪、敲诈勒索罪的对象可以是财产性利益"。[25] 而不把财产性利益规定为盗窃罪的对象,还是由于前文所述的盗窃的特点是行为人直接夺取他人占有的财物,债权等财产性利益是一种无形的法律上的权利或利益,不可能直接被人夺取。况且,刑法理论关于盗窃既遂与未遂的区分,也是以财物是否脱离被害人的占有或行为人是否占有财物为标志的。债权等财产权利不能被人事实上占有,只是在民事法律的观念上才可以被占有,因而不能成为刑法中盗窃罪的侵害对象。如果将债权等财产性利益规定或解释为也可以成为盗窃罪的侵害对象,那显然与侵犯财产罪的刑法理论不符。

应当指出,我国《刑法》第 265 条规定,"以牟利为目的,盗接他人通讯线路、复制他人电信码号或者明知是盗接、复制的电信设备、设施而使用的",依照盗窃罪的规定定罪处罚。最高人民法院的有关司法解释还将"盗用他人公共信息网络上网账号、密码上网",造成他人电信资费损失较大的,规定按盗窃罪定罪处罚。因此,有学者认为,"我国刑法的规定与审判实践也肯定了财产性利益可以成为盗窃罪的对象。"[26] 笔者也不否认,盗用这些设备设施,免费享受某种服务,的确是获取了财产性利益,但毕竟同《刑法》第 264 条规定的"盗窃公私财物"有差别,正因如此,刑法才有必要用专条作规定。如果说"盗窃公私财物"当然包含了这种情形,刑法单独用一条作此规定就是画蛇添足了。应当认为,我国《刑法》第 265 条将盗用他人电信设备、设施的行为规定以盗窃罪定罪处罚,这实质上是一种法律的拟制,最高人民法院将盗用他人公共信息网络设施规定为以盗窃罪定罪处罚,也有相似的性质。[27] 不过,应当看到,许多国家的刑法在"盗窃"罪之外,单独规定有相关的所谓"盗用"罪,如《德国刑法典》在盗窃罪之外,另规定有"盗用电力"罪(第 248 条 c)、"交通工具的无权使用"罪(第 248 条 b);特别值得一提的是,《挪威刑法典》第 403 条规定:"没有支付固定费用而试图骗取封闭场所的演出、展览或者聚会,或者乘坐船舶、火车等旅行的,处罚金或者 3 年以下监禁。"该条之罪不仅与盗窃罪不在一章中,而且被纳入轻罪的范围,处罚比盗窃罪轻得多。由此可见,盗用某些设施、骗取

---

〔25〕 同本章前引 24。

〔26〕 同本章前引 24。

〔27〕 至于这种解释是扩张解释还是越权解释,由于这不在本文的讨论范围之内,在此不赘述。

某种服务固然是可以获取财产性利益,但同盗窃财物毕竟不同,这正是一些国家刑法在盗窃罪之外单独规定相关盗用罪的原因所在。因此,不能认为作为盗窃罪对象的“财物”当然包含财产性利益。我国《刑法》第265条作出拟制性的规定,将盗用电信设备、设施的行为以盗窃论处,这只是解决对这类行为处罚问题的一种权宜之计,最佳途径还是借鉴一些国家的立法经验,单独设立罪名与处罚规定。但在刑法还没有做出这样的修改的条件下,对上述法律拟制性的规定,只能适用于所拟制的情形,不能作类比推理适用于相似的案件,也就是不能因为《刑法》第265条将盗用电信设备、设施的行为规定以盗窃论处,就将盗用他人网络游戏装备等行为也按盗窃罪来论。否则,就与罪刑法定主义相悖。

并且,还应当看到,“在刑法理论与司法实务界,不仅对能否将诸如Q币、游戏币、游戏装备等典型的虚拟财产扩张解释为‘财产’存在相当争议,而且对诸如QQ号码等身份认证信息及系统数据能否认定为虚拟财产也缺乏共识。即使刑法解释论上可以将虚拟财产解释为财物,司法实务操作中也存在难以克服的价值评估困难。”〔28〕正如有的论者所述,“游戏用户花了500元买游戏币,玩到一定级别,可以拥有游戏商赠送的虚拟财产——价值5000元的屠龙刀,如果屠龙刀被窃,被窃虚拟财产的价值如何计算?是价值500元,还是5000元?对整天沉湎于游戏的玩家来说,头盔、战甲、屠龙刀等虚拟财产价值千金,但对局外人来说可能一文不值。对于虚拟财产能否有一个能够被普遍接受的价值计算方式?”〔29〕“我们认为,虚拟财产没有,也不可能有一个能够被普遍接受的价值计算方式。一个五位数的QQ号到底值多少钱?游戏装备值多少钱?这些问题恐难有统一答案。”〔30〕况且,同一种网络游戏装备,会随着游戏玩家们兴趣爱好的转变,价值发生重大变化。今天价值千金,明天有可能只值分文。而盗窃等侵犯财产的犯罪,原则上是根据侵犯财产价值数额的多少,来确定是否构成犯罪,乃至给予轻重不同处罚的,价值无法确定,往往就无法定罪处罚。

特别值得一提的是,我国台湾地区为了有效打击盗窃网络游戏中虚拟财产的行为,曾在1997年的“刑法”修正案中,增列电磁记录以动产论之规定,将这种行为

---

〔28〕 参见梁根林:《虚拟财产的刑法保护——以首例盗卖QQ号案的刑法适用为视角》,载《人民检察》2014年第1期。

〔29〕 参见黄太云:《知识产权与网络犯罪立法完善需认真研究的几个问题》,载《中国刑事法杂志》2007年第3期。

〔30〕 王作富主编:《刑法分则实务研究(中)》,中国方正出版社2012年版,第1078页。

纳入盗窃罪的处罚范围。但是,2003 年的“刑法”修正案又删除了这一规定。台湾地区“立法院”在说明其中的原因时指出:在 1997 年修正“刑法”时,为规范部分电脑犯罪,增列电磁记录以动产论之规定,使其成为窃盗罪之行为客体。但由于台湾地区刑法学界及司法实务界普遍的观点认为,刑法意义的窃盗必须符合破坏他人持有,建立自己持有之要件,而电磁记录具有可复制性,与电能、热能或其他能量经使用后即消耗殆尽之特性不同;且行为人于建立自己持有时,未必会同时破坏他人对该电磁记录之持有,例如,以复制之方式取得他人电磁记录。因此,将电磁记录窃盗纳入窃盗罪章规范,与刑法传统之窃盗罪构成要件不符合。为了电脑及网络犯罪规范体系更为完整,2003 年从立法上将此条有关电磁记录部分修正删除,将窃取电磁记录的行为改纳入新增之妨害电脑使用罪章中规范。[31] 即新增设了一条这样的规定:“无故取得、删除或变更他人电脑或其相关设备之电磁记录,致使损害于公众或他人者,处五年以下有期徒刑、拘役或科或并科二十万元以下罚金。”我国台湾地区学者普遍认为,这一条中的“电磁记录”,包括所有虚拟世界的账号、点数等虚拟财产。根据此条的规定,对盗窃虚拟财产的行为,应按非法取得或破坏电磁记录罪(而不是盗窃罪)定罪处罚。[32] 我国台湾地区“刑法”对电磁记录定位的戏剧性变化表明,将电磁记录视为动产不具有科学性,把窃取网络游戏中的虚拟财产这类窃取电磁记录的行为按盗窃罪定罪处罚,也明显不具有合理性;否则,“刑法”有关电磁记录以动产论的规定,不会那么快就被删除。

四、窃取网络虚拟财产行为是否符合非法获取计算机信息系统罪的构成要件

从以上分析论证不难看出,对窃取网络虚拟财产情节严重的行为,按前述四种主张中的后三种主张,即按“牵连犯说”、“想象竞合说”或“盗窃罪说”来定性,均不妥当。而按第一种主张来定性,即定为非法获取计算机信息系统数据罪,可能是最佳选择。因为这种行为完全符合此种犯罪的构成要件。

---

〔31〕 参见刘守芬、申柳华:《网络犯罪新问题刑事法规制与适用研究》,载《中国刑事杂志》2007 年第 3 期。

〔32〕 参见于志刚:《论网络游戏中虚拟财产的法律性质及其刑法保护》,载《政法论坛:中国政法大学学报》2003 年第 6 期。

众所周知,我国《刑法》第 285 条第 2 款规定:“违反国家规定,侵入前款规定以外的计算机信息系统[33]或者采取其他技术手段,获取该计算机信息系统中存储、处理或者传输的数据”,情节严重的,构成非法获取计算机信息系统数据罪。从这一规定不难看出,作为此罪构成要件的行为由两部分组成:一是手段行为,即必须采用侵入计算机信息系统的手段或者其他技术手段;二是目的行为,即非法获取计算机信息系统中的数据。这正是笔者认为此罪属于复行为犯的根据所在。就窃取网络虚拟财产的行为而言,网络游戏中的装备(包括虚拟货币)等虚拟财产,其自然属性本来就是计算机信息系统的数据(电子数据或电磁记录),行为人未经游戏玩家或网络营运商的同意或授取,窃取了他人拥有的网络游戏系统中的装备等虚拟财产(电子数据),无疑具备了非法获取计算机信息系统中的数据之要件;同时,由于游戏装备等虚拟财产存在于计算机信息系统中,并且游戏运营商和特定的玩家都采取了相应的保护或保密措施,不允许权利人之外的他人进入网络游戏空间接触其中的装备、宝物等虚拟财产,这就决定了行为人若不非法侵入计算机信息系统或不采取其他技术手段,往往就不可能接触到虚拟财产,达不到获取虚拟财产(电子数据)的目的。由此可见,窃取网络虚拟财产的行为完全具备非法获取计算机信息系统数据罪之手段行为与目的行为的要件。另外,根据上述法条的规定,构成此罪还必须具备“情节严重”的条件。从“两高”2011 年发布的《关于办理危害计算机信息系统安全刑事案件应用法律若干问题的解释》来看,判断情节是否严重,主要应考虑两方面的因素:一是非法获取计算机信息系统数据的数量,二是违法所得或造成经济损失的数额。对窃取网络虚拟财产的案件,则主要考虑后一因素,即“违法所得在 5000 元以上或者造成经济损失 1 万元以上的”,就属于情节严重的情形,应按非法获取计算机信息系统数据罪定罪处罚。

司法实践中,在认定非法获取计算机信息系统罪时,要注意正确理解作为本罪构成要件的“侵入”与“获取”行为的含义。这里的“侵入”是指没有取得计算机信息系统权利人的授权或者超越授权范围而擅自进入他人计算机信息系统的行为。大多采取破解身份认证信息、盗窃身份认证信息、强行突破安全工具等方式,在未得到许可的情况下,违反计算机信息系统的控制人或所有人的意愿而进入其计算机信息系统中。还有的是通过欺诈、钓鱼网站等方式取得其他用户的身份认证信

〔33〕 这里的“前款规定”指第 285 条第 1 款关于侵入国家事务、国防建设、尖端科学技术领域的计算机信息系统的规定。

息,并运用这些身份认证信息登录到特定计算机信息系统,这表面上似乎是经允许后进入计算机信息系统,但实质上与通过使用盗窃等非法手段取得的身份认证信息进入特定计算机信息系统并无不同,因而仍属于侵入他人计算机信息系统。这里的“获取”与盗窃罪中“窃取”的含义有所不同。如前所述,作为盗窃罪构成要件的“窃取”他人财物,通常是将他人占有之下的财物转归自己占有,从而使他人失去对财物的控制而行为人自己掌握控制财物。但非法获取计算机信息系统数据罪中的“获取”,大多是占有或者拥有特定的数据,一般表现为将数据拷贝一份,存储于自己电脑的计算机信息系统或者其他移动的存储器,或者自己实际控制的他人计算机信息系统,或者网络存储器(如电子邮箱、网络移动硬盘、游戏账户、博客等)中。从本质上看,“获取”通常表现为行为人对特定电子数据的实际控制和使用。[34] 但并不以行为人获取电子数据后权利人失去该电子数据作为成立条件,即便行为人只是复制权利人的电子数据,也可认定为“获取”了电子数据。在窃取网络游戏装备等虚拟财产的案件中,大多是侵入网络游戏系统,将玩家拥有的游戏装备、宝物等电子数据从其游戏账户中注销,而后添加到自己控制的游戏账户中或转给第三者;也有的是侵入网络游戏系统采用技术手段复制某种虚拟财产(电子数据)后转卖给他人。对这后一种情形也应该与前一种情形同等看待,即认定行为人“获取”了电子数据。

值得进一步研究的是,如果行为人经过允许进入网络游戏系统做相关的检测等工作,却趁机获取了大量游戏装备等虚拟财产,而后转卖给他人,违法所得数额较大,对这类案件能否按非法获取计算机信息系统数据罪定罪处罚?有论者认为,由于《刑法》第285条第2款中的“违反国家规定”,并非是用来修饰限制侵入他人计算机信息系统手段的违法性,而是强调获取数据手段的违法性,也就是说,“‘非法获取计算机信息系统数据罪’中的‘非法’是修饰‘获取’而非修饰限制‘获取手段’的,在行为人即使有权进入他人计算机信息系统,但其获取或超越授权获取无权获取数据的,仍可构成本罪。”[35] 但是,笔者不赞成这种主张。如前所述,本罪是复行为犯,既要有非法获取计算机信息系统数据的目的行为,也要有非法侵入计算机信息系统或者采用其他技术手段的手段行为,两者缺一不可。本来,合法进入之

〔34〕 参见李遐桢、侯春平:《论非法获取计算机信息系统数据罪的认定——以法解释学为视角》,载《河北法学》2014年第5期。

〔35〕 同上引。

后也可以非法获取计算机信息系统数据,之所以还要附加特殊的非法手段作为犯罪成立的要件,无非是要对本罪的成立范围加以限制。也就是说,在立法者看来,若不采取法定的非法手段,非法获取计算机信息系统数据的行为就达不到此种犯罪所要求的危害程度。但如果按上述论者的解释,非法侵入计算机信息系统或者采用其他技术手段的手段行为要件,实际上就被排除在了本罪的成立要件之外,这无疑会扩大本罪的成立范围,明显违反罪刑法定原则。

毋庸讳言,不采取非法侵入或其他技术手段非法获取计算机信息系统数据,甚至采取欺骗、威胁、讹诈等手段使他人将计算机信息系统数据传输给行为人,这类非法获取计算机信息系统数据的行为,同样可能达到严重危害社会的程度,对其中情节严重者,确实也有必要当犯罪来处罚,并且许多国家(如瑞士等)刑法规定的非法获取电子数据罪,也并未对非法获取的手段作特殊要求。由此可见,我国刑法规定的非法获取计算机信息系统数据罪,将非法侵入计算机信息系统或采用其他技术手段作为犯罪成立的要件,存在不适当地缩小本罪处罚范围的缺陷,今后修改刑法时,有必要将其删除。[36] 但在刑法尚未做这样修改的情况下,还得严格依法行事,即不能将未采取法定手段而非法获取计算机信息系统数据的行为按此罪定罪处罚。

那么,对这类行为目前是否就一概不能定罪处罚呢?笔者的回答是否定的。在这类行为具备其他犯罪的构成要件时,应当按其他犯罪定罪处罚。例如,网络游戏运营企业的工作人员,利用职务上的便利,获取自己管理的公司存储在网络系统中的虚拟货币等虚拟物品,并转卖给他人,换取大量现金的。对这种行为确实有必要定罪处罚。有的主张按职务侵占罪定罪处罚;[37] 也有的主张以非法获取计算机信息系统数据罪定罪处罚。[38] 但是,正如前文所述,由于行为人进入计算机信息系统是合法的,不存在有非法获取计算机信息系统数据罪的手段行为,因而不构成此罪;又由于行为人利用职务获取的是自己管理的本单位网络游戏系统中的虚拟物品,其自然属性是计算机信息系统数据(电子数据),并非财物,所以,也不能构成职

〔36〕 参见皮勇:《我国网络犯罪刑法立法研究——兼论我国〈刑法修正案(七)〉中的网络犯罪立法》,载《河北法学》2009 年第 6 期。

〔37〕 参见金泽刚、李金华:《论盗窃网络虚拟财产案件的定性问题》,载《河南警察学院学报》2009 年第 4 期。

〔38〕 参见梁根林:《虚拟财产的刑法保护——以首例倒卖 QQ 号案的刑法适用为视角》,载《人民检察》2014 年第 1 期。

务侵占罪。不过,可以考虑定侵犯著作权罪。因为网络游戏中的虚拟物品是计算机软件,是一种智力成果,未经权利人许可,以营利为目的,复制发行,违法所得数额较大的,就构成侵犯著作权罪。行为人未经单位许可,非法获取单位在网络游戏系统中存储的大量虚拟物品销售给他人,可以将这种销售行为视为发行计算机软件的行为。根据 2007 年 4 月 5 日最高人民法院、最高人民检察院《关于办理侵犯知识产权刑事案件具体应用法律若干问题的解释(二)》所作的补充解释,“刑法第 217 条侵犯著作权罪中的‘复制发行’,包括复制、发行或者既复制又发行的行为”。也就是说仅有发行行为也可能构成此罪。据此,可以将上述销售虚拟物品的行为,认定为非法发行本单位软件作品的行为,因而构成侵犯著作权罪。

网络虚拟财产的民法属性及刑法保护

肖　鹏*

【内容摘要】 网络虚拟财产具有客观性、虚拟性和现实性,是存在于网络空间之中,用数字化的形式模拟现实世界,能够满足人们的一定需要并具有交易可能性的电磁记录。它在民法上的权利属性是一种特殊的债权,其中虚拟物是一种不可挂失的债权凭证,网络服务账号是一种可以挂失的债权凭证。盗窃网络服务账号的,如果仅盗窃而并未使用或处分,则不按照犯罪处理;使用或处分的,构成诈骗罪。在盗窃网络服务账号同时取得虚拟物的,在实际处分时计入犯罪数额,并以盗窃罪定罪处罚,如果仅盗窃而未处分的,对虚拟物的部分最多构成犯罪未遂。单纯盗窃虚拟物的,仅凭盗窃行为,不需要后续进行处分即可构成盗窃罪既遂。

【关键词】 网络　虚拟财产　债权　刑法保护

一、引言

随着互联网技术的不断发展和国民生活水平的提高,网络在人们的生活中发挥的作用越来越重要,人们日益感受到网络虚拟世界所带来的新奇与活力。但与此同时,伴随着网络的发展而产生的新现象、新伦理、新秩序也冲击着传统的生活方式、思想观念和社会制度。可以说,网络时代的到来带给我们的既是机遇,也是挑战。

---

* 肖鹏,中国人民大学法学院2016级博士研究生。

网络虚拟财产是虚拟世界运行的核心[1],也是人类虚拟生活的核心。因此对侵犯网络虚拟财产的行为进行合理、有效的规制是我们对网络虚拟世界进行调整的前提和基础。自2004年的"李宏晨诉北极冰科技公司案"[2]和2005年的"曾智峰、杨医男侵犯通信自由案"[3]以来,侵犯网络虚拟财产的事件不断发生,对网络虚拟财产进行法律保护乃至刑法保护的呼声也越来越高,似乎利用刑事手段来保护网络虚拟财产已然成为一种迫切的社会需求。

但是,在罪刑法定原则的旗帜之下,我们不能仅仅因为某种利益值得保护,或者某种行为具有社会危害性就动用刑法,而必须具体地说明这一行为符合刑法分则的哪一个(或几个)罪名的构成要件。因此,在教义学的视角下,网络虚拟财产的刑法保护问题也转化为对刑法分则相关罪名的构成要件的解释问题。刑法作为其他部门法的后盾和保障,对侵犯不同的民事权利的行为运用了不同的罪名来加以规制,因此,要解决网络虚拟财产的刑法保护问题,就必须首先明确其在民法上的权利类型。而法律是调整社会生活的手段,网络虚拟财产属于何种民事权利或利益,首先取决于对网络虚拟财产的界定和其自身的性质。所以,本文也将遵循这一思路,先对网络虚拟财产概念进行界定,再探讨其民法属性,最后解决其刑法保护的问题。

二、网络虚拟财产的界定

网络虚拟财产的定义是确定其性质、归属、保护方法的前提和依据,如果我们绕过概念和定义,直接讨论其性质和保护方法,那么我们的研究也将成为无源之水,无本之木。理论界对于网络虚拟财产的态度差异巨大,一个重要原因就在于不同的学者对于网络虚拟财产给出了不同的定义。因此,厘清网络虚拟财产的概念,

---

〔1〕[美]F.格瑞雷·兰斯托克、丹·亨特:《虚拟财产的理论分析》,余俊、郑毅译,载《网络法律评论》,2008年第9卷,第273页。

〔2〕原告李宏晨是网络游戏"红月"的玩家,因为其在游戏中的装备和物品丢失及被删除,故而向网络服务提供商北极冰科技公司主张回档,在遭到拒绝后将后者起诉至法院,法院最终支持了李宏晨的诉讼请求。参见北京市第二中级人民法院(2004)二中民终字第02877号判决书。

〔3〕被告人曾智峰、杨医男窃取他人的QQ号并出售获利,被公诉机关以盗窃罪提起公诉。法院经审理后认为,QQ号并非刑法所保护的"公私财物",从而被告人的行为不构成盗窃罪,而从QQ号作为联络工具的角度,以侵犯通信自由罪对被告人定罪处罚。参见广东省深圳市南山区(2006)深南法刑初字第56号刑事判决书。

在整个研究过程中处于基础和首要的地位。

(一)网络虚拟财产界定的观点评述

对于网络虚拟财产的概念,理论界有着很大的分歧。笔者所收集到的关于网络虚拟财产的概念的表述超过 10 种,按照其对网络虚拟财产进行界定的范围和方式,可以将其分为泛义说、广义说、狭义说和其他观点四类。[4]

1. 泛义说

与其他学说相比,泛义说对网络虚拟财产的界定最为广泛,它的一个显著特征就是将虚拟财产与“实物财产”“可触摸财产”相并列,只用“无形”“非物质化”等特征对其加以限制。例如有的学者认为虚拟财产是“存在于网络空间中的财产”,[5]还有的学者认为虚拟财产是“信息社会主体在信息空间中所创造的能够代表一定利益关系的数字化‘对象’”。[6]

泛义说将虚拟财产与实物财产相并列,使得虚拟财产的外延几乎与无形财产相同,此种定义虽然大大降低了将某种对象认定为虚拟财产的难度,却也将本不具有虚拟性的数字化财产涵盖进来,造成概念上的混淆。在电子商务的大环境下,许多的财产虽然表现为数字化的形式,但并不具有虚拟性,例如银行存款、股票、债券等,它们都是现实的交易活动在电子空间中的延伸,并不具有虚拟性,只不过是实物财产的另一种表现形式而已,与我们讨论的网络虚拟财产具有本质区别。银行存款等数字化财产是否值得保护的问题基本不存在争议,就算是最为激进的反对保护网络虚拟财产的学者,也不会认为对于表现为电磁记录形式的金融凭证不应当保护。此外,按照上述定义,网络游戏中的装备和存在于网络空间中的作品均属于虚拟财产,但是难以想象法律会用同样的规范调整这两类对象,可见,就算我们按照泛义说界定了网络虚拟财产的范围,但是在确定具体的调整手段与保护方法时,却不得不做出进一步的分类,这意味着此种概念的界定不能为进一步的研究分析提供指导,也正如有的学者所指出的那样,“与提出网络虚拟财产概念的初衷相

---

〔4〕 这一分类标准参考了樊勇的分类思路,但是具体界定与其略有差别。参见樊勇:《论网络虚拟财产的界定》,中国人民大学 2013 年本科生毕业论文。

〔5〕 徐国栋:《现代的新财产分类及其启示》,载《广西大学学报》(哲学社会科学版)2005 年第 6 期。

〔6〕 高德胜:《基于信息语境的信息法益的内涵与类型研究》,载《东北师大学报》(哲学社会科学版)2012 年第 6 期。

左，使得概念毫无意义”。[7]

2. 广义说

与泛义说相比，广义说进一步将虚拟财产的存在空间限定于网络环境之中，例如，认为虚拟财产是“依附于虚拟世界，以数字化形式存在且能为人力所支配，兼具竞争性、永久性、互联性和用户可使其增值性的信息资源”[8]“网络空间中有价值的并能满足人们某种需要的特定服务或者无形物”。[9]

与泛义说相比，广义说能够有效地避免虚拟财产与数字化财产的混淆，因为它强调虚拟财产存在的范围“依附于虚拟空间”，而数字化财产作为实物财产在电子空间中的延伸，对虚拟空间并不具有依附性。很显然，如果没有网络，那么网络游戏中的账号、物品便失去存在的基础，但是就算没有网络，股票仍然是股票，债券仍然是债券，只不过它们的表现形式少了一种而已。与此同时，广义说用“信息资源”“特定服务或无形物”等界定网络虚拟财产的内涵属性，与泛义说相比更具针对性和可操作性。但是，广义说仍然包含数种不同的观点，究竟选择哪些要素来界定虚拟财产，仍然是值得进一步研究的问题。

3. 狭义说

狭义说与广义说相比，进一步将网络虚拟财产的存在范围限定在网络游戏的范围中，代表性的观点有“虚拟财产是指游戏商在网络游戏中编制并提供给游戏玩家的能够为游戏角色个人持有和使用的名为武器装备、游戏货币、土地房屋、日用品等电子数据模块”[10]“网络虚拟财产是一种以电子数据构成的3D画面，网络财产的失窃，实质上是游戏者ID数据被窃取”。[11]

狭义说与广义说相比，由于范围更加具体，相应地也有着更强的可操作性，但是这种界定是否不当地缩小了网络虚拟财产的存在范围呢？诚然，司法实践中发生的侵犯网络虚拟财产的事件，主要是针对网络游戏中的账号和物品，由网络虚拟财产引起的纠纷也通常发生在游戏玩家和网络服务提供商之间。但是，我们不能

---

〔7〕 参见樊勇：《论网络虚拟财产的界定》，中国人民大学2013年本科生毕业论文。

〔8〕 参见梅夏英，许可：《虚拟财产继承的理论与立法问题》，载《法学家》2013年第6期。

〔9〕 参见赵文胜、梁根林等：《盗窃“流量包”等虚拟财产如何适用法律》，载《人民检察》2014年第4期。

〔10〕 参见侯国云：《论网络虚拟财产刑事保护的不当性——让虚拟财产永远待在虚拟世界》，载《中国人民公安大学学报》（社会科学版）2008年第3期。

〔11〕 参见彭晓辉、张光忠：《我国网络游戏中“虚拟财产”法律保护问题》，载《中南财经政法大学学报》2004年第3期。

仅以此为理由就认为网络虚拟财产仅存在于网络游戏之中,否则就犯了不完全归纳的谬误。本文认为,网络虚拟财产的存在范围绝不应仅限于网络游戏之中,从司法实践来看,盗窃QQ号的行为早已出现,如果我们认为网络游戏中的账号和装备应当受到保护,那么也没有理由不去保护QQ账号和Q币等其他类型的虚拟财产。此外,网络的发展日新月异,我们应当且有理由相信,在今后会出现越来越多的网络游戏之外的虚拟财产,法律也应当对其一视同仁。总之,狭义说的出现固然有其历史和现实的原因,但是其缺乏必要的概念弹性,难以适应社会的高速发展,如果在过去主张狭义说是为了"贴近生活"〔12〕,那么现在依旧支持这种观点就只能是"罔顾现实"了。

4. 其他观点

其他观点主要包括以下两大类,第一类是从广义和狭义两个角度来界定网络虚拟财产,并分别对其加以定义。例如,有的学者认为"广义上的虚拟财产是指网民、游戏玩家在网络空间中所拥有、支配的必须利用网络服务器的虚拟储存空间才能存在的财物……狭义上的虚拟财产指具备现实交易价值的虚拟财产"〔13〕"广义而言……体现了一定交换价值甚至包含了一定金钱价值的内在符号甚至包含了一定金钱价值在内的符号、数据流等,都可以当作网络虚拟财产来讨论。从狭义来看,网络虚拟财产,特指具备现实交易价值的网络虚拟财产"。〔14〕上述二元论的观点有利于我们辩证全面地认识网络虚拟财产,但是仔细审视不难发现,所谓的二元论不过是泛义说、广义说、狭义说以及各类学说内不同观点的机械组合,并没有自己独创的见解,如果我们进行后续研究,讨论网络虚拟财产的规制、保护等问题,仍然要回到泛义说、广义说、狭义说之中来。可见,二元论的概念界定虽然称不上错误,但是对于理论研究和司法实践而言,并没有独立存在的价值。

第二类观点是基于种种理由,直接绕过网络虚拟财产的概念,而改用"虚拟物"等其他的概念,例如,有的学者认为"由于没有法律的明确规定,玩家或网络游戏提供商对虚拟物不享有任何权利。既然在虚拟物之上,不存在任何问题,那么虚拟物

---

〔12〕 参见于志刚主编:《网络空间中虚拟财产的刑法保护》,中国人民公安大学出版社2009年版,第22~23页。

〔13〕 参见邹正:《盗窃虚拟财产行为的刑法适用探讨——兼论虚拟财产价格的确定》,载《法律适用》2014年第5期。

〔14〕 参见吴佳斌、宋帅武:《盗窃网络虚拟财产的定性》,载《人民司法》2013年第17期。

就不属于财产的范畴”,〔15〕也有学者认为网络虚拟财产的提法混淆了论证的客体与权利以及认识上的虚拟与真实,从而主张使用“虚拟物”的概念。〔16〕且不论以法律明确规定之有无来判断某一民事权利的存在与否的做法是否值得商榷,单从研究的方法而言,本文认为,除非有足够充分且正当的理由,我们应当对理论界和实务界业已形成的专门用语给予必要的尊重,否则,如果每个人都基于自己的视角提出新的概念,学术讨论就很容易失去基本的共识和前提,学者之间的交流也很容易沦为自说自话。

(二)网络虚拟财产的界定

如前所述,在上文中提到的四类观点中,广义说具有相对的合理性。那么接下来的问题就是,网络虚拟财产究竟具有哪些本质属性呢?学界对网络虚拟财产的内涵进行了深入的研究,并且从不同角度提出了网络虚拟财产的内涵,如数据性、局限性、无形性、效用性等,但是这些研究大多是对网络虚拟财产的特征进行概括式的列举,因而也难免显得杂乱无章。本文试图从自然属性和社会属性两个方面来界定网络虚拟财产,前者是网络虚拟财产基于其自身的物理特性而具有的属性,后者是虚拟财产与现实社会发生联系从而具有的属性。

1. 网络虚拟财产的自然属性

(1)客观性。从物理属性上来讲,网络虚拟财产“以电磁记录为本质存在形态……是一组保存在服务器上的数字信息”,〔17〕这也就意味着,网络虚拟财产的存在有其现实的物质性基础,是不以人类的意志为转移的。因此,网络虚拟财产虽然有“虚拟”之名,但是它的首要性质是客观性。此外,通过对规范进行分析也可以得出同样的结论,最新修订的《民事诉讼法》和《刑事诉讼法》均将电子数据列为一种法定的证据类型,而任何的证据都必须具备客观性、关联性、合法性这三种属性,这说明立法者承认电子数据的客观性,那么,网络虚拟财产作为电子数据的一种,当然也具有客观性。网络虚拟财产的客观性是法律介入调整的前提和基础,因为法律主要关注人的外在行为,纯粹主观的精神世界并不能成为法律调整的对象。

---

〔15〕 参见齐爱民、吕光通:《论网络虚拟物的权利属性与法律保护》,载《科技与法律》2005 年第 2 期。

〔16〕 寿步、陈跃华主编:《网络游戏法律政策研究》,上海交通大学出版社 2005 年版,第 34 ~ 35 页。

〔17〕 参见赵秉志、阴建峰:《侵犯虚拟财产的刑法规制研究》,载《法律科学:西北政法大学学报》2008 年第 4 期。

(2)虚拟性。在广义说的视角下,并不是所有的电磁记录都能成为网络虚拟财产,而只有那些依附于虚拟空间而存在的,才可能成为网络虚拟财产。而网络虚拟财产之所以依附于虚拟空间而存在,就是因为它们并非现实生活中的财产在虚拟空间中的延伸,而是以数字化的形式来模拟现实中的事物,一旦离开了虚拟空间,这种电磁记录便不再具有独立存在的价值。本文将这种特性称为虚拟性。虚拟性是网络虚拟财产的本质属性,也是网络虚拟财产之所以引起诸多争论的根本原因。

2. 网络虚拟财产的社会属性

法律调整的对象是社会关系,因此,法律不能概括地保护所有具有虚拟性的电磁记录,与现实世界毫无关联,纯粹产生、作用于虚拟世界的对象并不会进入法律的视野,例如存在于个人电脑之中的单机游戏的存档,就不会成为法律关注的对象。因此,作为法律调整对象的网络虚拟财产必须能够与现实世界发生关联,本文将这种属性称为现实性。这种现实性具体体现在两个方面:第一,网络虚拟财产能够满足人的一定的客观需要,人们能够通过行使网络虚拟财产之上的权利,满足自己一定的物质或精神上的需要,因此在网络运行过程中,基于各种原因而产生的对网络服务使用者不具有实际意义的冗余数据,不属于网络虚拟财产;第二,网络虚拟财产具有现实交易的可能性,网络虚拟财产的社会属性是一种财产,因而也必须具有一定的价值,而这种价值就应当通过它在现实交易中的对价来衡量。因此,网络虚拟财产至少要有现实交易的可能性,它的价值才可能得到体现,如果有一种网络服务的账号使用者的真实身份严格对应且无法转让,那么它就不属于网络虚拟财产。[18]

综上所述,网络虚拟财产具有客观性、虚拟性、现实性三点内涵,因此,我们可以将网络虚拟财产的概念界定为:存在于网络空间之中,用数字化的形式模拟现实世

---

〔18〕 读者在这里也许会感觉到匪夷所思,认为不可能存在一种满足虚拟性要求却完全不可交易的网络服务。但是从理论上来讲,这种情况是完全有可能发生的。目前,网络服务以账号和密码作为对使用者进行身份验证的手段,而账号密码并不具有人身专属性。但是,如果将来出现的某种网络服务以具有人身专属性的特征作为身份验证的手段,那么完全就有可能出现账号无法交易的情况。例如在小说《刀剑神域》中,玩家通过佩戴特制的头盔,并通过虹膜进行身份验证,并且游戏系统禁止玩家变更账号的控制权,这就使得网络服务的账号与真实身份严格对应且不可交易。类似的技术在现实中已经出现,只不过由于成本问题尚未推广,在可以预见的未来,类似的身份识别技术一定会得到更为广泛的运用。本文认为,对法学概念的界定应当保持适度的弹性和前瞻性,以适应社会的不断发展变化。因此,虽然现实中尚未出现反例,本文仍然将现实交易的可能性作为网络虚拟财产的一个重要特征并加以强调。

界,能够满足人们的一定需要并具有交易可能性的电磁记录。[19]

三、网络虚拟财产的民法属性

(一)对网络虚拟财产民法属性的不同观点

虽然曾经有过争论,[20]但是到目前为止,学界对网络虚拟财产是否值得保护的问题已经基本上达成了共识,学者们的主要分歧在于,究竟是按照哪种权利类型来保护网络虚拟财产。对于这一问题,理论界主要有物权说、债权说、知识产权说、新型权利说四种观点:

(1)物权说。此种观点认为网络虚拟财产是一种特殊的物,论者认为物的概念的扩张是社会经济和科技发展的产物,只要具备法律上的排他支配或管理的可能性以及经济上的独立性,就可以被认定为法律上的"物"。[21]

(2)债权说。该观点认为网络虚拟财产是"债权存在的一种凭证,这一债的关系源于玩家和服务商之间的服务合同"。[22] 按照这种逻辑,网络虚拟财产"仅是玩家得以请求服务商为其提供特定的服务内容的证据",[23]网络虚拟财产的价格是服务的价格,网络虚拟财产的交易,也是对运营商服务行为请求权的交易,而不是对物的所有权的交易。

(3)知识产权说。有人认为,网络虚拟财产在产生的过程中存在一个交互创作的过程,玩家依据其个性,使游戏人物成为其个人的延伸,属于创造性的智力成果,应当将其作为知识产权来加以保护。[24]

(4)新型权利说。此种观点从多角度分析网络虚拟财产,认为从自然属性上来

---

〔19〕 需要指出的是,这里的"模拟"并不限于逼真地再现,也包括对现实世界的想象与改造。

〔20〕 参见侯国云:《论网络虚拟财产刑事保护的不当性——让虚拟财产永远待在虚拟世界》,载《中国人民公安大学学报》(社会科学版)2008 年第 3 期;王志祥、袁宏山:《论虚拟财产刑事保护的正当性——与侯国云教授商榷》,载《北方法学》2010 年第 4 期;侯国云:《再论虚拟财产刑事保护的不当性——与王志祥博士商榷》,载《北方法学》2012 年第 2 期。

〔21〕 参见杨立新、王中合:《论网络虚拟财产的物权属性及其基本规则》,载《国家检察官学院学报》2004 年第 6 期。

〔22〕 参见余俊生:《网络虚拟财产法律问题研究》,中国政法大学 2008 年博士学位论文。

〔23〕 参见鞠春娜:《虚拟财产的性质认定及法律保护体系的建构》,中国海洋大学 2005 年硕士学位论文。

〔24〕 参见石先珏等:《论虚拟财产的法律保护》,载《甘肃政法学院学报》2005 年第 7 期。

看,虚拟财产是一组电磁数据;从法律上来看,它是一种固化了的权利凭证,性质类似于有价证券,因此虚拟财产是一种新的财产权,它融合了物权和债权。[25]

(二)对网络虚拟财产的债权属性之肯定

1. 对其他观点的反驳和批判

在上述观点之中,知识产权说和新型权利说的不妥之处是十分明显的。首先,知识产权具有法定性,这意味着知识产权的内涵和类型应当由法律明确规定,当事人不得自己创设新的知识产权的类型。[26] 因此,如果要主张网络虚拟财产属于知识产权,就必须论证它究竟属于哪一种法定的知识产权类型。很显然,网络虚拟财产既不是商业标记,也不是技术信息,因而不属于商标权和专利权。那么网络虚拟财产是否属于著作权的保护范围呢?这就需要考察网络虚拟财产是否具有独创性。应当承认,作为一个整体的网络游戏是设计者和研发人员智力劳动的成果,具有独创性,但是就玩家获得网络虚拟财产的过程来看,玩家不过是通过自身的行为触发一定的程序,从而获得被预先设计好的财产,所以网络虚拟财产并不具有独创性,不属于著作权,因而也不属于知识产权。其次,就算将网络虚拟财产按照著作权进行保护,其效果也不过是限制他人的"版权性使用",如改编、复制、发行等,对于真正需要解决的盗窃、诈骗网络虚拟财产的问题仍然无能为力。

新型权利说虽然在理论上不存在重大的障碍,但是会极大地增加制度成本,因为我们一旦将某种权利确认为一种新型权利,就意味着在理论和立法上都要专门确立一套调整和保护的制度。因此,面对网络虚拟财产,我们应当首先考虑能否用现有手段进行调整,只有在现行立法确实无法有效调整网络虚拟财产的情况下,才能将其列为一种新型权利。

那么网络虚拟财产究竟是物权还是债权呢?这就要从物权和债权的区别加以考察。从权利的本质属性来看,物权是一种支配权,行为人不需要以他人的意志为中介,也不需要他人从事积极的协助行为,即可以自己的意志对物行使权利;债权是一种请求权,必须以相对人的意志作为中介,其实现需要他人的积极协助行

---

〔25〕 刘惠荣:《虚拟财产法律保护体系的构建》,法律出版社2005年版,第84页。

〔26〕 参见李建华:《论知识产权法定原则——兼论我国知识产权制度的创新》,载《吉林大学社会科学学报》2006年第4期。

为。[27] 如前所述,网络虚拟财产对依附于网络空间而存在,这也就意味着,人们行使任何网络虚拟财产之上的权利,都必须依靠特定的网络运营商的配合。如果运营商不再维持服务器的运行,不再积极地处理玩家发布的每一条指令,那么玩家对网络虚拟财产的任何权利都将无法实现——甚至连删除都不可能。由此可见,网络虚拟财产的本质是一种需要网络运营商积极配合才能实现的权利,是请求权,而不是支配权,是债权,而不是物权。

此外,与知识产权相似,物权也具有法定性,如果认为网络虚拟财产属于物权,那么就必须回答,网络虚拟财产究竟属于何种物权?《物权法》第 2 条第 2 款规定:"本法所称物,包括动产和不动产。法律规定权利作为物权客体的,依照其规定。"可以看出,立法者将物权法调整的对象分为了两大类,第一类本来就属于"物",法律对其加以确认,第二类本来不属于"物",立法者基于某种理由以法律将其规定为物权的客体。为了论述的方便,本文将第一类称为自然物,第二类称为拟制物。物权是一种重要的财产权,物权法中的物也应当具有一定的价值,如果考察这两类物具有价值的原因,不难发现,自然物之所以有价值,是因为它们本身就蕴含着无差别的人类劳动,而拟制物之所以有价值,是因为它承载着一定的有价值的权利。那么,网络虚拟财产具有价值的原因究竟是什么呢?网络虚拟财产不过是一串代码,网络运营商可以在不需要支付任何对价的情况下任意地制造虚拟装备、发行虚拟货币,因此网络虚拟财产的社会必要劳动时间是零。换句话说,网络虚拟财产本身并没有凝结无差别的人类劳动,它具有价值的原因是因为权利人有权向网络运营商请求提供特定的服务。因此,网络虚拟财产不属于自然物,如果认为网络虚拟财产属于物权,那么我们只能认为它属于一种拟制物。但是,正如杨立新教授所言"只要法不禁止,具有自然属性的客观存在都可以作为物权客体……在权利方面,法无明文规定时权利不能作为物权客体",[28] 既然是拟制物,就必须以法律的明文规定为前提。但令人遗憾的是,法律并没有明文将网络虚拟财产规定为物权的客体,因此,网络虚拟财产也不属于拟制物。所以,网络虚拟财产不属于《物权法》第 2 条第 2 款规定的任何一种物的类型,因而也不属于物权的调整对象。

2. 对债权说的肯定与支持

网络虚拟财产的本质是向特定的网络运营商请求提供相应服务的权利。一方

---

〔27〕 参见王利明:《论物权法中物权和债权的区分》,载《法学论坛》2007 年第 1 期。

〔28〕 参见杨立新、王竹:《论物权法规定的物权客体中统一物的概念》,载《法学家》2008 年第 5 期。

面,权利人只有在网络运营商积极配合的情况下,才能实现自身的权利,所以网络虚拟财产是请求权而非支配权;另一方面,权利人的权利只能向特定的网络运营商主张,一个游戏中的装备无法在另一个游戏中发挥作用,一个人无论有多少Q币,也永远不能向网易公司主张权利,所以网络虚拟财产是相对权、对人权,而非绝对权、对世权。可见,债权说更加准确地把握了网络虚拟财产的本质特征和权利内容,相较于其他学说而言更为合理。

学界对债权说提出的批评和质疑主要包括以下几个方面:第一,网络运营商与用户签订的服务协议是完全相同的,那么双方对权利义务的分配也应当相同,但是现实生活中不同用户实际享有的权利千差万别,债权说无法解释这种差异;〔29〕第二,《合同法》第80条规定债权转让应当通知债务人,否则对债务人不发生效力,而网络虚拟财产的转让却不需要通知网络运营商,债权说无法解释这种矛盾;〔30〕第三,债权说不利于网络虚拟财产的保护。现实生活中盗窃网络虚拟财产的事件层出不穷,如果将网络虚拟财产认定为债权,就很难按照盗窃罪进行解释,并且债的相对性原则导致被害人只能向网络运营商而非实施侵害的第三人主张权利,从而无法获得有效的救济。〔31〕

在笔者看来,上述对网络虚拟财产的批评有的存在误解,有的本身就是伪问题,有的虽有一定道理,却未免多虑。

第一种观点误解了债权说的内容。事实上,债权说并不认为账号和虚拟物是用一个网络服务协议概括地表示,在债权说看来,用户利用账号在虚拟世界中将现有虚拟财产不断升级以及获得新的虚拟财产的过程,“可以看作玩家与运营商之间签订一系列子合同的过程”。〔32〕 相较于用户与运营商签订的网络服务协议而言,上述子合同处于附属的地位,即两者是主合同与从合同的关系,虚拟物的存在以账号的存在为前提,账号被注销时,附属于账号的虚拟物一并消灭,用户在处分账号时,在没有特别说明的情况下,附属于账号的虚拟物一并被处分。因此,用户与运营商签订的服务协议的内容相同,只能保证不同用户就账号所享有的权利相同,而用户

〔29〕 参见张凌寒:《网络虚拟财产侵权责任研究》,吉林大学2010年博士学位论文。

〔30〕 参见鞠春娜:《虚拟财产的性质认定及法律保护体系的建构》,中国海洋大学2005年硕士学位论文。

〔31〕 参见钱明星、张帆:《网络虚拟财产民法问题探析》,载《福建师范大学学报》(哲学社会科学版)2008年第5期。

〔32〕 参见余俊生:《网络虚拟财产法律问题研究》,中国政法大学2008年博士学位论文。

在虚拟空间实际能享有多大的权利，仍然要取决于用户在虚拟空间内进行了哪些操作——与运营商签订了多少子合同。因此，债权说完全能够解释不同玩家实际享有权利的不同，不存在障碍。

第二种观点本身就是一个伪问题。首先，我们不妨考察一下现实中存在的网络服务协议，《盛大通行证用户服务协议》中有这样的表述："鉴于网络服务的特殊性……只要任何人输入的账号及密码与数据库中保存的一致，即可凭借该组账号及密码登录并获得网络服务，所以即使用户认为其所有的账号登录行为并非其本人所为，盛大在线将不承担因此而产生的任何责任"，[33]《搜狐服务协议》《QQ 号码规则》《百度用户协议》等网络服务协议中也有类似的规则，要求注册用户本人对该账号之下发生的一切行为承担责任。[34] 故在相当多的情况下，[35] 根据网络服务协议本身明示或可推知的含义，排除了《合同法》第 80 条的适用，从而不存在论者所提出的与合同法相矛盾的问题。其次，债权转让需通知债务人并非债权的本质属性，只不过是立法者为了保护债务人的利益所确立的一种交易规则，在必要的时候可以突破，对此，票据的无因性就是最好的证明。就目前而言，用户以账号和密码作为身份验证的工具，网络运营商既无必要也不可能在每一次提供网络服务之前均验证账号的使用人和注册人是否为同一人，账号的使用人是否有权使用该账号。因此，与其强调债权说与《合同法》第 80 条中债权转让规则的抵牾之处，倒不如坦率地承认网络虚拟财产的无因性，以促进经济的发展。[36] 最后，就算网络服务协议中对此问题没有约定，且不认可网络虚拟财产的无因性，从而网络虚拟财产的转让应当通知运营商，笔者也并不认为这是一种严重的矛盾。对于虚拟物而言，无论用户在线下达成何种协议，虚拟物的权利变动只能在线上进行，即双方对虚拟物的交易必须且只能在特定的网络虚拟空间中进行。由于该特定的虚拟空间由运营商提

---

〔33〕《盛大通行证用户服务协议》，http://plainreg. sdo. com/public/service_agreements. html，最后访问日期：2014 年 10 月 20 日。

〔34〕参见《搜狐服务协议》，http://passport. sohu. com/web/serviceitem. jsp，最后访问日期：2014 年 10 月 20 日；《QQ 号码》规则，http://zc. qq. com/chs/agreement1_chs. html，最后访问日期：2014 年 10 月 20 日访问；《百度用户协议》http://passport. baidu. com/static/passpc – account/html/protocal. html，最后访问日期：2014 年 10 月 20 日。

〔35〕笔者由于能力有限，并未对网络空间中所有的服务协议逐一检验，因而无法对这一问题做出完全的断言。但是可以肯定的是，在大多数情况下，用户与运营商签订的网络服务协议中包含类似的规定。

〔36〕当然，在赋予一种权利以无因性之前，需要进行审慎的分析和论证，本文篇幅所限，对此问题不再展开。

供,其中发生的一切事情均被记录并储存在服务器中,运营商对于该虚拟空间处于一种“实时监控”的状态。因而我们有理由认为,虚拟物的权利变动一旦发生,就视为已经通知了运营商,从而对其发生效力。对于账号而言,确实存在债权发生变动,而运营商不知情的情况。在不认可网络虚拟财产无因性的情况下,此时为了保护债务人的利益,要求将该债权变动的情况通知运营商也并无不妥。[37]

第三种观点从是否有利于保护权利,实现正义的角度出发来评价一种学说的合理性,其出发点是有一定可取之处的。本文也承认,如果我们采用的理论无法得出符合公平正义的结论,那么我们就应当反思这种理论的合理性,本文批评知识产权说的一个重要依据,也正是知识产权说不利于对网络虚拟财产的保护。但是,以不利于权利的保护为由来指责债权说,却未免过虑。

首先,在民法上,对于第三人窃取网络虚拟财产的行为,行为人虽然因为与第三人之间不存在合同关系,从而不能主张违约责任,但是这并不妨碍对该第三人追究侵权法上的责任。从观念上来看,债权也是一种权利,当然也具有不可侵犯性,侵犯债权的行为自然也应当受到法律的制裁。从实在法上来看,《侵权责任法》第2条第2款规定,“本法所称民事权益,包括……等人身、财产权益”,这是一种不完全的列举,将债权解释为侵权法所保护的一种民事权益并不存在障碍。从学理上来看,将债权按照侵权法进行保护的障碍在于,一方面,债权不具备典型的公示效力,要求不知情的第三人承担侵权责任不公平;另一方面,这种做法使债权成为绝对权,可能会导致对于债的相对性的根本性突破,使债权和物权相混淆,动摇作为大陆法系民法学基石的物权债权二分原则。[38] 为了解决第一点障碍,需要将第三人侵害债权的主观过错形式限定为故意,即只有明知自己的行为会侵害债权的实现,并且希望或放任这种结果发生的,才构成侵害债权,从现实来看,我们需要规制的主要也是那些故意地侵害网络虚拟财产的行为;为了解决第二点障碍,就需要明确,物权和债权最根本的区别在于,权利人能够不依赖他人独立地实现物权,但只

---

〔37〕 笔者同意应当在网络虚拟财产权利变动的过程中保护债务人也就是运营商的利益,具体的策略有两种,第一种是认可网络虚拟财产的无因性,在此种情况下,任何使用合法的账号密码登录的人均享有该账号之上的权利,运营商只需要审查账号使用人提供的账号和密码,不需验证账号的使用人与注册人是否为同一人;第二种是要求债权转让时通知运营商,否则对运营商不发生效力。例如甲将游戏账号转让给乙且未通知运营商,并在乙尚未修改密码之前登录系统,将该游戏账号注销。该债权转让事实并未通知运营商,对其不发生效力,运营商也不应当为账号被注销的结果承担责任。

〔38〕 参见魏盛礼:《第三人侵害债权理论:理论创新还是法学歧途?》,载《河北法学》2005年第9期。

有在债务人配合的情况下，才能够实现物权，只要坚持了这一点，债权物权二分的基本结构便不会动摇。债的相对性并非不可逾越的雷池，如果有足够充分且正当的理由，是可以突破的。事实上，随着民法的不断发展，债的相对性被突破的例子并不鲜见，例如债的保全制度使债的效力扩张到一般人，“买卖不破租赁”制度使债权在一定程度上具有物权的属性。因此，我们可以利用第三人侵害债权制度，对于第三人窃取网络虚拟财产的行为，按照侵权法追究责任。[39]

其次，在刑法上，将网络虚拟财产理解为债权固然会增加将窃取虚拟财产的行为解释为盗窃罪的难度，但这并不意味着刑法就此类行为束手无策，相反，以债权说作为基础会使得刑法的调整更加精细化、科学化。对此，笔者将在后文中进行详细论述。

四、网络虚拟财产的刑法保护——以盗窃网络虚拟财产为例

从理论上来讲，侵犯网络虚拟财产的行为类型可以有很多种，包括盗窃、骗取、毁坏等，其中盗窃网络虚拟财产的行为在实践中最为常见。篇幅所限，笔者无法在一篇文章中对各种行为类型逐一进行分析，在此仅以盗窃网络虚拟财产为例，探究债权说视角下的网络虚拟财产保护路径，当涉及其他类型的侵犯网络虚拟财产的犯罪时，也可以参照盗窃网络虚拟财产的处理方式。

（一）实践中的处理方式及评价

实践中，在刑法上对于盗窃网络虚拟财产的行为主要有以下三种处理模式：(1)认定为侵犯通信自由罪。在曾智峰、杨医男侵犯通信自由案中，广东省深圳市南山区人民法院认为，QQ号码不属于刑法意义上的财产保护对象，但是被告人修改他人的QQ号密码的行为使他人无法正常使用QQ号码与外界进行联系，造成侵犯他人通信自由的后果，构成侵犯通信自由罪。[40] (2)认定为破坏计算机信息系

---

〔39〕 通说认为，第三人侵害债权是指债的关系以外的第三人故意实施或与债务人恶意通谋实施旨在侵害债权人债权的行为并造成债权人的实际损害。参见王利明：《论合同的相对性》，载《中国法学》1996年第4期。

〔40〕 参见广东省深圳市南山区(2006)深南法刑初字第56号刑事判决书。

统罪。2007 年 9 月 4 日,《梦幻西游》浙江丽水盗号集团案在丽水市云和县人民法院宣判,3 名主犯被判处破坏计算机信息系统罪。[41] (3)认定为盗窃罪。在颜亿凡盗窃案中,被告人骗取安全码,非法进入被害人的游戏账号之中,窃取游戏装备。法院认为虚拟财产是一种特殊的物,玩家对其享有所有权,从而将被告人的行为认定为盗窃罪。[42]

第一,将盗窃 QQ 号的行为认定为侵犯通信自由罪违反罪刑法定原则。《刑法》第 252 条规定,"隐匿、毁弃或者非法拆开他人信件,侵犯公民通信自由权利,情节严重的……"对于本罪,刑法规定的行为类型只有三种,即隐匿、毁弃或者非法拆开他人信件,若要将盗窃 QQ 号的行为认定为侵犯通信自由罪,就必须完成两部分的论证,一是将 QQ 号解释为信件,二是将盗窃 QQ 号的行为解释为隐匿、毁弃、非法拆开三种行为之一。但是,这两项论证义务,原判决书一项也没有完成,原判决书的逻辑是,QQ 号是一种通讯工具,被告人的行为使这种通讯工具无法正常使用,侵犯了公民的通信自由,从而构成侵犯通信自由罪。一方面,QQ 号是通讯工具并不意味着它能被解释为信件,正如同手机是通讯工具,但手机本身却不是信件;另一方面,原判决书没有说明盗窃虚拟财产的行为是否属于"隐匿、毁弃、非法拆开",而直接以该行为侵犯了公民的通信自由为理由,将其认定为犯罪,这种绕过构成要件,直接以法益侵害性定罪的做法,是典型的类推适用,违反了罪刑法定原则。

第二,将盗窃虚拟财产的行为认定为破坏计算机信息系统罪的做法回避了问题的核心。在浙江丽水盗号集团案中,被告人利用技术手段,侵入计算机信息系统,在他人的计算机中植入木马病毒,并窃取账号密码的资料信息。被告人的行为固然构成破坏计算机信息系统罪,但是被告人的行为是否就不构成其他犯罪了呢?破坏计算机信息系统罪最多只能评价侵入计算机系统的行为和植入木马病毒的行为,却无法评价行为人窃取账号密码的行为。本案本应分别评价是否构成破坏计算机信息系统罪和财产犯罪,并按照罪数理论进一步处理,如果仅以破坏计算机信息系统罪定罪处罚而不讨论是否构成财产犯罪,就有可能造成不完全评价。有观点对这种风险不以为然,认为"这一路径回避了虚拟财产法律属性的纠纷,也并不

---

〔41〕 参见《最高刑四年_梦幻丽水盗号案宣判》,http://www.chinaz.com/news/2007/0904/15621.shtml,最后访问日期:2014 年 10 月 25 日。

〔42〕 参见广东省广州市中级人民法院(2006)穗中法刑二终字第 68 号刑事裁定书。

违背罪刑法定的基本原则,并较好地贯彻了罪责刑相适应的基本原理”。[43] 本文认为,若是在司法实践中,法官面临种种压力不得已采取此种折中之策,倒也还情有可原;但是如果在学术研究之中避实就虚,顾左右而言他,采取一种和稀泥的态度,笔者万万不能认同。正所谓“躲得了初一,躲不了十五”,并非所有的盗窃网络虚拟财产的行为都同时构成破坏计算机信息系统罪(上文中的颜亿凡盗窃案即为此例),我们终究要正面回答,网络虚拟财产是否属于刑法中财产犯罪所侵犯的对象,盗窃网络虚拟财产是否构成相应的财产犯罪这些问题。

第三,将盗窃虚拟财产认定为盗窃罪的理论基础不够坚实。颜亿凡盗窃案的判决书中,法官是在将网络虚拟财产理解为所有权的基础之上,将被告人的行为认定为盗窃罪。但正如前文所述,网络虚拟财产在民法上的属性是债权,在这样的理论前提之下,能否仍然将盗窃网络虚拟财产的行为认定为盗窃罪,需要重新审视。

(二)债权说视角下的保护路径

1.讨论的前提:财产性利益能否成为侵犯财产罪的对象

如果在网络虚拟财产的民法属性上主张物权说,那么在这里将盗窃网络虚拟财产的行为解释为盗窃罪几乎不存在障碍。但由于本文主张债权说,将网络虚拟财产理解为一种财产性利益,所以在讨论盗窃虚拟财产的定罪问题之前必须正面回答,财产性利益是否可以被解释为财物?对此,我们不妨思考下面两个问题。

第一,财产性利益是否属于《刑法》总则第91条、第92条所规定的财产?我国《刑法》第92条规定,“本法所称公民私人所有的财产,是指下列财产:(1)公民的合法收入、储蓄、房屋和其他生活资料;(2)依法归个人、家庭所有的生产资料;(3)个体户和私营企业的合法财产;(4)依法归个人所有的股票、股份、债券和其他财产”。因此,判断财产性利益是否属于财产,关键在于能否将财产性利益解释为《刑法》第92条第4项中的“其他财产”。对于这一问题的回答是肯定的,本文认为,该条款是用列举与概括相结合的形式规定了刑法所保护的财产的类型,既包括实物,也包括财产性利益。股票、股份、债券的本质都是一种财产性利益,那么与之并列的“其他财产”也没有理由不包括财产性利益。因此,网络虚拟财产属于《刑法》第92条规定的财产。

---

[43] 参见陈云良、周新:《虚拟财产刑法保护路径之选择》,载《法学评论》2009年第2期。

第二,《刑法》总则中的“财产”和《刑法》分则中的“财物”是什么关系?笔者注意到一个有趣的现象。虽然《刑法》分则第五章在任何一个犯罪的构成要件中,均没有使用“财产”这一表述,但是本章的章名却是“侵犯财产罪”。从体系解释的角度来看,可以得出以下两点结论:(1)《刑法》分则第五章章名中的“财产”二字,与总则中规定的“财产”具有相同的含义,这是由总则对分则的指导作用所决定的,刑法之所以在总则中规定财产的定义,就是为了确定分则中财产犯罪的保护范围,如果在此处还对财产的含义做出与总则不同的理解,那么总则的规定也就形同虚设了。(2)《刑法》分则第五章具体罪名构成要件中“财物”的概念不等同于总则中“财产”的概念。有学者提出“既然《刑法》分则第五章表明其保护法益是财产,那么对该章各个法条所述‘财物’就应当作为财产的表现形式来理解,即应当将财物解释为‘具有财产性质的利益’”,[44]本文不认同这种观点,立法者在章名中使用了“财产”的表述,但是在具体罪名中却完全没有使用“财产”的表述,这种鲜明的反差表明,立法者是有意将财产和财物相区别,而非率性为之。上述观点罔顾财产和财物这两个概念语义的巨大区别,将其混为一谈,超越了刑法解释的限度。既然财产不等于财物,那么两者之间究竟是什么关系呢?本文认为,财产和财物的关系是一种总体和部分的关系,具体而言,如果设《刑法》分则第五章各个罪名的犯罪对象的范围分别是 $A_1, A_2, A_3, \ldots, A_n$,《刑法》总则中“财产”概念的外延是 C,那么:①在不考虑法条竞合的情况下,有 $C = A_1 \cup A_2 \cup A_3, \ldots, \cup A_n$,换句话说,《刑法》分则第五章所有罪名的犯罪对象相加,其范围恰好等于“财产”的外延,因为既然《刑法》总则将某一对象作为财产加以保护,那么分则中就应当至少存在一个罪名,对该类对象进行保护,否则就会出现“总则保护某一客体,分则缺少具体罪名加以落实”的不协调的情形。②$C \supset A_1, C \supset A_2, C \supset A_3, \ldots, C \supset A_n$,也就是说,《刑法》分则中任何一个罪名中“财物”的外延,都不超过总则中规定的“财产”概念的外延,这样一来,如果我们能够判断某一对象不属于《刑法》总则中规定的“财产”,那么它一定不属于《刑法》分则第五章中的“财物”。这是因为,犯罪客体在犯罪构成中处于首要地位,[45]如果一个行为并未侵犯作为财产中作为犯罪客体的“财产”,那么这个行为当然也不会构成侵犯财产罪。

---

〔44〕 参见张明楷:《财产性利益是诈骗罪的对象》,载《法律科学》2005 年第 3 期。

〔45〕 参见高铭暄:《对主张以三阶层犯罪成立体系取代我国通行犯罪构成理论者的回应》,载《政法论丛》2009 年第 3 卷。

综上所述,网络虚拟财产属于一种财产性利益,而财产性利益属于财产,对于《刑法》总则中规定的财产类型,分则至少会配置一个罪名对其加以保护,因此,《刑法》分则第五章中一定至少存在一个罪名,其犯罪对象包括网络虚拟财产。当然,具体哪些犯罪的对象包括网络虚拟财产,则应取决于网络虚拟财产自身的性质和相应罪名构成要件中规定的行为类型。

2. 盗窃虚拟物的刑法处理

网络虚拟财产的本质是一种债权凭证,因此,盗窃网络虚拟财产的定性问题实际上就是转化为盗窃债权凭证如何定性的问题。由于《刑法》分则第五章保护的法益是财产权,而债权凭证被盗并不必然会导致被害人财产在实体上减少,所以,应当考察权利凭证丢失是否通常会导致财产的实质性减少,将网络虚拟财产分为不挂失的网络虚拟财产与可挂失的网络虚拟财产。前者的代表是虚拟货币、游戏装备等虚拟物,后者以网络服务账号最为典型。

对于盗窃虚拟物而言,又要进一步分为两种情况加以讨论:(1)单纯盗窃虚拟物,没有盗窃网络服务账号的(如颜艺凡盗窃案)。由于虚拟物属于不可挂失的债权凭证,虚拟物一旦被盗,被害人通常无法通过合法的手段将其找回。虚拟物的丢失就意味着其上实体权利的丧失(如果承认网络虚拟财产的无因性就更是如此)。对于盗窃虚拟物的,盗窃行为本身就已经造成了完全、彻底的法益侵害,就算行为盗窃得手之后并未进行任何的使用和处分,也应当认定为盗窃罪既遂。此外还需要做两点说明,①就算行为人盗窃之后使用或处分了该虚拟物,也不另外构成诈骗罪,正如张明楷教授所言:“既然债权凭证不记名、不挂失,那么行为人在使用时既不需要冒用他人名义,也不需要说明债权凭证来源,因而不存在欺骗行为”;[46] ②行为人盗窃虚拟物之后销毁的,由于之前的盗窃行为已经被评价为盗窃罪既遂,而之后的销毁行为没有侵害新的法益,因此属于不可罚的事后行为,就全案对行为人以盗窃罪定罪处罚。(2)盗窃网络服务账号,同时盗窃附属于其上的虚拟物的(如曾智峰、杨医男侵犯通信自由案)。由于网络运营商在提供网络账号的同时,通常也会提供账号找回服务。只要在注册账号时真实地填写了必要的相关信息,我们在账号被盗或忘记密码时就能够通过相应的手段将自己的账号找回。并且,我们在找回被盗的账号的同时,附属于账号之上的虚拟物也会被一并找回。因而在这种

〔46〕 参见张明楷:《盗窃债权凭证后骗领现金、销毁凭证的行为性质》,载《人民检察》2013 年第 5 期。

情况下,虚拟物被盗的时刻并不能认定为犯罪既遂,只有行为人处分了虚拟物,导致被害人在实体上遭受财产损失额时候,才能认定为盗窃罪既遂。在这种情况下,如何对盗窃网络服务账号的行为进行定性,笔者将在后文中继续探讨。

3. 盗窃网络服务账号的刑法处理

由于账号找回机制的存在,网络服务账号的本质是一种可挂失的债权凭证。网络服务账号的失窃并不必然造成用户实体权利的丧失,受害人往往可以通过合法的渠道恢复自身的权益。实践中通常的情况是,行为人不仅窃取了网络服务账号,而且同时取得了附属于这些网络服务账号的虚拟物,此时,被害人仍然能够通过找回自己的网络服务账号,一并找回附属于其上的虚拟物,因而不能认为被害人的财产权利在实体上受到损害,不能认定为盗窃罪。只有当行为人不仅窃取了他人的网络服务账号,而且通过使用或处分在实体上造成被害人财产损失的时候,才能认定为相关的财产犯罪既遂。这又有两个具体分支,一是行为人销毁(注销)了网络服务账号,二是行为人使用或处分了相应的网络服务账号。第一个问题相对容易,行为人如果盗窃网络服务账号并加以注销,则在注销的时候,被害人的财产法益受到实质性的侵犯,如果行为人在窃取账号时有非法占有目的,则构成盗窃罪,此时注销账号的行为属于不可罚的事后行为,如果行为人没有非法占有目的,则构成故意毁坏财物罪。那么,如果行为人盗窃网络服务账号之后对运营商使用,或者转卖给第三人,该如何定性呢?

这里,要进一步区分将网络服务账号转让给第三人和对运营商使用两种情况。在第一种情况中,行为人虚构了自己是该网络服务账号权利人的事实,并诱使第三人向自己购买该网络虚拟账号,处分了财产,符合诈骗罪的构成要件,在这里,行为人欺骗的对象是自然人,将其行为定性为诈骗罪不存在障碍。在第二种情况中,行为人虚构了自己是该网络服务账号权利人的事实,诱使网络运营商向自己提供一定的服务,欺骗的对象并非自然人,而是网络服务系统。因此,要解决此种情况的定性问题,就必须回到大陆法系的一个经典问题上来——机器能否被骗?

各国刑法理论和审判实践普遍认为,在诈骗罪中,一定要存在陷入认识错误的自然人,这条规则即"机器不能被骗",〔47〕这种观点认为,计算机由于不具有独立的

---

〔47〕 参见张明楷:《也论拾得的信用卡在 ATM 机上取款的行为性质——与刘明祥教授商榷》,载《清华法学》2008 年第 1 期。

意志，不可能基于错误的认识产生错误的判断，进而主动地实施某种行为。〔48〕应当承认，“机器不能被骗”的原则是有着较强的合理性的，因为这一原则敏锐地把握住了诈骗罪相较于其他财产犯罪的最主要特征——自然人基于错误认识而实施财产处分行为。但是在运用这一原则时，应当对其做更为实质性的理解。我们不能一概地认为所有向机器提供虚假信息的行为均不属于诈骗，而应当具体地分析机器“被骗”是否可被理解为机器背后的人被骗。如果机器在设计时是为了实施处分行为而存在的，可以认为，设置机器的人在一开始，就预设了“满足一定条件就实施一定处分行为”的意思，那么在这种情况下，“被智能化了的计算机是代替人来处理事务的，是按照人的意志来判断并代替人行事的”，〔49〕机器“被骗”就可以被理解为机器背后的人被骗；反之，如果机器本身并非为了实施处分行为而设计，那么就不能将机器“被骗”与自然人被骗相等同。具体而言，自动售货机设立的目的就是为了实施处分行为，在设置自动售货机的时候，就预设了“如果对方投入足额货币，就向其交付财物”的意思，因此，行为人向自动售货机中投入虚假的货币，本质上就是在欺骗设立自动售货机的人，在这种情况下，将行为人的行为评价为诈骗罪并无不妥。而银行的保险箱在设立时只是为了存放财物，并不是为了实施处分行为，保险箱的设立者并未预设任何实施财产处分的意思，因此，在输入密码，打开保险箱并取走财物的过程中，虽然行为人“欺骗”了保险箱，但是整个案件中并不存在受到欺骗的自然人，只能将行为人的行为评价为盗窃罪。

网络运营商提供的网络服务是一个复杂的系统，其存在本身的目的就是为了实现网络运营商与用户之间的各种交易，其中预设了大量的“若满足一定条件，就实施一定行为”的意思。行为人在向网络服务系统提供虚假信息的时候，实际上就是在欺骗该系统的设立者。因此，在盗窃网络服务账号并向网络运营商使用的情况下，将行为人的行为认定为诈骗罪并不会违反“机器不能被骗”的原则。

需要指出的是，笔者“因为被害人的财产没有受到实体性损害，所以行为人的行为不构成盗窃”的逻辑直接指向的对象是数额型盗窃，但是《刑法修正案（八）》在数额型盗窃之外，规定了数种新的行为类型，那么这些新的行为类型是否适用于网络虚拟财产呢？首先，受限于网络虚拟财产自身的特殊性质，难以想象以扒窃、入室盗窃、携带凶器盗窃的方式窃取网络虚拟财产的情况；其次，在多次盗窃的中，也并

〔48〕 参见于志刚：《网络犯罪与中国刑法应对》，载《中国社会科学》2010年第3期。

〔49〕 参见刘明祥：《用拾得的信用卡在ATM机上取款行为之定性》，载《清华法学》2007年第4期。

不是完全不要求数额,也必须要求行为人取得了值得刑法保护的财物,[50]网络服务账号是一种特殊的债权凭证,它的物理形态是一组电磁数据,其本身的价值为零,网络服务账号仅仅是因为其上承载的权利才具有价值,因此,在单纯盗窃网络服务账号的情况下,就算行为人多次实施了盗窃网络服务账号的行为,由于其并没有"取得值得刑法保护的财物",也不能认定为盗窃罪,[51]在将网络服务账号和附属虚拟物一并盗窃(但是并未进行处分)的情况下,行为人的行为已经造成了严重的法益侵害的危险,但尚未造成实害,应当认定为盗窃罪的未遂。

综上所述,对于盗窃网络虚拟财产的行为,应当按照以下四条规则进行处理:

(1)盗窃网络服务账号的,如果仅盗窃而并未使用或处分,则不按照犯罪处理;使用或处分的,构成诈骗罪。

(2)在盗窃网络服务账号同时取得虚拟物的,在实际处分时计入犯罪数额,并以盗窃罪定罪处罚,如果仅盗窃而未处分的,对虚拟物的部分最多构成犯罪未遂。

(3)单纯盗窃虚拟物的,仅凭盗窃行为,不需要后续进行处分即可构成盗窃罪既遂。

(4)盗窃网络虚拟财产,同时构成其他犯罪的,按照罪数理论进行处理。

五、余论

在对本文的写作过程中,笔者深刻地感受到,虽然学界对网络虚拟财产相关问题进行了大量深入的研究,但是学者之间仍然缺乏必要的学术共识,使得学术讨论的深度和广度都受到了严重的限制。对于网络虚拟财产的概念,学界几乎是"一千个读者有一千个哈姆雷特",将不同定义之下的网络虚拟财产取"最大公约数"之后,其外延就只剩下网络服务账号、虚拟货币、虚拟物三类,这使学界在探讨网络虚拟财产的调整方法和保护方法的时候,为了达成最基本的共识,维持讨论的资格,

---

〔50〕 参见张明楷:《盗窃罪的新课题》,载《政治与法律》2011年第8期。

〔51〕 此处不同于盗窃票据等具有实物载体的债权凭证,后向银行骗领现金的情形。在盗窃支票后骗领现金的案例中,由于支票本身有实物载体,被害人对票据本身享有所有权,行为人单纯盗窃记名支票而不使用时,由于不满足数额较大的条件而不构成盗窃罪,但是票据本身的所有权已经受到侵害了,如果行为人多次盗窃、入户盗窃、扒窃、携带凶器盗窃的,则构成盗窃罪,如果行为人之后还有骗领现金的行为,则按照盗窃罪与诈骗罪数罪并罚。但是在盗窃网络服务账号的情形中,行为人的盗窃行为本身既不会导致财产权利的实体性丧失,也不会影响到服务器中储存的电磁记录,并不存在任何值得刑法评价的法益侵害性。

不得不将讨论的范围局限于上述三类对象上。事实上,按照不少学者的定义(包括本文的定义)在内,网络虚拟财产的外延绝对不止上述三类,例如虚拟空间、虚拟无形财产(如域名)均应当被认定为网络虚拟财产,但是学界对它们的研究却少之又少。学界对网络虚拟财产的讨论看似热火朝天,实则远远不够,这不得不说是一件令人遗憾的事情。

因此,在接下来的研究过程中,我们也许应当多花费一点精力在概念的界定之上。我们知道,法律是调整社会关系的手段,我们如何确立民法等调整性法律关系,采取何种手段对社会进行调整,首先取决于被调整的社会关系本身的性质,而"没有调整性规则,就不会有相应的保护性规则;没有第一保护性规则,就不会有刑法这一第二保护性规则",[52]刑法对网络虚拟财产的调整手段取决于网络虚拟财产在民法上的定位及保护手段,网络虚拟财产在民法上的定位则取决于其自身的性质特征。在从社会关系到民法属性再到刑法保护的研究路径中,网络虚拟财产的定义处于最为基础和首要的位置。只有在学界对定义达成基本共识的前提之下,进一步的讨论才有坚实而牢靠的基础和平台,才不会沦为学者们自说自话的概念游戏。

---

〔52〕 参见田宏杰:《行政犯的法律属性及其责任——兼及定罪机制的重构》,载《法学家》2013 年第 3 期。

电信网络欺诈中盗窃与诈骗的区分

——以处分意识不要说为视角

张亚平[*]

【内容摘要】 当前,通过电信网络实施的欺诈犯罪,欺诈手段花样繁多,最终取财方式也不尽相同,司法机关对于此类案件的定性也有差异,其争议的焦点在于是否承认诈骗罪必须具有处分意识。诈骗罪的认定不需要处分意识,处分意识必要说对于认定诈骗罪并没有特别优势,而且处分意识本身的判断并不清晰,无法以处分意识的有无作为区分诈骗罪和盗窃罪的标准,如果坚持处分意识必要说,将导致某些案件的定性脱离生活常识。诈骗罪的认定应当回归生活原貌,不应过分拘泥于处分意识。对于形形色色的电信欺诈犯罪的定性,关键在于被骗者是否自己基于被骗而转移占有。

【关键词】 诈骗罪　盗窃罪　处分意识　电信网络欺诈

一、问题的提出

随着电子通信和互联网的快速发展,各种电信网络欺诈犯罪也爆炸式增长。电信网络欺诈的手段不断翻新,最终从被害人那里取得财物的方式也不完全相同,这导致对电信网络欺诈犯罪的定性问题,理论和司法实务观点分歧较大。

【案例一】2012 年 11 月下旬,被告人林某明利用“老板”(身份不详)提供的资

---

* 张亚平,河南大学法学院教授,法学博士。

金购买电脑、手机、网卡、机票网站、400开头的客服电话等作案工具实施诈骗,先后纠集被告人卢某某、张某某、吴某国、刘某女、曾某交、林某等人,被告人林某明用虚假特价机票网站上发布低价机票信息为手段,诱使购票人在该网站上下订单,并拨打400客服电话咨询,然后由被告人曾某交、刘某女、吴某国、林某、卢某某、张某某等人冒充客服人员接电话,谎称机票已经预定成功,并将诈骗的银行账号通过网络后台以短信方式发送给购票人,要求购票人尽快付款。付款方式有两种:一是被害人直接将购票现金汇到诈骗账户;二是被害人转账付款的,林某明等人预设激活码,而该激活码就是诈骗金额,一旦购票人在转账时输入激活码以激活机票时,购票钱款即转入诈骗账户。林冠明等人通过该方式实施诈骗,金额共计人民币1,192,785.46元。法院判决,林某明等人犯诈骗罪。[1] 类似的案例如符某甲等诈骗案,法院也判决为诈骗罪。[2] 但与此类似的案例,理论上有不少学者认为应当定为盗窃罪。

【案例二】2016年4月30日下午,小王在玩网络游戏魔兽世界,却苦于一个副本打不过去,于是就加了网名叫“耕地老”的QQ,想找对方代刷。“耕地老”提出让小王付款15元。可过了一会儿,“耕地老”说钱没到账,让小王发支付记录截图给他,小王就按照要求把支付记录截图发了过去。过了不久,有一个网名叫“烂人”的加了小王QQ,“烂人”说自己是负责代刷副本的游戏客服,需要支付一元钱激活订单才能帮他代刷,说完就发了个链接过来。急于过副本的小王马上点击链接支付一元,结果账户余额显示竟然少了9900元。这下小王急了,赶紧问对方怎么回事,“烂人”说后台数据出错,让小王点击链接重新支付1元,他们立刻把9900元退给小王。可是,当小王再次点击链接支付1元后,账户里竟然少了49,500元。到了这会儿,小王才意识到自己上当受骗了,立刻报警求助。[3]

【案例三】最高人民法院指导性案例:2010年6月1日,被告人郑某玲骗取被害人金某195元后,获悉金某的建设银行网银账户内有305,000余元存款且无每日支付限额,遂电话告知被告人臧某泉,预谋合伙作案。臧某泉赶至网吧后,以尚未看到金某付款成功的记录为由,发送给金某一个交易金额标注为1元而实际植入了支付

---

〔1〕 海南省第二中级人民法院刑事判决书,(2014)海南二中刑初字第14号。

〔2〕 江苏省无锡市锡山区人民法院刑事判决书,(2015)锡法刑二初字第00063号。

〔3〕 陈雷、周德峰:《支付1元银行卡少掉6万元大批魔兽玩家受骗》,载《钱江晚报》2016年6月16日版。

305,000元的计算机程序的虚假链接,谎称金某点击该1元支付链接后,其即可查看到付款成功的记录。金某在诱导下点击了该虚假链接,其建设银行网银账户中的305,000元随即通过臧进泉预设的计算机程序,经上海快钱信息服务有限公司的平台支付到臧某泉提前在福州海都阳光信息科技有限公司注册的"kissa123"账户中。臧进泉使用其中的116,863元购买大量游戏点卡,并在"小泉先生哦"的淘宝网店上出售套现。[4]

上述案例的共同特点是,被害人均在不知情的情况下,将自己银行账户的钱转账给他人。但在司法实务中,法院对此类案件的判决并不一致,基层法院多认定为诈骗罪,而最高人民法院的指导性案例认为,通过支付1元而实际转账305,000元钱的行为,应当认定为盗窃罪。电信网络欺诈与现实生活中的传统欺诈本质上相同,因而其定性也与现实生活中的欺诈行为的定性无异。现实生活中,以传统欺诈手段取得他人财物的行为,其性质界定也较为混乱。理论上一般认为,行为人对自己行为的真实性质不知情,因而缺乏成立诈骗罪所必需的处分意识,其行为不成立诈骗罪。可见,对于现实生活中传统手段的欺诈以及新型的电信网络欺诈犯罪案件,其定性的关键在于是否承认处分意识是诈骗罪的必要条件。考察处分意识在现实生活中以传统手段实施的欺诈行为的定性中是否必要,对电信网络欺诈行为的定性具有直接的指导意义。

二、处分意识的概念及其论争

处分意识(也称为处分意思)是指行为人在对财物进行处分时的主观认识和决意,即行为人应当认识到其行为的性质,并基于此而决意处分其财物。日本学者前田雅英教授认为:"作为处分行为的主观面的处分意思,是指认识到财物的占有或者利益的转移及其引起的结果。"[5]因此,处分意识首先要求处分者有处分能力。这里的处分能力不同于民法上的处分能力,处分者只要具有基本的是非判断能力,能基于自己的意思处分自己的行为,并对该处分行为的结果具有自己的判断,就可以认为具有处分能力。其次,处分意识要求处分者对其处分行为有认识,即处分者

---

〔4〕 最高人民法院2014年6月23日发布的第27号指导性案例。

〔5〕 张明楷:《外国刑法刚要》,清华大学出版社2007年版,第587页。

知道自己是在处分自己的财物。诈骗罪的基本构造在于,行为人以欺骗行为,使被骗者陷入错误认识,并基于错误认识而处分(交付)财物,导致被骗者遭致财产损失,施骗者因而取得他人财物。对于此诈骗罪的基本构造,理论及司法实务基本没有异议,但对于处分(交付)是否要有处分意识则有不同见解。

处分意识必要说当前为多数学者主张。持此说者认为,被骗者处分其财物,不仅要求客观上的处分(交付或转移占有),而且还要求主观上认识到其是在处分财物。处分行为是客观和主观的统一,没有主观上的处分意识,就不是完整的处分行为。如日本大塚仁教授认为:“财产性处分行为,需要处分财产的意思(主观的要件)和处分财产的事实(客观性要件)。完全缺乏处分财产的意思的幼儿和高度的精神病人等,不能认为会作出财产性处分行为,所以欺骗这种人、夺取其财物的行为,构成盗窃罪。为了能够说明存在处分财产的意思,需要处分行为人自己了解其处分行为的意义。”〔6〕

处分意识不要说是德国的通说,〔7〕在日本和我国台湾地区也有不少学者持此说。日本学者平野龙一认为:“诈骗罪以基于错误的‘交付’即处分行为为必要。处分行为、交付行为不以意思表示为必要,事实行为即可……而且也包含没有意识到交付的内容的情况(所谓无意识的交付)”〔8〕西田典之教授也认为:“只要可以肯定财物或财产性利益的占有已基于被诈骗人的意思转移至对方,便可以确定诈骗罪……无意识的处分行为也足以构成本罪的处分行为。”〔9〕我国台湾地区学者洪福增教授认为,诈骗罪中被害人的处分行为并不需要具有处分意识的意思同时存在,只要具备客观上转移财产所有权的交付行为,即具有“导致财产丧失的直接性行为”,即使这种交付并没有移转所有权的意思,也应当归属于诈骗的范畴。〔10〕

处分意识不要说在我国刑法学界基本没有市场,只有个别学者赞成此说。例如,秦新承博士认为:“只要实际管控财产且具有民事行为能力的主体基于被骗实施了处分财产的行为,即使其主观上并没有处分财产的意思,也应当认定为诈骗罪

〔6〕 大塚仁:《刑法概说》,冯军译,中国人民大学出版社2003年版,第247页。

〔7〕 参见张明楷:《外国刑法纲要》,清华大学出版社2007年版,第587页。

〔8〕 平野龙一:《刑法概说》,东京大学出版会1977年版,第214页。转自张明楷:《外国刑法纲要》,清华大学出版社2007年版,第587页。

〔9〕 [日]西田典之:《日本刑法各论》,刘明祥、王昭武译,武汉大学出版社2005年版,第137页。

〔10〕 陈子平:《论诈欺罪之财产处分行为》,载许玉秀主编:《刑事法之基础与界限——洪福增教授纪念专辑》,学林文化事业有限公司2003年版,第575页。

的处分行为。被害人的处分意识只是学者们通过具有天然缺陷的不完全归纳法推理出的被害人特征,不是认定诈骗犯罪的必要条件。"〔11〕相较于处分意识不要说,我国学者主要倾向于处分意识必要说。甚至有学者断言:"被害人在进行处分行为时,必须具有处分意思,即主观上对所处分财产的结果有认识,这是没有争议的。"〔12〕综合而言,我国学者赞成处分意识必要说的理由主要有以下几点。

第一,处分行为的有无是区别盗窃罪与诈骗罪的关键要素。"盗窃与诈骗的界限在于,前者基于受骗者有瑕疵的意思而转移占有,后者是违反受害者的意志而转移占有。但在被害人没有处分意识的情况下,很难认为行为人是基于受骗者有瑕疵的意思而转移占有。换言之,在受骗者没有处分意识的情况下,应认定行为人是违反被害人的意思而转移占有,宜以盗窃罪论处。"〔13〕

第二,处分行为不要求处分意识,会否认不作为与容忍类型的处分行为。容忍形式的处分行为,一般表现为行为人实施欺骗行为取走被害人财物时,被害人知道对方取走财物但保持沉默。例如,X 将庭院中的石头卖给 B,B 对 X 说次日请工人运走石头。A 得知此事后,装成 B 雇请的工人来运石头,X 看到 A 运石头,以为是 B 请来的工人,便予以默认。〔14〕 如果不要求处分意识,那么 A 的行为就是盗窃,不是诈骗;反之,A 的行为就是诈骗。

第三,处分行为不要求处分意识会无限扩大处分行为的范围。例如,甲使用欺骗手段使乙转移注意力,甲乘机取得乙的财物。如果承认无意识的处分行为,那么,完全可能认定乙存在无意识的不作为或容忍类型的处分行为,进而认定甲的行为成立诈骗罪。〔15〕

第四,诈骗罪的受骗者必须是具有处分能力的人,完全缺乏意思能力的幼儿、精神障碍者,也可能实施客观的交付行为,但由于其不具有处分能力所要求的意思能力,故其行为不是财产处分行为。如果不要求受骗者具有处分意识,要求受骗者具有意思能力就显得多余。

显然,理论上讨论处分行为是否必须要有主观的处分意识,主要目的在于区分诈骗罪与盗窃罪的界限。处分意识必要说从不同角度所作的分析,实际上都是试

---

〔11〕 参见秦新承:《认定诈骗罪无需"处分意识"》,载《法学》2012 年第 3 期。

〔12〕 黎宏:《刑法学》,法律出版社 2012 年版,第 755 页。

〔13〕 张明楷:《诈骗罪与金融诈骗罪》,清华大学出版社 2006 年版,第 161 页。

〔14〕 同上书,第 153 页。

〔15〕 同上书,第 161 页。

图说明处分意识是区别盗窃与诈骗的关键要素。第一点理由的论述逻辑是有问题的,论者先预设盗窃罪和诈骗罪的区分关键要素在于是否有处分意识,然后又以此前提论证何种行为是诈骗,何种行为是盗窃。但是其逻辑前提并非不言自明的绝对真理,而是从其列举的有限案例中归纳得出的结论。其第二点理由更是混淆了没有处分意识的行为和容忍类型的处分行为。容忍形式的处分行为与积极转移占有的处分行为本质上并没有区别,其对处分意识的要求与积极转移占有的处分行为相同。其第三点和第四点理由,也是在说明盗窃罪和诈骗罪的区别。本文认为,诈骗罪与盗窃罪的区分关键不在于处分行为是否必须处分意识,上述处分意识必要说所持理由值得商榷。

三、诈骗罪认定不需要处分意识

第一,处分意识判断的模糊性导致无法以处分意识的有无作为盗窃与诈骗的区分标准。

处分意识必要说认为,处分行为是客观的处分事实和主观的处分意识的统一。但是,何为处分意识?如何判断处分意识?对此问题,处分意识必要说者并没有给出明确的界定,实际上也导致根据处分意识无法区分诈骗和盗窃。

张明楷教授坚持处分意识必要说,但基于他对处分意识的解释,并不能完全界分诈骗和盗窃,或者说就其所举区分诈骗和盗窃的案例,并不需要特别考察处分意识的有无。[16] 张明楷教授认为,在受骗者没有认识到财产的真实价值(价格)但认识到处分了该财产时,应认为具有处分意识。例如,甲在商场购物时,将便宜相机的价格条形码与贵重照相机的价格条形码予以更换,使店员将贵重照相机以便宜照相机的价格“出售”给甲。对此案,张明楷教授认为,应认定店员具有处分意识,甲的行为成立诈骗罪。但是,处分意识不要说者也会认为此案应认定为诈骗罪。从行为人甲取得财物的内心过程看,甲更换条形码是想通过“欺骗”店员而获取财物。店员也是基于“被骗”而直接将照相机的占有转移给行为人甲。所以,此案定性与是否有处分意识无关。

张明楷教授认为,受骗者没有认识到财产的数量,但认识到处分了一定的财产

---

〔16〕 本文以下所举张明楷教授观点及案例,如无特别注明,皆引自张明楷:《诈骗罪与金融诈骗罪》,清华大学出版社 2006 年版。

时,也宜认定为处分意识。例如,乙将一个照相机盒里的泡沫取出,使一个包装盒里装入两个照相机,然后拿着装有两个照相机的一个包装盒付款,店员以为包装盒里只装有一个照相机,仅收取一个照相机的货款。张明楷教授认为此案中,店员具有处分意识,乙的行为应认定为诈骗罪。但是笔者认为,将此案认定为诈骗罪是有疑问的。首先,不能认为店员对私下夹带的另一个相机具有处分意识。处分意思的核心内容是处分者要对处分的对象有认识,然而此案中,店员仅对包装盒中的一个相机有认识,而完全不知道包装盒中还有另一个相机。换言之,店员仅对原有的相机有认识,但对行为人乙又私下装入的另一个相机没有认识。按照处分意识必要说,店员对私下夹带的另一个相机没有认识,就没有处分意识,应当认定为盗窃。其次,行为人的主观心理也不是要通过欺骗取财,而是要在店员不知情的情况下"秘密"取财,应认定为盗窃。再次,类比张明楷教授所举的"方便面案",也应认定乙的行为构成盗窃。"方便面案"中,丙偷偷地从一箱方便面中取出几袋方便面,并将一个照相机放在方便面箱子里,然后拿着方便面箱付款,店员没有发现方便面箱子里的照相机,只收取了一箱方便面的货款。对此"方便面案",张明楷教授认为,店员没有处分意识,丙的行为应当认定为诈骗。但笔者认为,此方便面案与上述的照相机案取得财物的形式上并没有明显差别,两者都是将包装箱打开,移除一定空间,夹带照相机。所不同的只是,一个是照相机的包装盒,另一个是方便面的包装盒。但显然,这一区别并不影响行为的性质。这两个案例都是典型的私下夹带窃取财物的盗窃行为,与行为人采取其他夹带方式窃取财物并没有本质不同,例如将照相机装进自己宽大的大衣中夹带出商场。

实践中,通过夹带或变相夹带的方式,蒙骗他人,取得财物,一般都被判定为盗窃罪。例如,被告人黄某以收废旧钢材的名义,在小型货车内加装水箱。收购废旧钢材时,先向该货车内的水箱注水过磅增加车辆净重,然后放水载货再次过磅称重,以减少废旧钢材结算重量。2014 年 11 月至 2015 年 4 月,黄某采取上述方法,先后 11 次盗窃废旧钢材,所盗废旧钢材价值共计 28,525 元。根据处分意识必要说,对财产数量(重量)产生错误认识,不影响处分意识,应当认定为诈骗罪,但法院认定黄某的行为构成盗窃罪。〔17〕 与此案表面类似但实质上不同的是,行为人通过对磅秤做手脚,干扰磅秤正常称重,从而影响货物称重重量,这种情形实践中一般认定为诈

---

〔17〕 刘霞、任娟:《加装水箱控制车辆重量,男子盗窃废旧钢材获刑》,载中国法院网:http://www.chinacourt.org/article/detail/2015/10/id/1722833.shtml,最后访问日期:2016 年 11 月 6 日。

骗罪。例如,2015 年 12 月 26 日凌晨,齐某某、文某某等人先在辽中区满都户粮库的地磅上安装干扰器。之后,齐某某、文某某找到贾某等人,让其组织人收购粮食并送往辽中区满都户粮库卖粮,在卖粮车称重时,齐某某、文某某使用遥控干扰器增加粮食重量,大车增重 4 吨,小车增重 3 吨,以虚假的粮食重量骗取粮库的钱款。齐某某、文某某与贾某等人约定每增加 1 吨给付齐某某、文某某 1000 元钱。[18] 法院判决贾某构成诈骗罪。此案的定性并不需要借助处分意识,仅根据一般社会经验就可得出诈骗罪的结论。与此类似的案例,行为人通过事先在磅秤上做好的"机关"来控制计量,多装钢材,少称分量。对此案,张明楷教授从处分意识的角度,认为此类案件应认定为诈骗罪。而其他学者并没有从处分意识的角度,也同样得出诈骗罪的结论。[19]

张明楷教授还认为,在受骗者没有意识到财产的性质而将财产转移给行为人时,不宜认定具有处分意识。他举邮票案对此予以说明。丁某发现被害人的一本书中夹有一张清代邮票,便声称借该书阅读,被害人在没有意识到该书中夹有贵重邮票的情况下,将书借给丁。丁将邮票据为己有。张明楷教授认为,被害人没有意识到邮票的存在,只是转移书的占有,并没有转移邮票的占有的意思,丁的行为成立盗窃罪。实际上,从一般的社会生活经验以及对盗窃和诈骗的常识性理解,也会认为此案应认定为盗窃,而不是诈骗。从一般社会生活意义来看,盗窃就是趁被害人不知情、不注意,秘密窃取其财物。而此案中,被害人对其书中夹有邮票不知情,丁某就是在其不知情的情况下取得了其邮票。

第二,不以处分意识为判断标准,也可以区别多数诈骗与盗窃。

对于典型的盗窃与诈骗,不论采取何种学说或判断标准,一般都不会得出错误结论。但是对于一些不典型的盗窃或者诈骗,认定为盗窃还是诈骗具有一定模糊性。不少学者以处分意识作为判断标准,以对这些案件进行准确定性。此类案件常见的有掉包案、骗取婴幼儿或精神障碍者财物案、"调虎离山"案、利用不知情者帮助盗窃案等。这些案件类型以处分意识为判断标准,可以较为准确定性,但是不以处分意识为判断标准,也同样可以得出相同结论。

掉包案的掉包手段花样较多,常见的例如购买香烟掉包:行为人事先准备好假烟,然后到商店假装买烟,在同伙吸引店主注意力时,以事先准备的假烟掉包真烟,再找借口离开;再如以迷信手段掉包:行为人锁定作案目标后,便谎称被害人近期

---

〔18〕 沈阳市辽中区人民法院刑事判决书,(2016)辽 0122 刑初 233 号。

〔19〕 参见丁媛、王全莹:《"吃分量"是盗窃,还是诈骗?》,载《人民法院报》2001 年 2 月 13 日第 3 版。

将有灾难,必须拿钱做法方可避难消灾。被害人拿钱后,虽小心提防,但仍被行为人将钱掉包,换成冥币。对于此类案件,若从处分意识必要说角度而言,被害人没有意识到自己是在处分自己的财物,因而其行为不是处分行为,行为人的行为也就不是诈骗罪,应认定为盗窃罪。但是,不从处分意识的角度分析,也会认为此案应定盗窃罪,而不是诈骗罪,因为行为人不管以何种手段掉包,其本质都是趁被害人不注意时,秘密取得其财物。事实上,法院对此类案件一般也是判为盗窃罪,但在判决说理时,却没有分析处分意识。例如,“该院认为,被告人黄丽、陈梅、覃妹采取迷信手段,通过‘掉包’手段秘密窃取他人财物,其行为已触犯刑律,构成盗窃罪。”〔20〕

骗取婴幼儿或精神障碍者案一般是学理案例。对于此类案件,处分意识必要说者认为,婴幼儿对于财产的性质完全没有意识,因而也不可能基于自己的意识处分财产,故骗取婴幼儿的行为不是诈骗罪,而是盗窃罪。但是,不以处分意识为标准,也同样会认为骗取婴幼儿财物应定盗窃。例如,有学者从处分意识能力的角度认为骗取婴幼儿财物不是诈骗。论者认为,处分意识,是指诈骗犯罪中被害人处分财产的意识,处分意识能力主要是指行为主体的正常思辨能力。无处分意识能力的人实施的任何行为当然不能成为诈骗罪中被害人的处分行为。〔21〕 笔者认为,以无处分意识能力解释骗取婴幼儿财物不是诈骗,不失为一个较有说服力的视角。没有处分意识能力,连客观上的交付行为都没有能力实施,其交付行为当然不构成诈骗罪的交付。不过,从诈骗罪的使被害人产生错误认识,被害人基于错误认识而(客观上)交付财物的行为特征,也可得出此类行为不构成诈骗罪,因为婴幼儿和精神病人没有任何辨识能力,连“被骗”的资格都没有,其认识也不是所谓的“错误”认识,当然也没有基于错误认识而交付财物。

“调虎离山”案是实践中经常发生的案件,实际上基本没有人认为此类案件是诈骗。常见的例如,骗被害人说其家人在外面出车祸了,让其赶紧去看看,被害人慌忙出去,行为人趁机拿走被害人财物。“调虎离山”的目的显然是在“虎”离开后,趁其不知情而秘密窃取其财物。其中的骗,仅是为盗窃制造机会。

利用不知情者帮助盗窃案,是指行为人利用不知情的第三人,让第三人帮助其取得财物。例如在会议休息时,对服务员说,“那个包是我的,帮我拿过来”。很显

---

〔20〕 参见林伟:《采用迷信手段暗中掉包被害人钱物定性诈骗还是盗窃》,载中国法院网:http://www.chinacourt.org/article/detail/2016/08/id/2046871.shtml,最后访问日期:2016 年 11 月 7 日。

〔21〕 参见秦新承:《认定诈骗罪无需处分意识》,载《法学》2012 年第 3 期。

然，这种情况没有人会认为是诈骗，无论从哪个角度解释，道理都非常简单，因为所谓被骗的第三人，根本与财物没有关系。有争议的是欺骗临时保管财物的人，是否构成诈骗。例如，在商店购物时，他人将包交给店主，让其帮忙照看。行为人利用店主忙乱之际，诈称是包的主人，从而取得包。这种情况应如何定性，即使是以处分意识的视角来判断，也较有争议。但争议的关键不在是否有处分意识，而在于店主对包的临时看管，是否取得了对包的支配。

第三，如果严格坚持处分意识必要说，导致某些诈骗案件无法定性，甚至错误定性。

在一般生活观念上，施骗者只要是以欺骗手段，使被害人产生错误认识，并基于错误认识而直接将财物的占有转移给施骗者，就认为是诈骗。如果严格坚持处分意识必要说，就会使一些一般认为是诈骗的案件，被定性为盗窃或抢夺，从而导致法律与社会生活脱离。

例如，A 在火车上靠站临时停车时，欺骗 B 说借其手机打个电话，B 将其手机给 A。A 假装打电话走向下车口，在火车发动之际跳下火车跑掉。B 看火车已发动，无奈只能看着 A 将其手机拿走。若坚持处分意识必要说，A 没有处分意识，其行为应当构成盗窃罪。但是这一定性显然与基本社会生活观念不符。一般人会认为，B 是因为被骗才将自己的手机给（交付）A 使用，而不是 A 在 B 不知情的情况下拿走其手机的。

实践中对于以借用手机为名而骗取财物的行为的定性颇有争议，有的一审法院和检察院因认识不一致，而出现法院判决后，检察院不服判决提起抗诉的情形。例如，上海市长宁区法院判决的借用手机案，就出现这种情况。2014 年 9 月 17 日 18 时许，丁某在上海静安区万航渡路城隍庙小吃店，冒充帮助民警办案的工作人员搭识被害人侯某，并将其带至附近的居民楼，以发生案件需要辨认犯罪嫌疑人为由，向侯某借手机拍照。成功拿到手机后，丁某趁侯某不备逃逸，窃得被害人侯某的三星牌 S5 型手机一部及现金人民币 400 元。上海长宁检察院以丁某涉嫌诈骗罪向上海长宁法院提起公诉，长宁法院认定被告人丁某犯盗窃罪。对长宁法院的一审判决，长宁区检察院认为，被告人丁某获取财物时采用的是虚构事实的诈骗手段，被害人基于错误认识而"自愿"交付财物，因此，本案应当认定为诈骗罪。长宁检察院对该判决不服，遂提出抗诉。[22]

---

〔22〕 参见陈伊萍：《诈骗罪还是盗窃罪？上海长宁检察院不服法院一审判决提出抗诉》，载澎湃新闻网：http://www.thepaper.cn/newsDetail_forward_1409696，最后访问日期：2016 年 11 月 7 日。

再如,“狐狸和乌鸦”案,这是借用寓言故事讨论学理问题的教学案例。狐狸哄骗乌鸦,让其唱歌,在乌鸦唱歌时,衔在嘴里的肉掉下,被狐狸叼走。处分意识必要说者可能会认为,乌鸦对于其口中的肉没有处分意识,狐狸的行为不是诈骗,而是盗窃。但是这种解释难以被接受。

又如,甲在超市捡起妇女乙的购物小票,声称乙手中的物品是其刚购买的,要求乙交还,乙怒斥,与甲争吵。超市报警,警察无法分辨真相,要求乙交出所购物品给甲,因为甲有购物凭证。对于此案,处分意识必要说者认为,甲的行为构成盗窃罪,是盗窃罪的间接正犯。“甲利用不知情的警察在处理事端时,对于乙形成心理压力而交出财物。乙在此种情况下交出财物,没有同意的效力。乙的持有被破坏,甲就此建立了自己的持有。甲不成立诈欺罪,是因为乙的‘内在的自由意思决定’被破坏,交出财物不是处分财。”〔23〕但是这一结论显得荒谬。甲的行为欺骗了警察,但没有欺骗妇女乙。乙非常清醒地知道甲是在欺骗,她之所以交出财物,是因为有口难辩,而非被他人秘密窃取。如果认为甲具有处分的资格,这种情况就是三角诈骗,构成诈骗罪。

坚持处分意识必要说,将导致针对未成年人和精神障碍者的骗取或盗窃财物行为无法准确定性。这里的未成年人包括没有任何辨认和控制能力的无行为能力人,一般称为婴幼儿,也包括有一定辨认控制能力的限制行为能力人。精神障碍者也包括完全无意思能力的精神障碍者和具有部分意思能力的精神障碍者。处分意识必要说者认为,诈骗罪的受骗者必须具有处分能力,而所谓的处分能力,并不是仅指客观的交付能力,完全缺乏意思能力的婴幼儿、精神障碍者,由于其不具有处分能力所要求的意思能力,故其交付行为不是处分行为。但是,处分意识必要说者也承认,“被骗者的处分财产并不限于民法上的法律行为,故处分者(被骗者),并不必具有财产处分的行为能力,即使是限制行为能力人,亦可从事这种财产处分行为。因此,本罪的被骗者纵使系未满二十岁的未成年人或系精神障碍或心智缺陷之人,若系因行为人施诈而交付其物者,自当成立本罪;唯行为人若无施诈,只是趁机使之将其本人或第三人的物交付者,则非本罪,而属准诈欺罪。”〔24〕按照此说,“欺骗”一两岁的婴幼儿手中的手机,因其无处分能力,故其行为不是处分行为,对施骗者应定盗窃罪;但若欺骗一个十来岁的少年儿童,其虽是限制民事行为能力

---

〔23〕 林东茂:《诈欺或窃盗——一个案例的检讨》,载《刑事法杂志》1999 年第 2 期。

〔24〕 林山田:《刑法各罪论》,兴丰印刷厂 2005 年版,第 456 页。

人,但也具有相应的处分能力,其交付行为是具有处分意识的交付,骗取其财物应定诈骗罪。但问题是,完全无处分能力的婴幼儿和具有部分处分能力的青少年的界限何在?这一界限显然不能根据刑事责任年龄来划分,也不能根据民事责任年龄来划分,实际上就笔者所知,目前为止还没有学者提出明确的界限。这就导致骗取介于两者之间的儿童的财物的行为难以定性。例如,骗取一名五六岁左右的儿童手中的贵重手机,到底应定诈骗还是定盗窃?对此,处分意识必要说恐怕将难以给出明确结论。当然,这类行为以处分意识不要说也不容易定性,但是可以根据一般社会观念判断,五六岁左右的儿童是否有基本的是非辨别能力,是否有"被骗"的资格。但这至少说明,处分意识必要说对此类案件的定性并没有特别优势。

本段小结:回归诈骗罪与盗窃罪的生活原貌。

以上举例说明,处分意识必要说对于认定诈骗罪和盗窃罪并没有特别优势,处分意识必要说所解释的诈骗罪和盗窃罪的界限,处分意识不要说也能得出相同结论。不过,如果仅止于此,处分意识必要说依然有坚持的必要,毕竟处分意识必要说对于多数诈骗罪与盗窃罪的界限的解释更加便捷。但是,处分意识必要说所导致的问题是,对诈骗罪的认定过于专业化,使得某些行为性质的认定已经严重背离了社会生活基础,普通民众难以接受刑法学者对诈骗和盗窃的界定。

诈骗罪与盗窃罪是典型的自然犯。所谓自然犯,是指违反人类基本怜悯与正直的情感,不需要法律的特别规定,就会认为这种行为应当是犯罪的犯罪类型。自然犯源于人类的基本情感,与人类的基本生活秩序最为接近。有一定社会生活经验的人,都具有基本的是非观念,对基本的社会规则有本能的判断。刑法是维护基本社会秩序的保障法,刑法规范之所以具有行为指引功能,就在于刑法贴近社会生活,对于自然犯尤其如此。如果社会民众的对刑法的判断与刑法学者对刑法的解释严重冲突,将损害刑法的行为指引功能,也会让民众觉得,法律不过是司法者手中随意玩弄的工具。"明明是诈骗,法官非得判盗窃罪!"

有学者认为,"刑法上的犯罪类型与犯罪学上的犯罪类型以及一般人心目中的犯罪类型并不完全相同。换言之,由于刑法对犯罪类型的规定是基于刑法的特定目的与罪刑法定、罪刑相适应等要求,在犯罪学上或者一般人心目中称为诈骗罪的行为,在刑法上不一定属于诈骗,而完全可能属于盗窃。"〔25〕但是,笔者认为,刑法学

〔25〕 张明楷:《诈骗罪与金融诈骗罪》,清华大学出版社2006年版,第162页。

上的犯罪概念与犯罪学上的犯罪概念虽不能完全等同,但基于刑事一体化思想,也应当尽量将其作一致解释。实际上,刑法学原本源于犯罪学,犯罪学对犯罪现象的描述、对犯罪原因的揭示,应当成为刑法学研究的基础。刑法学与犯罪学自说自话,相互脱节,不仅不利于学科之间的融合,也会使得刑事司法无所适从。

基于此,笔者认为诈骗罪的认定应当回归社会生活原貌,不应过分拘泥于处分意识。本质上通过欺骗而取得财物的就应认定为诈骗罪,相应地,本质上属秘密窃取他人财物的,应认定为盗窃罪。因此,诈骗罪的基本构造是,行为人虚构事实,隐瞒真相,使他人产生错误认识,他人基于错误认识而将其控制支配的财物转移占有。第一,行为人必须有欺骗行为,即虚构事实,隐瞒真相,对此自不必说。第二,他人产生错误认识,即被骗。如果不是因被骗,而是基于其他原因,如基于恐惧、怜悯等,而转移占有,不是诈骗罪。第三,转移的必须是自己支配、控制的财物。转移不是自己支配、控制的财物的占有的,不是诈骗,如前述骗取会议服务员帮助递包的,不是诈骗罪。第四,客观上被骗者自己转移占有。如果不是自己转移占有,而是因被骗而不知情,导致财物的占有被他人转移的,不是诈骗,而是盗窃。

如此界定诈骗罪,可以有效甄别诈骗和盗窃,也可将符合生活经验的诈骗解释为刑法上的诈骗,而不是盗窃。

四、电信网络欺诈定性分类思考

如今,电信网络欺诈手段种类繁多,但最终取得被害人财物(主要是金钱)的方式主要有以下几种:

第一,直接骗取被害人转账。例如,冒充 QQ 好友与被害人聊天,以“家人发生车祸,急需用钱”等理由,要被害人赶紧向指定账户汇款。

第二,通过设置木马病毒,盗取被害人银行卡号和密码,或者直接控制被害人电脑,再登录该账户,转走银行卡中的资金。

第三,假冒购物(机票、车票等)网站,虚假销售货物,被害人支付货款后,并没有实际购买到商品。

第四,骗取被害人将钱款转移至所谓的安全账户。例如,冒充公安局人员,说被害人的银行卡被犯罪团伙冒用,为了保障资金安全,要将账户金额全部转移至指定的安全账户。

第五，通过设置虚假支付链接（或二维码），让被害人点击链接（或扫描二维码）支付小额资金，但实际上支付的是大额资金。

第六，以支付未成功或未收到相关资金为名，骗取被害人激活账户或银行卡，"激活"时输入激活码或验证码，但实际上输入的是转账金额。

认定电信网络欺诈行为的性质，不论其骗局如何，关键是看其最后通过何种方式取得被害人财物。以上六种取得财物的方式有一定差别，因而在定性上也应分别分析。

第一种方式是最直接的骗取财物，即虚构事实，使被害人产生错误认识，并基于错误认识而将资金转给他人，是典型的诈骗。

第二种取财方式司法实践中多认定为盗窃罪，但也有法院判为信用卡诈骗罪。判决法院的裁判要旨认为，"犯罪嫌疑人通过计算机病毒程序窃取他人银行卡卡号、户名、身份证号以及手机号等信息资料，并通过互联网、通讯终端等盗刷被害人银行卡实现变现的，属于以无磁交易方式冒用他人信用卡，其行为构成信用卡诈骗罪。"[26]该判决的依据是最高人民法院、最高人民检察院《关于办理妨害信用卡管理刑事案件具体应用法律若干问题的解释》，该解释第5条第2款第3项规定，"窃取、收买、骗取或者以其他非法方式获取他人信用卡信息资料，并通过互联网、通讯终端等使用的"，属"冒用他人信用卡"，构成信用卡诈骗罪。显然，该判决符合司法解释的原意和精神，但问题在于，该司法解释是否妥当，不无争议。笔者同意这种观点，即诈骗罪的对象只能是人，不能是机器。机器无论如何智能，只能按照预设的程序做出"机械"的反应，只要能控制机器的程序，便可随意操控机器。因此，通过网络程序和银行卡管理漏洞，取得他人财物，本质上不是诈骗，而是盗窃。即便从处分意识必要说的角度来看，这种行为也不存在被害人基于错误认识而处分自己的财物，不是诈骗罪。鉴于此，笔者认为，第二种取财方式应当认定为盗窃罪，而不应当认定为信用卡诈骗罪。

行为人通过各种方式取得被害人银行卡号和密码，再登录被害人的网银，取得财物，无疑是盗窃罪；或者通过木马病毒控制被害人电脑，使被害人在不知情的情况下（此时被害人电脑往往显示黑屏），转走其银行账户资金。这也是典型的盗窃罪。

---

〔26〕 重庆市第四中级人民法院判决书，（2014）石法刑初字第00365号。

第三种取财方式,没有疑问地应定诈骗罪,最高人民法院第 27 号指导性案例也将此类行为定性为诈骗罪。当然,也有学者从处分意识必要说的角度,认为此类行为应定为诈骗罪。〔27〕 但即使不从处分意识的角度,也能得出相同的结论。

第四种方式根据诈骗罪是否要处分意识,其定性也有一定争议。被害人将资金转入所谓"安全账户",只有临时交与他人保管的意识,而没有处分意识。〔28〕 因此,若严格坚持处分意识必要说,此种行为不应认定为诈骗罪,而应认定为盗窃罪。但是这种定性与一般生活经验相去甚远,司法实践中也几乎无例外地将此类案件判为诈骗罪。〔29〕 本文认为,诈骗罪不需要处分意识,只要行为人欺骗被害人,使其基于错误认识而客观转移财产占有,就是诈骗。

第五种取财方式较为复杂。其一,有的是在被害人基于被骗而点击付款链接后,诈骗者(秒单手)在后台通过木马程序拦截支付命令,并将支付金额修改为支付大额资金。这种情况下,被害人虽然基于错误认识而支付财产,但其转移的只是一元钱,背后的更大额的资金并非其直接转移,而是诈骗者利用同一个支付口令,乘机窃取,因此应当认定为盗窃。其二,有的是支付链接表面是支付一元,实际上是支付大额资金,该金额是诈骗者预先设定好的。只要点击链接,就直接支付数额较大甚至巨大资金。对于这种情况,处分意识必要说者认为,被害人以为转账金额是一元,对巨额资金完全不知情,没有处分意识,因而应认定为盗窃罪。最高人民法院第 27 号指导性案例,即"臧进泉等盗窃、诈骗案",就将此种情况认定为盗窃罪。但本文认为,诈骗罪不需要处分意识,只要诈骗者欺骗被害人,使其基于错误认识而将自己的财产转移占有,就是诈骗罪。被害人以为支付的是一元钱,就属产生了错误认识,在此错误认识支配下,点击支付链接,就是转移财产占有,应当认定为诈骗罪。

第六种方式的定性也较有争议,理论上多数学者认为应定为盗窃罪,〔30〕 但法院

---

〔27〕 参见朱敏明、刘宏水:《从处分意识区分网络钓鱼类刑事案件的定性》,载《人民司法》2013 年第 12 期。

〔28〕 但也有人认为,这种行为有处分意识,因而对此种行为应定诈骗。这也说明处分意识必要说不能明确区分盗窃与诈骗。

〔29〕 例如,《庄某甲、易某诈骗案》,广东省珠海市中级人民法院刑事裁定书,(2016)粤 04 刑终 330 号;《曾雅晨、卢文滨等诈骗罪案》,福建省厦门市中级人民法院刑事裁定书,(2016)闽 02 刑终 264 号。

〔30〕 参见刘志伟等:《网络虚假代售机票案件如何处理》,载《人民检察》2013 年第 12 期;王立志:《认定诈骗罪必需"处分意识"——以"不知情交付"类型:欺诈性取财案件为例》,载《政法论坛:中国政法大学学报》2015 年第 1 期。

一般将其认定为诈骗罪。[31] 从处分意识必要说的角度,此类案件中被害人显然没有处分意识,应当认定为盗窃罪。但本文基于处分不要说,认为对此类案件应当认定为诈骗罪。其一,如前所述,处分意识不是诈骗罪的关键要素,坚持处分意识必要说有时甚至会混淆盗窃罪与诈骗罪。其二,对诈骗罪的解释应当以司法实践为基础,而不应当与司法实践对立。绝大多数法院判决认为此类行为构成诈骗罪,理论上就没有必要认为多数法院的判决是错误的,诈骗罪就必须要求处分意识。其三,对诈骗罪的解释应当与社会生活经验为基础,而不应当与社会生活经验对立。诈骗罪是最贴近生活的自然犯,普通民众基于自己的社会生活经验,对诈骗罪有直观(但非盲目)的判断。当绝大多数民众认为此类行为是诈骗罪时,理论上没必要坚持认为绝大多数民众的认识是错误的。

〔31〕 据笔者在北大法宝——中国法律信息总库中搜索,凡是类似的表面输入激活码,实际上输入的是转账金额的刑事案件,法院无一例外均判决为诈骗罪,没有发现盗窃罪的判决。例如:《王某甲等诈骗案》,湖州市吴兴区人民法院刑事判决书,(2015)湖吴刑一初字第182号;《邓启虎等诈骗案》,江苏省无锡市南长区刑事判决书,(2015)南刑二初字第0153号。《杨某某诈骗罪一审刑事判决书》,山西省太原市杏花岭区人民法院刑事判决书,(2015)杏刑初字第86号。

新型支付方式下诈骗与盗窃的界限

蔡桂生*

【内容摘要】 在盗窃案件中,被告人打破管理的行为和财产损失直接相连。而在诈骗案件中,被害人的处分行为直接导致了财产减损。尽管诈骗受害人的行为具有“自愿”的表象,但处分意识并非构成诈骗罪的必要要素。诈骗罪不是单纯的自我损害型犯罪,而是交往沟通型犯罪。利用病毒截获数据之后,行为人在网银或其他自动支付平台转账的,不符合诈骗的成立条件。回避与财产权人的沟通交往,调换二维码进而代替财产权人收取债权的,在实践中可以普通盗窃罪论处。

【关键词】 盗窃和诈骗　交往沟通型犯罪　处分意识　网络、机器与智能

互联网的蓬勃发展以及从纸币时代到电子货币时代的转型,已经成为这个时代最惹眼的现象。在移动互联网领域,以支付宝、微信等为代表的新型支付方式也在逐步占据传统支付方式的领地,这使得携带联网的智能手机即可免除携带纸币的做法逐渐成为日常的现实。在网络给生活带来便捷的同时,滥用网络环境侵犯公私财产利益的行为也呈现增长之势。除了涉及计算机网络本身的犯罪之外,财产犯罪等传统犯罪也从线下搬到了线上。由于利用网络媒介,这使得社会交往主体的意思沟通方式出现了新的特点,也对财产犯罪形态及其研究产生了影响。最高人民法院更是在 2014 年以指导案例的形式,公开发布了《臧进泉等盗窃、诈骗案》(第 27 号),对这类案件进行了详尽解读,引发了法律界的高度关注。该案例主要集中于对利用病毒获取网银数据案件中盗窃和诈骗的认定。在网络支付进一步

---

* 蔡桂生,中国人民大学法学院讲师,法学博士。

普及化的当下,指导案例的发布,无疑起到了相当积极的作用,但仍未较全面地覆盖网络平台中财产犯罪的各种问题。而在财产犯罪中,盗窃罪和诈骗罪的被告人都在一定程度上试图避免与被害人发生正面交锋,故而,较之于抢劫罪和敲诈勒索罪,前者更适应网络环境各意思主体的交往特点,它们也是财产犯罪在网络环境中的常见形式。这样,就有必要结合财产犯罪的法理,对新型支付方式下诈骗和盗窃的区分作一较系统的分析。

一、诈骗和盗窃的区分法理

划清诈骗罪和盗窃罪这两个罪名的界限,在刑法中具有很重要的意义。它们不仅具有相异的不法内容,也具有不同的处罚门槛。根据我国司法解释的规定,只需要侵犯人民币 1000 元,就可以达到盗窃罪的处罚起点,而却必须造成 3000 元的损失,才能达到诈骗罪的处罚起点。

(一)既有的区分标准

以往的区分标准是以被告人采取了所谓"秘密窃取"的手段,还是采取虚构事实、隐瞒真相的方式来获得财物,来判断盗窃罪和诈骗罪的行为;同时在行为对象上,通过判断行为所针对的是有体物,还是财产,来判断是盗窃罪,还是诈骗罪。但是,由于我国的盗窃罪立法、司法解释等,都已经将电力、QQ 币等不属于有体物的内容,纳入了盗窃罪的对象范围,这使得盗窃罪和诈骗罪都成为针对财产移转的犯罪,从而难以根据行为对象上的不同来区分盗窃罪和诈骗罪。既然通过侵犯对象难以区分,转而考察两者的实行行为,便显得有必要。由于明知停车场管理者看守着他人的自行车,却仍然偷走自行车等公然窃取的方式,也属于违反被害人的意志获得财物,这使得"秘密"这一要素,继续充当盗窃罪的必要要素,也出现了疑问。

在盗窃罪和诈骗罪上,存在交往形态上的不同。例如,被告人在购物车中用广告遮住若干货物,在结账时只付了外露货物的款项,对遮盖货物未付款即离开超市。这类案件的处理,国外法院的做法是,认定被告人成立盗窃而非诈骗。理由是,收银员没有见到遮盖货物,所以,不能认定被害人发生了认识错误。[1] 换言之,如

---

〔1〕 BGHSt 41, 198 ff. 而在此之前,也有德国法院认定此种情形构成诈骗。如 OLG Düsseldorf, NJW 1993, 1407 f。

果收银员见到相应货物,而被告人却谎称货物付过钱并获得放行,则成立诈骗。可见,行为人采取直接的方式来获得对方的财产,是盗窃罪;而采取间接的方式来获得对方财产,则是诈骗罪。这种“直接”和“间接”是通过财产损失者是否针对财产的移转具有“同意”来加以区分的。具体而言,诈骗罪作为一种“交往(沟通)犯罪”,需以被告人和被害人发生交往沟通为前提,如果没发生交往或沟通,被害人就不可能会产生认识错误,也就不满足认定为诈骗的条件。〔2〕 只有被告人和被害人之间针对被害人所处分的财物发生了意思互动,才能认定被害人“合意”将财物处分给被告人。被告人利用虚假信息使对方似乎“自愿”地转移了财产,使得他的“自愿”徒具被害人同意的表象,而非其真实意思的体现。由于欺骗行为破坏了正常的财产流转秩序,刑法以明文规定的方式,将其导致的“被害人同意”一律认定为无效,这样,被告人就无法借助被害人同意出罪,而仍然必须对其行为承担相应的责任。〔3〕 具体而言,拾得他人欠条后伪装成债权人的代理人,而从债务人取得相应款项,以及明知没有收费的法律依据,却主张自己有权收取相应的手续费,被害人信以为真而交付财物的,均应认定为诈骗。

盗窃罪和诈骗罪在具体要素上的不同,则体现在是否介入了被害人的中间行为上。一般认为,这一中间行为,即被害人是否进行了财产处分,乃是区分诈骗和盗窃的关键要素。处分行为指被害人一方能够直接地造成财产减少的任何举止形态。〔4〕 而在盗窃罪的场合,被告人是不经对方同意直接拿走了他的财产,在被告人的行为和财产取得之间,不存在被害人的中间行为,被告人的行为直接与财产损失相连接。依照这样的理解,某一中间代理商在得到客户订单后,再擅自改动其书面订单,那就要基于缺乏直接性,而否定客户一方有作出处分的行为,不成立诈骗。某人用诈术骗取了他人的保险箱密码,或者商场中某一顾客借口试穿衣服,而将衣服带出商场的,也只能算是利用诈术的盗窃。因为这些情形中的诈术,只是给财产带来危险,而尚未直接带来损失。

(二)新型支付手段给既有理论带来的挑战:处分意识是否必要?

在我国,相比于银行柜台业务和 ATM 业务,网上银行业务属于 21 世纪以后兴

---

〔2〕 Vgl. Tiedemann, in: Leipziger Kommentar, 11. Aufl., 2012, § 263, Rn. 4.

〔3〕 同样的情形,还有敲诈勒索罪,由于强迫的存在,被害人的“同意”是无效的。

〔4〕 Vgl. Kindhäuser, Strafrecht BT II, 2008, § 27, Rn. 42.

起的新型支付手段。支付宝、微信支付则是最近两年随着移动互联网的推广而得到大规模应用的新型支付手段。因此,网上银行业务方面的财产犯罪行为更早受到学界重视,也取得了部分研究成果。例如:

【案例一】(机票款案):2010 年 7 月,孙某通过某订票网提供的电话"4006 - 488823"预订机票,客服人员要求孙某通过网银汇款,孙某遂按其要求将 958 元机票款汇至工行某账户。虽经查询已扣款成功,但对方说钱未到账,声称需要通过 ATM"联网操作"以使付款生效。于是孙某又按其引导,在 ATM 上输入所谓的使购票款生效的激活码"18356"(实际上该数字是输入到了 ATM 的转账数额一栏),当然,相应数额被转入骗子账户。此时孙某丈夫来电,说接到短信通知,账户被扣 18,356 元。孙某急忙找客服交涉,此时客服称,之前通过网银支付的 958 元机票款已收到,机票也已生效,账户被扣 18,356 元系误操作所致,可以通过网银转账退还,并教孙某如何操作。之后,骗子以输入验证码的名义"指导"孙某输入数字 280,838(其实是输入到网银的转账数额一栏,相应款项又被转至骗子账户)。得手后,骗子又以退款操作为由,用同样手法转走 2 万多元。[5]

处分行为是区分诈骗罪和盗窃罪的要素,这在网络支付环境中也不例外。新型支付手段由于其操作起来快捷、简易,这使得操作人往往只能认识到非常粗糙的信息,而不关心整个支付流程中的其他细节,这样就给处分行为的认定带来了困难。案例一所牵涉到的一个重要的理论问题便是:被害人在使用网上转账支付 18,356元以及 280,838 元款项之时,并没有处分财产的意识,这是否妨碍该案成立诈骗罪? 一种观点认为,诈骗罪的成立以处分意识为必要,没有财产处分的意识,不成立诈骗罪;但有可能成立盗窃罪。[6] 另一种观点认为,处分意识并非诈骗罪的必要要素,只能以行为人是采取了欺骗行为还是盗窃行为,来区分诈骗罪和盗窃罪。[7]

在该问题上,首先应当厘清处分意识和处分行为这两者之间的关系。在刑法适用过程中,以行为人的行为是否满足相应的要件为其考察内容。这样,被害人面对行为人的行为出现何种具体认知并加以反应,只能作为判断行为人的行为性质

---

〔5〕《400 电话成诈骗幌子 订折扣机票被骗 32 万》,央视网—中国网络电视台,http://jingji.cntv.cn/20100915/103841.shtml,最后访问日期:2016 年 11 月 28 日。

〔6〕参见刘明祥:《论诈骗罪中的交付财产行为》,载《法学评论》2001 年第 2 期;王钢:《盗窃与诈骗的区分》,载《政治与法律》2015 年第 4 期。

〔7〕参见秦新承:《认定诈骗罪无需"处分意识"》,载《法学》2012 年第 3 期。

的参考,而无法决定行为人行为的性质。正如前述,被害人的中间行为(处分行为)是诈骗区别于盗窃的标志,那么,应当如何理解这种处分行为?在具体案件中,是只需要从外观上存在一处分(或交付)行为即可,还是这一处分(或交付)行为必须也为被害人所具体认知?在我国,虽然多数人支持后一种说法,但在本文看来,应予以肯定的是前一种观点。具体理由如下:

首先,要求处分意识是陷入了“自我损害型犯罪”的误区。诈骗罪乃是一种“交往犯罪”,需以被告人和被害人发生交往沟通为前提,这使得被害人的行为具有“自愿”的表象。有人便从这种“自愿”表象出发,主张处分意识乃是诈骗罪的必要要素:“被害人作为意思决定的主体,共同参与了财产移转的过程,通过自身有意识的处分行为导致财产损失,就是诈骗罪作为自我损害型犯罪的必然要求”。[8] 其之所以坚持“处分意识必要说”,在一定程度上正是陷入了“自我损害型犯罪”的误区。诈骗案件无疑具有“自愿”的表象,但这种“自愿”只是表象而已,并非被害人真实的意思表示,否则,就应认定被害人同意,将自我损害的行为排除出刑法关注的范围。由此可见,“自我损害型犯罪”只是一种帮助人们理解的标签而已。不能以诈骗案件属于“自我损害型犯罪”为由,认为在所有诈骗案件中被害人都有相应的处分意识。如果诈骗案件的被害人都有处分意识了,他就不会被骗了。他是处分了不该处分的事项,没有意识到其处分行为的完整含义。

其次,在现实的案件中,的确存在被害人没有处分意识的诈骗案件。以是否有处分意识为判断标准的区分法,在前文案例1(机票款案)这类案件中就已显现出了局限性。该案被害人即无处分意识,但很少有人认为该案不成立诈骗罪。同样的例子还有不少,例如,行为人请盲人甲在一张“明信片”上签字,实际上这是一张支票;再如,行为人告知被害人,某商务代表要来拜访,需要被害人签字确认接待一下,但实际上这是一张订货单。[9] 可见,要求被害人对财产具有处分意识,是基于不完全的归纳法得出的片面认识。同时,“处分意识必要说”也难以解释“债权诈骗”“计算机诈骗”等情况,即便在德国,支持“处分意识必要说”的论点,也仅仅将“处分意识必要说”适用于最传统的所谓“物品诈骗”的场合。在欺骗他人放弃债权或负担债务的场合,并无人主张“处分意识必要说”,在利用不实身份通过计算机程序取得财物的场合,其刑法中也新设了不需要处分意识的“计算机诈骗罪”(《德国刑法典》第

---

〔8〕 同本章引6。

〔9〕 Vgl. NK – Kindhäuser, 2013, § 263, Rn., 223.

263 条 a)。在我国刑法学中,盗窃、抢劫等罪中已纳入了财产性利益等越来越多的内容。这在客观上使得这些罪名的犯罪对象不再局限于“物”。在结构上,这也使得学理上针对物的犯罪和针对财产的犯罪的二分法,在面对法律规定和司法解释现状时,越来越难找到支持性的证据。因此,如果采“处分意识必要说”,就容易与我国目前的司法实践产生距离。在恢复针对物的犯罪和针对财产的犯罪二分法可能性不大的条件下,与“处分意识必要说”保持距离,应该是更为务实的选择。

二、网络平台情境中诈骗和盗窃的区分

“机票款案”是传统诈骗和网络相结合而出现的案例,显然该案已经给“处分意识必要说”带来了挑战。如果被告人采用伪造网址、发送垃圾邮件乃至病毒的手段实施滥用网络行为,又会给诈骗、盗窃的法理带来何种影响呢?

(一)网银钓鱼案件和财产的直接减损原则

在网络银行的支付平台上,较简单,也较常见的是所谓钓鱼(fishing)案件。这类案件中,被告人的作案流程一般是这样的:[10] 首先,被告人用银行的商标、网页将自己伪装成银行或其他金融机构,然后向多人撒网式发送电子邮件,在邮件中其经常声称,客户在银行的记录需要更新,或者正在修改一个安全程序,要求收件人确认一下客户账户,以便继续使用,更有甚者以防范网络诈骗案件为由来督促对方更新数据。这样,收件人就有可能点击、打开其中的链接,并按被告人的要求去做。如果收件人查看链接下方的 HTML 代码,便可看见伪造的网站地址。这样,点击链接实际上连接到的是另一个位置,比如,一个看起来一样的外国网站。这些网站只是暂时开放,设计得跟真的一样,从而诱惑被害人输入登录信息和密码。倘若收件人如被告人所愿输入相应的数据,被告人便立刻利用其所捕获的这一数据登录被害人在正式银行的账户,进而将其中的款项转到自己的账户上。最后,被告人会将赃款洗白。

在网银钓鱼案件中,被告人是在以虚假信息获取被害人相应数据后,亲自实施了转账并取得财物。这样,容易引发的疑问便是:其侵犯财产的行为究竟是成立诈

---

〔10〕 百度百科“钓鱼网站”词条:Stuckenberg, ZStW 118 (2006), 879 f。

骗,还是盗窃?

在回答该问题前,需先处理诈骗罪中处分行为中另一先决问题:应否承认财产处分时由被害人的行为直接导致财产损失的“直接减损原则”(“直接性是否必要”)?

依照“直接性必要说”,被告人骗取账户和密码后,只是使被害人放松了对其财产的控制,而被告人真正取得被害人的财产,乃是基于他本人的后一转账行为得以实现,后一转账行为才是财产取得行为,这样,就无法凭借被告人的前一行为,认定其成立普通诈骗罪。[11] 反对“直接性必要说”的观点认为,被告人骗取相应数据之后,再从网上银行转账只是瞬间之事,应该认为骗取相应数据即构成了针对被害人财产的具体危险,这种具体危险在经济上相当于财产损害,所以,在骗得数据之时就应当认定普通诈骗罪。[12]

值得参考的是,在德国立法上,由于“机器不能被骗”这一原则造成了“滥用自动机器得利”不受处罚的法律漏洞,为了填补这一漏洞,《德国刑法典》中增设了所谓“计算机诈骗罪”。[13] 这样,在网银钓鱼案件中,被告人使用被害人数据取财的后一行为,便符合“计算机诈骗罪”中“无权地使用数据”这一表述。根据“直接性必要说”的论点,网银钓鱼案件由于前一行为只构成诈骗的危险而不受罚,这样,就只能针对后一行为按照“计算机诈骗罪”来处罚。与之不同地,按照“直接性不要说”的论点,网银钓鱼案件同时符合普通诈骗罪和计算机诈骗罪两个条款,但计算机诈骗作为不罚的事后行为,不予处罚,在结论上就只成立普通诈骗罪。[14]

在财产减损需不需要具备“直接性”这一学理问题上,应该认为,“直接性必要说”更符合诈骗罪的特征,诈骗罪是以财产损失为其犯罪结果的犯罪。在未造成财产损失,而只是造成财产损失的危险时即认定犯罪,有些为时过早。同时,我国《刑法》中没有所谓的“计算机诈骗罪”,在坚持“直接性必要说”的条件下,那就只能将网银钓鱼案件按照普通盗窃罪来处理。

---

〔11〕 Vgl. Kindhäuser, LPK, 2015, § 263, Rn. 140.

〔12〕 参见注 10,Stuckenberg 文,第 903 ~ 904 页。

〔13〕 《德国刑法典》第 263 条 a 第 1 款:行为人以使自己或者第三者获得违法的财产利益的意图,通过程序的不正确形式、通过使用不正确的或者不充分的数据、通过无权地使用数据或者其他通过无权地作用于操作过程而影响数据处理过程的结果,从而损害他人的财产的,处五年以下的自由刑或者金钱刑(冯军译:《德国刑法典》,中国政法大学出版社 2000 年版,第 159 页)。

〔14〕 参见注 10,Stuckenberg 文,第 910 页以下。

(二)利用病毒获取数据并使用的行为如何定性?

网银钓鱼类案件中,被害人多半也有一定的过错。具体而言,银行、金融机构是不会主动要求客户提供密码的,只有客户自己才知道密码;而且公众媒体上对钓鱼案件有诸多宣传,被害人仍然"上钓"并给对方以可乘之机,显然存在一定的疏失。不过,在被害人未故意接受风险的情况下,刑法不仅保护谨慎的守法公民,也保护有些马虎的被害人,因而,肯定网银钓鱼案件中被告人的刑事责任并无不当。但在网银钓鱼案件之外,现实中还存在利用病毒和黑客手段作案的案件。利用木马乃至蠕虫等病毒以危害用户,便属于比网银钓鱼更为危险的一种滥用网络行为。早在2007年,我国司法实践中就出现了较为典型的涉病毒案件。例如:

【案例二】(金某等信用卡诈骗、盗窃案):2007年1月27日晚,被告人金某、陆某娜将被告人徐某冲利用电脑病毒截取到的朱某辉的中国农业银行金穗借记卡的卡号、密码、身份证等数据,传输给被告人徐某豪。徐某豪又将数据通过互联网传输给方某宏。后方某宏又将数据传送给网友"哦衲衲",并由"哦衲衲"解除该借记卡支付额度限制。随后方某宏分4次以转账方式,窃得朱某辉卡内的人民币12,947元。窃后,方某宏实得赃款4020.62元,分给"哦衲衲"赃款3800元,分给徐某豪赃款2520元,分给金某、陆某娜赃款2480元。被告人以同样方式作案共计三起,获利29,808元。

2007年2月11日,金某将徐某冲截取到的蔡某兴的农业银行金穗借记卡的卡号、密码及蔡某兴的姓名、身份证号码等数据信息,传输给徐某豪。随后,徐某豪以手机短信方式将数据传给龚某强(另案处理)。龚某强伪造了蔡某兴的身份证和农业银行金穗借记卡,于2月24日指使一男子持该假身份证及伪造的信用卡,分5次在农业银行泉州市分行营业部等网点的柜台支取蔡某兴金穗借记卡内的人民币共计213,000元。2月28日,徐某豪从龚某强处分得赃款人民币80,000元。后徐某豪分给金某赃款10,000元。之后,被告人以同样方式再作案一起,获赃款181,800元。

【判决及其理由】该案法院认定,被告人金某、徐某冲、徐某豪等人以非法占有为目的,利用计算机在互联网上秘密窃取他人钱财,数额巨大,其行为构成盗窃罪,系共同犯罪。被告人金某等人以非法占有为目的,利用计算机在互联网上窃取他人的信用卡资料后,使用伪造的信用卡进行诈骗活动,骗取他人资金,数额特别巨大,其行为构成信用卡诈骗罪,系共同犯罪。[15]

该案"裁判要旨"进一步阐释了诈骗罪和盗窃罪的区别:[16]利用计算机进行侵财犯罪行为所指向的计算机可分为两类,一类是作为支付设备的计算机,另一类是作为金融机构信息管理设备的计算机。这两类计算机的功能有明显不同。作为支付设备的计算机又被称为电子代理人,行为人给电子代理人输入虚假的信息或者不正当的指令后,电子代理人自愿交出财物行为可以看作基于其权利人的默认所做出的,欺诈行为的实际对象是电子代理人的权利人。因此,向作为电子代理人的计算机输入虚假信息或不正当指令获取财产的行为可以被定性为诈骗行为。而作为银行信息管理系统设备的计算机则可以看作是一个大的电子仓库,存款人的账户则可以看作仓库里面放置的写着寄存人姓名的纸箱,里面装着各个寄存人的财物。行为人破译作为金融机构信息管理设备的计算机的密码,进入银行信息管理系统进行非法操作就相当于行为人偷配了电子仓库大门的钥匙进入了电子仓库,行为人把别人账户上的资金划拨到自己的账户上就好比将别人箱子里的东西放到自己的箱子里。因此,对于向作为金融机构管理设备的计算机输入虚假信息或不正当指令的,如犯罪行为人通过破译密码进入银行信息管理系统,非法向自己账户上划拨电子资金的行为,应当认定为盗窃行为。

该案的"裁判要旨"对诈骗和盗窃的区分作了较详细的解释,指出向支付设备输入虚假信息或不正当指令获取财产,应当定性为诈骗行为。[17] 而在我国刑法理论上广泛流行的观点是,在机器上使用伪造、作废的信用卡取得财物的,成立盗窃罪。[18] 本案"裁判要旨"将针对支付设备使用不实信息"操纵机器"的行为,认定为对机器所代理之人的间接性欺骗,是十分引人注目的。因为行为人的行为事实上所直接针对的是机器,这样,这种迂回认定为对权利人的欺骗的做法,在实际效果上便动摇了理论上所谓"机器不能被骗"的原则。在"金某等信用卡诈骗、盗窃案"

---

〔15〕 参见陈兴良、张军、胡云腾主编:《人民法院刑事指导案例裁判要旨通纂》,北京大学出版社2013年版,第785~787页。

〔16〕 同上引。

〔17〕 目前,借记卡在刑事立法上仍属于信用卡的一种,依据是2004年12月29日全国人大常委会《关于〈中华人民共和国刑法〉有关信用卡规定的解释》:刑法规定的"信用卡",是指由商业银行或者其他金融机构发行的具有消费支付、信用贷款、转账结算、存取现金等全部功能或者部分功能的电子支付卡。针对该立法解释的质疑,参见黄京平、左袖阳:《信用卡诈骗罪若干问题研究》,载张智辉、刘远主编:《金融犯罪与金融刑法新论》,山东大学出版社2006年版,第331页以下。

〔18〕 张明楷:《刑法学》,法律出版社2016年版,第803页。

发生的次年,《最高人民检察院》更是直接发布了《关于拾得他人信用卡并在自动柜员机(ATM 机)上使用的行为如何定性问题的批复》:“拾得他人信用卡并在自动柜员机(ATM 机)上使用的行为,属于刑法第一百九十六条第一款第(三)项规定的‘冒用他人信用卡’的情形,构成犯罪的,以信用卡诈骗罪追究刑事责任。”该《批复》从司法解释的角度对“机器不能被骗”原则进行了限制:“机器不能被骗”原则只适用于普通诈骗罪。如果被告人针对支付设备这类机器实施操纵行为,则可以认定信用卡诈骗罪。2009 年 12 月 3 日“两高”《关于办理妨害信用卡管理刑事案件具体应用法律若干问题的解释》第 5 条第 2 款第 3 项也规定“窃取、收买、骗取或者以其他非法方式获取他人信用卡信息资料,并通过互联网、通信终端等使用的”,属于冒用他人信用卡的情形。将凭借不实身份取得支付设备中财产的行为不认定为普通诈骗罪,而认定为像信用卡诈骗罪这样的特殊诈骗罪,也符合国际上的通例,例如,《德国刑法典》第 263 条 a“计算机诈骗”、《瑞典刑法》第 9 章第 1 条第 2 款“准诈欺罪”、《日本刑法》第 246 条之二“使用电子计算机诈骗”、《丹麦刑法典》第 279A 条“计算机诈骗”。

值得注意的是,《最高人民检察院》2003 年 4 月 2 日《关于非法制作、出售、使用 IC 电话卡行为如何适用法律问题的答复》中曾指出:“明知是非法制作的 IC 电话卡而使用或者购买并使用,造成电信资费损失数额较大的,应当依照刑法第二百六十四条的规定,以盗窃罪追究刑事责任。”坚持“机器不能被骗”的论者,便援引该《答复》以作为其支持性论据,[19]认为用非法制作的电话卡在机器上打电话,同以他人银行卡或伪造银行卡在 ATM 等机器上使用一样,都应以盗窃罪论,不应适用《最高人民检察院》2008 年《关于拾得他人信用卡并在自动柜员机(ATM 机)上使用的行为如何定性问题的批复》。这种观点存在一定问题。如果从结构上理解诈骗行为,那么,诈骗行为具有借他人之手(被害人中间行为)以实现自己牟利目的的性质,而盗窃行为则是被告人以自己之手破坏对方的管理措施或潜入其管理“飞地”直接取得财产。这样,针对拟人或人工智能的机器,行为人采取物理破坏、破译密码、利用管理漏洞等单一手段或组合手段从货物、电信服务、金融服务管理设备中利用其管理上的不足取得财物的,便符合盗窃的特征;而以虚假数据或不正当身份,从支付设备中利用其判断上的失误取得财物的,则具有欺骗的性质;只是这种欺骗没造成

〔19〕 同本章引 18,第 803 ~ 804 页。

自然人的认识错误,属于一种新型、特殊的诈骗行为。基于以上理解,利用非法制作的电话卡免费使用电信、网络服务,实际上属于破译了正确账户、密码的行为,因而是利用管理上的不足,取得付费服务,属于盗窃;而利用悬挂在线端下的硬币从自动售货(票)机下购买取得货物或票证(该购买行为成立有效的买卖合同),后又将硬币从机器中拉出的情形中,强行拉出硬币这后一行为,也是盗窃了机器中的财物;这类案件有可能通过改进机器设计来避免,例如,对密码进行矩阵加密、对机器的出币、收币仓进行加固和密封设计,等等。与之不同地,利用不法取得的数据(数据本身为真)侵入他人电子钱包并进行转账,以及利用悬挂在线端下的圆形游戏机币冒充硬币从自动售货机中以较低价“换”得商品,由于欠缺自然人的认识错误,不应构成普通诈骗罪,但参考其他法域的立法例,则有可能符合其他犯罪的条件,例如,计算机诈骗(《德国刑法典》第 263 条 a)、违法由自动付款设备取得他人之物(我国台湾地区“刑法”第 339 条之二)等罪。在这些案件中,被告人是和拟人化的机器进行了某种关于财产移转的拟人化意思沟通,他不是直接破坏财产权人对财产的管理进而取得财物,而是借财产权人之手依其管理程序处分了财物,这些情形是难以通过改进机器设计来防范的。换言之,以不真实或不正当的数据输入人工智能设备,虽然不同于给自然人造成认识错误,不应以普通诈骗论处,但以“机器不能被骗”为由将之笼统地认定为普通盗窃,在人工智能大量模拟人类智能乃至部分取代人类智能的当今时代,也显得有些不合时宜。从立法论上看,这些借“人”之手实施的不法行为,应属于不同于盗窃的另一种欺骗行为。虽然在当前立法框架下,它们可能仍然被论以盗窃罪,但从本质上看,它们是另一种犯罪,因为它们不只是造成了他人财产损失,还危害到了社会交往的自动化秩序。

当然,支付设备和管理设备的区分也应当机能性地加以理解,例如,采取铁线勾取等物理手段侵入 ATM 出币仓直接提出钞票属于行为人以自己之手破坏财产权人设置的财物管理措施,应以盗窃论;而以不正当身份(但数据本身为真)使 ATM 自动付钱,则是利用了 ATM 的支付功能,这时不再单纯是盗窃行为,而与以不实信息使被害人或柜台职员基于意思沟通上的错误而转账的案件有相似之处,这种情形虽不应成立普通诈骗罪,但却可能符合侵犯了金融秩序的信用卡诈骗或域外所谓“计算机诈骗”之类的罪名。

2014 年,最高人民法院法发布了第 27 号指导案例“臧进泉等盗窃、诈骗案”,该案对利用木马实施财产犯罪的情形,从指导案例的高度进行了阐释。该案案情和裁判如下：

【案例三】（臧某泉等盗窃、诈骗案）：2010年6月1日，被告人郑某玲骗取被害人金某195元后，获悉金某的建设银行网银账户内有305,000余元存款且无每日支付限额，遂电话告知被告人臧某泉，预谋合伙作案。臧赶至网吧后，以尚未看到金某付款成功的记录为由，发送给他一个交易金额标注为1元而实际植入了支付305,000元的计算机程序的虚假链接，谎称金某点击该1元支付链接后，其即可查看到付款成功的记录。金某在诱导下点击了该虚假链接，其建行网银账户中的305,000元随即通过臧预设的计算机程序，经上海快钱信息服务有限公司的平台支付到臧提前在福州海都阳光信息科技有限公司注册的"kissal23"账户中。臧使用其中的116,863元购买大量游戏点卡，并在"小泉先生哦"的淘宝网店上出售套现。

2010年五六月，被告人臧某泉、郑某玲、刘某分别以虚假身份开设无货可供的淘宝网店铺，并以低价吸引买家。三被告人事先在网游网站注册一账户，并对该账户预设充值程序，充值金额为买家欲支付的金额，后将该充值程序代码植入到一个虚假淘宝网链接中。与买家商谈好商品价格后，三被告人各自以方便买家购物为由，将该虚假淘宝网链接通过阿里旺旺聊天工具发送给买家。买家误以为是淘宝网链接而点击该链接进行购物、付款，并认为所付货款会汇入支付宝公司为担保交易而设立的公用账户，但该货款实际通过预设程序转入网游网站在支付宝公司的私人账户，再转入被告人事先在网游网站注册的充值账户中。三被告人获取买家货款后，在网游网站购买游戏点卡、腾讯Q币等，然后将其按事先约定统一放在臧的"小泉先生哦"的淘宝网店铺上出售套现，所得款均汇入臧的工商银行卡中，由臧按照获利额以约定方式分配。

【判决及其理由】该案法院认定被告人臧某泉犯盗窃罪，判处有期徒刑13年，剥夺政治权利1年，并处罚金人民币3万元；犯诈骗罪，判处有期徒刑2年，并处罚金人民币5000元，决定执行有期徒刑14年6个月，剥夺政治权利1年，并处罚金人民币3.5万元。郑某玲犯盗窃罪，判处有期徒刑10年，剥夺政治权利1年，并处罚金人民币1万元；犯诈骗罪，判处有期徒刑6个月，并处罚金人民币2000元，决定执行有期徒刑10年3个月，剥夺政治权利1年，并处罚金人民币1.2万元。被告人刘某犯诈骗罪，判处有期徒刑1年6个月，并处罚金人民币0.5万元。

该案"裁判理由"认为：盗窃是指以非法占有为目的，秘密窃取公私财物的行为；诈骗是指以非法占有为目的，采用虚构事实或者隐瞒真相的方法，骗取公私财物的行为。对既采取秘密窃取手段又采取欺骗手段非法占有财物行为的定性,应从行为人采取主要手段和被害人有无处分财物意识方面区分盗窃与诈骗。如果行为人获取财物时起决定性作用的手段是秘密窃取,诈骗行为只是为盗窃创造条件或作掩护,被害人也没有"自愿"交付财物的,就应当认定为盗窃;如果行为人获取财物时起决定性作用的手段是诈骗,被害人基于错误认识而"自愿"交付财物,盗窃行为只是辅助手段的,就应当认定为诈骗。在信息网络情形下,行为人利用信息网络,诱骗他人点击虚假链接而实际上通过预先植入的计算机程序窃取他人财物构成犯罪的,应当以盗窃罪定罪处罚;行为人虚构可供交易的商品或者服务,欺骗他人为支付货款点击付款链接而获取财物构成犯罪的,应当以诈骗罪定罪处罚。本案中,臧、郑二人使用预设计算机程序并植入的方法,秘密窃取他人网上银行账户内巨额钱款,其行为均已构成盗窃罪。臧、郑二人和刘涛以非法占有为目的,通过开设虚假的网络店铺和利用伪造的购物链接骗取他人数额较大的货款,其行为均已构成诈骗罪。对臧、郑二人所犯数罪,应依法并罚。

关于被告人臧某泉及其辩护人所提非法获取金某的网银账户内305,000元的行为,不构成盗窃罪而是诈骗罪的辩解与辩护意见,经查,臧某泉和郑某玲在得知金某网银账户内有款后,即产生了通过植入计算机程序非法占有目的;随后在网络聊天中诱导金某同意支付1元钱,而实际上制作了一个表面付款"1元"却支付305,000元的假淘宝网链接,致使金某点击后,其网银账户内305,000元即被非法转移到臧的注册账户中,对此金某既不知情,也非自愿。可见,臧、郑二人获取财物时起决定性作用的手段是秘密窃取,诱骗被害人点击"1元"的虚假链接系实施盗窃的辅助手段,只是为盗窃创造条件或作掩护,被害人也没有"自愿"交付巨额财物,获取银行存款实际上是通过隐藏的事先植入的计算机程序来窃取的,符合盗窃罪的犯罪构成要件,依照《刑法》第264条、第287条的规定,应当以盗窃罪定罪处罚。故臧进泉及其辩护人所提上述辩解和辩护意见与事实和法律规定不符,不予采纳。

该案法院以行为人采取主要手段和被害人有无处分财物意识方面为区分标准,对案件是构成诈骗罪还是盗窃罪进行了区分。按照这种理解,在支付304,999元时,被告人使用的决定性手段是"秘密窃取",诱骗对方点击"1元"的虚假链接便是盗窃的辅助手段,事实上是认为该种情形系利用诈术的盗窃。如果诱骗对方点击的虚假链接标明的金额达到(诈骗罪的最低门槛)1000元,根据该逻辑,则应该认定诈骗罪和盗窃罪两罪。

就该案的“裁判理由”中以盗窃手段为主还是诈骗手段为主(“决定性作用”说)来区分两罪的做法,理论上已有不同意见指出:“这种判断标准在司法实务中无法操作,因而个案中究竟是盗窃还是诈骗在起‘决定性作用’,并没有明确的界定标准,结果必然是导致不同法官自行裁量,造成审判结果的不确定性……盗窃罪与诈骗罪是相互排斥的关系……并不存在‘决定性手段是盗窃行为,诈骗行为只是其辅助作用’或者相反的情形。法院判决理由并没有在规范的意义上理解盗窃行为与诈骗行为,而是根据日常生活用语的含义使用这些术语,这对于法院的判决说理而言并不妥当”。[20] 该不同意见对裁判理由中的“决定性作用说”进行了批判,本文并不完全赞同。“裁判理由”中明确指出,依照“获取财物时起决定性作用的手段”来判断是盗窃还是诈骗。盗窃罪和诈骗罪都是侵犯财产罪,正如前文所提及,盗窃罪是行为人的行为与财产损失直接相连,而诈骗罪则介入了被害人的行为,由被害人的行为与财产损失直接相连。这样,在财产减损之时如果行为人自己取消了被害人的管理,并建立了自己对于财物的控制,那自然是盗窃手段,相应构成盗窃罪;在财产减损之时如果是被害人基于错误信息转移了对财产的控制,自然是诈骗的手段,可能成立诈骗罪。“裁判理由”的缺陷在于,没有将“决定性作用”这一表述加以细化,实际上从“是盗窃还是诈骗手段起决定性作用”这一表述中,完全可以进一步推导出:诈骗罪中需满足被害人财产减损的直接性原则。裁判理由中“决定性作用”的表述,显得较为通俗,“通俗”的缺陷一般只是不精确,而不必然是理论上的错误。

除了“决定性作用说”之外,“裁判理由”以及商榷者都坚持的“处分意识必要说”,前文已经加以讨论,此处不赘述。而商榷者针对“裁判理由”提出:“在学界经过多年讨论普遍开始放弃盗窃行为的‘秘密性’要件时,法院的论述却还在强调盗窃行为必须是‘秘密’窃取,这也令人颇感遗憾”,[21] 则不无道理。至于案件中辩护人提出的305 000元的损失应属于诈骗罪的罪轻辩护,在我国不存在计算机诈骗罪的法律框架下,较难有说服力。这种未经许可地使用他人数据获得财产的行为,尚只能以盗窃罪论。

---

〔20〕 同本章引6。
〔21〕 同本章引6。

(三)支付宝、微信支付平台中的财产犯罪

案例四(二维码案):某大学校内有一便利店,店主把女儿的支付宝和微信二维码贴在柜台上,方便顾客进行电子支付。一天,张某趁店主上厕所的间隙,把店主柜台上的支付宝收款二维码调换成自己的收款二维码。一周后,店主才发现二维码被换,此时,张某已经获利5000元。

该案在我国饱受舆论关注,造成了网上网下讨论盗窃、诈骗之区分的盛况。在现实生活中,收款人大多会在付款人离开之前确认是否收到相关款项,故这种案件只会在个别场合发生,例如,单笔支付较大数额时,付款人声称已付款成功但网络延迟,在获得收款人允许后离开交易场所。但是,在学理上仍然有必要对案例4作出清晰讨论,在处理该案之前,可先参考传统财产犯罪中的一则类似案例:

案例五(压路机案):甲闲逛时发现本市高速公路旁有一闲置的旧压路机,即产生变卖的念头。次日,甲假冒公司人员来到附近一废品收购站,找到经营者乙,谎称该压路机已经报废准备变卖,并与乙一起到现场查看,二人当场决定以6000元的价格成交。第三日,乙便组织人力找来切割工和吊车赶到现场,正在拆卸时被群众发现报警,甲被公安机关当场抓获。经价格认证中心鉴定,该压路机价值5万元。

案例四和案例五这两案都是以不实信息与购买者沟通,使得购买者以为真,并与之交易,而被转移财产的合法权利则属于另一人(财产损失者)。购买者和财产损失者之间都缺乏特定的关系,购买者并没有义务照料好后者的利益。针对"压路机案",较多学者主张,此时应以盗窃与诈骗的想象竞合论处。[22] 理由是,就压路机而言,甲成立盗窃罪,甲利用不知情的乙以间接正犯的方式实施了窃取行为(止于未遂),这里的被害人是压路机的所有权人;而就6000元货款而言,甲通过欺骗造成乙的认识错误,致使乙将6000元货款处分给甲,但乙却不能同时获得对压路机的所有权,故而遭受了财产损失。那么,在"二维码案"中,张某也构成盗窃和诈骗的想象竞合吗?

在具体涉及张某的刑事责任之前,有必要先讨论一下阿里巴巴公司(在微信支付下,则为腾讯公司)在支付流程中的角色。由于钱币适用"占有即所有"的规则,

---

〔22〕 参见陈洪兵:《盗窃罪与诈骗罪的关系》,载《湖南大学学报》(社会科学版)2013年第6期;同本章引6。

在客户将钱款充入支付宝、微信零钱账户或者付给支付平台之后，钱款就由支付平台管理且所有，这样，客户只拥有向支付平台提款的债权。在本案中，也适用这种理解，无论是张某、顾客还是店主，他们之间都不是涉案款项的所有者，在他们之间只发生了金钱债权的转移，张某所犯的财产犯罪的对象，也是债权而非实物。[23] 再加上该案并未涉及支付程序上的技术错误，而是属于人为的恶意调换，所以即便出现了资金的错误流向，也应该由造成这种错误流向的具体自然人承担责任，而与阿里巴巴或腾讯公司无关。就张某的刑事责任而言，同样是需要讨论构成诈骗罪和盗窃罪的可能性。

诈骗罪属于智力犯罪以及所谓“交往沟通型犯罪”。一般而言，被告人需要与财产权人发生意思的沟通，在该意思沟通过程中，被告人使用了欺骗的手段，使对方陷入认识错误之中，被告人便利用该认识错误获得了财产上的收益（“一对一”的诈骗罪）。在具体的构造上，被告人和被害人之间存在一种“合意”，而盗窃罪则不存在这种“合意”。由于被告人采取了欺骗的手段，使得这种“合意”只有“被害人同意”的表象，不能发挥真正的“被害人同意”那样的效力，因此，也就不能让受害人自己为该财产转移承担责任，而只能由被告人来为此承担责任。那么，在案例四中，被告人需要和谁发生意思沟通，谁是本案的财产权人并遭受了财产损失？

在本案中，被告人显然未与店主发生任何意思沟通，店主在案发前一直处于“沉睡”状态，故与被告人发生意思沟通产生认识错误，并支付款项的是顾客。那么，顾客是否属于财产遭受损失的财产权人呢？肯定者可能会认为，顾客支付的钱款还没有抵达店主，而货币适用“占有即所有”的原则，店主还未取得款项的所有权，故该案被告人的行为侵害的是顾客的钱财，是顾客向错误的债权人付款，没有正确地履行买卖合同，店主仍可以向顾客主张付款。但是，在本文看来，店主才是本案的财产损失受害人，因为店主虽然没有从物理上占有顾客的购物款，但在和顾客达成买卖，并由顾客支付购物款之时，店主就已经在社会观念上成了该笔购物款的债权人，这时，被告人采取非法方式获得购物款的债权，损失人应是店主；而该案顾客实际上购得了货物，尽管他们遭受了欺骗，但却不像店主那样有真正的经济损失，故不宜认定为诈骗案的受害人。由于被告人需与财产权人发生意思沟通，并造

---

〔23〕 盗窃罪的犯罪对象，在我国现实的司法实践中，已经纳入债权等各种财产性利益，变得和诈骗罪没有本质性的区别。对此现象的描述，参见蔡桂生：《刑法中侵犯财产罪保护客体的务实选择》，载《政治与法律》2016 年第 12 期。

成其财产损失,才能成立“一对一”的诈骗罪,这样,张某和顾客有意思沟通,但却未造成财产损失,与店主无意思沟通,但却造成其财产损失,所以,案例四不宜认定成立“一对一”的诈骗罪。从事后来看,案例四和案例五的区别只在于,案例四中的受骗者根本未遭受财产损失,缺乏结果不法,而案例五中的受骗者的财产损失则尚未出现。两者的共同点在于,被告人都具备相应诈骗罪的行为不法,处于未遂阶段。

如果该案仍可能构成诈骗罪既遂,那就不可能是“一对一”的诈骗罪,而只能涉及三角诈骗这种犯罪形态。在三角诈骗中,产生认识错误者和财产损失者不属于同一人。这时产生认识错误者是顾客,财产损失者是店主。由于需将产生认识错误的处分归属到财产损失者身上,前者和后者之间就必须具备特定的关系,才符合三角诈骗的结构。

关于产生认识错误者和财产损失者之间需要具备何种关系?理论上存在诸多说法:[24]

(1)权限说。该说认为,产生认识错误者必须具有处分财产损失者之财产的特定权限。如果前者不具备这一权限,则不可将财产损失的结果归属给后者,这时不能认定三角诈骗。产生认识错误者只能算是受行为人支配的工具,只能成立盗窃罪的间接正犯。

(2)阵营说。该说认为,产生认识错误者必须与财产损失者处于同一阵营,否则,不可成立诈骗,而应成立盗窃,判断是否处于同一阵营的是产生认识错误者的设想。

(3)地位接近说。该说认为,产生认识错误者不必具有处分财产损失者之财产的特定权限,只需要在事实上比行为人更为接近受害人即可。

(4)为保护财产而可能反抗说。依照这种方案的论述,权限说要求过严,在实践中经常出现没有特别授权的案件,所以不宜以权限说作为判定成立诈骗的标准。阵营说过于依赖产生认识错误者的设想,不能从被告人的角度考察其行为的不法性质,也存在导致行为定性不确定的问题。地位接近说过于依赖产生认识错误者和受害人之间的关系位置,有时即便认识错误者距离受害人较近,他也没有保护受害人财产的任何想法或任何可能,因此,不宜以地位接近说作为判断的标准。质言之,(1)、(2)、(3)诸说都只是从本体论上讨论认识错误者和受害人之间的既有的

---

〔24〕 参见本章引4,Kindhäuser 书,§27, Rn. 46 ff.;本章引9,Kindhäuser 文,§ 253, Rn. 25; Wessels/Hillenkamp, Strafrecht BT 2, 2010, Rn. 714.

关系,没有从规范论上讨论问题。如果从规范论上看,则应该以认识错误者的应然反应为标准,即认识错误者有无可能为了保护受害人的财产而可能反抗,克服这种可能的反抗,也就能说明被告人行为的不法性质。故而,第(4)种方案更具有说服力。

在本案中,到便利店购买物品的顾客和便利店的店主之间在市场上是平等主体关系,他们只是由于购物而相遇,顾客并没有理由耗费特别的精力去确认店主的支付宝二维码是否正确,故不宜认为顾客可能为了保护店主收取债权的权利而去特别地调查二维码是否正确,故顾客的行为不能视为店主的行为,不能认为顾客受到的欺骗就等于店主受到欺骗,本案未能满足成立三角诈骗的条件。

在排除了"一对一"的诈骗和三角诈骗的可能之后,剩下可以考虑的方案是,本案能否论以盗窃罪?在我国的司法实践中,由于盗窃、抢劫罪的对象已经扩张到债权,如果遵循这样的理解,本案中就不会出现是否存在适格的盗窃罪犯罪对象的分歧。在张某行为造成财产损失的具体流程上看,顾客虽然向错误的二维码付了款,但却已经得到了相应价值的货物,他们没有遭受实际的财产损失,故并非盗窃案的财产损失受害人。而店主在与张某缺乏沟通的前提下,将货物处分给顾客,却未能获得顾客转让的相应债权,从而遭受实际的经济损失。这样,店主是张某盗窃案的实际受害人,顾客则是张某实施盗窃犯罪的工具。归纳言之,与案例5类似,案例4中的张某属于盗窃罪的间接正犯,应成立与针对顾客诈骗未遂的想象竞合。

三、结论

在新型支付方式下,之所以盗窃和诈骗的区分会成为争议性论题,一个重要原因是盗窃和诈骗都属于被告人回避和被害人就财产转移进行"正面交往"的犯罪,而网络环境下支付的自动化和即时化,使得当事人间的"侧面交往"(诈骗)和"排除交往"(盗窃)这两种行事模式变得更加隐蔽。只有仔细考察被告人在作案过程中的交往模式和意思沟通内容,才容易在区分相应罪名上获得较清晰的认识。针对新型支付方式下盗窃和诈骗的区分,本文的几点结论如下:

1. 盗窃和诈骗在结构上的不同体现在:在诈骗案件中,介入了被害人的中间行为,这一中间行为的具体内容是被害人进行了财产处分。在判断财产处分时,被害人的行为必须直接导致了财产的减损;如果是被告人自己的行为直接促成了财产的减损,则不构成诈骗。

2. 诈骗罪是一种“交往沟通型”犯罪,需以被告人和被害人之间发生沟通和交往为前提,这使得被害人的行为具有“自愿”的表象,但这种表象,并不能说明处分意识乃是诈骗罪的必要要素,也不是在所有的诈骗案件中,被害人都有处分意识。

3. 我国《刑法》中没有所谓“计算机诈骗罪”,网银钓鱼案件通常只能以普通盗窃罪论处。利用病毒截取客户账户、密码等数据后使用的,应当区分是在柜台等自然人场合还是在网银等机器环境或人工智能条件下使用。在前一场合使用,为诈骗行为;在后一场合使用,宜分情形处理:在 ATM 等支付设备上使用,具有欺骗的性质,可以根据相应司法解释,以信用卡诈骗罪等罪名论处;在具有管理性质的设备上使用,则通常应以普通盗窃行为论处。

4. 被告人调换他人支付宝、微信支付的二维码图片,进而代替对方收取第三者(平等主体)所转让的债权的案件中,被告人回避了和财产损失者的沟通交往,不宜肯定针对财产损失者的“一对一”诈骗既遂,只能认定针对付款者的诈骗未遂;付款人和财产损失者之间没有任何特殊关系,也不符合以付款人为被骗者和处分工具的“三角诈骗”结构;较妥当的方法是认定成立普通盗窃罪的间接正犯和针对付款人的诈骗未遂,两者想象竞合,从一重罪论处。

电信诈骗中的若干刑法问题

黎　宏*

【内容摘要】　并非所有以电信诈骗面目出现的行为都构成诈骗罪，根据行为人的处分行为的有无，有的应当构成盗窃罪；电信诈骗中的职业取款人，根据与电信诈骗的犯罪分子有无通谋，有诈骗罪的共犯和掩饰、隐瞒犯罪所得罪的正犯之分；《刑法》第287条之二的规定，不是有关帮助犯正犯化的规定，而是有关为电信诈骗提供互联网接入等技术支持行为的处罚规定。

【关键词】　电信诈骗　盗窃罪　诈骗罪　掩饰、隐瞒犯罪所得罪　帮助信息网络犯罪活动罪

近年来，随着信息技术与应用的快速发展，利用电信网络实施的新型违法犯罪活动日益增多，特别是利用电信网络实施的诈骗犯罪现象比较突出，严重侵犯了公民和法人组织的财产权利，严重影响了人民群众的日常生活，严重干扰了正常电信网络秩序，已经成为社会一大公害。为此，2015年8月29日通过的《刑法修正案（九）》专门增设《刑法》第286条之一以及《刑法》第287条之一、第287条之二，对这种行为进行立法应对；最高人民法院2016年3月4日发布了9起电信诈骗[1]典型案例，以为实务当中认定和惩处电信诈骗案件提供参考。

---

* 黎宏，清华大学法学院教授，博士生导师。

〔1〕 电信诈骗不是一个刑法定义，学界对其也没有统一见解。本文依据2011年4月20日最高人民法院和最高人民检察院联合发布的《关于办理诈骗刑事案件具体应用法律若干问题的解释》第2条的规定，将电信诈骗定义为：通过发送短信、拨打电话或者利用互联网、广播电视、报纸杂志等发布虚假信息，对不特定多数人实施的诈骗。

但是,作为传统诈骗犯罪与现代网络通信技术相结合的新型犯罪的电信诈骗,是一类高科技、远程、非接触性犯罪,犯罪嫌疑人利用现代通信工具和网上银行技术操作,在极短时间内就可以完成,根本不与被害人对面接触,因此,具有取证难、打击难、抓捕难、追赃难、定性难等特点。[2] 同时,由于电信诈骗的主谋和核心行为的实施者通常都在境外,这些人也很难被抓获归案,相反地,被抓获归案的,常常是在内地为在境外的主谋跑腿的"取款人"以及提供网络技术服务的"技术人员"。这就使得电信诈骗案件中,呈现出主犯不到案,而到案的往往是共犯的特点。这种特点使得在电信诈骗案件的处理上,存在一些传统诈骗犯罪中难以遇到的问题。

首先,是不是凡是涉及电信诈骗的行为一律就构成刑法上的诈骗罪? 司法实践中,将大量出现的、外观上具有明显的"骗"的特征的电信类犯罪通常直接认定为诈骗罪,但从诈骗罪与盗窃罪的区分,特别是处分意识要件的角度分析,这种理解是不是妥当,还值得探讨;其次,职业取款人的转取款行为该如何处理? 随着电信网络诈骗犯罪的蔓延,社会上出现了专门为诈骗团伙转取赃款而牟取非法利益的"职业取款人"。这类犯罪分子通过频繁更换银行卡、身份证和手机号码,辗转各地为诈骗犯罪团伙转取款,作案手段极为隐蔽,严重干扰、阻碍了司法机关的查处电信网络诈骗犯罪活动,因此,对其需要严厉打击。但是,对于这种"职业取款人"的行为该如何定性,理论见解不一,也需要探讨;最后,就是为电信诈骗犯罪提供帮助行为该如何定性? 实践中,一些电信网络服务提供者为了商业利润上的考虑,自觉或者不自觉地参与到电信诈骗当中。针对这种现实,《刑法》第 287 条第 2 款专门规定了"帮助信息网络犯罪活动罪"。但这一犯罪的性质如何? 如何适用? 学说上也没有一致的看法。

笔者认为,并非所有以电信诈骗面目出现的行为都构成诈骗罪,根据行为人的处分行为的有无,有的应当构成盗窃罪;电信诈骗中的职业取款人,根据与电信诈骗的犯罪分子有无通谋,有诈骗罪的共犯和掩饰、隐瞒犯罪所得罪的正犯之分;《刑法》第 287 条之二的规定,不是有关帮助犯正犯化的规定,而是有关为电信诈骗提供互联网接入等技术支持行为的处罚规定。

以下,结合近年来最高人民法院所颁布的相关案例以及我国刑法中的相关规

---

〔2〕 参见黎晴:《当前电信诈骗犯罪的打击难点和对策》,载《江西警察学院学报》2012 年第 5 期;王喆骅、王丽萍:《电信诈骗犯罪之新动向及打防研究——以上海检察机关办理的案件为例》,载《上海公安高等专科学校学报》2016 年第 2 期。

定,对上述问题进行探讨。

一、电信诈骗行为的定性

尽管在日常生活当中,人们将有关行为人利用电信网络方式,采用虚构事实、隐瞒真相手段获取被害人财物的行为统称为“电信诈骗”,但从刑法规定的角度来讲,是不是凡是采用电信网络诈骗的方式获取他人财物的行为一律构成诈骗罪,还值得探讨。以下通过若干案例进行说明。

【案例一】(转账购票案) 2014 年 7 月起,被告人羊某记伙同他人开设虚假的代购机票网站“航空票务”,以实施网络诈骗。当被害人上网搜索到虚假的代购机票网站,并拨打电话 4008928000 联系时,即以“代购机票机器故障”或“票号不对,未办理成功”等为由,诱骗被害人到自动取款机进行操作,转账汇款至被告人指定的账号,羊某记负责取款。羊某记等人用此种手段诈骗两起,骗得金额共计 49,573 元。对此,海南省儋州市人民法院审理认为,被告人羊某记以非法占有为目的,伙同他人用虚构事实的方法,通过互联网骗取被害人钱财,数额较大,其行为已构成诈骗罪。据此,以诈骗罪判处被告人羊某记有期徒刑一年八个月,并处罚金人民币四千元。[3]

【案例二】(输入激活码案) 2011 年 7 月 22 日,孙某通过网络搜索,找到一家机票预订网站,并拨打网页提供的 400 电话预订机票。接线员自称是某航空公司售票客户服务人员,要求孙某通过网银汇款,孙某遂按其要求,用丈夫的银行卡将 958 元机票款汇至某账户。但对方说钱未到账,让孙某报出其丈夫的名字和身份证号,建议孙某到自动款员机上查询,并引导孙某操作,在 ATM 上输入所谓的使购票款生效的激活码 18356。此时,孙某丈夫来电,说接到短信通知,账户被扣 18,356 元。孙某急忙找“客服”交涉,“客服”称机票款已收到并生效,账户被扣 18,356 元系误操作所致,可以通过网银转账退还,并教孙某如何操作。之后,“客服”以输入验证码的名义“指导”孙某输入数字 280838,这时,孙某丈夫打来电话质问,短信通知其银行卡上又被转走 28 万余元。两人立即赶往银行,经查,孙某丈夫银行卡总计 30 余万元分三次被转给了三个不同的陌生账户。后警察将犯罪嫌疑人温某抓获,但

---

〔3〕 最高人民法院 2016 年 3 月 4 日发布《九起电信网络诈骗犯罪典型案例》案例 7,https://www.so.com/? src = se_favorite,最后访问日期:2016 年 11 月 26 日。

主犯在逃。[4] 关于本案的定性,由于判决书没有查到,因此,最终结果不得而知。但在讨论时,有一种意见认为,网站虚假代售机票案属于典型的诈骗,此类案件宜认定为诈骗案。[5]

上述两个案例,在司法实践中,通常会将其作为电信诈骗的典型而认定为诈骗罪。但是,从刑法理论的角度来看,这种认定过于简单,值得商榷。

关于诈骗罪的构成要件,我国《刑法》第266条只是规定,“诈骗公私财物,数额较大”,而没有其他多余的话。刑法理论上,将其理解为“虚构事实、隐瞒真相,骗取他人数额较大的公私财物”,但是,这种理解仍然很模糊,无法让人了解其真实意义。如行为人欺骗商店老板娘说:“你的孩子在马路上遭遇了车祸,快去看看!”老板娘一着急,便匆匆离开商店,连店的大门都忘记了关。行为人乘机将商店收银台里的钱款6000余元拿走。老板娘跑到马路上,没有发现车祸,便扫兴而归,回店之后发现钱款丢失,方知上当。这种场合,行为人的行为构成诈骗还是盗窃,仅从“虚构事实、隐瞒真相”获取财物的描述当中,是无法判断的。按照上述描述,或许将本罪认定为诈骗罪更为合适。因为,本案中,行为人在获取财物时就采用了“虚构事实、隐瞒真相”的手段。但是,众所周知,盗窃罪是违背对方意思的盗取罪,即行为人取得对方财物时必须违反对方的意思;相反地,诈骗罪是不违背对方意思的交付罪,即行为人取得对方财物时并不违反对方的意思。[6] 上述举例中,尽管存在诈骗行为,但作为本案定性关键的取财行为发生的时候,老板娘并不在场。换言之,行为人取走店里的财物的时候,并没有取得老板娘的同意。这样说来,本案中虽说伴随有“虚构事实、隐瞒真相”的诈骗行为,但这种只是将老板娘引开的手段,最多只能说是后面的盗窃行为的预备行为,并不能据此将整个取财行为认定为诈骗罪。行为人尽管有诈骗行为,但作为本案中心的取财行为,是行为人乘老板娘不在的时候拿走财物的行为,这种行为应当是违背对方意思而以平和手段取财的盗窃罪。由此看来,即便将《刑法》第266条理解为“虚构事实、隐瞒真相,骗取他人数额较大的公私财物”,也还是无法对诈骗罪的构成要件进行准确说明。

---

[4] 参见王伟等:《网站虚假代售机票案件如何处理?》,载《人民检察》2013年第12期。

[5] 同上引。

[6] 参见[日]大谷实:《刑法讲义各论》(新版第二版),黎宏译,中国人民大学出版社2008年版,第166页;[日]西田典之:《日本刑法各论》(第六版),王昭武、刘明祥译,中国人民大学出版社2013年版,第196页。

正因如此，现在，我国多数学者参照国外（主要是日本）学说，将诈骗罪的构成要件分解为“行为人虚构事实——被害人陷入错误——在错误状态下处分财物——行为人得到财物”这样四个环环相扣的阶段。〔7〕其中，被害人在行为人的欺骗之下，陷入错误，并在此错误状态下，将自己的财物自愿处分或者说是交付给他人，是成立诈骗罪的必要环节，〔8〕也是区分盗窃罪和诈骗罪的关键。即凡是在行为人同意之下而终局性地转移财物的，构成诈骗；相反地，凡是违背被害人意思而终局性地转移财物的，构成盗窃。

如此说来，上述两个案例中，案例一（转账购票案）的场合，认定构成诈骗罪的见解是妥当的。因为，首先，行为人有采用欺骗手段让人陷入错误的行为。在本案中，被告人羊某记伙同他人开设虚假的代购机票网站，当被害人上网搜索到虚假的代购机票网站，并致电联系时，即以“代购机票机器故障”或“票号不对，未办理成功”等为由，诱骗被害人到自动取款机进行操作，转账汇款至被告人指定的账号，这些行为实际上是虚构事实使被害人陷入错误状态的行为；其次，被害人在错误状态下将购票款“转账汇款至被告人指定的账号”，这实际上是被害人在错误状态下终局性地处分财产的行为；最后，行为人羊某记等人用此种手段行骗两起，骗得金额共计 49,573 元。

相反地，案例二（输入激活码案）的场合，则不能构成诈骗罪，而只能构成盗窃罪。因为，该案中，尽管行为人一而再、再而三地设局，让被害人孙某陷入错误，但这种错误也只是让被害人误以为是解决转账错误的而需要输入有关“激活码”“验证码”的问题，并不涉及处分财产的问题。换言之，被害人账户中共计 30 万元的财产损失，是在被害人并不知情的状态下被行为人转走的，而不是被害人主动处分给行为人的。这就是本案应当构成盗窃罪，而不是诈骗罪的根本原因。

有人说，“输入激活码案”中，受害人去自动提款机按照对方的提示进行操作的行为就是处分行为，〔9〕因此，本案也应当构成诈骗罪。但是，即便将本案中的“受害

---

〔7〕 张明楷：《刑法学下》（第五版），法律出版社 2016 年版，第 1000 页；黎宏：《刑法学各论》，法律出版社 2016 年版，第 327 页。

〔8〕 高铭暄、马克昌主编，赵秉志执行主编：《刑法学》（第七版），北京大学出版社、高等教育出版社 2016 年版，第 504 页。

〔9〕 参见王伟等：《网站虚构代售机票案件如何处理》，载《人民检察》2013 年第 12 期。认为“应当在诈骗罪与盗窃罪的区别理论上再进一步，将处分意识扩大为配合意识。在网络技术高速发展的条件下，当事双方信息不对称的程度已经非传统社会所能想象，没有意识的处分行为在社会生活中不断涌现，对此刑法理论必须跟进”。

人去自动提款机按照对方的提示进行操作的行为”作为处分行为,还是要注意,行为人在进行该种操作时,缺乏成立处分行为所必要的处分意思。

诈骗罪中,作为其核心环节的处分行为之中,是不是包含有被害人的处分意思,即被害人主观上是不是要对处分财产的事实有认识,存在巨大争议。日本有学者主张,处分意思不要说。如西田典之教授就认为,①只要可以肯定财物或者财产性利益的占有已基于被诈骗人的意思转移至对方,便可以肯定诈骗罪;②将不让对方知道所转移的客体这种最为典型的类型排除在诈骗罪之外,并不妥当,因此应当理解为,无意识的处分行为也足以构成本罪的处分行为。[10] 但且不说这种观点在日本属于少数说,更主要的是,其是为了解决日本刑事立法当中所存在的一个重大缺陷而提出的,并不具有普适性。

与我国不同,日本刑法当中也规定有盗窃罪和诈骗罪,而且其诈骗罪中还有一款即财物诈骗罪[11]和二款即财产性利益诈骗罪[12]之分,但盗窃罪的场合,只规定有财物盗窃罪,[13]却没有像诈骗罪的场合一样规定有财产性利益盗窃罪。这样,在无票乘车(逃票)或者到餐厅吃喝之后,不付钱而偷偷溜走(白吃白喝)的场合,本来属于盗窃财产性利益的行为,由于《日本刑法》中没有财产性利益盗窃罪,因此只能作为无罪处理。但这显然不利于对电车公司或者餐厅的利益的保护,因此,日本判例和学说的一个基本倾向是,将这种行为尽量通过淡化或者取消处分意思的解释方式,将其作为《刑法》中有明文处罚规定的二款诈骗罪即诈骗财产性利益罪处理。[14] 而这么处理,必然要淡化处分行为中的处分意思,否则就无法实现这一目的。

但是,在我国则不存在这种问题。虽然我国《刑法》没有像一些国外刑法一样,将侵犯财产性利益的行为也明文规定为犯罪,但《刑法》第 92 条中,对公民私人所有财产的表现形式却进行了最直接的描述,即公民私人所有的财产表现为现金(合法收入和储蓄)、房屋等生活资料、能够以现金计量且能产生财富的生产资料和经

---

〔10〕 [日]西田典之:《日本刑法各论》(第六版),王昭武、刘明祥译,中国人民大学出版社 2013 年版,第 205 页。

〔11〕 《日本刑法》第 246 条第 1 款。

〔12〕 《日本刑法》第 246 条第 2 款。

〔13〕 《日本刑法》第 235 条。

〔14〕 [日]大谷实:《刑法讲义各论》(新版第二版),黎宏译,中国人民大学出版社 2008 年版,第 250 ~ 251 页;[日]西田典之:《日本刑法各论》(第六版),王昭武、刘明祥译,中国人民大学出版社 2013 年版,第 205 ~ 208 页。

营性财产、可以表现为权益的财产(股份、股票、债券等)。由此可以看出,《刑法》分则第五章标题“侵犯财产罪”中的“财产”,除了实际的财物之外,应当还包括股份、股票、债券等具体财物以外的权益性财产在内。《刑法》第265条的规定更是明确地说明了这一点。因为,“盗接他人通信线路、复制他人电信码号或者明知是盗接、复制的电信设备、设施而使用的”行为,不是针对对象为无体物的盗窃,而是非法获取电信服务这种财产性利益的盗窃。因此,在我国,不可能出现日本刑法学中的将盗窃财产性利益的行为,除了作为财产性利益诈骗罪处理之外,只能作为无罪处理的局面。换言之,在我国,没有认为诈骗罪中的处分行为不包括处分意思在内的必要。

正因如此,我国学说当中,在成立诈骗罪要求被害人对处分或者说转移财产给他人的事实必须具有认识的一点上,没有争议。只是,被害人在实施处分行为时,对转移财产的认识必须达到什么程度,这一点在我国学者当中则有较大的分歧。有人认为,只要认识到自己将某种财产移交给行为人或者第三人占有就够了,不要求对财产的数量、价格等具有完全的认识;[15]也有人认为,对所转移的财产的数量、价格等必须具有完全认识。[16]

从诈骗罪与盗窃罪的区别来看,诈骗罪是不违反被害人的意思而终局性地转移占有,而盗窃罪是违反被害人的意思而终局性地转移占有。如果被害人在实施处分行为时根本没有意识到某一财产的存在,如何能说该处分行为是不违反其意志的转移占有呢?因此,成立诈骗罪,被害人必须具有转移财产的认识,即处分意思。但这并不意味着对所转移的财产的数量、价格等也必须具有完全认识。因为,一方面,诈骗罪是交付型财产犯罪,也是个别财产犯罪,这意味着只要被害人在错误认识之下将“该特定”财产的占有终局性地转移给他人,犯罪就告成立,并不要求被害人对于所转移的“特定”财产的价格、数量等有清楚的认识;另一方面,犯罪成立与否,以行为人的主观认识内容为准,在行为人对所取得的财产的价值、数量有认识的时候,即便被害人对此没有认识,也不能据此而改变行为人的行为性质。因此,成立诈骗罪,只要求被害人对终局性地转移财产占有给他人的一点有认识即可,不要求被害人对所处分财物的数量、价格等有清楚认识。

当然,作为成立诈骗罪的关键的处分行为,是被害人在错误状态之下终局性地

---

〔15〕 张明楷:《刑法学下》(第五版),法律出版社2016年版,第1003页。

〔16〕 周光权:《刑法各论》(第三版),中国人民大学出版社2016年版,第126页。

转移“特定”财产的占有,这就意味着,在进行该种处分时,被害人必须对该“特定”财产的种类、形式等有大致的认识,否则,难以说被害人对自己处分行为的性质具有认识。如在甲发现乙的书中夹有一张珍贵邮票,于是就以买的名义,将该书以100 元的价格买走的场合,可以说,行为人的行为名义上买,而实际上是骗。就拿走该珍贵邮票的行为而言,要构成盗窃罪,而不是诈骗罪。因为,珍贵邮票和书是完全不同种类的物,其夹在书中,被害人根本意识不到。上述案例中,被害人有处分书给行为人的意思,但并没有处分其中的珍贵邮票的意思。

这样说来,关于诈骗罪中处分意思的内容,可以进行如下分析:第一,当行为人通过某种行为,使得被害人根本无法认识到与其处分意思不同种类的特定财产的转移时,不能说被害人对该特定财产具有处分意思。如在行为人谎称作为社会调查问卷的结果而让对方签名,但实际上是让对方在伪造的转移财产合同上签名的场合;在行为人趁超市服务人员不注意,在角落里将一箱可乐内的可乐全部取出,作为其替代,放入 20 余盘共计 4000 余元的正版 DVD 碟片,后行为人在付款处将这箱“可乐”送交收银员扫描价格,仅以 50 余元的价格买了这箱“可乐”的场合,也应当同样理解。第二,行为人通过某种行为使得被害人对特定财产的转移有认识,只是对其数量、价格没有认识的场合,应认定被害人具有处分意思。如行为人欺骗被害人,谎称其手中的古董不值钱,然后以低价从其手中购入的场合,或者在磅秤上做手脚,使原本重量为 1000 斤的鱼仅仅显示为 800 斤的场合,都是如此。这种场合下,被害人对所移交的财产本身具有清楚的认识,因此,可以说其具有处分意思。在司法实践中常有在磅秤或者水表、电表、煤气表上“做手脚”,使磅秤计量不准或者水表、电表、煤气表走慢,从而占有他人财物的情形。在这些场合,虽然作为水、电、煤气等财物所有人的被害人对所交付的财产的数量、价格等并不一定清楚,但对交付特定财产本身是有清楚认识的,因此,不能说其没有处分或者转移财物的意识,因此,这类行为认定为诈骗较妥。

同样,在最近大家热议的、作为电信诈骗的新形式之一的所谓“二维码陷阱”中也存在同样的问题。一种是构成盗窃罪的情形。如前一段时间网上广泛流传的段子所描述的就属于这种情况。该段子说:“楼下的小店抓到一个小偷,他把店里的支付二维码偷偷换成自己的,店主直到月底结款的时候才发现,据说这个月他通过几家店采取这种手段默默在家收了 70 万元”。这个段子所描述的事实到底是构成盗窃罪还是诈骗罪,讨论非常热烈。

在本案当中,首先要弄清楚的问题是,谁是被害人?到底是来店购物的顾客还是店主?显然是后者。因为,在本案当中,顾客按照店主的要求,采用店里设定的扫描二维码的方式支付对价之后,也拿到了自己所需要的货物,其并没有受损。相反地,受损的是店主。因为,店主采用让客户扫描店里的支付二维码的形式付款。正常情况下,顾客扫描该支付二维码,就意味着相应的货款(实际上是相应的转账权这种财产性利益,而不是现实的金钱)从顾客账户当中转移到了店主的账户里面,顾客支付了对价。但因为该二维码被"小偷"偷偷替换,从店主的支付二维码变成了记载有"小偷"自己账户信息的二维码,使得来店顾客在购物扫码时,本应进入店主账户的货款却神不知、鬼不觉地进入到了"小偷"所有的账户中去了。换言之,被害人本应得到的财产性利益却在其不知情的情况下进到了行为人的账户。这种在不知情状况下的财物转移,不是诈骗罪中的处分行为,因此,不应当构成诈骗罪,应当构成盗窃罪。

但另一种"二维码诈骗"的情形则应构成诈骗罪。如最近全国多处出现过的"违章停车扫二维码交罚款"的骗局就属于这种情况。如北京出现过的情形是:陈女士停车办事之后,回到车前发现,其车前的挡风玻璃上有一张"违停单",上面写明,该车辆于2016年10月10日在北京违反了《道路交通安全法》第56条规定,请持本通知书到北京市大兴区开发区金辅路6号。下方附有地址、联系方式、民警警号,"违停单"上还盖有"北京市公安局大兴分局交警支队"的黑色公章。纸条最下方有一个二维码,并写有"扫一扫,交罚款"。所幸的是,陈女士在准备扫码时,被友人提醒,询问警方之后方知是骗局。[17] 问题是,这种情况下,如果陈女士信以为真,扫码的话,行为人的行为该如何处理呢?笔者认为,应当构成诈骗罪。与上述情况不同,本案中,行为人故意设置虚假的缴纳罚款二维码,让人陷入错误,行为人如果上当,进行扫码的话,就属于其在错误状态下处分了财产,即将所谓"违章停车的罚款"转移给了所谓的"警方账户"。但实际上,这笔钱转移到了张贴该虚假"违停单"的骗子的账户之中。

二、帮助取款人的刑事责任

从目前发现的情况来看,电信诈骗和传统普通诈骗不同,不是单兵作战的单打

---

〔17〕 参见《"扫码缴罚款"骗到北京来了》,载《北京晚报》2016年10月11日第1版。

独斗,而是呈现出组织化、集团化的倾向。这种倾向使得电信诈骗中最为典型的电话诈骗,呈现出标准化和模板化特征。如典型的电话诈骗的流程是:第一步是“遍地撒网”,即通过架设在各地互联网服务器上的VOIP电话软件,对任意地区的电话号码进行批量呼叫;第二步是“请君入瓮”,一旦电话接通,VOIP语音呼叫系统就会自动播放诈骗语音,让受害人按照语音提示转人工服务之后,即进入与诈骗团伙接线人员的通话,接线人员通过VOIP的转接功能,实现不同诈骗角色(法院、公安局、检察院、电信局、邮局等)之间的语音通话转接。当受害人深信不疑,确已陷入骗局之后,最后一名“接线员”即告知受害人,若需证明自己清白并保护合法财产,受害人就必须立即将其全部资金“暂时”汇入政府部门设立的“专用保护性账号”中;第三步是“远走高飞”。一旦受害人将钱汇入“专用保护性账号”之中,诈骗团伙便立即通过网上银行对资金进行拆解,化整为零;同时组织人员同步在境外的银行网点和ATM上取现,然后,迅速通过地下钱庄,或者重新通过银行等方式,将资金再汇总到诈骗团伙名下。待受害人醒悟并取得相关部门支持时,其资金已经基本消失殆尽。以上只是传统的电话诈骗模式,现在,作为第一步的“遍地撒网”已经为“重点培养”或者“精准打击”所替代,在“远走高飞”之后,利用被害人极容易被骗又不甘心被骗,迫切希望找回被骗财产的心理,出现了冒充警方对当初的被害人谎称案件已经侦破,让其提供账户打回被骗钱款,以对被害人重新诈骗的“杀个回马枪”的环节。

因为上述流程比较复杂,因此,电信诈骗已经呈现出典型的集团化和职业化的特征。团伙成员之间按照公司化运作的模式,分工明确,相互之间是一对一的关系,互不交叉甚至互不谋面。现实当中,一个电信诈骗团伙通常由以下几方面的人马组成:一是组织者,负责组织策划犯罪手段,招募并培训犯罪人员;二是技术员,负责互联网,远程为诈骗团伙安装并维护VOIP电话软件和“透传软件”;三是洗钱者,负责将全部赃款拆分转入若干张银行卡里;四是取款人,负责将到账全部款项快速变现转移;五是外围者,为电信诈骗者转款、取款提供银行卡服务。[18] 从目前的司法实践来看,电信诈骗的主谋即组织者、技术人员甚至洗钱者往往都身处境外,难以被抓获,而在境内且被抓获的往往都是取款人或者外围者,即专门为诈骗团伙转取赃款而牟取非法利益的“职业取款人”。他们往往分散于犯罪行为实施地之外的多

---

〔18〕 参见庄华:《我国电信诈骗犯罪的特点与侦查策略思考》,载《北京警察学院学报》2010年第4期。

个地方，通过频繁更换银行卡、身份证和手机号码，辗转各地为诈骗犯罪团伙转取款，将所骗的全部钱款快速转账或者变现转移到犯罪人手中，是电信诈骗得以成功的重要环节。有的案件中，这些职业取款人与电信诈骗的主谋之间事先有共谋或者犯意联络，但有的场合，他们就是在电信诈骗行为实施之后专门负责取款，与电信诈骗的行为人不曾谋面，更谈不上共谋。因此，对于这种“职业取款人”的行为该如何处理，需要探讨。

可以肯定的是，在取款人与电信诈骗的主谋之间事先有共谋或者有联系的场合，则即便是事后的帮助转款行为，也应当与电信诈骗的主谋一道，构成电信诈骗的共犯。对此，最高人民法院公布的相关案例也是这样处理的。如最高人民法院2016年3月4日发布的9起电信网络诈骗犯罪典型案例中的案例5，[19]就是这种情况。本案的基本案情是：2013年11月至2014年1月，被告人上官某贵与诈骗团伙共谋后，商定帮助诈骗团伙提取诈骗所得的赃款，以牟取非法利益。其后，上官某贵提供食宿，并支付每日数百元报酬，雇佣被告人上官某水、上官某木取款。上官某贵与诈骗团伙事先联系后，带领上官某水等人前往广东省深圳市、惠州市、东莞市等地，在银行ATM上为诈骗团伙取款或转账，一人取款时，其他人在旁望风。上官某贵等人参与为诈骗团伙提取、转账诈骗赃款共计8,954,413.78元。此外，2013年3月至8月，上官某贵还采用向不特定人发放虚假兑奖卡的手段，骗取他人财物共计88,671.09元。法院认为，被告人上官某贵以非法占有为目的，采用向不特定人发放虚假兑奖卡的手段，骗取他人财物，并伙同被告人上官某水、上官某木为诈骗犯罪团伙提取、转账诈骗所得赃款，其行为已构成诈骗罪。其中，上官某贵负责与诈骗团伙的上线联系取款、交款等事宜，雇佣上官某水、上官某木等人取款，在共同犯罪中起主要作用，系主犯。上官某贵还系累犯，依法应当从重处罚。据此，以诈骗罪判处被告人上官永贵有期徒刑十三年，并处罚金人民币二十万元；以诈骗罪分别判处被告人上官福水、上官生木有期徒刑八年和有期徒刑五年。

上案中，作为主犯的上官某贵尽管只是联络其他人，帮助诈骗团伙转取电信诈骗得手之后的赃款的“职业取款人”，但其事先与诈骗团伙有共谋，在整个诈骗活动中承担专门为诈骗团伙转取赃款的作用。虽说被害人将财物转入犯罪人所控制的账户之后，诈骗行为即大功告成，事后的转款或者变现对于诈骗罪的成立无关紧

---

〔19〕 案例5：福建省厦门市上官某贵等人帮助诈骗团伙转取赃款诈骗案。

要,但事先的商量和共谋,对于诈骗犯罪分子的精神鼓励和支持非常重要。甚至可以说,包括事后转款在内的周密计划的制订,更加强化了共犯人之间的犯罪意图,使犯罪进行得更加顺利。因此,上述情况下,即便是事后的转取赃款的行为,也毫无疑问地构成诈骗罪的共犯。

但是,是不是所有的电信诈骗中的取款人都构成诈骗罪的共犯,则值得探讨。如在本次最高人民法院所公布的 9 起电信诈骗案中,有一个案件引起了笔者的注意,这就是:广西壮族自治区宾阳县罗某成、罗某胜假冒 QQ 好友诈骗案。该案的基本案情是:2014 年 8 月至 11 月,被告人罗某成、罗某胜利用在互联网上盗取的 QQ 号码或者利用将其申请的 QQ 号码信息更改为被害人亲属的 QQ 信息等方式,冒充被害人亲属的身份,以“亲友出车祸急需借钱救治”等理由,诱骗被害人汇款至其指定账户。罗某成、罗某胜用此种手段实施诈骗两起,骗得金额共计 65,000 元。法院认为,被告人罗某成、罗某胜以非法占有为目的,通过 QQ 采取虚构事实、隐瞒真相的方式,骗取他人财物,数额巨大,其行为均已构成诈骗罪;罗某胜明知是犯罪所得而予以转移,其行为还构成掩饰、隐瞒犯罪所得罪。据此以诈骗罪判处被告人罗某成有期徒刑四年,并处罚金人民币一万元;以诈骗罪、掩饰、隐瞒犯罪所得罪判处被告人罗某胜有期徒刑二年,并处罚金人民币五千元。

上案中,被告人罗某胜的判决引起了笔者的关注。其不仅构成诈骗罪,还有一个掩饰、隐瞒犯罪所得罪。通过查看法院的原判决书,发现罗某胜共有两宗犯罪事实:(一)2014 年 8 月 4 日,被告人罗某胜用盗窃来的 QQ 号码冒充被害人郑某的亲属,骗取被害人郑某 15,000 元。被害人分两次将 15,000 元转入被告人提供的户名为徐辉、账号为 62 × × ×62 的农行账户。尔后,被告人罗某胜将赃款从上述账户转账至户名为周某民、账号为 62 × × ×72 的农行账户。随后,被告人罗某胜指使一名化名叫“阿明”的男子持卡取出全部赃款,其分得 12,000 元。(二)2014 年 11 月 5 日,被告人罗某成用盗窃来的 QQ 号码冒充被害人鲍某的父亲,骗取被害人鲍某 50,000元。被害人将 50,000 元转入被告人提供户名为徐某、账号为 62 × × ×40 的工行账户。尔后被告人罗某成将赃款从上述账户转账至户名为华某实、石某、周某民的三个农行账户,并与被告人罗某胜一起到宾阳县武陵镇农村信用社取出全部赃款。其中,被告人罗仁成取款 20,000 元,被告人罗某胜取款 30,000 元。[20] 对

〔20〕 广西壮族自治区宾阳县人民法院刑事判决书,(2015)宾刑初字第 254 号。

此，法院认为，被告人罗某胜以非法占有为目的，通过QQ采取虚构事实、隐瞒真相的手段，骗取他人财物，数额较大；被告人罗某胜明知是犯罪所得而予以转移，其行为已分别触犯《刑法》第266条、第312条之规定，构成了诈骗罪和掩饰、隐瞒犯罪所得罪。

在上述案件中，罗某胜之所以被判处掩饰、隐瞒犯罪所得罪，是因为其明知是犯罪所得而予以转移。换言之，在这起案件中，罗某胜并没有参与前面的诈骗转账行为，而只是参与了后面的取款行为，因此，没有将其作为诈骗罪的共犯，而另外单独确定了罪名。由此看来，即便是参与电信诈骗中的转款行为，也并不一定都构成诈骗罪。

上述判例上的差别，反映了我国司法实务中的一般情况。有人做了调查，在截止到2015年8月"北大法意"中包含有"电信诈骗"的144份裁判文书中，发现有62份涉及帮助取款人刑事责任认定的案例。在这62份判决中，有50份将帮助取款人认定为诈骗罪的共犯，而有12份认定为掩饰、隐瞒犯罪所得罪。[21]

问题是，参与电信诈骗中的转取赃款的行为，什么情况下构成诈骗罪的共犯，什么情况下成立掩饰、隐瞒犯罪所得罪？

从我国刑法的相关规定以及理论来看，可以肯定的是，在整个电信诈骗环节当中，不管是单纯的帮助转账或者说取款的行为，还是虚构事实让被害人陷入错误，使其在错误状态下将钱汇入犯罪人所控制的账户的行为，只要行为人事先有共谋，就可以说他们应当成立诈骗罪的共犯。因为，该种事先共谋，使得各个参与者具有精神上的相互鼓励、支持配合，从而提高了发生结果的可能性，因此，所有参与共谋的人，都要对最终发生的结果承担责任。我国刑法中的有关规定，也证实了这一观点。如我国《刑法》第310条"犯前款罪，事前通谋的，以共同犯罪论处"的规定来看，即便是事后帮助行为，但如果事前和其他犯罪人之间具有通谋，则也按照共同犯罪处理。

那么，什么样的转取赃款的行为应当认定为掩饰、隐瞒犯罪所得罪呢？这一点，要从掩饰、隐瞒犯罪所得罪的性质的角度来判断。《刑法》第312条所规定的掩饰、隐瞒犯罪所得罪，本质上是作为其前提犯罪的事后帮助犯。

众所周知，所谓帮助犯，就是为他人犯罪提供方便的人，其基本特征是，自己不直接实行犯罪，而是在他人具有犯罪决意之后，犯罪行为终了之前，为他人犯罪创造条件或者提供方便，帮助他人完成犯罪。其中一个重要特征是，作为共犯处罚的

〔21〕 参见张建、俞小海：《电信诈骗犯罪中帮助取款人的刑事责任分析》，载《法学》2016年第6期。

帮助犯,只能存在于犯罪行为终了之前。既可以是在正犯着手实行之前制造条件之类的事前帮助,也可以是在正犯实行过程中帮助望风之类的事中帮助。但是,在正犯实行终了之后,由于不可能再为该犯罪行为提供帮助,所以,正犯实行终了,再对该犯罪行为提供方便的"事后帮助"不成立帮助犯。这样说来,在电信诈骗中的取款行为,到底是诈骗罪的共犯还是作为单独犯的掩饰、隐瞒犯罪所得罪?关键在于电信诈骗行为何时完成,即何时可以看作为"得逞"。

就电信诈骗而言,何为正犯行为实行终了,存在争议。就诈骗罪的构造,即行为人虚构事实——使被害人陷入错误——被害人在错误状态下处理财物——行为人获得财物的结构来看,应当说,只有在行为人获得财物的场合,才能说诈骗罪的正犯行为实行终了。这意味着,只有在行为人获得财物阶段完成之前,以为诈骗行为提供方便的方式参与进来的人,才有可能成立帮助犯。但是,就电信诈骗而言,什么场合下可以说行为人"获得了财物"?可能存在分歧。因为,在电信诈骗的场合,被害人在错误状态下处分财物,存在两个阶段:一是受害人将钱汇入行为人所杜撰的所谓"专用保护性账户"等电信诈骗集团所控制的银行卡账户之中。这一阶段上,可以说电信诈骗犯罪行为人即获得了对诈骗钱款的控制权;二是犯罪团伙成员将进入自己控制账户的钱款取走,远走高飞。这一阶段,是电信诈骗犯罪行为人将进入自己账户的钱款变为了现金。这样两个阶段的存在,引起了到底以哪一个阶段作为诈骗正犯行为终了的标准认定问题。

一般来说,电信诈骗犯罪中,涉案的银行卡本来就为电信诈骗犯罪分子所控制,电信诈骗犯罪涉及的银行卡中的数额是事先通过诈骗手段获得的,且可由电信诈骗犯罪行为人随时支取,完全可以认定电信诈骗行为人对银行卡内数额主观上具有非法占有目的,客观上具有非法占有行为,因此,被害人将钱款汇至电信诈骗犯罪团伙所控制的银行卡账户时,电信诈骗犯罪行为人即获得了对诈骗钱款的控制权,被害人也不可能通过挂失、补办非自己名下、非自己控制的银行卡之方式避免损失。换言之,一般而言,被害人将钱款汇至电信诈骗犯罪行为人的银行账户,财产损失就已经发生,电信诈骗犯罪的正犯行为即告完成。但是,为防范和打击电信网络诈骗犯罪,最高人民法院、最高人民检察院、公安部、工业和信息化部、中国人民银行、中国银监会 2016 年 9 月 23 日联合下发了《关于防范和打击电信网络诈骗犯罪的通知》,要求从 2016 年 12 月 1 日起,个人通过银行自助柜员机向非同名账户转账,资金 24 小时后才到账。在转账后的 24 小时之内,转账人一旦发现自己被骗,可以取消转账或去银行止付。这意味着,即便电信诈骗的正犯行为已经完成,被害人将钱款汇至电信诈骗犯罪行为人的银行账户,但该账户中的钱款,只有在经过24小时之后,才能被电信诈骗的行为人所控制。因此,在2016年12月1日新政之后,电信诈骗的场合,受害人将钱汇入行为人所杜撰的所谓"专用保护性账号"等电信诈骗集团所控制的银行卡账户之后,经过24小时,电信诈骗即告既遂。

这样说来,就电信诈骗中的转账、取款行为的定性而言,只要转账或者取款人和实施典型诈骗的犯罪分子事先有通谋的,则不管其是在何种阶段上参与转账或者取款行为,一律构成诈骗罪的共犯;但是,在犯罪分子欺骗被害人将钱款汇入自己所控制的账户,24小时之后让负责转账或者取款的人参与其中的场合,因为,转账或者取款人事先没有和诈骗者通谋,客观上也是在诈骗行为完成之后参与其中,尽管属于事后帮助行为,但因为该帮助行为已经在刑法上独立成罪,因此,只能以掩饰、隐瞒犯罪所得罪论处。

三、"帮助信息网络犯罪活动罪"的理解

电信诈骗之所以如此猖獗,重要原因之一,就是随着网络和通信技术的进步,犯罪分子逐渐掌握了相关技术。在实施诈骗犯罪的过程中,科技化的程度越来越高,最新高科技被广泛运用,如使用手机短信群发器、电脑群发软件、网络任意显号、任意改号软件等。这些手段的使用,不仅使得被害人几乎不会怀疑来电属于诈骗电话,而且也使得司法机关的破案难度空前加大。

在电信诈骗中,有很多技术手段是作为职业行为而实施的,如VOIP,即网络电话,因为其拨打国内长途和国际长途时,运营成本低,话费低廉而为人们所广泛使用,也为电信诈骗犯罪分子在进行诈骗犯罪活动时所使用。他们将网络电话机接上宽带接口,简单设置所申请的地址号码后,即可像打普通电话一样随意拨打想通话的目标号码。使用网络电话的原因是无法追查电话来源,从而实现诈骗分子的不法目的;[22]改号软件,改号软件从本质上看是一种典型的IP软件,使用时只需进

〔22〕 在我国,VOIP电话业务是受到严格限制的,目前仅中国电信和中国联通,可以在广东深圳、江西上饶、吉林长春和山东泰安试点运营,而且不允许号码更改。但一些未经电信主管部门许可的非法VOIP运营商,通过软件就能够随意更改来电显示。在电信诈骗中,非法电信运营商充当了境外诈骗团伙犯罪的桥梁。根据公安部门的侦查,他们遍布全国。在2016年6月21日的联合行动中,他们成为公安部门的重点打击对象。

行简单设置,就能将主叫号码信息进行修改,冒充正常的主叫号码数据发送并显示在被叫方的电话上,从而达到诈骗目的;电话银行和网络银行,近年来,国内各大银行为了方便储户和减少运营成本,纷纷开通了网络银行和电话银行。储户要查询其银行账户信息或者转账,只要通过网络银行和电话银行就能完成。为电信诈骗行为人在实施诈骗犯罪前或者诈骗行为结束后,对所涉案账户通过电话银行或者网络银行进行查询和转账提供了极大的便利。

上述网络电话、改号软件、电话银行和网络银行等高科技产物,尽管已经被恶竟用于电信诈骗犯罪,但其作为现代科技发展的成果,已经成为人们生活中不可缺少的重要组成部分,并成为一个相对独立的产业。这些服务的提供者并不知道购买上述服务的人买去之后用来做什么,也不用关心买方的用途,即便有人知道其所提供的服务可能被用于犯罪,但也无法据此而判定"行为人的行为构成诈骗罪"的共犯。由于这种情况的存在,《中华人民共和国刑法修正案(九)》第 29 条新增了第 287 条之二,即明知他人利用信息网络实施犯罪,为其犯罪提供互联网接入、服务器托管、网络存储、通信传输等技术支持,或者提供广告推广、支付结算等帮助,情节严重的,处 3 年以下有期徒刑或者拘役,并处或者单处罚金。单位犯前款罪的,对单位判处罚金,并对其直接负责的主管人员和其他直接责任人员,依照第一款的规定处罚。有前两款行为,同时构成其他犯罪的,依照处罚较重的规定定罪处罚。这就是所谓"帮助信息网络犯罪活动罪"。

这个罪名的增设,在刑法理论上引起了很大的争议。有的认为,其是将明显属于中立行为的情形认定为犯罪,是否妥当,还值得推敲;[23] 有的认为,其是将共犯(帮助犯)正犯化的立法表现,必须予以批判;[24] 还有学者认为,《刑法》第 287 条之二所规定的帮助信息网络犯罪活动罪,并不是将帮助犯正犯化,只是帮助犯的量刑规则,并无不妥。[25] 这种争议,实际上涉及两个问题:一是中立行为是否能入罪?二是帮助行为是否能够单独定罪?

---

[23] 参见周光权:《网络服务商的刑事责任范围》,载《中国法律评论》2015 年第 2 期。

[24] 参见于志刚:《网络空间中犯罪帮助行为的制裁体系与完善思路》,载《中国法学》2016 年第 2 期;刘艳红:《网络犯罪帮助行为正犯化之批判》,载《法商研究》2016 年第 3 期。刘教授认为:"帮助信息网络犯罪活动罪与资助恐怖活动罪、协助组织卖淫罪等含有'帮助''协助'等类似字眼的罪名一样,都属于帮助行为的正犯化";苏彩霞、侯文静:《"帮助信息网络犯罪活动罪"正当性考量》,载《中南财经政法大学研究生学报》2016 年第 1 期。该文认为:"以刑法总则规定的共同犯罪处理仍然可以达到犯罪规制目的,将独立规定为新罪实无必要。"

[25] 参见张明楷:《〈刑法修正案(九)〉若干条款的理解与适用》,载《政治与法律》2016 年第 2 期。

首先,可以肯定的是,即便是中立行为,一定条件下,也可以构成犯罪。所谓中立行为,是指从外观上看,通常是可以反复、继续实施的日常生活行为或者业务行为。现实生活中,很多中立的日常生活行为都有可能被恶意用于犯罪。例如,日杂店的老板卖给他人菜刀之后,他人用该菜刀杀人;出租车司机将客人送到指定地点之后,客人在该地点实施了杀人行为;猎人把自己的猎枪借给他人打猎,他人却用来抢劫;工程师在网上公布自己开发的开锁方法,结果被他人用于入室盗窃;大学生在网上公布制造炸药的配方,被他人用来制造炸弹用于恐怖活动;等等。诸如此类的情况非常多,这些行为一方面属于日常生活中常见的生活行为,没有这些行为,会给人们的生活带来诸多不便;但另一方面又可能被一些人恶用,为自己的犯罪行为提供方便。因此,就所谓中立行为而言,所要探讨的问题并不是其能否成立犯罪,而是在什么情况下成立犯罪的问题。

就本文中存在争议的《刑法》第 287 条之二而言,实际上,前述认为"其是将明显属于中立行为的情形认定为犯罪,是否妥当,还值得推敲"的学者也认为,"实务中,确实有的网络接入服务商或平台服务商并不是为了从事正常的运营,而是为了提供非法接入或者平台服务牟利,即以犯罪为其主业……该网络服务商自然应当作为犯罪处理。但是,此时的定罪按照共同犯罪的一般原理完全可以进行,不需要刑法上另行对提供技术支持的网络服务商规定单独罪名"。〔26〕 换言之,《刑法》第 287 条之二所规定的"提供互联网接入、服务器托管、网络存储、通信传输等技术支持,或者提供广告推广、支付结算等帮助"行为,一定条件下,也能作为犯罪加以处罚,只是不用单独规定罪名,而只要按照共同犯罪的一般原理,作为相关犯罪的共犯处罚即可。但是,这种结论当中,存在两个问题:一是有偷换概念的嫌疑。因为,在这里,作者认为"可以按照共同犯罪的一般原理处理的",并非中立行为,而是"以犯罪为主业"的网络服务商,这显然和论者所提出的"中立行为论罪"是两回事;二是没有《刑法》第 287 条之二的规定的话,对被用于犯罪的中立行为该如何处罚呢?众所周知,尽管各国刑法中均有处罚共犯(包括帮助犯)的规定,但是就中立行为在什么情况下成立犯罪,依然是众说纷纭。这种乱象也表明,就中立帮助行为而言,其处罚规定,刑法上必不可少。这样说来,从中立行为的概念出发,推导出《刑法》第 287 条之二的规定并不妥当,值得商榷的见解本身值得商榷。

---

〔26〕 参见周光权:《网络服务商的刑事责任范围》,载《中国法律评论》2015 年第 2 期。

其次,《刑法》第287条之二不是将帮助行为正犯化的规定。帮助行为正犯化,是近年来刑事立法中的一个显见现象,也是刑法学研究中的一个热点问题,但关于其内容,则说法不一。有的认为,其就是将帮助行为作为正犯加以单独规定,对这种现象,从此之后,不再适用刑法总则中有关共犯处罚的相关规定。因为,在这类犯罪中,“帮助行为的危害性超越了实行行为的危害性”。[27] 相反地,另一种见解则认为,帮助行为正犯化,不完全是将共犯正犯化,其中也存在所谓帮助犯的量刑规则的情形。即帮助犯依然是帮助犯,只是因为分则条文对其规定了独立的法定刑,而不再适用刑法总则有关帮助犯(从犯)的处罚规则的情形。[28] 换言之,在成立要件上,还是要遵循共犯从属性的立场。

事实上,从我国刑法中有关帮助行为正犯化的立法来看,帮助行为正犯化形式的立法大致上有两种:

第一种是不遵循共犯从属性原则的帮助行为正犯化的规定。其中,又可以区分为两种不同情形:

一是如《刑法》第353条规定的引诱、教唆、欺骗他人吸毒罪,第354条规定的容留他人吸毒罪,第359条规定的引诱、容留、介绍卖淫罪等情形。这种情形的犯罪中,尽管正犯(吸毒、卖淫)不成立犯罪,但与之相关的共犯(引诱、教唆、容留等)则均构成犯罪。之所以有这种规定,是因为上述引诱、容留卖淫行为不仅败坏了社会风气,并侵害了卖淫者的性的自主决定权,[29] 因此,与其他各国一样,我国也对引诱、容留、介绍卖淫行为作为单独犯罪进行处罚;同样,引诱、容留他人吸毒,不仅会侵害吸毒者的身体健康,而且在药理作用之下,吸毒者极易引起其他违法犯罪行为,特别是会导致社会风气的荒废,[30] 因此,尽管卖淫、吸毒行为因为有自损性质而没有所谓可罚的违法性,但引诱、容留、介绍他人卖淫的行为,引诱、教唆或者容留他人吸毒的行为,均受到处罚。从此意义上来说,如果说帮助行为正犯化还有讨论的价值的话,也只能是指这种情况了。因为,其突破了共犯从属性的基本原理,使得帮助行为不再从属于正犯而获得了自己单独的违法性。从此之后,对于帮助行为可以直接按照独立罪名定罪处罚,而不需要在实体上与实行犯罪的行为主体上进行

---

〔27〕 参见于志刚:《网络空间中犯罪帮助行为的制裁体系与完善思路》,载《中国法学》2016年第2期。

〔28〕 参见张明楷:《论帮助信息网络犯罪活动罪》,载《政治与法律》2016年第2期。

〔29〕 [日]大谷实:《刑事政策学》(新版),黎宏译,中国人民大学出版社2009年版,第99页。

〔30〕 同上书,第100页。

责任捆绑。[31]

二是如《刑法》第120条之一规定的帮助恐怖活动罪之类。这种犯罪之中,只要是针对特定的人(如"恐怖活动组织、实施活动的个人")提供帮助或者协助,就能构成犯罪,不一定要求被帮助或者协助的人一定要实施恐怖活动或者组织卖淫犯罪。换言之,只要给实施恐怖活动的组织或者个人,或者组织活动的个人提供了帮助,就构成犯罪,不要求被帮助的正犯构成犯罪(当然,被帮助者实施了犯罪,也还是构成本罪)。这种类型的帮助行为正犯化,实际上是针对特定的、具有严重社会危害性的人的帮助,而不是针对特定行为的帮助。在被帮助的正犯没有实施特定行为的场合,帮助者也能成立正犯的意义上,可以说,本罪是不遵循共犯从属性原则的帮助行为正犯化的规定。

第二种则是要遵循共犯从属性原则的帮助行为正犯化的规定。如《刑法》第107条规定的资助危害国家安全犯罪活动罪,就是如此。按照规定,成立本罪,"境内外机构、组织或者个人"不仅要实施"资助"行为,而且被资助者还要实施或者意图实施《刑法》"第一百零二条、第一百零三条、第一百零四条、第一百零五条规定之罪",才能对"直接责任人员"处5年以下有期徒刑、拘役、管制或者剥夺政治权利;情节严重的,处5年以上有期徒刑。从上述规定来看,尽管资助危害国家安全犯罪活动罪是典型的帮助正犯化的犯罪,但成立本罪,还是要遵循共犯从属性的规定,只是在处罚上,有其独立的法定刑而已。

《刑法》第287条之二所规定的"帮助信息网络犯罪活动罪"显然属于上述类型中的后一情况。这一点,只要看看原条文所规定的内容即可明白。依照《刑法》第287条之二,成立帮助信息网络犯罪活动罪,必须符合以下条件:首先,客观上,行为人必须是为"其犯罪"即被帮助的他人的"犯罪"提供互联网接入、服务器托管、网络存储、通信传输等技术支持或者提供广告推广、支付结算等帮助。换言之,行为人的违法性还是来自其所帮助的正犯,其自身并不具有独立的违法性。这一点,显然不符合网络犯罪中"共犯正犯化"的典型特点就是"帮助行为客观独立于正犯行为"的描述,[32]因此,如何能说其是"帮助行为正犯化"的典型体现呢?其次,主观上,行

〔31〕 参见刘宪权:《论信息网络技术滥用行为的刑事责任——〈刑法修正案(九)〉相关条款的理解与适用》,载《政法论坛:中国政法大学学报》2015年第6期。但从法益侵害说的角度来讲,尽管这种行为不具有正犯从属性,但具有侵害社会法益的抽象危险。

〔32〕 参见于志刚:《网络空间中犯罪帮助行为的制裁体系与完善思路》,载《中国法学》2016年第2期。

为人必须“明知他人利用信息网络实施犯罪”。尽管在共犯从属性的理解上,只要考虑客观上的因果关系即共犯通过正犯的实行行为而间接地侵害法益就足够,并不需要考虑共犯主观上是不是对他人的犯罪具有明知,但成立帮助犯,行为人必须具有故意,即一方面明知自己是在为他人提供方便,另一方面还必须明知自己所帮助的他人在实施侵害法益的行为。因此,从《刑法》第 287 条之二的罪状描述来看,显然其是在将本罪作为一个信息网络犯罪的帮助犯处理的,并没有将其作为一个完全独立于被帮助的正犯的存在。

本文认为,《刑法》第 287 条之二所规定的帮助信息网络犯罪活动罪,并不是将帮助犯正犯化,只是帮助犯的量刑规则。理由是:

首先,本条并没有规定一个可以独立于被帮助的他人而成立的罪名。因为,《刑法》第 287 条之二第 1 款规定得非常清楚,成立本罪,并不是只要求提供互联网技术支持的行为人明知他人利用信息网络实施犯罪,还要求客观上“为其犯罪提供互联网……技术支持”。这里的“其”,显然是指被“技术支持”即帮助的他人,也就是正犯;这里的“犯罪”,既包括正在实施的犯罪,也包括将要实施的犯罪,但一定是犯罪,即“刑法所规定的侵害法益行为”。换言之,成立本罪,客观上所要求的“技术支持”,只能是针对“他人的犯罪”即刑法所规定的侵害法益行为。在被支持的他人没有实施犯罪的时候,至少从罪刑法定的角度来看,不能成立本罪。这样说来,《刑法》第 287 条之二所规定的“帮助信息网络犯罪活动罪”并没有超出共犯从属性的范围。

或许有人说,既然《刑法》第 287 条之二规定的犯罪并没有超出帮助犯的范畴,为何本条第 1 款当中还要规定一个“情节严重”的要求呢?这不正好说明本罪不从属于被帮助对象的实行行为吗?但这种理解也是不妥的。从客观现实来看,刑法中所规定的帮助犯的帮助手段有两种类型:一是以违法或者日常生活中所不允许的方式,为正犯行为提供方便。如为他人的杀人行为提供毒药或者枪支,或者事先将被害人的看家狗毒死,为他人盗窃扫清障碍等,就是如此;二是实施日常生活中所必不可少的生活行为或者业务行为,但客观上为正犯提供了方便。如出租车司机将客人载到指定地点之后,客人却在此地实施了抢劫行为等,就是如此。前一种场合,因为帮助行为本身就是违法行为,因此,直接将其作为正犯的帮助行为,没有任何问题,但后一种场合,因为该帮助行为是日常生活中所不可缺少的业务行为,通常并不违法,只是偶然地被利用为了犯罪手段而已。如果将这类行为和前述违法行为一样看待,难免会对人们的日常生活造成巨大的不便,也会因此而对我国方兴未艾的网络产业造成巨大的冲击,因此,《刑法》第 287 条之二对成立本罪进行了诸多限制,除了要求“明知他人利用信息网络实施犯罪”之外,还要求“情节严重”。这实际上是对我国刑法学中饱受非议的将中立帮助行为直接入罪的一个回应。其也从一个侧面反映出,中立行为可以入罪,但必须达到“情节严重”的程度。

其次,独立法定刑并不是本条规定独立罪名的根据。有学者认为,刑法规定独立法定刑以行为独立成罪为前提。〔33〕 言下之意,若《刑法》第 287 条之二所规定的不是独立罪名,就不会有此规定。但是,规定独立法定刑的行为尽管是单独罪名,并不意味着该犯罪就一定就是正犯,而不可能是帮助犯。正犯与帮助犯是有关共犯(广义共犯)类型的区分,与有无独立法定刑无关。即便是在成立条件上从属于正犯的帮助犯,也是犯罪,并不影响其具有独立法定刑。换言之,是不是具有独立法定刑,与行为性质到底是正犯还是共犯无关。这一点只要看看刑法分则中的相关规定,就能清楚地看出。如《刑法》第 284 条之一第 1 款规定了“组织考试作弊罪”,其第二款规定“为他人实施前款犯罪提供作弊器材或者其他帮助的,依照前款的规定处罚”。这意味着,帮助组织考试作弊行为没有独立法定刑。即便如此,谁会否定本条款所规定的行为的帮助犯的性质呢?相反地,《刑法》第 107 条规定有“资助危害国家安全犯罪活动罪”,其中明确规定,犯本罪的,对直接责任人员,处 5 年以下有期徒刑、拘役、管制或者剥夺政治权利;情节严重的,处 5 年以上有期徒刑。但是,该条还明文规定,成立本罪,被资助的人必须“实施本章第一百零二条、第一百零三条、第一百零四条、第一百零五条规定之罪”,换言之,本罪的成立,以被资助的人实施背叛国家罪(第 102 条)、分裂国家罪、煽动分裂国家罪(第 103 条)、武装叛乱、暴乱罪(第 104 条)、颠覆国家政权罪、煽动颠覆国家政权罪(第 105 条)为前提,被资助人没有实施前提犯罪的话,资助危害国家安全犯罪活动罪就不成立。如果说有独立法定刑的就不是帮助犯的话,则本罪就不是共犯了。但是,有谁会否认,本罪本质上就是背叛国家罪等的帮助犯呢?

最后,本条规定不会使总则中有关共犯规定被虚置。反对意见认为,将本条规定理解为刑法总则中共犯规定之外的“量刑规则”会导致刑法总则共犯处罚被虚置,最终丧失对刑法分则的指导意义。〔34〕 但这种担心是不必要的。《刑法》第 287

---

〔33〕 参见刘艳红:《网络犯罪帮助行为正犯化之批判》,载《法商研究》2016 年第 3 期。

〔34〕 同上引。

条之二第 3 款规定“有前两款行为,同时构成其他罪的,依照处罚较重的规定定罪处罚”。这就意味着,在行为人的行为既构成本罪,同时又构成其他较重犯罪的帮助犯时,就要按照《刑法》总则第 27 条规定,对其“从轻、减轻处罚”。这是刑法总则中共犯处罚规定对分则的指导意义的体现。但是,在即便按照《刑法》第 27 条的规定处罚之后,仍然较本罪的处罚更重时,就要按照《刑法》第 287 条之二第 3 款规定,对行为人依照处罚较重的规定定罪处罚,而不以帮助信息网络犯罪活动罪论处。《刑法》第 287 条之二只是对明知他人利用信息网络实施犯罪,为其犯罪提供互联网接入等技术支持,或者提供广告推广、支付结算等帮助行为规定了一个量刑的下限,即“处三年以下有期徒刑或者拘役,并处或者单处罚金”而已,[35] 并没有完全推开《刑法》总则第 27 条的规定于不顾。可能有人会说,按照《刑法》第 27 条的规定,对帮助犯还有“应当免除处罚”的优惠,但《刑法》第 287 条之二则取消了这种优惠。这种理解也是正常的。因为,《刑法》第 287 条之二所规定的是一种特殊的帮助犯即帮助信息网络犯罪活动罪的量刑规则,适用本量刑规则的条件之一,就是明知他人利用信息网络实施犯罪,而“为其犯罪提供互联网接入……等技术支持,或者提供广告推广、支付结算等帮助”且“情节严重的”,才能适用本条。而能满足上述要求的,绝对不可能是“应当免除处罚程度”的帮助犯。

因此,关于《刑法》第 287 条之二所规定的“帮助信息网络犯罪活动罪”,并不是将帮助行为作为独立正犯的表现,而是有关处罚帮助利用信息网络实施犯罪的行为的量刑规则。因此,在本罪的适用上,必须注意以下几点:

首先,成立本罪,必须在被帮助的他人即正犯着手实施犯罪之后。在正犯尚未着手实施犯罪之前,行为人提供互联网接入等帮助的,除非正犯行为的预备犯也要被处罚,否则,帮助行为就不能成立本罪。因为,按照共犯从属性原理,帮助犯的违法性来自被帮助的正犯,其自身并没有独自的违法性。正犯尚未着手犯罪即尚未对法益造成具体的法益侵害危险时,帮助犯就更谈不上对法益的侵害了。

---

[35] 这种量刑下限的规定,实际上也照顾到了“由于帮助对象的数量庞大,网络犯罪利益链条中的帮助行为实际上往往成为获利最大的环节,按照共犯处理,也难以体现其独特危害性”的担心。胡云腾:《谈〈刑法修正案(九)〉的理论与实践创新》,载《中国审判》第 2015 年第 20 期。但是,正如杀人可以使用多种手段,手段不同,社会危害性也不相同,用刀杀人的,构成故意杀人罪;用炸弹杀人的,构成爆炸罪一样,如果说利用信息网络这种手段犯罪的社会危害性特别大,作为共犯难以评价(陈文昊、郭自力:《从正犯化的向度看共犯独立性的刑事政策意涵》,载《辽宁行政学院学报》2016 年第 8 期)的话,则只能另起炉灶、单设罪名了,而不是将本罪正犯化就能解决得了的问题。

要注意的是,这里的"犯罪",是指广义上的犯罪,即客观上引起了侵害法益的结果,符合客观犯罪构成的行为,其并不一定要受到刑罚处罚。如《刑法》第15条第2款即"过失犯罪,法律有规定的才负刑事责任"中的"犯罪",就是其体现。按照传统犯罪学说,不负刑事责任的行为是不可能成立犯罪的。但是,按照这种理解,就难以解释上述规定。如果从广义的犯罪的角度来看,上述规定是成立的。即行为尽管造成了严重的法益侵害,行为人在实施行为时也具有罪过即过失,客观上已经属于犯罪,但立法者基于刑事政策上的考虑,规定不对其进行处罚。这种规定就是广义的犯罪概念的体现。如此说来,只要现有证据足以表明,他人利用信息网络实施了侵害法益的行为,不管他人是否被查获、是否应当承担刑事责任,根据共犯从属性原则,提供帮助者都应当成立帮助犯。这样说来,主张正犯论者所担心的,如果不将帮助者作为正犯单独处理的话,"在主犯不能到案的场合,对帮助犯的追究就会陷入被动"〔36〕的担心就可以免除了。

其次,成立本罪,必须明知他人利用信息网络实施犯罪。行为人与被帮助的他人之间具有共谋或者商议的场合,可以肯定具有"明知",这就毋庸赘述了,即便是没有共谋的场合,行为人也可以因为具有单方面的"明知"而构成片面帮助犯,这是不言而喻的。"明知",包括确实知道和可能知道两种。其中,"可能知道"的认定,可以结合我国当前主观推定的具体实践进行。具体来说,如果提供网络技术服务异常,如以虚假身份、地址或者其他虚假方式提供或者接受服务和帮助的,收取网络服务费明显高于市场正常价格的,在接到有关主管部门的通知或者收到社会监督之后仍然无动于衷继续提供服务的,在执法人员调查时以销毁、修改数据等方式故意规避调查或者向犯罪嫌疑人通风报信的,均可以推定行为人主观上"可能知道"。〔37〕但是,有证据证明确属不知道的除外。

最后,刑法总则中有关共犯的处罚规定仍然适用。如某乙在明知某甲从事网络诈骗活动的情况下,帮助其租赁服务器、购买、注册网络域名,搭建和维护多个虚假代售机票网站,并收取服务费。某丙在明知的情况下,找到多人身份证办理工商银行借记卡,并出售给某甲,用于接受被害人被骗汇款。某丁在明知的情况下,帮助某甲开设诈骗网站进行百度推广,并从中牟利。到案发时为止,某甲等通过此种方

〔36〕 参见胡云腾:《谈〈刑法修正案(九)〉的理论与实践创新》,载《中国审判》2015年第20期。

〔37〕 参见郭旨龙:《论信息时代犯罪主观罪过的认定——兼论网络共犯的"通谋"与"明知"》,载《西部法学评论》2015年第1期。

式共骗取人民币100万余元。本案中,作为正犯的某甲涉嫌违反《刑法》第266条规定的诈骗罪,且金额特别巨大,因此,其和作为共犯的某乙、某丙、某丁均应当在“处十年以上有期徒刑或者无期徒刑,并处罚金或者没收财产”的范围内处罚。但某乙、某丙、某丁在构成某甲的诈骗罪的共犯(帮助犯)的同时,还构成“帮助信息网络犯罪活动罪”,依照《刑法》第287条之二第3款规定,必须“依照处罚较重的规定定罪处罚”。换言之,即便将帮助信息网络犯罪活动罪解释为刑法总则中共犯规定之外的量刑规则,也不会导致刑法总则中有关共犯的规定被虚置。上述案例中,从轻处罚的场合就不用说了,依据其情节应当减轻处罚,由于是在“处十年以上有期徒刑或者无期徒刑,并处罚金或者没收财产”的量刑幅度之下进行减轻,仍然有可能高于《刑法》第287条之二所规定的“三年以下有期徒刑或者拘役,并处或者单处罚金”的法定刑幅度,因此,这种情况下,对某乙、某丙、某丁三人还是要作为诈骗罪的共犯处罚。当然,如果说依据情节应当免除处罚的话,依照《刑法》第287条之二第3款的规定,此时就无法按照诈骗罪对某乙、某丙、某丁三人处罚了,而必须以帮助信息网络犯罪活动罪,“处三年以下有期徒刑或者拘役,并处或者单处罚金”的范围之内进行处罚了。

中美电信诈骗犯罪法律规制路径的比较研究

孙嫣然*

【内容摘要】 当今社会，尖端科技的发展成了推动电信诈骗活动蔓延的引擎。面对防治此类犯罪的迫切需求，中国政府积极在立法、司法以及政策层面寻求有效的解决途径。然而，往往电信诈骗犯罪表面能得到一时的抑制却始终难逃死灰复燃的境遇。遇到电信诈骗犯罪率居高不下难以突破的“瓶颈”，笔者将视角切换到美国打击电信犯罪的路径上。虽然有其他社会控制路径作为辅助，但想直击电信诈骗犯罪活动的要害，美国政府倾向于选择在联邦法律的层面对此类犯罪进行规制、惩戒。本文意在通过分别分析美国与中国关于电信诈骗犯罪的概念和立法路径两个方面，找寻美国立法的独到之处，以开阔中国关于电信诈骗犯罪法律规制的思路。

【关键词】 电信诈骗　美国路径　比较研究　《刑法修正案(九)》

一、引言

近年来，计算机网络、移动通讯网络和广播电视网络不断发展，不仅促进了电子通讯产业的空前繁荣，同时也使得以其为工具、路径、载体的电信诈骗行业寄生蔓延。尖端的信息技术让传统的诈骗犯罪穿上现代盔甲，重新武装，并且犯罪人能够躲在隐身的装甲车里，采取机动灵活的战术，面向社会公众，广泛撒网，远程遥控，针对不特定的多数人实施诈骗。如此极大地扩展了诈骗犯罪的目标范围，提高了

* 孙嫣然，中国人民大学刑法学2016级博士研究生。

犯罪的效率和成功率,社会危害甚重。

二、电信诈骗犯罪的起源与界定

(一)电信诈骗犯罪的起源

由于电信诈骗犯罪活动方式不断随着电子信息技术的发展而花样翻新,我国有的学者认为,电信诈骗应是一个新兴起的犯罪类型。但通过分析美国刑法领域有关电信诈骗犯罪的发展历史,笔者更倾向于认为,现代所指的电信诈骗犯罪最早可能来源于邮政诈骗罪(mail fraud),如今仅是实施诈骗的载体由邮政系统变为了电信网络。〔1〕所以,电信诈骗犯罪并非我们这个时代特有的产物,它是邮政诈骗犯罪随着时间的推进和科技的进步,逐渐改头换面,以新的面貌出现在了现代社会。

在美国,有关邮政诈骗不法行为的规定,最早出现在19世纪末期。1868年,美国国会颁布了七月法案(Act of July),其中规定:“凡是利用邮政系统寄送任何包含彩票或其他类似内容的信件或传单,均是不合法的行为。”〔2〕几年后,国会又首次将邮政诈骗行为规定为轻罪(misdemeanor):“任何利用美国邮政系统设计或企图利用邮政系统设计计划实施诈骗的行为,均属于犯罪。”〔3〕这成了近代电信诈骗罪立法规定的开端。那时美国政府希望通过这项法律,来防止狡猾的城市骗子欺诈淳朴善良的村民。〔4〕与邮政诈骗罪相比电信诈骗罪是一个比较新的罪名,它于1952年才被规定在《通讯修正法案》当中。然而,这项罪名所秉持的实质内容却并未发生改变,〔5〕它的根本目的仅是为了在法律上制定一个与邮政诈骗罪相平行的罪名,将那些利用电信通讯设备作为工具对公众实施诈骗的行为,上升到联邦罪名的高度。因此通过电信手段实施的诈骗应该与通过邮政为路径实施的诈骗行为,所受的刑罚一样。美国法律事务顾问道尔博士指出,《1952年通讯修正法案》从被制定开始就一直试图反映邮政诈骗罪条文中的相关规定,在多数情况下,它的修改也基

---

〔1〕有学者将 mail fraud 翻译为信件诈骗,此处笔者更倾向于翻译为邮政诈骗,是指犯罪人利用美国邮政系统实施的诈骗行为而并非单指信件一类。

〔2〕Act of July 27, 1868, ch. 246, § 13, 15 Stat. 194, 196.

〔3〕Act of June 8, 1872, ch. 335 §301, 17 Stat. 283, 323.

〔4〕参见 McNally 诉 United Stated 案,该案的判决表明,这条禁令对于治理在大城市中日益增长的由小偷、伪造者和流氓实施的诈骗淳朴村民的行为大有裨益。

〔5〕Act of July 16,1952, ch 879, § 18(a),66 stat ,722(1952).

本与邮件诈骗罪保持一致。[6] 也就是说,邮政诈骗与电信诈骗在很多规定上都是相同的。在一定程度上,当讨论电信诈骗时立法者也是在讨论邮政诈骗。因此,在世界范围内很难抛开邮政诈骗犯罪与电信诈骗犯罪的高度关联性,而否认电信诈骗的演变历史过程。

(二)电信诈骗犯罪概念的界定

最广义的电信诈骗犯罪可以分为两种行为:第一种是故意使用电信设备或服务却不向电信公司支付费用,或利用电信设备或服务非法从电信公司或其客户账户中获取钱财的行为;第二种则是利用现代通讯技术实施的传统诈骗行为。第一种情况,美国学者将其归纳为电信套利诈骗犯罪,它在美国刑法典(U. S Code title 18)的第47章第1029条中有所体现。[7] 据此,电信套利诈骗犯罪在美国可以界定为以电信服务商为诈骗对象,采用技术手段窃取账户信息,或使用虚假信息来注册客户等手段,非法获取电话、手机、电脑网络等信息服务或获得电信服务承诺等形式的欺诈行为。然而在中国司法实践中,此类犯罪往往会根据案情的不同分别以盗窃罪和诈骗罪定罪处罚;[8] 它与中国学者所界定的电信诈骗全然不同,通常中国学者所指向的电信诈骗犯罪行为是第二种情况。第二种情况在美国刑法典中亦有所对应,即《美国刑法典》第63章第1343条规定的利用互联网络、广播电视网络实施的诈骗(简称 wire fraud),它指一切通过电信网络故意设置骗局,剥夺他人财产权或无形财产权即接受诚信服务权利的行为。[9] 由于美国学者所界定的电信诈骗犯罪,除了包含通常所说的有形资产之外,还应包括诚信服务诈骗行为(honest service

---

[6] Charles Doyle,"Mail and Wire Fraud: A Brief Overveiw of Federal Criminal Law",CRS Report for Congress (R41931) 2011.

[7] 参见18 U. S. Code §1029 诈骗罪与其他与接入设备有关的其他相关犯罪(Fraud and related activity in connection with access devices)中的(a)款第7项 故意(mens rea)并意图(with intent to)欺骗性利用、制造、买卖、控制、保管、持有变造的用于获取未经授权的通讯服务权限的电子通讯设备和第9项明知是为了获取未授权通讯服务而配置的可以插入电信设备并更改通讯识别信息的硬件或软件而故意使用生产,买卖,实际控制或保管、持有的。

[8] 参见葛磊:《电信诈骗罪立法问题研究》,载《河北法学》2012年第2期,转引自 Ghosh,M "Telecoms Fraud",载 Computer Fraud & Security 2010。

[9] John A. Schwab,"Congress Must speak Clearly, again", Honest services Fraud – 18 u. s. c. §1346, the grove City College journal oF law and public policy 2010.

fraud),这种界定范围,显然大于中国学者对电信诈骗犯罪所侵犯客体的认识。[10]所以应当认为是对电信诈骗犯罪一种广义的界定。

由于美国的电信诈骗罪包括诚信服务诈骗罪和普通电信诈骗,所以与上述两种定义相比,中国则对电信诈骗犯罪的界定更窄,它既不包括电信套利杂诈骗犯罪,也不包括诚信服务诈骗犯罪,而是单纯指以非法占有为目的,通过手机等电信设备发送短信、拨打电话或者利用计算机信息网络、广播电视网络等公共通讯网络发布虚假信息,对不特定多数人实施的普通电信诈骗犯罪行为。[11] 由此可以看出,尽管规定的范围存在差异,美国与中国对电信诈骗的理解,在普通电信诈骗犯罪这一基本罪行上还是一致的。由于美国电信和互联网产业发达,早在 20 世纪 80 年代,电信诈骗活动已经在美国横行肆虐,很多受害者损失严重,甚至家破人亡,境地悲惨,与如今中国社会电信诈骗犯罪的现状十分相似。再加上美国拥有数十年与电信诈骗犯罪作斗争的经验,其所采取的打击电信诈骗犯罪活动的立法路径,对中国防治电信诈骗犯罪应具有一定的启发意义。

三、美国关于电信诈骗犯罪的立法与启发

(一)美国刑法典中的电信诈骗罪

1. 构成要素要求

已如前述,尽管美国对于邮政诈骗早有规定,但随着信息产业的发展,原有规定已不能全面涵盖所有通过信息传播的诈骗手段,国会意识到了将其重新规制的重要性。于是,1952 年国会通过了《通讯法案修正案》(Communications Act Amendment 1952),正式将电信诈骗行为提升到了联邦法律的层面。后来经过不断的修正与充实,如今涉及利用电信诈骗的罪行十分宽泛,成为检察官指控、法官惩治诈骗

[10] 诚信服务诈骗规定在《美国刑法典》第 1346 条,它是一种无形权利,在公务事物领域,指被选举或委任的国家工作人员的大多数不当行为,主要表现为受贿和以权谋私两种;尽管这一笼统的措辞容易导致一系列没有根据的起诉,但是多数联邦检察官坚持认为公务人员有为选民负责的义务即在做决定时应当站在选民的角度衡量利弊。他们一旦违背这一职责而仅顾自身利益则他们这一欺骗公众的行为理应受到惩罚。在私人领域它多指个人失信,在司法实践中也受到了很大的争议。

[11] 参见任素贤、秦现峰:《电信诈骗犯罪相关问题研究报告——以上海第一中级人民法院审理的案件为样本》,载《刑事审判参考》总第 93 集。

犯罪强有力的“武器”。电信诈骗罪禁止一切利用电子通讯手段,如电话、计算机、广播或电视网络进行的跨州的(interstate)诈骗计谋(scheme or artifice)。[12] 1956年,国会又将此罪的惩罚范围扩大到国际范围内:[13]“任何人设计或意图设计任何骗术,为取得金钱和财产而借助虚假或欺诈性的理由、陈述、承诺的方法,利用跨州的或跨国的计算机、广播或电视网络传播或促进传送任何文字、符号、信号、图像或声音以便实施该骗术的,依本法处罚款或20年以下监禁或者并处两种刑罚。如果涉及在总统声明的重大灾情或紧急事件的授权、运输、传播、转让、支付环节中谋利的,或被害人为金融机构的,应当处1,000,000美元以下罚款或30年以下监禁或者并处两种刑罚。”[14]除此之外,第1346条对界定电信诈骗的行为进行了补充:“根据本章节之目的,策划或促进诈骗的行为应该包括剥夺他人忠诚服务这一无形权利的计谋。”[15]通过分析上述法条可知,在美国,检察机关若想排除合理怀疑,证明犯罪嫌疑人犯电信诈骗罪,必须要证明犯罪嫌人之行为包含以下四个要素。

(1)欺诈性计谋与其关键性(materiality)

欺诈性计谋是构成电信诈骗罪最基本的要素,但是相关法规却未对欺诈性计谋做出具体解释,而且纵观联邦诈骗法的立法历史,也很难找出界定欺诈性计谋实际内容的只言片语。事实上出于打击犯罪考虑,国会本意认为诈骗计谋所包含的范围越宽泛越有利,每每出现新的问题都会将其扩充到诈骗计谋的概念之内。但是在司法实践中,基于对正义的追求,法官往往倾向于寻求缩小解释诈骗计谋范围

---

〔12〕 参见United State诉Lindemann案,第1343条仅包括州际间的电信网络是因为国会对各州内活动的立法权受到了《商业条款》的限制。

〔13〕 由于美国境内加大了对电信犯罪的打击力度,美国境内越来越多的犯罪分子将赃款从北美洲转移到了拿索(巴哈马群岛首都)等拉丁美地区。参见generally, United States v. Goldberg, 830 F. 2d 459, 461-65 (3d Cir. 1987)。

〔14〕 whoever, having devised or intending to devise any scheme or artifice to defraud, or for obtaining money or property by means of false or fraudulent pretenses, representations, or promises, transmits or causes to be transmitted by means of wire, radio, or television communication in interstate or foreign commerce, any writings, signs, signals, pictures, or sounds for the purpose of executing such schme or artifice, shall be fined underthis title or imprisoned not more than 20 years, or both. If the violation occurs in relation to, or involving any benefit authorized, transported, transmitted, transferred, disbursed, or paid in connection with, a presidentially declared major disaster or emergency [as those terms are defined in section 102 of the Rober T. Stafford Disaster Relief and Emergency Assistance Act (42 U. S. C. §5122)], or affects a financial institution, such person shall be fined not more than $1,000,000 or imprisoned not more than 30 years, or both. 参见18 title U. S. Code §1343(2012)。

〔15〕 For the purposes of this chapter, the term "scheme or artifice to defraud" in cludes a scheme or artifice to deprive another of the intangible right of honest services. 参见18 title U. S. Code §1346(2012)。

的出路。法官在美国诉斯隆案的判决中指出,欺骗计谋包括被告人利用明知是错误或歪曲的陈述,引导受害人按照自己的指示行动;美国诉格雷案认为,隐藏信息、歪曲事实、避免被怀疑或规避日后追究的欺骗行为或计谋,都可以构成诈骗;在桑切斯诉三 S 管理公司案中则表明,尚未传递信息时不能满足计谋去诈骗的要求。可见,司法实践中的理解,意在明确电信诈骗中的计谋诈骗要素的具体内容,包括诈骗计谋、诈骗行为以及计谋表现为行为等内容。

概括而言,计谋诈骗包括通过设置骗局、谎言或夸大事实的手法,剥夺被害人所有的具有价值的事物,它主要表现为三种形式:①没有说明根据其责任应该说明的有关事实;②用虚假的理由掩盖事实的真相;③用贿赂、回扣、敲诈勒索、逃税或其他违反联邦法或州法律的手段,占有金钱、财产或权利。首先,法院认为这些有价值的事物,包括日常社会生活中所需要的诚信、道德正直与坦诚相待。[16] 其次,欺骗计谋中对欺骗性的表述,既包括对过去、现在的表述,也包括对未来没有发生事情的建议和许诺。再次,该法条既非难既遂的电信诈骗,也非难未遂的电信诈骗。因为电信诈骗罪的目的在于惩戒电信诈骗之计谋本身,而非其成功的结果。最后,最需要说明的是,对于该法条是否要非难那些只能够欺骗容易轻易上当的人,却不足以欺骗那些合理谨慎人的诈骗计谋,即是否要求被害人具有一般审慎义务,在司法实践中存在较大的争议。一般法院理所应当地认为,被告人的通讯交流,理应是为了欺骗有一般审慎和理解力的人而实施的。[17] 然而,有的联邦上诉法院却对这种定论不以为然。持反对意见的法官认为,被害人是否具有一般人的审慎义务,也许对于个别案件的判定具有某种程度的意义,但却无法因此断言它就是所有一般案件成立的必要条件。上诉法院强调,比被害人是否应当具有一般审慎义务更值得注意的是,被告人的欺骗性计谋是否对诈骗实施起到了关键作用,这才是陪审团判断诈骗计谋成立的重要依据。

虽然电信诈骗罪的条文中,并未对欺骗计谋的关键性做出规定,但是它确是决定此罪的重要要素之一。内德尔诉美国案的判决指出,在此罪名颁布实施之初,“诈骗”一词就作“对重大情况的错误表述和隐藏”的理解。[18] 在内德尔案中,法院援引《侵权重述(二)》对电信诈骗罪中计谋的“关键性”概念进行类推:表述者相信

---

〔16〕 United State v. Henningsen, 387F. 3d 585,589(7th Cir. 2004).

〔17〕 Hammerschmidt v. United State, 265 U. S. 182,188(1924).

〔18〕 Neder v. United State,527 U. S. 1,22 -3,25(1999).

或有理由相信信息的接收者,会认为或极有可能认为其所表述的事实在接收者的决定中起到重要作用,则其表述的内容就被认为具有关键性。法院认为,只要被告人知道或应当知道,被害人可能将歪曲的事实认为是决定的关键,那么被告人所歪曲事实的客观可信度,就不再显得尤为重要。[19]据此,一般审慎或一般理智,原则上仅仅是陪审团用于判断被告人有无诈骗故意的工具,而非排除诈骗计谋成立的依据。被告人的陈述是否对电信诈骗罪的成立具有关键性作用,取决于陈述是否实质或足够影响其所针对对象的行为。

(2)故意

电信诈骗罪的故意要素,强调被告人对获取经济利益或造成他人经济损失具有具体的故意。[20] 但事实上,电信诈骗罪中的故意并不需要过多的解释,因为存在诈骗计谋本身就表明了犯罪人的故意意志。需要明确的是,被告人坚信自己的陈述或许诺属实或其他善意行为,例如,被告人明知自己的陈述不会欺骗到对方,都可成为其反驳电信诈骗罪指控的绝对依据。但以下两点却不能成为被告人的辩护理由:一是被告人自欺欺人的声称,自己认为陈述属实;二是虽然被告人故意实施电信诈骗行为,但他虔诚地相信自己的行为最终会使得被害人获利或不会遭受损害。

在证据方面,由于电信诈骗犯罪活动取证的难度系数大,自由政策(liberal policy)允许公诉机关用间接证据来证明被告人有犯罪故意。与此相对应,被告人也被允许利用间接证据来洗脱自己有犯罪故意的嫌疑。此外,实质性的偏见即在起诉前或起诉后被告人不良行为的证据,也可以用于证明被告人的故意。在美国诉舒马赫案的判决中法官指出,被告人与电信诈骗相关的其他未被指控的欺诈交易,也可以为被告人的犯罪故意提供证明。[21] 进一步说,被告人进行电信诈骗的故意,可以由其对不法的认识程度推知。例如,被告人通过打电话的方式,请求对方为一家虚假设立的慈善组织捐款,如果被告人知晓该组织是不合法的,那么他对不法的认识程度,就达到了电信诈骗罪之故意的要求。[22] 即便被告人缺乏对于不法的认识,但只要他轻率地忽视或漠视表述内容的真实性,就可以达到电信诈骗罪中对不法

〔19〕 Svete,556 F. 3d at 1165 – 70.

〔20〕 参见 United State v. Owens,301 F. 3d 560 521,528. 需要注意的是,诚信服务虽然是一种无形权利但是它的主要表现形式为贿赂和回扣也属于经济利益。

〔21〕 United State v. Schumacher,238 F. 3d 978,980.

〔22〕 United State v. Smith, 133 F. 3d 737,743.

认识的要求。例如,被告人对交易中不真实或欺骗性的本质视而不见。

(3)利用电信通讯设施

利用电信通讯设施进行诈骗,只需要被告人认识到使用电信通讯设备是行业常态或可以被合理预见即可。换言之,使用电子通讯设施不必是诈骗计谋的必要组成部分,只要是被告人在实施计谋时不可避免地使用了电信通讯设施,就可以满足"利用电信通讯设施"这一要素的要求。因此,被告人对于利用电信通讯设施来实施诈骗,不需要有具体利用的预谋。随着科技的发展,实施电信诈骗可资利用的工具不断增多,从传真、电报到调制解调器和网络,特别是网络银行和智能手机的普及,使得电信诈骗罪中的电信范围越来越广,相应的惩治范围也越来越大。

除了有用到电信通讯设备之外,此要素还要求,电信通讯的使用是以实施被告人的计谋为目的,即所谓的促进了被告人计谋的达成。判断电信通讯促进计谋达成的重要标准,是电信通讯的使用是否与诈骗计谋联系紧密。[23] 这一标准看似容易判断,但也存在一些例外情况。例如,一般来说,对于电信通讯的使用应当是在实施诈骗计谋的过程中,否则就不能满足促进计谋发展的要求。然而,法院认为,如果被告人在达到犯罪目的之后利用电信通讯网络来消除犯罪痕迹,拖延调查或安抚被害人使其陷入错误的安全感觉的情形,也应当看作对诈骗计谋起到了促进作用。

(4)造成金钱、财产或"诚信服务"损失

电信诈骗的另一个重要要素是,被告人的诈骗计谋造成或可能造成被告人金钱、财产或诚信服务的损失。通常情况下,诈骗计谋所造成的实际损失是不需要被证明的,仅仅能够表明一旦被告人成功实施了电信诈骗,该法条所保护的法益将面临被侵害的危险,就能够满足此要素的要求。

法院对电信诈骗罪保护的法益与传统诈骗罪所保护的法益相一致,即公私有形财产和无形财产,这一点并无异议。此外,法院还非常谨慎地限制了该法条对无形财产的适用范围。例如,只有像商业机密那样长久以来被公认为是财产表现形式的,才被纳入了规制范围。法院将那些对所有者没有任何实际价值的无形财产,

---

〔23〕 沃尔特斯公司与高校奖学金运动员秘密地签订合同让他们为其公司效力。然而这种行为是绝对被 NCAA(Collegiate Athletic Asoociation)所禁止地,NCAA 规定凡是有公司代理的运动员是没有资格代表学校参加任何高校体育赛事。运动员所在大学要求运动员们确认是否适合参赛并签署表格,后大学将这些表格邮寄给了各个体育协会。被揭发后,沃尔特斯公司被指控邮政诈骗罪。但上诉法院认为沃尔特斯公司对大学邮寄适合参赛确认函给体育协会是不可预知的,故不构成邮政诈骗罪。此判决同样适用于解释电信诈骗罪。参见 United States 诉 Walters 案。

排除在外。[24] 例如，骗取州或地方各种许可证的行为就不应当构成该罪，因为许可证并非政府的财产形式之一。因此，一种无形财产利益是否被电信诈骗罪规制，取决于它是否是传统观念意义上的财产利益。

电信诈骗罪中所涉及的无形财产中，最典型的表现便是“剥夺诚信服务”。在国会颁布实施《刑法典》第 1346 条之前，许多法院就已经开始援引电信诈骗罪去处罚剥夺他人无形财产权利的行为。以至于到了 19 世纪 70 年代，邮政诈骗罪与电信诈骗罪成为了公诉人指控公共越轨行为（public betrayals）的重要方法。然而，在 1987 年最高法院否认了邮政诈骗罪和电信诈骗罪对无形权利的规制效力，并在麦克奈利诉美国案中强调：“电信诈骗罪的本意是保护公民的金钱和财产权利，而非其他无形权利不被诈骗计谋侵犯。”[25] 作为对麦克纳利案的回应，国会在第二年颁布了《刑法典》第 1346 条，确认了电信诈骗罪和邮政诈骗罪的规制效力。然而在司法实践中，第 1346 条的实施标准却显得十分混乱，一些没有明显违反州或地方法律的行为，仍有被电信诈骗归罪的可能。例如，有人利用职位在一次普通的电话竞猜中分数领先，法院会以违反了公平竞争的道德准则为由，对他按照电信诈骗罪予以处罚。为了解决这一困境，最高法院在林吉斯诉美国案中，将电信诈骗罪所规制的无形财产权利限制在了受贿与回扣两个方面。

2. 量刑

电信诈骗罪可以被判处 5 年到 20 年的监禁，或处或并处最高 25 万美元的罚款，对公司或其他组织最高可以处 50 万美元的罚款。如果被害人是金融机构或与自然灾害相关，最高可判处 30 年监禁，或处或并处 100 万美元罚款。[26] 法官一般会先计算被告人适用刑罚的范围，再确定对被告人具体的刑期。作为联邦刑法上的罪名，对电信诈骗的量刑一般参照《美国量刑指导规则》（*the United State Sentencing Guidelines*）。[27]

对于电信诈骗罪传统的违反，即以诈骗他人金钱及财产的犯罪，适用《美国量

---

〔24〕 同本章引 6，Charles Doyle 文。

〔25〕 参见 Mcnally 诉 United State 案。

〔26〕 18 U. S. C. § 1343 2012，The sarbanes - oxley act of 2002 § 903（a）（b） 116stat. 745，800.

〔27〕 美国联邦刑法中的量刑规则：联邦法院的量刑规则其实是一个积分体系。要确定被告人的最终刑期就要先确定他的“基本犯罪等级”（base offense level）。之后，最初确定的犯罪等级会根据被告人的犯罪记录累加，或根据被告人犯罪中的减轻情节降低。根据情节计算完刑期之后，被告人最终的犯罪等级决定着他被适用的刑罚，包括缓刑、监禁和罚款。参见 Charles Doyle，How the Federal Sentencing proceedings by correctly calculating the applicable Guidelines range，CRS report R41696。

刑指导》第 2B1 条(Section 2B1)中"涉及诈骗及欺骗罪名"条款的规定。对于以普通财产为目标的电信诈骗,《美国量刑指导》规定的基本犯罪等级为 6 级,适用于被害人损失在 5000 美元或以下的电信诈骗犯罪。随着犯罪导致被害人金钱损失的增加,被告人的犯罪等级也不断上升。电信诈骗罪的最高犯罪等级为 30 级,适用于被害人损失高于 4 亿美元的情形。此外,国会还针对以下情形加重了对被告人的刑罚:针对金融机构的诈骗活动;[28] 利用总统声明级别的重大自然灾害或紧急情况,实施诈骗活动;[29] 涉及 10 个被害人年龄在 55 岁以上,尤其是针对 55 岁以上老年人实施的电话营销诈骗活动(此种情况下,法院也可能根据诈骗计谋针对 10 人以上 50 人以下这一情节,增加被告人的犯罪等级)。在被告人具有以下减轻情节时量刑,可以向下调整(downward departures):被告人及其特殊的家庭条件和地方法院量刑过重。但无论根据什么情节,如何加重或减轻刑罚,量刑幅度所依据的事实,总体上不能超出《美国联邦刑罚》第 3553 条 a 款的规定。[30]

对于剥夺公民诚信服务权利或破坏政府基本职能的诈骗犯罪的量刑,可以参照《美国量刑指导》第 2C1.1 条(Section 2C1.1)中"关于公务人员剥夺公民诚信服务无形权利"条款的规定。根据 2C1.1 条的规定,公务人员触犯电信诈骗罪的基本犯罪级别是 14 级,其他普通被告人的基本犯罪级别是 12。被告人如果实施了超过一次受贿或索贿的犯罪行为,应根据情节累加其犯罪级别。对于被告人是民选官员或官居要职,对重大敏感事件有决定权的情形,应将其犯罪级别向上累加 4 级。

每次使用电信网络系统促进诈骗计谋的行为,都应由独立的法庭程序进行审理,然后再将分别计算出的刑期相加得出一个犯罪级别。共谋进行电信诈骗的构成独立的罪。如果在电信诈骗共谋之后又实施了电信诈骗行为,则构成共谋电信诈骗与电信诈骗,两罪并罚。因为法院认为,比起诈骗计谋和计划,每一次为了促进计谋成功而使用电信网络的行为,更值得被处罚。

(二)中国电信诈骗犯罪的法律规制现状

在中国,直到近几年电信诈骗犯罪活动所依托的载体的特殊性和重要性,才逐

---

〔28〕 金融机构的范围规定在 Financial Institutions Reform, Recovery, and Enforcement Act of 1999 中。

〔29〕 对于重大灾害和紧急情况的定义规定在 Emergency and Disaster Assistance Fraud Penalty Enhancement Act of 2007 中。

〔30〕 法院在适用量刑的适合不应超过必要限度,应反映犯罪严重程度给予罪行公正的惩罚,并足够震慑犯罪活动,起到犯罪预防的作用。同时,还要考虑被告人的犯罪历史以及相关政策的需要。参见 18 U. S. code §3553 关于量刑适用的规定。

渐体现出来。与美国在18世纪中期就通过立法活动规制邮政诈骗行为行不同，由于长久以来以邮政系统为载体实施的诈骗犯罪活动，未对中国社会中广大人民群众的正常生活秩序产生严重影响，所以在中国更倾向于用诈骗罪惩治类似诈骗活动（包括后来兴起的电信诈骗犯罪）。然而进入20世纪以后，信息产业在中国得到了突飞猛进的发展，这在很大程度上改变了社会运作模式和人们的生活方式。与此同时，信息技术所带来的负面影响也逐渐显露出来，利用计算机网络和其他电子通讯技术实施的诈骗案件频繁发生，并且涉案金额巨大，人数众多，隐蔽性强，破案难度大，其社会危害程度远远高于普通诈骗案件。

为了应对居高不下的电信诈骗犯罪率，最高人民法院和最高人民检察院于2011年2月出台了《关于办理诈骗刑事案件具体应用法律若干问题的解释》（以下简称《办理诈骗案件解释》）。《办理诈骗案件解释》立足于现行《刑法》第266条关于诈骗罪的规定，着重强调了电信诈骗犯罪适用诈骗罪的具体路径。《办理诈骗案件解释》颁布第二年的上半年，电信诈骗案件数量明显回落，可以说打击电信诈骗活动的工作取得了一定成效。[31] 然而近几年此类犯罪又出现了反弹趋势，公安部的统计数据显示，2013年电信诈骗法案30余万起，群众损失100多亿元，比2012年分别上升了77%、25%。[32] 为了营造一个健康的网络生态环境，中国共产党的第十八届三中全会对互联网治理工作提出了新的要求："坚持积极利用、科学发展、依法管理、确保安全的方针，加大依法管理网络力度，加快完善互联网管理领导体制，确保国家网络和信息安全。"作为回应，2015年颁布的《刑法修正案（九）》突出了对网络犯罪的关注程度，新增加了多个涉及网络犯罪的条款。这些条款，对于惩治电信诈骗犯罪提供了全新的切实有效的法律依据，对维护广大人民群众的合法利益发挥了重要作用。为了回应刑事政策从严打击电信诈骗犯罪的要求，中国立法司法体系相关规定不断完善，其具体体现为以下四个方面。

1. 入罪标准与从重处罚情节

根据《刑法》第266条的规定，电信诈骗犯罪活动所得达到数额较大这一标准，即可构成诈骗罪。在2011年"两高"出台《办理诈骗案件解释》之前，司法实践中对于数额较大的认定主要依据1996年最高法院制定的《关于审理诈骗案件具体应用法律的若干问题的解释》中第1条的相关规定，即个人诈骗公私财物2000元以上

〔31〕 同本章前引11。

〔32〕 参见朱文、李刚：《"电信诈骗"现状真相大调查》，载《中国信息安全》2014年第5期。

的,属于“数额较大”。而且各个省、自治区、直辖市高级人民法院还可以根据本地区的经济发展情况将入罪标准数额在2000~4000元幅度内进行调整。《办理诈骗案件解释》将这一最低入罪标准从2000元提高到了3000元。[33] 考虑到社会经济的发展和物价因素,诈骗罪的定罪量刑数额标准也应相应提高,但《办理诈骗案件解释》没有忽视诈骗犯罪情势的严峻性和刑事政策的要求,而只对诈骗罪的最低入罪标准进行了微幅调整。[34] 除此之外,《办理诈骗案件解释》还针对一些情节较为恶劣的行为,规定酌定从严惩处的对象,其中就包括通过发送短信、拨打电话或利用互联网、广播电视、报刊杂志等发布虚假信息、对不特定多数人实施诈骗的电信诈骗行为。当同时诈骗数额巨大或特别巨大时,则应认定为“其他严重情节”与“其他特别严重情节”。这不仅为法官在司法实践中的量刑提供了具体的方向指导,还符合针对电信诈骗犯罪活动应坚持高压整治与常态化打击相结合的刑事政策。

2.刑罚处罚的提前与预备行为的正犯化

由于电信诈骗多采用现代化通讯技术,实施突破区域性束缚的诈骗犯罪活动,地点不定和人口流动性大为确定作案人身份和调查取证增加了难度。[35] 例如,很多电信诈骗案件明知犯罪嫌疑人为了实施诈骗行为发布了有关信息,却因为难以证实其诈骗的事实特别是涉案金额,而不得不放弃对他们的追诉,这使得许多犯罪人逍遥法外,并进一步增强了其犯罪信心和更加心存侥幸。如此,犯罪人之犯罪所得远远高出其犯罪成本,这不仅无法有效地惩戒犯罪人,更是无法满足刑事政策对于电信诈骗犯罪活动要“打早打小”的要求。为将电信诈骗犯罪扼杀在萌芽状态、预备阶段,《办理诈骗案件解释》专门规定了电信诈骗未遂的具体类型:利用发送短信、拨打电话、互联网等电信技术手段对不特定多数人实施诈骗,诈骗数额难以查证但具有发送诈骗信息5000条以上;拨打诈骗电话500人次以上或诈骗手段恶劣、危害严重的,应当以诈骗罪未遂处罚。发送信息的数量以及拨打电话的次数比起其他犯罪情节,以及被告人的主观心理要更容易明确,这种具体可行的方法大大提高了惩治电信诈骗犯罪的效率,并起到了强有力的社会威慑作用。

---

〔33〕 参见“两高”《办理诈骗案件解释》第1条:诈骗公私财物价值3千元至1万元以上的认定为刑法第266条规定的“数额较大”。

〔34〕 参见温如军:《最高法:发诈骗短信5000条可定罪》,载《人民日报》2011年4月18日版。

〔35〕 参见胡向阳、刘祥伟、彭魏:《电信诈骗犯罪防控对策研究》,载《中国人民公安大学学报》(社会科学版)。多数电子诈骗的犯罪分子与来自中国台湾,还有部分来自马来西亚、越南、新加坡等地的策划组织者沆瀣一气,隐蔽性强,逮捕难度也很大。

然而笔者想要强调的是,高效便捷的犯罪惩治手段并不意味着就完全符合“打早打小”刑事政策的要求。通过分析上述条文可知,适用未遂规定的必要前提是“利用发送短信、拨打电话、互联网等电信技术手段对不特定多数人实施诈骗,诈骗数额难以查证”的情况。其中“诈骗数额难以查证”就代表着电信诈骗犯罪已经进入了实行阶段,换言之,犯罪人为后续诈骗犯罪做准备的行为,如建立聊天群和搭设网络平台等预备行为还是无法得到妥善处理。针对此类问题,当代刑法扩张手段提出了新的解决路径,即刑事处罚的前置化。对于预备犯来说,刑事处罚的界限可以向前推进到尚未着手实施的犯罪阶段。[36] 为了对电信诈骗犯罪活动进行釜底抽薪式的打击,2015 年颁布实施的《刑法修正案(九)》针对一些为电信诈骗活动而实施的准备工作,单独设立了第 281 条之一进行处罚。该条文规定:利用信息网络实施设立用于实施诈骗、传授犯罪方法、制作或者销售违禁物品、管制物品等违法犯罪活动的网站、通讯群组的;为实施诈骗等违法犯罪活动发布信息的,情节严重的,处三年以下有期徒刑或者拘役、并处或单处罚金。依此规定,将诈骗犯罪预备行为单独入罪,可以对当今社会中肆意增长的电信诈骗犯罪活动起到有效的抑制作用。

3. 帮助行为的正犯化

为了切断电信诈骗犯罪活动的利益链条,从根源上遏制此类犯罪的发展壮大,《办理诈骗案件解释》第 7 条强调:“明知他人实施诈骗犯罪,为其提供信用卡、手机卡、通讯工具、通讯传输渠道、网络技术支持、费用结算等帮助的,以共犯论处。”此解释在理论上无疑为惩处帮助电信诈骗的行为提供了有效的法律依据,但是却因为以下原因,很难在司法实践中充分发挥效应。我国《刑法》第 25 条指出,共同犯罪是指二人以上共同故意犯罪。首先,共同的犯罪行为要求帮助行为应当从属于正犯的实行行为,即帮助犯对法益的侵犯只能通过正犯的实行行为才能实现。[37] 故只要刑法未在分则中单独处罚帮助犯,它就很难逃脱从属性的制约。电信诈骗犯罪活动往往分工明确、各环节之间独立性强,因此如果将其作为共同犯罪处罚,想要在它与正犯之间建立联系难度很大。其次,与传统“一对一”的帮助方式不同,

---

〔36〕 参见王永茜:《论现代刑法扩张的新手段:法益保护的提前化和刑事处罚阶段的前置化》,载《法学杂志》2013 年第 6 期。

〔37〕 参见周光权:《刑法总论》,中国人民大学出版社 2016 年第三版,周光权教授认为我国刑法总则规定根据分工区分犯罪人,明显采用了区分制。笔者此处赞同周光权教授的观点,认为共同犯罪具有从属于正犯实行行为的特性。

电信诈骗犯罪帮助犯可以提供帮助的对象数量众多。例如,以专门为电信诈骗犯罪活动提供网络技术支持来生存的团伙,其主要业务就是向全国各个电信诈骗犯罪组织提供网络技术支持。司法工作人员很难确定其帮助过的主犯的数量与性质。从这个角度来讲,为电信诈骗犯罪提供技术支持以及结算服务的团伙,大大降低了电信犯罪诈骗活动的复杂程度,使得更多低文化层次群体有机会实施电信诈骗,在某种程度上,其社会危害严重性与电信诈骗犯罪主犯相比,有过之而无不及。此外,我国理论界的通说认为,帮助犯之故意应当具备双重性,即不但要求有帮助他人从事特定犯罪行为之帮助故意,还要求有帮助他人实现不法构成要件之帮助既遂的故意。多数在电信诈骗犯罪中的帮助犯罪是有组织的行为,其依靠为电信诈骗提供帮助服务为营利内容,所以对于他们具体主观内容的认定颇具难度,极有可能导致《办理诈骗案件解释》第 7 条的虚设。作为回应,《刑法修正案(九)》将有关网络犯罪的帮助行为上升到立法高度,其第 287 条之二规定:“明知他人利用信息网络实施犯罪,为其犯罪提供互联网接入、服务器托管、网络存储、通讯传输等技术支持,或者提供广告推广、支付结算等帮助,情节严重的,处三年以下有期徒刑或者拘役,并处或者单处罚金。单位犯前款罪的,对单位判处罚金,并对其直接负责的主管人员和其他直接责任人员,依照第一款的规定处罚。”该法条将有关电信诈骗犯罪活动的帮助犯行为单独规定为犯罪的实行行为,使得电信诈骗帮助犯在定罪时,不仅降低了其与电信诈骗犯罪之间关联性紧密程度的要求,还降低了其本身在主观方面的要求,从而促进了与电信诈骗活动相关利益链条的斩断,为从严打击电信诈骗活动提供了强有力的法律依据。

4. 电信套现诈骗犯罪

针对利用电信设备非法获取电信公司金钱或者使用电信公司服务拒不支付费用的行为,中国虽然没有像美国那样单独规定罪名对其进行规制,但是中国司法实践并未忽视此对此类犯罪的关注,最高人民法院在 2000 年《关于审理扰乱电视市场管理秩序案件具体应用法律若干问题的解释》第 9 条中明确规定:“以虚假、冒用的身份证件办理入网手续并使用移动电话造成电信资费数额损失较大的,依照刑法第 366 条以诈骗罪定性处罚。”

(三)美国电信诈骗罪单独入罪的启发

根据前文分析,中国在司法实践中针对电信诈骗犯罪活动确已形成了一个相对缜密的控制体系,是否需要将此类犯罪上升到立法层级进行规制,学界所持观点也不甚一致。持反对观点的学者认为,首先,电信诈骗并非一类新型的犯罪,同美国一样,它是由邮政诈骗犯罪演变而来,仅是犯罪手段和借助的工具发生了变化,既然《刑法》第266条诈骗罪长久以来可以有效地规制各种类型的诈骗犯罪活动,那么电信诈骗犯罪也不应例外。其次,即便是已经单独规定电信诈骗罪的美国,也不可否认此类做法有过度犯罪化之嫌疑。〔38〕因为法律应当具有高度的概括性,它是人们从大量实际、具体的行为中高度抽象出来的行为模式,过于面面俱到会使刑法罪名庞杂无序。

然而学界多数学者对此观点持否定态度,他们认为:"与欧美等发达国家相比,我国法律界在对网络犯罪及安全问题的研究方面尚处于起步阶段,不仅理论研究相对薄弱,而且有关网络空间的立法也不尽完善,难以有效遏制日渐呈递增、高发态势的网络犯罪。"〔39〕出于对当今电信诈骗犯罪肆意蔓延的趋势,笔者认为有必要将电信诈骗犯罪从诈骗罪中剥离出来单独入罪。首先,张明楷教授明确指出:"法益是对犯罪进行分类的标准。"〔40〕与普通诈骗罪单纯针对金钱财产不同,电信诈骗犯罪以电信网络为依托实施针对不特定群体的犯罪,严重危害到了社会治安,扰乱了社会市场秩序。因为电信诈骗所发生的领域与侵犯的客体,都与普通诈骗罪有所差异,所以有必要采用立法手段规制电信诈骗犯罪。其次,既然《刑法修正案(九)》已然将部分关于电信诈骗犯罪的预备行为和帮助行为纳入立法规制范畴,故没有理由还将电信诈骗犯罪本身拒之门外。最后,与美国信息产业较发达的国家相比,我国邮政、电信产业起步较晚,长久以来未将此类犯罪的立法提上议程。然而随着科技的进步,电信诈骗严重的社会危害性逐渐显露出来,使得其立法规制之必要性变得无法回避。通过分析美国的立法和司法,笔者认为我国针对电信诈骗犯罪的控制可以从以下方面得到些许启示。

1. 将财产扩大解释包括无形财产。在美国,早在1988年诚信服务诈骗就已经作为邮政和电信诈骗罪的一部分进行规制、处罚。其主要表现形式为通过信件和电信网络为依托,受贿、以权谋私和收取回扣公职领域和私人领域两个重要部分。

〔38〕 参见 Williams, Gregory H. (1990). "Good Government By Prosecutorial Decree: The Use and Abuse of the Mail Fraud Statute", *Arizona Law Review*, 32: 137 – 171。

〔39〕 谢望原:《跨域协作携手推进网络犯罪治理》,载《法制日报·法学院》2015年6月3日。

〔40〕 张明楷:《法益初论》,中国政法大学出版社2003年版,第167页。

我国对于上述行为在《刑法》中设专章即第八章贪污贿赂罪、第九章渎职罪做了详细的规定。然而,显然美国联邦立法也不缺少关于公务人员收受贿赂以及专门的反商业贿赂法案对于收取回扣行为的规制。在邮政和电信诈骗罪中强调无形财产保护,无疑斩断了受贿和收取回扣等违法行为的便捷道路。

2. 设置法定从重情节。《美国联邦刑法》第 1343 条对电信诈骗犯罪所处的基本刑期是 20 年以下或处或并处罚款。对于针对金融机构、自然灾害紧急情况、55 岁老年人或被害人超过 10 人以上的,应当增加被告人犯罪等级,最高可判处被告人 30 年有期徒刑,或处或并处 100 万美元罚款。2011 年《办理诈骗案件解释》规定,可以酌定从严惩处针对救灾物资和老年人实施的诈骗行为,对此,以后应立法将其上升到法定从重惩罚的层次。法定从重处罚的范围除了涉及自然灾害、老年人之外,还可以包括针对金融机构。量刑标准除了非法所得金额之外,也可以同时考量被害人人数以及年龄,并设定具体界限。

3. 根据案件需要考量品格证据。通过分析美国关于邮政和电信诈骗犯罪的判例可知,在起诉前或起诉后,被告人不良行为的证据可当作证明被告人有实施电信诈骗犯罪故意的证据使用。在我国"一次做贼,永远做贼"的习惯说法,反而不能得到法律的认可。但是对于品格证据的运用,也存在一些重要的例外,如被告人品格是所控犯罪的基本要素时,或被告人提出无罪证据而被交叉询问时,询问人在发问时可以涉及前科和品格证据。〔41〕 也就是说,在我国司法实践中认定被告人具有进行电信诈骗犯罪之故意时,品格证据的应用可以有一定的可行性。但需要注意的是,在同样的情况下,被告人也应该被允许使用其他间接证据证明自己不具备电信诈骗犯罪的故意。

四、结语

近几年电信骗犯罪的高发态势引起了我国政府的高度重视,立法部门和司法部门分别进行立法或解释,试图为打击此类犯罪提供强有力的法律后盾。然而,由于电信诈骗犯罪在我国形成气候并危及社会秩序的时间较晚,我国的立法工作仍处于探索阶段。相比之下,美国通讯产业起步较早,从 19 世纪至今已有 200 多年的

〔41〕 参见叶青:《诉讼证据法学》(第二版),北京大学出版社 2013 年版,第 134 页。

历史,特别是进入20世纪以来,先进的通讯技术为诈骗犯罪活动的肆意蔓延提供了"温床"。在这200年间,美国政府针对打击此类犯罪的立法进程从未停歇。从邮政诈骗罪到邮政和电信诈骗罪,时至今日美国已经形成了相对完善的立法、司法体系。美国电信诈骗罪中,关于计谋、故意、利用工具、诚信诈骗以及量刑的相关规定,或许对我国今后的立法路径有所启发。但是,中国若想利用立法手段高效地治理电信诈骗犯罪,还须扎根于中国社会的现实,美国立法可取之处,可以起到开阔思路的作用。

网络服务提供者的刑法责任功能性的类型化区分之提倡

王华伟*

【内容摘要】 造成我国网络服务提供者刑事责任边界不确定性的重要原因之一在于网络服务提供者类型化的缺失。德国和欧盟法律中的四分法,即内容提供者、网络接入服务提供者、缓存服务提供者、存储服务提供者,为我们提供了有益的借鉴。这一分类模式以行为的技术功能为标准,不仅划分出了四种具有体系性、明确性的主体类型,而且为不同主体类型规定了明确的责任边界,在网络安全与信息自由、媒体自由之间找到了一个较好的平衡点。我国目前的相关法律规范,仍然缺乏一套合理的、体系的和明确的类型化区分模式,这导致了网络服务提供者刑事责任认定的模糊。我们应当积极借鉴吸收德国与欧盟的有益经验,用互联网教义学理论来充实我国目前宽泛的法律框架。

【关键词】 网络服务提供者　类型化　四分法　监控义务　责任限度

一、问题的提出

人类已经步入了网络社会,互联网对人类的影响不论是在广度还是深度上,都

* 王华伟,北京大学法学院2014级博士研究生,德国马普外国与国际刑法研究所博士研究生。本文得到国家留学基金委高水平大学公派研究生项目资助;本文同时获得北京大学靖江法律教育国际化发展基金资助。本文写作特别感谢德国马普外国与国际刑法研究所乌尔里希·齐白教授所提供的学术文献和专业指点,当然,一切文责作者自负。

达到了一个前所未有的程度。中国的信息化进程虽然相对起步较晚,但是近年来获得了飞跃性的发展。随着中国互联网技术的不断进步,中国的互联网普及率和网民数量急剧增加。截至 2014 年 6 月 30 日,根据中国互联网信息中心(CNNIC)发布的数据,中国网民数量达到了 6.32 亿,网站数 273 万,域名数达到 1915 万。〔1〕随着互联网社会的不断演进,网络服务提供者这一新兴主体逐渐扮演了越来越重要的角色。在 20 世纪 90 年代以前,互联网主要是由政府或者相关机构来运营。从 1993 年开始,由美国政府资助的 NSFNET(美国国家科学基金网,曾经是美国互联网的主要组成部分)逐渐被若干个商用的因特网主干网替代,而政府机构不再负责因特网的运营,由此网络服务提供者便大量涌现出来。〔2〕网络服务提供者在网络用户与互联网之间扮演着沟通桥梁的作用。因此,网络用户要想使用互联网,必须要和网络服务提供者发生联系。可见,网络服务提供者已经发展为网络社会中非常重要的主体类型之一。随着网络服务提供者主体地位的不断提高,对其法律责任研究的重要性也凸显出来。

网络服务提供者的法律责任问题在民事侵权法领域已经得到了较为深入的探讨,〔3〕但是在刑事犯罪领域的研究则刚刚开始。网络服务提供者的刑事责任认定不仅仅是众多网络服务提供者深深忧虑的现实问题,也是刑法学者应当进行深入研究的重大理论与实务命题。对这一问题,目前较为具有代表性的观点主要试图通过中立帮助行为理论来进行解释,这无疑具有重要的启发意义。〔4〕然而,这一理论对网络服务提供者刑事责任认定的适用范围非常有限。因此,目前学界对网络服务提供者刑事责任问题的争论仍然十分激烈,网络服务提供者的刑事义务边界和刑事责任界限仍然没有定论。

---

〔1〕 数据来源于中国互联网络信息中心,http://www.cnnic.cn/hlwfzyj/jcsj/,最后访问日期:2016 年 7 月 11 日。

〔2〕 参见谢希仁:《计算机网络》(第五版),电子工业出版社 2008 年版,第 4 页。

〔3〕 参见吴汉东:《论网络服务提供者的著作权侵权责任》,载《中国法学》2011 年第 2 期;蔡唱:《网络服务提供者侵权责任规则的反思与重构》,载《法商研究》2013 年第 2 期;徐伟:《网络服务提供者连带责任之质疑》,载《法学》2012 年第 5 期;刘文杰:《网络服务提供者的安全保障义务》,载《中外法学》2012 年第 2 期;鲁春雅:《网络服务提供者侵权责任的类型化解读》,载《政治与法律》2011 年第 4 期等。

〔4〕 参见周光权:《网络服务商的刑事责任范围》,载《中国法律评论》2015 年第 6 期;车浩:《谁应为互联网时代的中立行为买单?》,载《中国法律评论》2015 年第 1 期;陈洪兵:《中立的帮助行为论》,载《中外法学》2008 年第 6 期;陈洪兵:《网络中立行为的可罚性探究——以 P2P 服务提供商的行为评价为中心》,载《东北大学学报》(社会科学版)2009 年第 3 期。

笔者认为,造成该问题巨大争议的一个重要原因在于我国立法和理论中网络服务提供者类型化的缺失。现有的理论观点和司法实践都是一般性、概括性地直接探讨网络服务提供者的刑事责任问题,而忽视了网络服务提供者内部不同主体类型的划分,以及不同类型所对应的不同义务程度和责任边界。康德曾言,没有类型的概念是空洞的,没有概念的类型是盲目的。[5] 这一名言深刻地揭示了类型在法律适用过程中极为重要的作用。我国目前这种笼统而概括的做法,导致了网络服务提供者刑事责任认定非常粗疏。然而,这一前提性的理论议题却仍然没有得到学界的重视,我们有必要对此进行全面和系统的梳理和反思。下文中,笔者将对德国和欧盟网络服务提供者刑事责任的类型化做出详细介绍,以求为中国解决这一问题提供理论借鉴。

二、德国与欧盟[6]功能性区分与义务类型化

(一)功能性区分与义务类型化的原因

区分网络服务提供者之作为与不作为,以及不作为的义务来源和边界,是网络服务提供者责任问题中最为核心的问题。[7] 作为与不作为的区分是刑法总论中由来已久的理论命题,本文在此不加以具体叙述。摆在我们面前最为棘手的问题,其实是如何来确定网络服务提供者的监管和控制义务。这一问题的解决,首先便有赖于网络服务提供者(internet service provider)概念的界定。然而,网络服务提供者概念本身的宽泛性,决定了我们需要对其进行功能性的区分和义务的类型化。

在计算机领域内,网络服务提供者这一概念非常宽泛。有的学者主张,广域网中的子网经营者便是网络服务提供者商。[8] 还有的学者认为,Internet 由一系列主

---

〔5〕 参见[德]阿图尔·考夫曼:《类型与事物本质——兼论类型理论》,吴从周译,学林出版社 1999 年版,第 43 页。

〔6〕 恳请读者注意,本文所言的欧盟法律规定是指欧洲议会和欧洲理事会通过的欧盟共同体法律规定,而并非各个欧盟成员国本国的法律。

〔7〕 Vgl. Sieber, Strafrecht Verantwortlichkeit für den Datenverkehr in internationalen Computernetzen, Juristen Zeitung, 10/1996, 499 ff. Vgl. Hoeren/Sieber/Holznagel, Multimedia – Recht Handbuch, Rechtsfragen des elektronischen Geschaeftsverkehrs, Verlag C. H. Beck Muenchen 2013, Teil 19. 1 Allgemeine Probleme des Internetstrafrecht, Rn. 20 ff.

〔8〕 See Andrew S. Tanenbaum、David J. Wetherall:《计算机网络》(第五版),严伟、潘爱民译,清华大学出版社 2012 年版,第 20 页。

干、提供者网络和用户网络组成，主干和提供者网络被称为 Internet 服务提供商。[9] 甚至还有的学者将网络服务提供者分为三级，并认为一旦某个用户能够接入到互联网，那么他就能够称为一个 ISP。[10] 在德国和欧盟的法律领域，[11] 网络服务提供者这一概念的涵盖范围同样非常宽泛。例如，1997 年德国联邦议院通过的《电信服务法》(Teledienstegesetz/TDG)[12] 第 3 条规定，服务提供者是指提供电信服务或介绍利用途径的自然人、法人或团体。[13] 2000 年欧共体通过的《电子商务指令》(Directive on electronic commerce) 第 2 条 b 款规定，服务提供者是指提供信息社会服务的任何自然人或法人。[14] 2007 年德国通过了《电信媒体法》(Telemediengesetz/TMG)，[15] 其基本沿袭了 2001 年欧盟《电子商务指令》对于网络服务提供者责任的规定。该法第 2 条规定，服务提供者是指提供自有的或者第三方电信服务，或介绍利用途径的自然人、法人或团体；或者有影响力地控制了被提供的视听媒体服务内容选择和设计的自然人或法人。

由此可见，网络服务提供者在立法中的一般性定义仅仅是划定了以各种形式提供网络服务的主体的基本边界。首先，网络服务的内容较为宽泛，没有固定的形

---

〔9〕 [美] Behrouz A. Forouzan, Firouz Mosharraf,《计算机网络教程：自顶向下方法》，张建忠等译，机械工业出版社 2013 年版，第 5 页。

〔10〕 参见谢希仁：《计算机网络》(第五版)，电子工业出版社 2008 年版，第 5 ~ 6 页。

〔11〕 由于欧洲议会和欧洲理事会通过的《电子商务指令》(Directive on Electronic Commerce 2000/31/EC) 对特定成员国具有立法指导意义，而德国修订后的《电信服务法》(Teledienstegesetz) 和《电信媒体法》(Telemediengesetz) 也都基本承袭了这一指令，因此，本文对欧盟与德国的相关立法一并进行了介绍。

〔12〕 该法是《信息和通讯服务法》(Informations – und Kommunikationsdienste – Gesetz, IuKDG) 的一部分。《信息和通讯服务法》同时还包括《电信服务数据保护法》(Teledienstdatenschutzgesetz, 简称为 TDDSG)、《数字签名法》(Signaturgesetz, SigG) 等法令。

〔13〕 Vgl. Teledienstegesetz, 1997, § 3.

〔14〕 See Directive 2000/31/EC of The European Parliament and of the Council of 8 June 2000, on certain legal aspects of information society services, in particular electronic commerce, in the Internal Market, Article 2(b), (c). (以下简称为 Directive on electronic commerce 2000/31/EC) 此外，2001 年 11 月，欧洲委员会的 26 个欧盟成员国以及美国、加拿大、日本和南非等 30 个国家的政府官员在布达佩斯所共同签署了《网络犯罪公约》。该《公约》第 1 条 c 款规定"服务提供商"是指：(1) 任何通过计算机系统向其服务的用户提供通讯能力的公共或私人实体，以及；(2) 拥有或保存任何其他上述通信服务或上述服务的用户计算机数据的实体。See Convention of Cybercrime, Article 1(c), Budapest, 2001.

〔15〕 该法是作为《电子商务交易统一法案》(Elektronischer – Geschäftsverkehr – Vereinheitlichungsgesetz, ElGVG) 的一部分于 2007 年被通过的。《电子商务交易统一法案》同时还包括对青少年保护法的变更、接入控制服务保护法的变更、数字签名法的变更等内容。

式限制。例如,《德国电信服务法》第 2 条规定,该法案的所有条款适用于一切利用信号、图像、声音等数据而提供的通过电信传输的电子信息和通讯服务。[16] 德国《电信媒体法》第 1 条则规定法案适用于所有的电子信息和交流服务。其次,提供网络服务的形式既可以是直接的也可以是间接的。例如,《德国电信服务法》第 3 条将介绍利用途径囊括在服务提供的范畴之内,而德国《电信媒体法》第 2 条则更是将对被提供的视听媒体服务的选择和设计起到实际影响作用的行为,也收纳进来。最后,无论是德国还是欧盟的规定,服务提供者的主体都呈现出多元化形态,既可以是自然人,也可以是法人或者团体组织;即可以是商业性的,也可以是公共性的网络服务提供。因此,德国学者曾经还讨论过,为信息利用提供渠道的公司、学校、图书馆、咖啡馆能否成为刑法中的网络服务提供者。目前,德国学界一般认为,这些主体与网络服务提供者的区别在于,它们处于网络之外而不是网络的一部分,它们并没有真正地为网络服务提供渠道,而是只为这种渠道的利用提供了便利。[17]

因此,这种概念的宽泛性意味着"网络服务提供者"只是一个顶层的概念统称,以此为基础直接进行责任的界定必然是有失粗疏的。网络服务提供者概念的宽泛性和统称性,便决定了需要对其进行进一步的类型化,以此才能完成网络服务提供者责任的精确界定。

(二)功能性区分与义务类型化的路径与模式

在对网络服务提供者进行类型化之前,首先需要确定类型化的标准。由于网络服务的专业性,以技术为基础的功能性区分无疑是最为合适的标准。正如 Sieber 教授所言,"当评价网络服务提供者的责任时,任何法律探讨都必须首先对服务提供者行为的技术可能性进行分析。当考虑控制的可能性时,技术性的分析表明网

---

〔16〕 第(2)款更是明确指出,第(1)款意义上的电信服务特别指:①私人交往方面的服务项目(如电信银行业务、数据交流)等;②提供信息手段的服务,只要其主要目的不是提供给编辑人员去影响舆论的(数据服务,如交通、天气、环境和股市数据,转播商品和劳务供应的信息等);③利用互联网络或其他网络的服务项目;④利用电信游戏的服务项目;⑤通过数据库提供的、可以直接订货的商品和劳务服务项目。Vgl. Teledienstegesetz, 1997, § 2.

〔17〕 Vgl. Eric Hilgendorf, Thomas Frank, Brian Valerius, Computer - und Internetstrafrecht, Ein Grundriss, Springer - Verlag Berlin Heidelberg 2012, SS. 58 - 59.

络基础设施的责任人必须根据其功能进行类型化。”[18] 德国刑法学界认为,网络服务提供者的类型化区分,不应当根据人事的或者抽象的地位来区分,而是应当根据具体的功能性活动来区分。[19] 在互联网刑法的研究中,互联网技术分析是展开规范研究的前提。如果没有对互联网运行原理的基本理解,那么规范研究不仅仅会陷入路径盲目,而且会导致其结论与现实世界背道而驰。德国与欧盟对于网络服务提供者的类型区分都明确地采用了这一技术性标准,[20] 以下笔者将详细对此进行阐述。

德国 1997 年《电信服务法》较早对网络服务提供者的类型化区分做出了规定。该法案第 5 条区分了自己提供内容、他人提供内容两种基本情况。同时,在他人提供内容的情形中,又再次区分了通道提供和自动缓存的两种情形。而且,按照该条文的表述,通道服务提供者和自动缓存的服务提供者仅仅在明确限定的条件下才承担责任。该条文规定:[21]

(1)服务提供者根据一般的法律对自己提供的内容负责。(2)如果所提供的内容是他人的,那么只有在服务提供者了解这些内容并且在技术上有可能阻止,而且进行阻止并不超过其承受能力的情况下才负有责任。(3)服务提供者只对由自己提供利用途径负责,而由他人提供的内容不负责任。根据用户要求自动和短时间地提供(缓存)他人的内容被认为是对利用途径的介绍。(4)如果服务提供者在不违背《电信法》第 85 条关于保守通讯秘密的规定的情况下了解了这些内容并有技术可能加以阻止,而且进行阻止并不超过其承受能力,那么根据一般性的法律产生

---

[18] See Sieber, “Responsibility of Internet - Providers - A Comparative Legal Study with Recommendations for Future Legal Policy,” The Computer Law and Security Report, Vol. 15, p. 292.

[19] Vgl. Eric Hilgendorf, Thomas Frank, Brian Valerius, Computer - und Internetstrafrecht, Ein Grundriss, Springer - Verlag Berlin Heidelberg 2005, S. 79; Kessler, Zur strafrechtlichen Verantwortlichkeit von Zugangsprovidern in Deutschland und der Umsetzung der E - Commerce - Richtlinie in Europa, Logos Verlag Berlin, 2003, S. 42ff. Vgl. Lackner/Kühl, StGB Kommentar, 28. Aufl. 2014, § 184, Rn. 7.

[20] Vgl. Malek/Popp, Strafsachen im Internet, 2. Auflage, C. F. Müller, 2015, S. 20.

[21] Vgl. Teledienstegesetz, 1997, § 5. 需要说明的是,该法分别在 2000 年 6 月、2001 年 12 月、2006 年 11 月经历了 3 次修改,修改后的法律在内容上基本与下文提及的《电子商务指令》变得一致。Vgl. 27. Juni 2000 BGBl. I, S. 907; 14. Dezember 2001 BGBl. I, S. 3721; 10. November 2006 BGBl. I, S. 2585.

的对于违法内容的封锁义务并不受影响。[22]

而2000年欧盟通过的《电子商务指令》则对网络服务提供者采取了更为细致的分类。该指令第12~14条,精确区分了纯粹传输(mere conduit)服务、缓存(caching)服务和宿主(hosting)服务这三种不同类型的网络服务提供形式。[23]

该指令第12条"纯粹传输服务"第1款规定:若所提供的信息社会服务包括在通讯网络中传输由服务接受者提供的信息,或者为通讯网络提供接入服务,成员国应当确保服务提供者不对所传输的信息承担责任,条件是服务提供者:(a)不是首先进行传输的一方;(b)对传输的接受者不做选择;以及(c)对传输的信息不做选择或更改。

第13条"缓存"规定:(1)若所提供的信息社会服务包括在通讯网络中传输由服务接受者提供的信息,只要对信息的存储是为了使根据其他服务接受者的要求而上传的信息能够被更加有效地传输给他们,成员国应当确保服务提供者不因对信息的自动、中间性和暂时的存储而承担责任,条件是:(a)提供者没有更改信息;(b)提供者遵守了获得信息的条件;(c)提供者遵守了更新信息的规则,该规则以一种被产业界广泛认可和使用的方式确定;(d)提供者不干预(为获得有关信息使用的数据)而对(得到产业界广泛认可和使用的)技术的合法使用;以及(e)提供者在得知处于原始传输来源的信息已在网络上被移除,或者获得该信息的途径已被阻止,或者法院或行政机关已下令进行上述移除或阻止获得的行为的事实后,迅速地移除或阻止他人获得其存储的信息。

第14条"宿主服务"规定:(1) 若提供的信息社会服务包括存储由服务接受者提供的信息,成员国应当确保服务提供者不因根据接受服务者的要求存储信息而承担责任,条件是:(a)提供者对违法活动或违法信息不知情,并且就损害赔偿而言,提供者对显然存在的违法活动或违法信息的事实或者情况毫不知情;或者

---

[22] 值得注意的是,根据第5条第4款这一条款的字面表述和立法原因,这一条款仅仅适用于不依赖于过错的禁令或者行政法命令,而不适用于依赖过错的刑法。该条款也并没有赋予网络服务提供者来自于其他法律的一般性的义务。See Sieber, "Responsibility of Internet – Providers – A Comparative *Legal Study with* Recommendations for Future Legal Policy", *The Computer Law and Security Report*, Vol. 15, p. 295; Vgl. Sieber Die rechtliche Verantwortlichkeit im Internet – Grundlagen, Ziele und Auslegung von § 5 TDG und § 5 MDStV, Multimedia und Recht – Beilage 2/1999, S. 25.

[23] Directive on electronic commerce 2000/31/EC, Article 12 – 14. 由于篇幅所限,本文省略了第12条第(2)、(3)款,第13条第(2)款和第14条(3)款的内容。

(b)提供者一旦获得或者知晓相关信息,就马上移除了信息或者阻止他人获得此种信息。(2)如果服务接受者是在提供者的授权或控制之下进行活动,则本条第1款不适用。

此后,2007年德国通过的《电信媒体法》基本承袭了《电信服务法》和《电子商务指令》的内容。[24] 在该法中,立法者明确区分了四种类型的网络服务提供者,即第7条(Allgemeine Grundsätze)规定的内容服务提供者,第8条(Durchleitung von Informationen)规定的信息传输服务提供者或通道服务提供者,第9条(Zwischenspeicherung zur beschleunigten übermittlung von Informationen)规定的临时性、自动性缓存服务提供者,第10条(Speicherung von Informationen)规定的存储服务提供者。[25] 该法对于网络服务提供者的责任限制条件,基本与《电子商务指令》完全一致,本文在此不再赘述。[26]

通过以上的介绍,我们可以总结出德国和欧盟关于网络服务提供者责任规定的特点。

1. 体系化与层次化的责任模式

首先,德国与欧盟的规定呈现了网络服务提供者体系化的责任原则。这些具体的规定背后都拥有一个共同的核心原则:"在互联网中,一个服务提供者离特定信息越近,他对于这些信息所应当承担的法律责任也越早。"[27]换言之,服务提供者与信息的紧密程度成为了判定其责任程度的核心标准。这一原则,虽然并没有明确地被规定在《电信服务法》《电子商务指令》和《电信媒体法》中,但是其实际上贯穿于这些法案的具体条文中。例如,从上文介绍的责任性规定中可以看出,从纯粹的传输服务、接入服务提供者,到缓存服务提供者,再到宿主服务提供者,最后再到内容提供者,其承担的责任逐渐提升,相应的免责条件也越来越严格。这种体系化的责任规定,其基础建立在不同网络服务提供者所实现的不同技术性功能区分之上,这使得不同的网络服务提供者能够承担一种真正与其自身行为性质相符合的

---

〔24〕 Vgl. Telemediengesetz, 2007, § 7 – 10.

〔25〕 理论上也有观点将第8条和第9条的主体类型都视为接入服务提供者,这属于一种三分法的观点。但是多数观点都主张了四分法的类型结构。Vgl. Hoeren, Internet – und Kommunikationsrecht, Praxis Lehrbuch, 2. Auflage, Verlag Dr. Otto Schmidt KG, 2012, S. 415,416.

〔26〕 一个不同之处在于,《电信媒体法》第8条第2款另外规定,如果网络服务提供者故意与服务使用者共同实施违法行为,则第8条第1款不再适用。

〔27〕 Vgl. Eric Hilgendorf, Thomas Frank, Brian Valerius, Computer – und Internetstrafrecht, Ein Grundriss, Springer – Verlag Berlin Heidelberg 2005, S. 82.

责任程度。

其次,德国与欧盟的规定体现出了层次化的责任结构。德国对于网络服务提供者的责任规定以特别性立法的形式存在。因此,对于网络服务提供者而言,便存在刑法和特别法两套可供适用的规范。对于这两套责任规范之间的关系,德国学界存在不同的观点。

第一种观点被称为"预先过滤"模式。该观点关于网络服务提供者的特别责任条款与刑法中的条款形成了一种两阶层递进的关系,特别责任条款应当先于刑法中的条款被适用,以实现一种责任初步审查的功能。这种观点的根源在于德国的立法材料中明确地阐述了"预先过滤"(Vorfilter)这一用语和基本思想。[28]

第二种观点被称为"融合模式"。该观点认为应当将关于网络服务提供者的特别责任条款与刑法中的条款结合起来适用。根据融合模式,这些责任原则应当与每个犯罪行为的审查结合起来。然而,对于这一模式,没有统一的体系性定位。有的观点认为,这一模式应当发生在有责性阶层,另外的观点则认为应当在特定义务的客观解释中加以适用,也有观点则认为应当在构成要件该当性阶层来应用。[29] 这一观点实际上是建立在对"预先过滤"的批判分析之上的。这种观点认为,这种责任规则难以在每个法律领域都直接适用,因为特定法律领域的基准点是缺失的,这些基准点对于构成要件要素的解释是不可或缺的。而且,过滤模式可能会导致某些要素被重复审查。因此,一个纯粹的过滤模式是没有意义的。立法者所使用的"过滤模式"这一概念,仅仅是一幅描述了责任原则作用方式图景,并没有说明这里的法教义学结构。[30] 还有的观点认为,"预先过滤"模式会导致从属性责任(如共

[28] Vgl. Deutscher Bundestag, Gesetzentwurf der Bundesregierung, Entwurf eines Gesetzes zur Regelung der Rahmenbedingungen für Informations – und Kommunikationsdienste, Drucksache 13/7385, S. 51; Entwurf eines Gesetzes über rechtliche Rahmenbedingungen für den elektronischen Geschäftsverkehr, Drucksache 14/6098, S. 23. Vgl. Hoeren/Sieber/Holznagel, Multimedia – Recht Handbuch, Rechtsfragen des elektronischen Geschaeftsverkehrs, Verlag C. H. Beck Muenchen 2013, Teil 19. 1 Allgemeine Probleme des Internetstrafrecht, Rn. 14.

[29] Vgl. Eric Hilgendorf, Thomas Frank, Brian Valerius, Computer – und Internetstrafrecht, Ein Grundriss, Springer – Verlag Berlin Heidelberg 2005, S. 82. Vgl. Spindler/ Schmitz/Geis, Teledienstegesetz, Teledienstedatenschutzgesetz, Signaturgesetz Kommentar, Verlag C. H. Beck Müchen, 2004, S. 141, 142. 目前,多数的观点都否认了将其放在有责性阶层来审查的观点,因为这会对共犯的认定带来困难。Vgl. Spindler/Schuster, Recht der elektronischen Medien Kommentar, 3. Auflage, Verlag C. H. Beck, 2014, S. 2004.

[30] Vgl. Eric Hilgendorf, Thomas Frank, Brian Valerius, Computer – und Internetstrafrecht, Ein Grundriss, Springer – Verlag Berlin Heidelberg 2005, S. 82.

犯、认识错误的情形)认定时的问题。[31]

一直以来"预先过滤"模式由于有立法材料的支撑,而且能够实现责任的阶层递进式认定,所以得到了更多的"偏爱"。[32] 但是,目前越来越多的观点都开始支持将特别责任条款内化于刑法构成要件的解释之中,并且这种观点也逐渐得到了法院判决的支持。[33] 在笔者看来,虽然两种模式看似对立,但是在实际后果上并没有太大差别。在"融合模式"中,虽然特别责任规定与刑法构成要件被结合适用,但是实际上两套责任规范仍然具有各自独立的意义,特别责任规范中限制责任的功能仍然是独立于刑法规范本身的。因此,无论是"过滤模式"还是"融合模式",我们都能在其中看到一种层次化的责任结构。这种层次化的责任结构,对于实现网络服务提供者刑事责任的精确和合理设定,无疑具有极为重要的功能。而且,按照这种双重性、阶层性的规范体系,在对较为概括的刑法条款适用之前,特别法律中的条款实际上预先完成了网络服务提供者类型化的工作,这对于核心刑法的精确适用起到了极为重要的促进作用。

2. 负面清单和概括规定相结合

从规定形式上来看,德国和欧盟对网络服务提供者责任的规定既有具体而详细的清单式罗列,又有概括性的一般规定。例如,在具体的责任限制条件之外,2001年修改后的《电信服务法》第8条、《电子商务指令》第15条以及《电信媒体法》第7条,都概括性地规定了网络服务提供者并不承担监督其传输和存储信息的一般性义务,也不承担主动收集表明违法活动的事实或情况的一般性义务。这样一种清单罗列与概括规定的形式,使得责任认定规范能够尽可能地涵盖所有情形,不至于造成责任认定法律依据上的空白。而且,这里的概括性规定是以尽可能详细地罗列具体规定为前提的,因而这种概括性的规定不但对于法的安定性的实现没有冲击,而且恰恰起到了一种辅助的作用。

---

〔31〕 Vgl. Spindler/ Schmitz/Geis, Teledienstegesetz, Teledienstedatenschutzgesetz, Signaturgesetz Kommentar, Verlag C. H. Beck Müchen, 2004, S. 142.

〔32〕 Vgl. Malek/Popp, Strafsachen im Internet, 2. Auflage, C. F. Müller, 2015, S. 21. Vgl. Ulf Matthies, Providerhaftung für Online – Inhalte, Eine vergleichende Untersuchung zur Rechtslage in Deutschland, Österreich und England, Nomos Verlagsgesellschaft Baden – Baden, 2004, S. 41 – 42.

〔33〕 Spindler/Schuster, Recht der elektronischen Medien Kommentar, 3. Auflage, Verlag C. H. Beck, 2014, S. 2004.

3. 旗帜鲜明的责任限制立场

极为重要的一点在于,德国和欧盟对网络服务提供者的规定,旗帜鲜明地采取了责任限制性的立场。仅仅从这些规定的字面表述即可看出,其总体倾向是明确地限制责任范围。正如上文所述,这些规定在明确地排除了网络服务提供者一般性的监督控制义务的同时,又非常清晰地对各种类型的网络服务提供者规定了具体的免责条件。根据这些规定,纯粹的网络接入服务提供者只要不是故意与第三方共谋实施违法犯罪,就无须承担任何责任。而缓存服务提供者和存储服务提供者,在不知情的情况下,以及在知情后及时采取删除封锁措施的情况下,一般也不承担责任。

之所以采取这种立场,最重要的原因在于对言论自由和信息自由的重视。正如 Sieber 教授所言,“信息自由交流不仅仅对于经济发展具有重要作用,而且它首先代表了一种关于个人信息自由的关键性宪法价值。”[34]《德国基本法》第 5 条第 1 款规定:“人人享有以语言、文字和图画自由表达、传播其言论的权利并无阻碍地以通常途径了解信息的权利。保障新闻出版自由和广播、电视、电影的报道自由。对此不得进行审查。”这种基本法对言论自由、媒体自由和传播自由的强调,其目的在于使个体公民能够不受国家影响而保持自由。这种沟通的自由才能使得多元的、民主的社会成为可能。[35]

此外,就技术控制可能性的角度而言,也应当限制网络服务提供者的刑法责任。尤其是对于纯粹传输服务提供者和接入服务提供者而言,要求其对自己所传输的信息进行监控,首先便存在技术上的难题。“原则上,网络提供者和网络接入服务提供者不可能控制和封锁在互联网上传输的内容。就技术的角度而言,其原因首先在于互联网上传输信息的海量性、数据的加密(这仅仅通过不同的算法就已实现)以及对传输内容进行即时控制的不可能性。”[36] 因此,从技术合理性和可行性的角度来说,“对于互联网上违法内容的控制,主要是在数据传输的开端(用户

---

〔34〕 See Sieber, “ Control possibilities for the prevention of criminal content in computer networks”, *The Computer Law and Security Report*, Vol. 15, 1999, p. 91.

〔35〕 Vgl. Eric Hilgendorf, Thomas Frank, Brian Valerius, Computer – und Internetstrafrecht, Ein Grundriss, Springer – Verlag Berlin Heidelberg 2005, S. 4 ff.

〔36〕 See Sieber, “Responsibility of Internet – Providers – A Comparative Legal Study with Recommendations for Future Legal Policy”, *The Computer Law and Security Report*, Vol. 15, p. 292; See Sieber, “Control Possibilities for the Prevention of Criminal Content in Computer Networks”, *The Computer Law and Security Report*, Vol. 15, 1999, 171 ff.

端)和数据传输的末端(数据存储端,在这里数据一般以不加密的形式存储)才能成为可能。"[37]此外,我们还需要考虑过于深入的技术控制手段可能带来对公民基本权利的侵犯。"一种真正有效的信息'过滤'手段需要一种完全的控制机制和最终的加密禁令,这不仅意味着对电子通讯私密性的公然侵犯,而且也意味着对公民的完全监督,这在一个宪法性民主国家是不可想象的。"[38]而且,就刑事政策与对抗犯罪的策略角度而言,过高地对网络服务提供者科以监控义务和法律责任,一方面可能会造成网络服务提供者和网络用户之间相互监督和敌视的紧张关系;[39]另一方面也会造成国家与网络服务提供者之间形成一种疏远甚至排斥的对立关系。然而,要真正有效地打击互联网犯罪,司法机关、网络服务提供者和网络用户都应当互相理解各自所面临的难题,应当认识到三者共同的利益,进而互相合作而不是相互对立。[40]

可见,德国和欧盟关于网络服务提供者的责任规定,实际上是在对多种利益和因素进行权衡之后做出的。在这里,其不仅仅考虑了对抗互联网违法内容的安全需要,也着重地考虑了监控违法内容的技术可行性和合理性,同时也格外地强调了信息自由和媒体自由的宝贵价值。可以说,德国和欧盟的规定,在网络信息自由与网络安全两者之间找到了一个妥当的平衡点。当然,这种法律利益的权衡,必须要通过类型化的规定形式才能得以充分体现。类型化的规定,使得网络服务提供者这一宽泛的概念内部实现再次有序整合,为网络服务提供者的责任精确化提供了可能。可以说,网络服务提供者的类型化区分,是实现精确责任原则的基本载体。

三、我国类型化的缺陷与重构

从20世纪90年代中期开始,我国就陆续制定了一系列规制网络的法律、法规和部门规章。例如,2000年国务院通过了《互联网信息服务管理办法》,2004年国

---

〔37〕 See Sieber," Control Possibilities for the Prevention of Criminal Content in Computer Networks, "*The Computer Law and Security Report*, Vol. 15, 1999, p. 168.

〔38〕 See Sieber, Responsibility of Internet-Providers-A Comparative Legal Study with Recommendations for Future Legal Policy, The Computer Law and Security Report, Vol. 15, p. 292.

〔39〕 参见车浩:《谁应为互联网时代的中立行为买单?》,载《中国法律评论》2015年第1期。

〔40〕 Vgl. Sieber, Aufbruch in das neue Jahrtausend-Für eine neue Kultur der Verantwortlichkeit im Internet, Editorial, MultiMedia und Recht, 12/1999, S. 690.

家广播电影电视总局通过的《互联网等信息网络传播视听节目管理办法》,2005 年公安部通过的《互联网安全保护技术措施规定》,2007 年国家广播电影电视总局、信息产业部通过的《互联网视听节目服务管理规定》, 2011 年文化部通过的《互联网文化管理暂行规定》,2012 年全国人大常委会通过的《关于加强网络信息保护的决定》,以及《刑法修正案(九)》都对网络服务提供者的责任作出了不同程度的规定。然而,综观所有这些法律、法规和部门规章中关于网络服务提供者的规定,类型性、体系性、明确性是极为欠缺的。

(一)类型化的缺失与偏差

我国的法律规范对网络服务提供者的概念定义不明确,类型化缺失。在 2005 年以前的诸多网络规制法律中,几乎难以找到直接对网络服务提供者进行定义的条款。然而,2005 年公安部通过的《互联网安全保护技术措施规定》第 18 条规定:“本规定所称互联网服务提供者,是指向用户提供互联网接入服务、互联网数据中心服务、互联网信息服务和互联网上网服务的单位。”这一条款明确区分了互联网接入服务、数据中心服务、互联网信息服务和互联网上网服务四种服务类型,并对不同类型服务提供者的义务做出了一定程度的区别性规定,值得充分肯定。但是,这一分类的科学性仍然值得反思。我国目前所称的互联网接入服务一般就是指将个人用户或单位用户的计算机接入互联网的服务,目前主要存在共用电话交换网接入(PSTN),综合业务数字网接入(ISDN),非对称数字用户线路接入(ADSL)、光纤接入(FDDI)和数字数据网接入(DDN)等方式。从我国《互联网接入服务规范》和《中华人民共和国电信条例》规定的表述中也可以看出,我国目前所使用的互联网接入服务的概念主要是在电信业务意义上而言的。而德国和欧盟法律中接入服务所包括的“提供互联网接入通道”和“纯粹的信息传输”显然涵盖范围更宽。

而互联网上网服务的定义则并不明确,在《互联网安全保护技术措施规定》中也并没有给出定义。2002 年国务院公布的《互联网上网服务营业场所管理条例》第 2 条规定:“本条例所称互联网上网服务营业场所,是指通过计算机等装置向公众提供互联网上网服务的网吧、电脑休闲室等营业性场所。学校、图书馆等单位内部附设的为特定对象获取资料、信息提供上网服务的场所,应当遵守有关法律、法规,不适用本条例。”根据该条例的规定,互联网上网服务主要指的是由网吧、电脑休闲室等营业机构提供的使用电脑上网的服务。实际上,提供这种所谓“上网服务”的主体难以成为真正意义上的网络服务提供者。因为,网吧或者电脑休闲室的经营者实际上本身并没有从技术上为其他计算机用户提供接入互联网的服务,恰恰相反,这些经营者本身就是互联网接入服务的接受者。他们提供的服务,仅仅是将自己可以接入的网络及计算机设备在特定时段内以租借的形式提供给他人使用而已。因此,这些经营者本身"并没有真正地为网络服务提供渠道,而是只为这种渠道的利用提供了便利"。[41] 可见,互联网上网服务提供者这一概念,难以成为网络服务提供者的一种成熟类型。

互联网数据中心服务,则实际上是一种更为宽泛的综合服务类型,其服务范围包括提供高速接入,主机托管,场地出租,虚拟专用网,电子商务,网站设计,以及负载均衡,全球流量均衡,Web 高速缓存,网络存储等各项管理等业务。[42] 一般来讲,互联网数据中心是一个独立的系统,它应该包含服务子系统、资源子系统、网络子系统、机房基础设施子系统、管理子系统和安全子系统六个逻辑功能部分。[43] 可见,互联网数据中心服务并没有一个明确的服务边界,其属于一种综合性、全面性的网络服务,其服务边界在不断拓展,其与互联网接入、存储服务都存在极大重合。

此外,互联网信息服务的概念也非常模糊。2000 年国务院通过的《互联网信息服务管理办法》第 2 条规定:本办法所称互联网信息服务,是指通过互联网向上网用户提供信息的服务活动。"向上网用户提供信息"这一概念实在是太宽泛了,无论是以间接的方式还是以直接的方式,任何一种网络信息传播的行为都可以称得上是一种信息提供行为。此外,提供的信息是否既包括自有的信息,还是也包括第三方的信息也并不清楚。

整体而言,《互联网安全保护技术措施规定》中网络服务提供者的定义在类型化区分的效果上是不理想的。一方面,这些下位类型之间互相重叠,有的类型甚至完全可以包含其他的类型;另一方面,这些类型的区分标准实际上是以经营模式为中心的,而并不是围绕技术功能模式来展开。由于经营方式的多变与复杂性,下位

---

〔41〕 Vgl. Eric Hilgendorf, Thomas Frank, Brian Valerius, Computer – und Internetstrafrecht, Ein Grundriss, Springer – Verlag Berlin Heidelberg 2005, S. 80.

〔42〕 参见刘衡萍:《互联网数据中心》,载《现代电信科技》2001 年第 2 期;沈军:《互联网数据中心的网络建设》,载《电信科学》2001 年第 8 期。

〔43〕 参见郭亮、高巍:《互联网数据中心总体框架及其发展研究》,载《电信网技术》2012 年第 6 期。互联网数据中心的运营系统涵盖了网络层、物理层、资源层,业务层,以及运营管理层五大板块。参见钟聪睿:《互联网数据中心 IDC 运营系统建设的发展》,载《电子制作》2015 年第 14 期。

类型之间交叉与重叠就不可避免。更为重要的是,这种类型化的区分,目前也几乎没有被法律规范评价所采用。

同样,2015 年通过的《刑法修正案(九)》也存在类似的问题。新增的《刑法》第 286 条之一拒不履行网络安全管理义务罪规定:网络服务提供者不履行法律、行政法规规定的信息网络安全管理义务,经监管部门通知采取改正措施而拒绝执行,有下列情形之一的,处三年以下有期徒刑、拘役或者管制,并处或者单处罚金:(一)致使违法信息大量传播的;(二)致使用户信息泄露,造成严重后果的;(三)致使刑事犯罪证据灭失,严重妨害司法机关依法追究犯罪的;(四)有其他严重情节的。第 287 条之二帮助网络服务活动罪规定:明知他人利用信息网络实施犯罪,为其犯罪提供互联网接入、服务器托管、网络存储、通讯传输等技术支持,或者提供广告推广、支付结算等帮助,情节严重的,处三年以下有期徒刑或者拘役,并处或者单处罚金。

第 286 条之一的拒不履行网络安全管理义务罪虽然明确采用了网络服务提供者这一概念,然而究竟什么是网络服务提供者并不明确。同时,网络服务提供者这一抽象概念之下没有具体的功能类型来加以支撑。正如上文所述,网络服务提供者的类型化标准应当由其技术功能特征来决定。而该罪名中仅仅规定了四种结果类型,这显然并不能契合网络服务提供者本身的特征。而第 287 条之二的帮助网络犯罪活动罪,虽然提出了"互联网接入""服务器托管""网络存储""通讯传输""广告推广""支付结算"等概念,但是并没有对这些不同的服务类型做出轻重不同、繁简有别的具体构成条件,同时该罪还对这些不同类型的服务"一刀切"地规定了同样的处罚后果。我们知道,"类型有利于提升法律适用的操作性,其在抽象而宽泛的概念与具体而狭窄的事实之间提供了一个进一步操作化的'平台',其可以被理解为对概念的降维,在中观的层次上为宏观的概念与微观的事实架起了桥梁"。[44] 然而,我国目前这种"一刀切"的规定,一方面会导致本身认定标准的模糊,另一方面也存在违反比例性原则的嫌疑。

此外,多部法律法规以"经营性与非经营性"为标准对网络服务提供者进行了分类。例如,2000 年国务院通过的《互联网信息服务管理办法》第 3 条规定:"互联网信息服务分为经营性和非经营性两类。经营性互联网信息服务,是指通过互联

〔44〕 王华伟:《类比推理辩证考:原理、难题和语境》,载《北京化工大学学报》(社会科学版)2013 年第 4 期。

网向上网用户有偿提供信息或者网页制作等服务活动。非经营性互联网信息服务,是指通过互联网向上网用户无偿提供具有公开性、共享性信息的服务活动。"经营性和非经营性网络服务提供者的区分固然具有一定意义,但是这一分类的理论和实务价值都在不断下降。其一,随着自媒体的兴起,网络服务的提供变得越来越个人化、自主化、平民化。非经营性的网络服务者扮演了越来越重要的角色,在许多法律关系中其地位与经营性的网络服务提供者差别已经没有那么明显,这导致区分经营性与非经营性网络服务提供者的意义大大削弱。其二,经营性与非经营性的区分在一些特殊的场合也越发难以进行。"网络建构了新社会形态,而网络化逻辑的扩散实质地改变了生产、经验、权力与文化过程中的操作和结果。"[45]在网络社会中,人类的生产、生活模式发生了极大变化,"经营"这一概念本身也面临着重新定位的宿命。例如,许多网络服务提供者往往向上网用户无偿提供各种信息服务,而从其他新的渠道谋求长线盈利。[46] 在这种情形中,何种行为属于经营行为就比较难以认定。

(二)责任扩张模式与一般性的义务

经过梳理我国目前互联网法律规范可以发现,其实我国存在相当多涉及网络服务提供者责任的规定。2000 年国务院通过的《互联网信息服务管理办法》第 15 条第 7 款规定,同年国务院通过的《中华人民共和国电信条例》第 57 条第 7 款,2004 年国家广播电影电视总局通过的《互联网等信息网络传播视听节目管理办法》第 19 条第 7 款,2007 年国家广播电影电视总局、中华人民共和国信息产业部通过的《互联网视听节目服务管理规定》第 16 条第 7 款,文化部 2011 年通过的《互联网文化管理暂行规定》第 16 条第 7 款,都类似地规定互联网服务提供者不能制作、复制、发布、传播含有散布淫秽、色情、赌博、暴力、凶杀、恐怖或者教唆犯罪的信息。然而,综观我国关于网络服务提供者的责任规定,其在基本目标定位、体系性与明确性上存在诸多不足。

首先,我国现存的法律法规对网络服务提供者规定了一种一般性、积极性的监

---

〔45〕[美]曼纽尔·卡斯特:《网络社会的崛起》,夏铸九、王志弘等译,社会科学文献出版社 2001 年版,第 569 页。

〔46〕凯文·凯利曾指出,"免费比利润重要。当资源变得充裕,慷慨可以孕育财富。追求免费,提前迎接无可避免的价格滑落,而且运用唯一真正的稀有资源——人们的注意力。"参见[美]凯文·凯利:《网络经济的十种策略》,萧华敬、任平译,广州出版社 2000 年版,第 71 页。

管义务。例如,2000 年国务院通过的《互联网信息服务管理办法》第 13 条规定:互联网信息服务提供者应当向上网用户提供良好的服务,并保证所提供的信息内容合法。2005 年公安部通过《互联网安全保护技术措施规定》第 3 条规定:“互联网服务提供者、联网使用单位负责落实互联网安全保护技术措施,并保障互联网安全保护技术措施功能的正常发挥。”2012 年全国人大常委会《关于加强网络信息保护的决定》第 5 条更是明确规定:“网络服务提供者应当加强对其用户发布的信息的管理,发现法律、法规禁止发布或者传输的信息的,应当立即停止传输该信息,采取消除等处置措施,保存有关记录,并向有关主管部门报告。”从现有规范的字面表述即可明显看出,立法者要求网络服务提供者发挥一种积极的、主动的监管作用,而同时几乎没有对其免责的情形和条件作出任何规定。这意味着,按照现有法律规定,网络服务提供者实际上承担了一种相当沉重的监控义务。

其次,这种一般性和积极性的责任规范又是非常不明确的。[47] 多数的法律规范仅仅是概括性地要求网络服务提供者保证所提供的服务不能含有违法信息,而其对于具体应当如何监控以及监控义务的程度和边界并没有做出详细的规定。此外,这些责任条款极其缺乏体系性。目前的规定散见于多部法律、行政法规和部门规章之中,其内容多有重叠之处,其责任程度也尺度不一。这种缺乏体系化的责任规范,既让司法者难以抉择,也让网络服务提供者无所适从。

整体而言,这样一种缺乏类型性、体系性、明确性的责任规范,可能会导致网络服务提供者在不知所措中触犯了法律红线,也会在无形之中压制网络服务提供者自由经营的空间,从而使得网络用户自由沟通信息的权利也受到影响。正如车浩教授所担心的那样,“要求企业履行网络警察的义务,这样一个社会分工的错位,最终可能会阻碍甚至窒息整个互联网行业的发展”。[48]

(三)功能性类型区分之提倡

需要指出的是,我国民法(尤其是知识产权法)学界对网络服务提供者的类型化及其民事责任的研究已经相对深入。在这一点上,我国知识产权学者较大地受

---

〔47〕 刘仁文教授对此问题同样表示了担忧,他认为第 286 条之一中规定的“信息网络安全管理义务”的范畴不够明确。参见刘仁文、张慧:《刑法修正案(九)草案有关网络犯罪规定的完善建议》,载《人民法院报》2015 年 8 月 12 日第 006 版。

〔48〕 车浩:《谁应为互联网时代的中立行为买单?》,载《中国法律评论》2015 年第 1 期。

美国法的影响。美国1998年《数字千年版权法》(Digital Millennium Copyright Act)第512条对网络服务提供者的类型(包括数据传输、系统缓存、基于用户要求的网络存储和信息定位工具)和相应免责条件作出了较为详尽的规定,这种免责条款及其例外地被归纳为"避风港原则"和"红旗原则"。〔49〕在我国,国务院2006年通过的《信息网络传播权保护条例》第20~23条也做了类似的规定,对网络接入和传输服务提供者、自动存储服务提供者、存储服务提供者、搜索和链接服务提供者的免责条件进行了详细规定。在此基础上,我国知识产权学者对避风港原则和红旗原则等问题进行了较为深入的研究。〔50〕

然而,《信息网络传播权保护条例》是一部主要集中解决网络空间知识产权保护问题的行政法规,其规定能否以及如何适用于刑事法领域仍然有待进一步研究。更为遗憾的是,该条例中所包含的这种类型化思维以及责任限制性立场,并没有得到我国的刑事立法和刑事司法机关的重视。

在刑事法学领域,许多刑事法学者仍然在网络服务提供者这一整体性概念层面探讨其刑事责任问题,没有注意到不同功能类型的网络服务提供者应当对应不同刑事责任的重要意义。没有这样一种类型化思维作为前提,我们就无法对网络服务提供者的刑事责任认定路径产生正确认识。例如,目前我国刑法学界常常用中立帮助行为理论来理解网络服务提供者的刑事责任,但是如果不将网络服务提供者的功能性类型化区分作为前提,这样一种观点是很难站得住脚的。陈洪兵教授曾认为,网络接入行为、网络平台提供行为,以及P2P软件提供行为,都属中立的业务行为,都不应当承担帮助犯的刑事责任。〔51〕周光权教授也认为,为他人提供互联网接入、服务器托管、网络存储、通讯传输等技术支持的网络服务商,属于网络连

---

〔49〕 See 17 U.S. Code § 512.

〔50〕 参见刘家瑞:《论我国网络服务商的避风港规则——兼评"十一大唱片公司诉雅虎案"》,载《知识产权》2009年第2期;王迁:《视频分享网站著作权侵权问题研究》,载《法商研究》2008年第4期;王迁:《超越"红旗标准"——评首例互联网电视著作权侵权案》,载《中国版权》2011年第6期;王迁:《〈信息网络传播权保护条例〉中"避风港"归责的效力》,载《法学》2010年第6期;吴汉东:《论网络服务提供者的著作权侵权责任》,载《中国法学》2011年第2期下等。

〔51〕 参见陈洪兵:《网络中立行为的可罚性探究——以P2P服务提供商的行为评价为中心》,载《东北大学学报》(社会科学版)2009年第3期;另参见陈洪兵:《中立的帮助行为》,载《中外法学》2008年第6期。

接服务商或网络平台服务提供商,都具有中立性,不应承担责任。[52] 笔者认为,对于接入服务提供者而言,中立帮助行为理论尚存在一定的适用空间。因为,接入服务提供者仅仅提供信息传输和接入服务,其技术的中立性较为明显,因此一般认为其承担的对互联网上违法内容的监控义务非常低。但是,对于缓存服务提供者和存储服务提供者(他们都可以以网络平台的形式出现),由于他们对自己管理的存储空间具有较强的技术支配力,因此当他们认识到违法内容存在时便具有了删除和封锁的义务。[53] 此时,如果他们仍然没有采取措施,便可能构成相应的犯罪,中立帮助行为理论显然难以得以适用。

在上文中,笔者对于我国网络服务提供者相关立法规定提出了批判性的反思,但是这与笔者所坚持的法教义学立场仍然是不矛盾的。对现有立法框架所存在问题的深入反思,是为了更好地对现有法律规范具有针对性地进行解释。一方面,法律缺乏类型性、体系性与明确性带来了法的不安定性;另一方面,这并不妨碍我们在法理上充分塑造类型化的体系,用互联网教义学理论来充实现有较为概括的法律框架。换言之,网络服务提供者功能性类型区分应当作为一种法教义学资源引入现有的刑法学体系,以更好地实现对法律的解释与适用。

目前在刑法学界,有学者提出了网络连线服务商(IAP)(internet access provider)和网络内容提供服务商(ICP)(internet content provider)的二分法。[54] 立法机关在对拒不履行网络安全管理义务罪的理解与适用中也明确提到,网络服务提供者根据其提供的服务内容,可以分为互联网接入服务提供者和互联网内容服务提供者。[55] 还有的学者提出了接入服务提供者(IAP),网络内容提供者(ICP),网络平

---

〔52〕 参见周光权:《网络服务商的刑事责任范围》,载《中国法律评论》2015 年第 2 期。此外,目前刑法学界许多学者在运用中立帮助行为理论来认定网络服务提供者刑法责任时,也都没有明确地将网络服务提供者的类型化作为前提加以说明。参见车浩:《谁应为互联网时代的中立行为买单?》,载《中国法律评论》2015 年第 1 期;赵远:《浅析网络犯罪中网络服务提供者的刑事责任》,载《法制日报》2014 年 7 月 23 日第 011 版。

〔53〕 Vgl. Telemediengesetz, 2007, § 9, 10; See 17 U. S. Code § 512, (b), (c).

〔54〕 参见彭文华:《网络服务商之刑事责任探讨》,载《佛山科学技术学院学报》(社会科学版)2004 年第 3 期。

〔55〕 参见全国人大常委会法制工作委员会刑法室:《中华人民共和国刑法修正案(九)解读》,中国法制出版社 2015 年版,第 191 页。

台提供者(IPP)的三分法。[56] 笔者认为,无论是二分法还是三分法,都存在值得完善之处。二分法的基本类型是合理的,但是其显然忽略了存储服务提供者这一越来越重要的网络服务提供者类型。许多学者都指出,个人计算机引领了第一次 IT 浪潮,互联网络把孤立的主机通过网络互联起来引领了第二次 IT 浪潮,而网络存储将引领以数据存储为中心的第三次 IT 浪潮。[57] 可见,互联网存储服务在将来网络服务提供领域将会扮演越来越重要的角色,网络存储服务提供者是网络服务提供者不可或缺的重要主体类型之一。而对于目前的三分法,一方面其也存在网络存储服务提供者类型缺失的问题;另一方面网络平台提供者这一类型并不适合作为单独的类型加以确立。网络平台提供者既有可能仅仅提供接入通道,也有可能提供内容,还有可能提供存储空间。"平台"一词是一个非常宽泛而多义的概念,其可能扮演着多重技术功能的角色,所以并不适合作为基础性的主体类型来加以确立。

笔者认为,德国和欧盟法律中以技术为划分标准形成的四分法主体类型(内容提供者、接入服务提供者、缓存服务提供者、存储服务提供者)及其相应的免责标准值得我们借鉴。这种类型化的四分模型,从技术合理性与可能性出发,定位于限制网络服务提供者的责任边界,力求为信息自由与媒体自由谋取充足的空间和明确的边界,能够在网络安全与自由保障之间找到一个妥当的平衡点。即便我国目前的法律规范中缺少合理的网络服务提供者类型,以及相应的具有体系性和明确性的义务规范,我们仍然可以在理论上借鉴德国与欧盟的经验,在现有的较为概括的法律责任框架中,架设起一套精确的理论体系。

四、结语

造成我国网络服务提供者刑事责任边界不确定性的重要原因之一在于,目前网络服务提供者类型化规定和理念的缺失。网络服务提供者这一概念本身是极为宽泛的,如不对其进行进一步的类型化区分,其责任认定必然难以精确。在诸多的类型化标准中,以技术功能作为区分标准是较好的选择。德国和欧盟的四分法,即

---

〔56〕 参见杨彩霞:《网络不作为犯罪新论》,载《求索》2007 年第 2 期;陈洪兵:《网络中立行为的可罚性探究——以 P2P 服务提供商的行为评价为中心》,载《东北大学学报》(社会科学版)2009 年第 3 期;皮勇:《网络服务提供者的刑事责任问题》,载《光明日报》2005 年 6 月 28 日版。

〔57〕 参见陈凯、白英彩:《网络存储技术及其发展趋势》,载《电子学报》2002 年第 12A 期;韩德志:《网络存储技术及其进展》,载《计算机应用研究》2005 年第 7 期。

内容提供者、网络接入服务提供者、缓存服务提供者、存储服务提供者,为我们提供了有益的借鉴。这种四分法,不仅仅划分了四种层次分明的主体类型,更是为其划定了明确的责任边界,在网络安全与信息自由、媒体自由之间找到了一个较好的平衡点。反观我国目前的相关法律规范,仍然缺乏一套合理的、体系的和明确的类型化区分模式。这种类型化模式的欠缺,导致了网络服务提供者刑事责任认定的模糊,而且这种模糊性导致的最终结果往往是刑事责任的扩张。我们应当积极借鉴吸收德国与欧盟的有益经验,用互联网教义学理论来充实我国目前宽泛的法律框架。

然而,在目前关于网络服务提供者刑事责任的理论探讨中,非常遗憾我们仍然没有看到较多关于网络服务提供者功能类型定位的探讨。没有这样一种类型化定位,网络服务提供者刑事责任的认定路径势必无法有效展开,刑事责任认定的精准性和科学性都会受到影响。功能性类型区分的深层内涵在于,其充分考虑了不同网络服务提供者主体类型的不同技术特征和控制可能性,以此为基础我们才能形成对不同网络服务提供者相应作为义务及其责任程度的合理期待。在可以预见的未来,越来越多关于网络服务提供者刑事责任认定的难题会涌现出来,我们目前面临着立法粗疏与理论空白的双重困境。网络服务提供者的功能性类型化,是我们应对这一难题的必经之路。

编造、故意传播虚假恐怖信息罪的认定

——基于司法案例的考察

黄　成*

【内容摘要】 虚假恐怖信息需要同时具备内容的恐怖性、严重侵害人身权利的危险性和威胁对象的多数性、不特定性特征。没有编造虚假恐怖信息的故意，或者编造的信息不符合恐怖信息之特征的，不能以本罪论。编造不是指单一的捏造事实的行为，而是捏造事实并加以传播，或者捏造事实放任传播的。编造虚假恐怖信息罪与投放虚假危险物质罪的关键区别在于前罪中的行为方式不包括投放行为。

【关键词】 恐怖信息　故意　编造　投放虚假危险物质罪

编造、故意传播虚假恐怖信息是近年来多发的一种违法犯罪活动。针对民航航班的爆炸威胁尤其频繁，严重的时候短短四天时间里，全国就连续发生6起民航"诈弹"事件，造成22架次航班返航、备降或延迟起飞。[1] 行为人出于打击报复、敲诈勒索、发泄对社会不满情绪等动机，针对一些商场、学校、公司单位等编造虚假爆炸信息的现象也较多见。此类违法犯罪活动的增多，自然带来被判处编造、故意传播虚假恐怖信息罪的案件数量的上升，在对其中一些相关案例进行考察分析后，笔

* 黄成，中国人民大学2013级法学博士研究生。

〔1〕 见2013年9月29日最高人民法院新闻发言人孙军工对最高人民法院公布的《关于审理编造、故意传播虚假恐怖信息刑事案件适用法律若干问题的解释》的制定背景和主要内容所作的说明。相关报道还有：《飞京航班两天三遭威胁》，载《东方早报》2012年10月10日第2版；《一天内5次航班遭"诈弹"威胁》，载《文汇报》2013年5月16日第5版，等等。

者发现有些案例中,认定行为人构成本罪有值得商榷之处。另外,恐怖信息的认定存在一些难点须进一步讨论,笔者在此谈谈自己对本罪认定中一些问题的看法,以期消除其中的误区与歧见而达成共识。

一、如何理解“恐怖信息”

编造、故意传播虚假恐怖信息罪是指行为人实施编造爆炸威胁、生化威胁、放射威胁等恐怖信息,或者明知是编造的恐怖信息而故意传播,严重扰乱社会秩序的行为。该罪是在2001年的《刑法修正案(三)》中增设的,2001年“9·11”恐怖袭击后,我国出现投放虚假炭疽病毒制造社会恐慌,及故意编造虚假恐怖信息、人为地制造社会恐怖、意在使社会陷入混乱的现象,为有效惩治和防范此类行为,《刑法修正案(三)》增设本条作为《刑法》第291条之一。[2] 近年来,通讯技术的飞速发展,使信息传播交流愈加便利,也使各种虚假信息有了可乘之机,一些编造虚假恐怖信息事件屡屡造成严重的社会后果。为进一步规范司法实践及有效打击这类违法犯罪,2013年9月16日最高人民法院出台了《关于审理编造、故意传播虚假恐怖信息刑事案件适用法律若干问题的解释》(以下简称《解释》),其中第6条指出:本解释所称的“虚假恐怖信息”,是指以发生爆炸威胁、生化威胁、放射威胁、劫持航空器威胁、重大灾情、重大疫情等严重威胁公共安全的事件为内容,可能引起社会恐慌或者公共安全危机的不真实信息。除了明确列举的这几种类型信息之外,恐怖信息的范围如何确定需进一步探讨。恐怖信息的内容特征,原则上应包括以下三点:

1. 内容的恐怖性。即该威胁能使一般人感受到迫切的、难以避免的侵害危险。恐怖性需以理性的一般人的畏惧感为参照,对于一些明显缺乏现实可能性、违背基本科学规律甚至反科学的虚假消息,诸如世界末日、灵异事件等,宜以谣言看待,而非恐怖信息。

2. 具有严重侵害人身权利的危险性。具体而言,首先是以公民的生命法益为侵害内容的威胁,最典型的是以发生大量人员伤亡事件为内容的威胁,如一些行为人在网上发帖,声称要进入幼儿园砍杀幼儿的。其次是以发生足以导致严重的人体组织损害或器官功能障碍的事件为内容的威胁。如行为人扬言在公共场所实施严

---

〔2〕 高铭暄:《中华人民共和国刑法的孕育诞生与发展完善》,北京大学出版社2013年版,第517页。

重的伤害、投放毒害性危险物质等行为。一些毒害性物质,能导致大量人员中毒或者残疾,日本曾发生过的沙林毒气事件,不仅造成数人死亡,更造成600余人中毒。因此,编造这类虚假信息能造成巨大的社会恐怖效应,尤其处于一些敏感时期和区域。最后,在绑架、劫持等形式的犯罪中,带有严重的暴力强制性和侵犯人身自由权利的性质,这也是恐怖信息应具有的特性。

3. 威胁对象具有多数性和不特定性。例如,恐怖活动中经常采用针对个人的暗杀手段,普通犯罪中也常出现针对个人或特定目标的残忍杀害行为,但这种对象具体明确的威胁难以形成社会恐怖,不宜视为恐怖威胁。所以,恐怖威胁针对的对象必须是不特定的多数潜在受害人,这样,人人都可能成为袭击和侵害的目标,才有引起公众恐慌和社会秩序混乱的可能性。威胁对象的多数性并不排斥明确性,即威胁对象不能是漫无目标的,例如,行为人扬言制造血案、报复社会等,但没有明确的时间、地点和对象的,不宜视为恐怖信息。

对于以发生重大灾情、重大疫情为内容的恐怖信息,除地震和“非典”之外,重大灾情的认定,须考虑人类目前的预测、抵御能力的高低,以其与地震的危害是否具有相当性为参照。例如,火山喷发、洪涝、森林火险等,人类对其活动有比较准确的预测从而能够最大限度降低其损害,编造的这类威胁也就不宜视为恐怖信息。对于重大疫情的认定,根据《中华人民共和国传染病防治法》第3条的规定,乙类传染病包括:传染性非典型肺炎、艾滋病、人感染高致病性禽流感、流行性乙型脑炎、登革热、炭疽、肺结核等,鉴于这些传染病和非典是同等级的,都具有极大的人体健康危害性,并且当前公众对这类传染病的认识有限,以此为内容的虚假威胁信息极易造成公众恐惧心理,因而理应归入恐怖信息的范畴。

基于上述理由,下列信息应排除在恐怖信息之外:一是具有轻微暴力或人身伤害性的威胁信息。例如,前些年全国各地陆续发生公交车上有变态男子针刺妇女臀部的案件,引起一定范围内公众,尤其是女性的恐慌情绪。其中,一些案件被认定为强制猥亵妇女罪,这种定性较为准确地体现了行为人的犯罪目的和行为特征,一方面,行为人不具有危害公共安全的意图;另一方面,其行为方式人身伤害性极小。编造的这种轻微伤害性信息,与编造持刀砍人、爆炸等信息相比,不具有相当性。不过,如果行为人扬言借此传播艾滋病等致命性、传染性病毒的,仍应视为恐怖信息。二是侵犯财产性质利益但不具有造成公共安全危险的信息。实践中,有行为人因对单位不满,在明知自己所在的化工厂发生过重大爆炸的情况下,扬言破坏化工厂,行为人虽然不是要直接实施爆炸行为,而是要以破坏手段引起爆炸,法院认定其行为构成编造虚假恐怖信息罪。[3] 其理由或许在于,该恐怖信息的内容是通过间接的手段威胁造成危害公共安全的爆炸、毒害性事件,因为化工厂等设施易燃易爆,或者会产生有毒有害物质,危险性很大,容易引起恐怖效应,前些年发生的响水事件,化工厂爆炸传言就曾引起万人大逃离。但是如果行为人单纯以损坏财物为目的,针对的不是化工厂、油气等设施,而是工程、仓库等不具有危险性的设施实施爆炸,行为人自己和社会一般人根据常识和生活经验,都能认识到爆炸或者破坏手段不具有引起危害公共安全危险的,不宜将此威胁视为恐怖信息。

二、犯罪故意与本罪认定

实践中,以一些商场、酒店等经营场所为对象编造爆炸威胁进行敲诈的情况尤为常见,行为人一般将威胁消息通过电话、短信和邮件等发送给酒店、商场的主管、负责人员等特定人员,行为人对自己的行为会造成公众恐慌及公共秩序混乱一般都是有清晰认识的,只要造成法定结果的,就应当负编造虚假恐怖信息的责任。但在一些类似的敲诈勒索案件中,行为人主观上缺乏编造虚假恐怖信息的故意,或者其编造的爆炸威胁不符合上文所述的恐怖信息之特征的,不应该认定其构成本罪。例如:

例1,蔡某编造虚假恐怖信息案。[4] 蔡某为敲诈钱财,从网上购买机动车辆登记信息,然后自称是黑社会成员,敲诈车主。2010 年 7 月 28 日 9 时许,蔡某敲诈车主王某未果后,声称王某的车内有炸弹。10 时左右,王某报警后将车停在路边,公安机关出动警力 70 余人,疏散大量群众,封闭某路,排爆花费 2 小时左右。案发后经审理,法院采纳了公诉机关对蔡某所指控的编造虚假恐怖信息罪的意见。

此案认定行为人构成编造虚假恐怖信息罪有不妥之处,行为人不具有编造虚假恐怖信息的故意。根据通说,故意由认识因素和意志因素两部分构成,对自己的

---

〔3〕 参见北京市通州区人民法院(2007)通刑初字第 00025 号刑事判决书。北大法宝司法案例库:www. pkulaw. cn/fulltext _ form. aspx? Db = pfnl&Gid = 117517593&keyword = 虚假恐怖信&EncodingName = &Search_Mode = like。

〔4〕 上海市宝山区人民法院(2011)宝刑初字第 1378 号判决书。北大法宝司法案例库:www. pkulaw. cn/Fulltext_form. aspx? Db = pfnl&Gid = 118404706&keyword = &EncodingName = &Search_Mode = accurate。

行为发生危害社会的结果,行为人必须是明知其必然发生或可能发生,而且希望或追求其发生。明知的内容,即符合构成要件的事实主要有行为的内容、行为的结果及因果关系等要素。首先,蔡某编造爆炸威胁的目的在于取得王某的财产,而不在于威胁公共安全和扰乱社会秩序,他针对的对象是车主个人,他只可能对敲诈勒索行为这一事实和后果是明知的,而不可能对敲诈勒索行为导致扰乱社会秩序这一后果有认识和预见性。其次,从刑法上的因果关系的角度来看,蔡某威胁炸死王某与导致社会秩序混乱之间不具有相当的因果关系,仅是其中一个条件。受害人王某的信息系蔡某从网上购买所得,蔡某对王某所处的位置、状况并不了解,此时王某的车可能正停放在一处空旷地带,可能用于游玩而处于郊外,也可能因报废而被弃置某处,受害人处于某繁华路段完全是行为人预料不到的巧合事件。本案情形不同于向生产、经营性场所传播爆炸威胁,后者情形下引起一系列扰乱社会秩序的结果都是行为人预料范围甚至积极追求的,该结果的发生也是合乎逻辑的、必然的,而针对个人的敲诈勒索行为引起扰乱社会秩序的结果则是偶然的。蔡某不应对这一结果承担编造虚假恐怖信息罪的刑事责任。偶然的因果关系通常只对量刑有意义,〔5〕这一偶然造成的严重结果符合敲诈勒索罪中关于“其他严重情节”的规定,将其作为敲诈勒索罪中升格法定刑的量刑依据进行评价才是恰如其分的。最后,从意志因素角度来看,蔡某并未以发生公共安全危险相威胁,不存在积极追求或放任人员伤亡及公共秩序混乱的结果发生的心态,对该结果的发生既没有“希望”也没有“放任”。

针对个人的爆炸威胁不符合恐怖信息的威胁对象的多数性、不特定性的特征。根据《解释》规定,本罪中之恐怖信息必须是以发生危害公共安全的事件为内容,而以发生危害个人生命和财产安全的事件为内容的威胁则不应属于本罪中之恐怖信息。在行为人敲诈商场、超市等场所的情形中,其索财目的若得不到满足,一旦真正着手实施爆炸行为,将直接危及到公众安全。〔6〕 而本案行为人不具有制造公共安全事件的企图和放任不特定人员伤亡的主观心态,即使他真正实行犯罪,其侵害对

---

〔5〕 参见赵秉志、鲍遂献、曾粤兴等:《刑法学》(第二版),北京师范大学出版社 2013 年版,第 167 页。

〔6〕 这一点在一些案情看似相同的案例中,有很明显的体现。例如,张某编造虚假恐怖信息案:张某为勒索被害人钱财,威胁在被害人商场中投放砒霜。一旦张某真正投放砒霜,危害的不是被敲诈勒索的受害人,而是不特定的公众,所以,该威胁不是指向个人安全,而是以发生公共安全事件为内容。该案引自贾学胜:《编造、故意传播虚假恐怖信息罪之实证解读》,载《暨南学报》(哲学社会科学版)2010 年第 6 期。

象也仅是被害人个人。除非能证明行为人发出的威胁中明确表示,其使用的爆炸物威力特别巨大或者其明知被害人处于公共场所,对于造成不特定多数人员伤亡是积极追求或者放任发生的,这样,才能认定该威胁是以发生公共安全事件为内容的。

例2,瞿某编造虚假恐怖信息案。[7] 瞿某将轿车违章停放在某区政府门口,执勤的公安人员发现后要求其开走,并告知其如不开走,将通知牵引车将轿车拖走。瞿某扬言"谁敢拖我的车子,我马上把车子炸掉"。当地公安机关出动大量公安人员、防爆车等赶赴现场进行处置。其间,瞿某进入某超市,公安人员劝阻其停止走出超市,瞿某因强行离开而被抓捕。经审理,法院认定瞿某构成编造虚假恐怖信息罪。

该案的定性也有商讨的余地。首先,该案行为人也不具有编造虚假恐怖信息的故意。瞿某威胁炸掉本人的财物,不是以危害公共安全为威胁内容。其行为有几分形似本罪的原因是他编造的是爆炸威胁,爆炸具有一定公共安全威胁性,但是瞿某威胁炸毁自身财物清楚地表明,其并没有危害公共安全及扰乱公共秩序的目的,其故意的内容不是制造社会恐怖氛围,而是阻碍公安人员的执法。其次,纯粹以损害财产性利益为威胁的爆炸,不具有恐怖信息的特征,不会产生恐怖效果,不应该属于恐怖信息。最后,该行为发生在公安人员执法的过程中,行为人违法停车并拒不消除违法状态,反而以炸毁自身财物相威胁,其主要意图在于阻挠公安人员执行拖走违停车辆这一公务行为,该行为更符合妨害公务罪的特征。现实生活中因纠纷等原因,一时激愤,扬言实施爆炸的例子时有发生,对这类情况应仔细区分,合理定性,属于一般违法或者符合其他犯罪的特征的,依照相关规定处理,过多适用本罪名或者出现定性失误都可能引起该罪名成为规制虚假信息犯罪的口袋罪的嫌疑。

三、如何理解"编造"

一般认为,仅仅编造虚假恐怖信息而未将其传播出去的,不构成本罪,编造侧重于捏造虚假恐怖信息,仅有捏造行为的,不可能成立本罪。[8] 如果将编造仅仅理解为捏造事实的行为,与散布、传播完全分离开来看,编造虚假恐怖信息而不散布、

〔7〕 上海市静安区人民法院(2010)静刑初字第291号判决书。北大法宝司法案例库:www. Pkulaw. cn/fulltext_form. aspx? Db = pfnl&Gid = 118021672&keyword = &EncodingName = &Search_Mode = accurate。

〔8〕 张明楷:《刑法分则的解释原理》(上)(第二版),中国人民大学出版社2011年版,第503页。

传播的,不会产生任何社会效果,编造行为就没有现实的和规范评价的意义,法条规定编造行为似无必要。其实不然,事实上,行为人编造一个虚假恐怖信息以后必须再将其传播出去才能完整地完成编造行为。也就是说,编造行为必然包含着传播行为。实践中,行为人自行编造和传播主要包括这 3 种情形:一是编造和传播同步进行,二是编造以后传播,三是编造以后唆使他人传播或者放任传播的。[9] 第一种情况,如在商场喊叫着要发生爆炸的,编造和传播是一体的、不可分割的;第二种情况,如在手机或者电脑上编造好虚假恐怖信息然后分别发出,或者后续发出,产生实际效果的实质是传播行为,但传播只不过是编造行为的延续,根据《解释》第一条规定,这种情形以编造虚假恐怖信息罪论;第三种情况,行为人编造完毕后唆使他人传播,或者故意使该信息失去控制、放任其被流传开的,被教唆的人属于传播虚假恐怖信息,行为人还是以编造行为评价。可见,在第二种情形下,编造的行为模式不是单纯捏造,而是"捏造 + 传播"的复行为,单独的编造行为,没有发生社会危害的危险性,是法益侵害的抽象危险或者具体危险也不具备的。

此外,有观点认为,单纯使特定人员产生恐惧心理的恐吓、胁迫行为,没有严重扰乱社会秩序的,不能认定为本罪。例如,行为人向公安机关或相关人员声称"不解决我的问题,我就在超市安炸弹的",这种行为不成立本罪,如果行为人谎称"我已在某超市安放炸弹",则可以构成本罪。[10] 如上已述,向公安机关谎称爆炸信息的,属于编、传一体的编造行为,不属于单一的捏造事实的行为,再者,依据《解释》,只要是以发生危害公共安全的爆炸事件为威胁内容的,就是虚假恐怖信息,并没有行为人已经采取相应行动或者即将采取行动之分。向特定人员扬言即将实施爆炸的,虽然不会引起公安、消防等机关立即采取紧急措施,也难以立刻导致公共场所秩序混乱,但相关部门出于安全考虑,必然动用大量人力、物力保障目标区域的安全稳定,或者普通公众因为恐怖心理而避开相关场所,只要导致法定后果的,仍能构成本罪。实践中,行为人向北京非紧急救助中心打电话称,不解决自己的"农转非"问题,将在两会期间到天安门制造爆炸的;[11] 以及拨打"110"电话声称要在全

---

〔9〕 参见吕广伦、王尚明、陈攀:《〈关于审理编造、故意传播虚假恐怖信息刑事案件适用法律若干问题的解释〉的理解与适用》,载《人民司法》2014 年第 1 期。

〔10〕 参见张明楷:《刑法学》(第四版),法律出版社 2011 年版,第 933 页。

〔11〕 参见北京市顺义区人民法院(2014)顺刑初字第 206 号刑事判决书。中国裁判文书网:www.court.gov.cn/zgcpwsw/bj/bjsdszjrmfy/bjssyqrmfy/xs/201407/t20140704_1952582.htm。实务中,这种判罚不在少数。

运会期间炸党政机关及军事单位的等类似案件中,都是以本罪论处的。行为人是向公安等机关还是向普通大众,以及是扬言“已经安置炸弹”还是“即将安置炸弹”之类表述上的细微不同,不影响其编造虚假恐怖信息的行为性质,不应该产生定性的不同。

四、本罪与投放虚假危险物质罪的区分

编造、故意传播虚假恐怖信息罪与投放虚假危险物质罪最显著的差异体现在其行为方式上。在后罪中,行为人必须实施了投放危险物质的行为,虚假危险物质可能是确实存在的,如仿造炸弹外形制成的假炸弹,也可能根本不存在,如宣称投放的包裹中有炸弹、毒害性物质等。例如:

例3,刘某投放虚假危险物质案。2002年1月某日,刘某在天安门广场36号灯柱下放置一个旅行包后,向执勤民警谎称有人胁迫他将一个装有爆炸物的包放置在该灯柱下。北京警方为排除险情而将广场局部清场,疏散人群并出动大量人员、动用大量设备进行排爆,未发现刘某投放的包内有危险物质。该案经审理,认定刘某构成投放虚假危险物质罪。

该案中,刘某实施了两个符合构成要件的行为,一个是投放虚假危险物质,另一个是向警察编造恐怖信息。或许有人疑问:刘某不向民警编造爆炸物威胁的话,不可能有人知道该包裹里有“爆炸物”,刘某编造恐怖信息的行为是造成公共秩序混乱的危害后果的主要原因和一个必备环节,为何不以编造虚假恐怖信息罪论处呢?这是因为,当行为人投放的并不是人们根据常识一眼便能辨认出的危险物时,要想达到引起人群恐慌和秩序混乱的犯罪目的,行为人必须将“恐怖信息”告知他人以便将其传播,否则“投放”行为不可能产生任何社会效果,也就达不到行为人的犯罪目的。实施该类犯罪,必须“投放”又“编造”才能完整地实施完实现本罪所需的步骤,“投放”行为已涵盖“编造”行为。〔12〕因而法院的定性是准确的。

例4,连某编造虚假恐怖信息案。〔13〕2009年9月某日,连某乘坐公交车时被要求例行安检,连某见其他乘客未安检也能上车,于是认为安检员歧视他是个农民工,拒绝安检并称包中有炸弹,车内乘客纷纷逃离。法院认定连某构成编造虚假恐

---

〔12〕 参见王作富主编:《刑法分则实务研究(中)》(第四版),中国方正出版社2010年版,第1235页。

〔13〕 参见《人民法院报》2009年12月18日第5版。

怖信息罪。

例5,王某编造虚假恐怖信息案。〔14〕王某为胁迫业主支付其承包的一处小区的工程款,自制一个假炸弹挂于胸前,站在该小区8楼顶,扬言引爆“炸弹”,造成人员拥堵,公安机关采取紧急措施。经鉴定,“炸弹”并不含火药成分、雷管等,不属于爆炸装置。

例4中,连某虽然也是声称自己的提包有炸弹,但他并没有实施“投放”虚假危险物的行为,而是当场编造了爆炸威胁。而例5中,王某使用的诈弹系其精心仿造而成,且具有“投放”行为(只不过是挂在了自己胸前)。不待王某大肆宣扬,一般人就已经能够对“炸弹”威胁有认识,相较于例3中刘某放置包裹后还得声称包中有“炸弹”而言,王某根本无须告知他人有爆炸威胁,就足以引起公众的恐慌心理。因而,王某的行为认定为投放虚假危险物质罪更妥当些。行为人为扩大影响而向围观或者路过群众宣称自己身上系挂的乃是“炸弹”,是此类违法犯罪活动中惯常的举动,是投放诈弹行为的自然延续,不必单独评价。

实践中,有行为人将装有鞭炮的塑料袋寄存在商场的存包柜,后谎称袋内有炸弹进行敲诈勒索。这种情形中,因为行为人具备投放虚假危险物的行为(鞭炮属于危险品,但在这里只能是虚假的危险物),所以应该以投放虚假危险物质罪论处。但如果行为人投放虚假危险物质进行敲诈勒索,勒索未果而散布爆炸威胁泄愤的,其投放虚假危险物的行为和散布虚假恐怖信息的行为则是相互独立的,不存在吸收关系。

〔14〕 见长沙市雨花区人民法院(2008)雨刑初字第472号判决书。北大法宝司法案例库:www. pkulaw. cn/Fulltext_form. aspx? Db = pfnl&Gid = 118750312&keyword = % e8% 99% 9a% e5% 81% 87% e6% 81% 90% e6% 80% 96% e4% bf% a1% e6% 81% af&EncodingName = &Search_Mode = accurate。该案是由二人实施的共同犯罪,为紧扣本文主旨及行文方便,此处以个人犯罪的角度进行论述。

网络虚假信息寻衅滋事的规范分析

杨　堃*

2013年8月,全国公安机关开展了一场集中打击网络有组织制造传播谣言等违法犯罪专项行动。与此同时,最高人民法院、最高人民检察院《关于办理利用信息网络实施诽谤等刑事案件适用法律若干问题的解释》(以下简称《网络诽谤解释》)也于2013年9月10日起施行。《网络诽谤解释》对利用网络平台实施违法犯罪行为适用法律的相关问题作出了明确规定,涉及诽谤、寻衅滋事、敲诈勒索以及非法经营等罪名。其中涉及诽谤罪、敲诈勒索罪的规定在很大程度上是对以往司法实践经验的总结,此次解释只是对其适用标准结合网络谣言传播的特点作出了进一步详细的规定。但《网络诽谤解释》对网络谣言寻衅滋事行为的定性则是具有开拓性的。[1]

《网络诽谤解释》第5条第2款规定:编造虚假信息,或者明知是编造的虚假信息,在信息网络上散布,或者组织、指使人员在信息网络上散布,起哄闹事,造成公共秩序严重混乱的,依照刑法第293条第1款第4项的规定,以寻衅滋事罪定罪处罚。最高人民法院和最高人民检察院有关负责人在答记者问时针对此条款解释道:"编造虚假信息,在信息网络上散布,起哄闹事的行为,易引发群体性事件,造成公共秩序严重混乱。""网络空间属于公共空间,网络秩序也是社会公共秩序的重要组成部分。随着信息技术的快速发展,信息网络与人们的现实生活已经融为一体,密不可

---

* 杨堃,北京市丰台区人民法院法官。

〔1〕 如北京市公安局有关负责人表示:将网络空间定义为公共场所,这是一种刑事法学层面的认识,更是司法实践的一次突破。参见曹作和:《网络造谣为何涉及寻衅滋事罪》,载《北京日报》2013年8月28日版。

分。”[2]由此可以看出,《网络诽谤解释》是将“编造虚假信息,或者明知是编造的虚假信息,在信息网络上散布,或者组织、指使人员在信息网络上散布,起哄闹事”解释为“在公共场所起哄闹事”,将“造成公共秩序严重混乱”解释为“造成公共场所秩序严重混乱”。《网络诽谤解释》中正是此款规定引起的争议最大,讨论也最为热烈。本文即主要围绕着该条款所引起的两个争议进行讨论:互联网这一虚拟空间是否属于刑法中的公共场所?“造成公共秩序严重混乱”中的公共秩序到底是指现实社会中的公共秩序还是网络空间的公共秩序?

一、信息社会下“公共场所”概念的扩张

从刀耕火种的农业社会到机器轰鸣的工业社会,每一次技术革新都会推动社会的变革与进步,随之而来的便是人们思想价值观念的转变。近几十年来,网络信息技术的快速发展使得人们的生活方式又一次开始发生重大转变。互联网为我们提供了一个前所未有的生活空间,在这个全新的生活空间中,人类的日常生活与之紧密结合,俨然形成了一个虚拟社会,这使得人们原先在现实社会中的许多活动开始逐步向虚拟社会渗透。虚拟空间的形成在大大改变人们生活方式的同时,势必会影响刑法理论的构建与完善,使得刑法理论中原有的概念需要作出调试以适应社会的新需求。

(一)网络空间的公共场所化

1933年7月,美国电话电报公司的一则广告宣传道:“你的电话就是你。它会在一瞬间里,将你的个性复制,并扩散到或远或近的世界各地,达到不同的人群。每一次电话通讯都可能传递出你的一些非常自我的信息——你的思想,你的声音,你的心情,你的欢迎词等。因此,在每次使用电话的时候,你都应该像在发表演说一样,如同面对人群般尽力充分展现自己。有电话在手,你就是时间和空间的主人。你能够处乱不惊,静待时机,善于接纳新思想,同时又为行动做足准备。非同寻常的事实是:使用电话越频繁,它就越能扩展你的能力和个性。”[3]近百年前的这则广告

---

〔2〕 参见张先明:《统一司法标准规范司法行为,积极促进信息网络健康发展——最高人民法院、最高人民检察院有关部门负责人答记者问》,载《人民法院报》2013年9月10日版。

〔3〕 [美]马克·波斯特:《互联网怎么了?》,易容译,河南大学出版社2010年版,第133页。

形象地为我们揭示了科技进步对人们交往空间的影响,是技术打破了横亘在人与人之间的现实物理场所。尤其在网络技术高度发达的今天,人们完全可以达到“身”与“心”的分离:虽然身体处于一个物理性的现实世界中,但自己的精神思想已经延伸至互联网为我们构建的网络空间里面,这个空间的容纳能力与作用发挥完全取决于网络信息技术的发展。互联网虽然构建的是一个虚拟空间,但该空间所带来的效果却是现实的。尤其是在国家推动“三网融合”[4]的大背景下,互联网正在由“信息媒介”转向“生活平台”,微博、贴吧、博客等网络社区以及购物、票务等电子商务成为多数人日常生活中不可或缺的一部分。以中国人民大学的校内网络系统为例,原来的“数字人大”系统从 2014 年开始更换为“微人大”,其宣传语为:“继承数字人大使命的下一代校内综合平台,更加社交化,更加互联网化。”这种在校外依然可以登录使用的校内综合平台整合了校内的选课、查询通知、下载、交流互动等全部应用,俨然成为单位内部的又一“办公场所”。

互联网构建的线上空间已经代替了一大部分现实社会的功能,而且随着计算机技术的进步其适用空间也会不断地拓展,并与人们的线下空间越来越密切地交织在一起。网络空间已经实际地成为人们生活、工作的“第二空间”,是公众从事各种社会活动的重要场所。信息技术的巨大作用使得犯罪现象也越来越多地发生在网络空间内,正如有学者所指出的,网络在犯罪中的地位分为三个阶段:第一阶段是作为犯罪对象,第二阶段是作为犯罪工具,到第三阶段则为犯罪空间。[5] 这种由犯罪对象到犯罪工具及犯罪空间的转变正是由网络日益平民化和公共化造成的,这也从另一个侧面反映了互联网的公共空间化的演变历程。网络空间的公共属性为一些违法犯罪行为提供了一个绝佳的平台,并且使得犯罪行为的法益侵害性较现实场所更为巨大,特别是网络谣言的传播。一条或许仅仅是出于戏谑的虚假信息也会以惊人的速度在网络上传播开来,并且会以超出当事人控制范围的方式开

---

〔4〕 三网融合是一种广义的、社会化的说法,在现阶段它是指在信息传递中,把广播传输中的“点”对“面”,通信传输中的“点”对“点”,计算机中的存储时移融合在一起,更好为人类服务,这并不意味着电信网、计算机网和有线电视网三大网络的物理合一,而主要是指高层业务应用的融合。其表现为技术上趋向一致,网络层上可以实现互联互通,形成无缝覆盖,业务层上互相渗透和交叉,应用层上趋向使用统一的 IP 协议,在经营上互相竞争、互相合作,朝着向人类提供多样化、多媒体化、个性化服务的同一目标逐渐交会在一起,行业管制和政策方面也逐渐趋向统一。参见佚名:《三网融合》,载中国通信学会官方网:http://www.china-cic.org.cn/Article/19700,最后访问日期:2014 年 1 月 6 日。

〔5〕 参见于志刚:《网络、网络犯罪的演变与司法解释的关注方向》,载《法律适用》2013 年第 11 期。

始影响人们的现实生活。例如,柑橘蛆虫事件引起全国柑橘滞销因而使得果农损失严重,地震谣言令山西数百万民众受惊,爆炸谣言导致江苏盐城群众大逃亡和部分民众遇难,以及关于防核虚假信息引发疯狂的食盐抢购风潮等。[6] 面对这种趋势,如何做到既能有效地对虚拟空间进行治理又能有利于信息社会的发展是摆在政府面前的一个大问题,尤其是在网络空间成为与现实公共空间并重的平台时。《网络诽谤解释》以寻衅滋事罪制裁一些不法分子通过互联网编造传播虚假信息,起哄闹事,造成公共秩序严重混乱的行为即是一次积极的探索。

(二)传统刑法理论中的"公共场所"

国务院曾于1987年4月1日发布的《公共场所卫生管理条例》中以举例的方式明确提到"公共场所"这个概念的外延。[7] 从相关条文中可以很明显地看出"公共场所"仅仅指物理性的现实空间。虽然这个条例只是国务院发布的关于公共卫生管理的行政法规,但其中规定的"公共场所"这个概念的具体内涵在一定程度上代表了当时人们对"公共场所"概念的认识。"公共场所"这个概念在我国《刑法》分则中明确提及的共有六个条款,[8] 这其中第236条强奸罪、第237条强制猥亵、侮辱罪、猥亵儿童罪以及第292条聚众斗殴罪中的"公共场所"是作为量刑加重情节出现的,另外三个罪名中的"公共场所"则是作为构成要件要素出现的。这三个罪名根据其侵害的法益又大致可以被分为两类,即侵害公共安全的犯罪和侵害公共秩序的犯罪。第130条的非法携带枪支、弹药、管制刀具、危险物品危及公共安全罪侵害的法益即为公共安全,第291条聚众扰乱公共场所秩序罪,以及第293条寻衅滋事罪侵害的法益为公共秩序。

上述罪名的选择与适用均涉及对"公共场所"概念的理解,但这些罪名均未直接点明"公共场所"的内涵,不过在司法实践中"公共场所"大多是指人流密集、流动

---

[6] 参见刘萍:《盘点近年十大网络谣言及社会危害》,载国际商报网:http://ibd.shangbao.net.cn/b/i/247077.html,最后访问日期:2014年1月6日。

[7] 《公共场所卫生管理条例》第2条规定:本条例适用于下列公共场所:(一)宾馆、饭馆、旅店、招待所、车马店、咖啡馆、酒吧、茶座;(二)公共浴室、理发店、美容店;(三)影剧院、录像厅(室)、游艺厅(室)、舞厅、音乐厅;(四)体育场(馆)、游泳场(馆)、公园;(五)展览馆、博物馆、美术馆、图书馆;(六)商场(店)、书店;(七)候诊室、候车(机、船)室、公共交通工具。

[8] 这六个条款依次是第130条的非法携带枪支、弹药、管制刀具、危险物品危及公共安全罪,第236条强奸罪,第237条强制猥亵、侮辱罪、猥亵儿童罪,第291条聚众扰乱公共场所秩序罪,第292条聚众斗殴罪,第293条寻衅滋事罪。

性大、供不特定或者多数人使用的场所。[9] 至于其具体的范围,一般根据聚众扰乱公共场所秩序罪的罪状将“公共场所”解释为车站、码头、民用航空站、商场、公园、影剧院、展览馆、运动场馆等社会公众聚集在一起进行公众性活动的场所。这种理解在最近的一项关于寻衅滋事罪的司法解释[10]中也得到了印证,该司法解释在判断是否“造成公共场所秩序严重混乱”时举例说明了公共场所的具体内容,而且解释中提到的场所和《刑法》第291条聚众扰乱公共场所秩序罪中的场所基本一致,即均为物理性空间。

“公共场所”的理解关乎罪与非罪、罪轻与罪重,仅采取列举式的方法很难在逻辑上穷尽所有形式的公共场所,故对于其认定有的学者从场所用途以及行为时间上看,而有的学者从场所的功能因素、行为时间因素、人群因素等方面来具体把握。[11] 但一般来讲,在认定“公共场所”时要注意考察两个因素,一是地点的因素,即公共场所是社会公众共同进行公共活动的场所;二是人群的因素,即公共场所是人群聚集的地方;公共场所的这两个因素缺一不可,都被称为公共场所。[12] 从这些因素可以看出人们对于“公共场所”的理解大都着重于具有实体内容的物理性空间,是人们可以置身其中进行公共活动的平台。

(三)刑法中“公共场所”概念的嬗变

对于《网络诽谤解释》将网络虚拟空间解释为寻衅滋事罪中的公共场所,笔者持认同态度。法律是社会的产物,社会生活在变,法律概念的内涵当然需要随着社会的变化而变化,否则法律就变为失去活力的干枯文字。正如马克思所言:“法律是事物的法的本质的真正表达者。因此,事物的法的本质不应该迁就法律,恰恰相反,法律倒应该去适应事物的法的本质。”当随着社会的发展出现了不同于传统物理性空间的网络公共场所后,司法者就需要考虑是否将其解释为刑法中的公共场所。

---

〔9〕 参见于志刚、王政勋、王良顺:《刑法各论》,高等教育出版社2012年版,第475页。

〔10〕 2013年7月22日起施行的最高人民法院、最高人民检察院《关于办理寻衅滋事刑事案件适用法律若干问题的解释》,该解释第5条规定:在车站、码头、机场、医院、商场、公园、影剧院、展览会、运动场或者其他公共场所起哄闹事,应当根据公共场所的性质、公共活动的重要程度、公共场所的人数、起哄闹事的时间、公共场所受影响的范围与程度等因素,综合判断是否“造成公共场所秩序严重混乱”。

〔11〕 参见阮齐林、陈志军、许文辉等:《如何区分寻衅滋事罪与故意伤害罪》,载《人民检察》2006年第11期。

〔12〕 参见王作富主编:《刑法分则实务研究》(中),中国方正出版社2013年版,第1134页。

第一，刑法需要具有相对稳定性，但同时又必须回应不断变化着的社会。立法者在立法时主要以过去已经发生的案件为立法材料来源，这些来源常常受制于社会环境而只能代表当时的现实状况。将公共场所理解为现实的物理性场所在立法当时是符合时代要求的，毕竟刑法理论的发展是离不开所处社会的发展阶段，而且也只能与所处时代的现实状况相适应。在信息网络没有得到很大发展的时候，人们的主要社会活动只能在现实的空间中，那么所涉及的活动规范当然主要着眼于现实的物理性空间，在进行刑事立法与司法的时候将"公共场所"理解为物理性质的场所也就无可厚非了。但信息社会的到来使得人们的生活发生了极大的变化，许多事物由线下转到线上，由实体空间转向虚拟空间。面对这一趋势，刑法中的某些概念需要适时变化，以适应越来越普遍的犯罪网络化现象，固守原有的含义只会造成刑法的僵硬。以赌场为例，在互联网并未兴起时赌场只能由实体的场所构成，人们需要置身于这个场所中才能参与赌博活动。但在互联网普及之后，线上营业的赌场纷纷成立，这种赌场只需利用互联网便可进行赌博活动，而且打破了地域与时间的限制，参与赌博的人数也较实体赌场更为庞大。虽然赌场由线下转向线上，由实体转向虚拟，但其法益侵害性并没有发生质的变化。面对这一形势，2005 年的《关于办理赌博刑事案件具体应用法律若干问题的解释》以及 2010 年的《关于办理网络赌博犯罪案件适用法律若干问题的意见》均将线上的赌博网站视为《刑法》第 303 条规定的赌场。刑法理论中的赌场从原来的实体性到现在的实体与虚拟并存，正是信息社会对刑法理论的影响造成的。网络技术的这种影响不会仅仅局限于极个别的犯罪，正如有学者所指出的：产生于农业社会、成熟和完备于工业社会的刑法理论和刑事立法规则，在信息社会已经呈现出体系性的滞后，法律和法学的时代转型将成为必然。[13] 随着传统犯罪越来越普遍地转向网络空间，某些犯罪的构成要件要素必须发生适应信息社会的嬗变，"公共场所"概念即是其一。

第二，有学者认为将刑法寻衅滋事罪有关条文中的"公共场所"解释为包括"信息网络"，则实质性改变了立法原意，因此属于类推，不属于扩张解释。[14] 对此，笔者不予认同。一般来讲，扩张解释与类推解释的区分依据为是否超出法条用语的可能含义以及是否超出一般人的预测可能性。扩张解释与类推解释并没有一个确

---

〔13〕 参见于志刚：《信息时代和中国法律、中国法学的转型》，载《法学论坛》2011 年第 2 期。

〔14〕 参见仝宗锦：《对曲新久教授〈一个较为科学合理的刑法解释〉一文的评论》，载新浪博客：http://blog. sina. com. cn/s/blog_70043df00101g431. html，最后访问日期：2013 年 12 月 25 日。

定的界限,两者之间还必定存在一个忽明忽暗的灰色地带。笔者认为,灰色地带性质如果受多种因素影响,社会的形势变化便是其中一种。我们在划定扩张解释与类推解释的边界时必须考虑到社会的发展。试想在我国刑法制定时如若有人提出公共场所必须包括互联网空间,这肯定是不会被接受的。但在网络大面积普及和人们日常生活网络化的情形下,从字面上看将第 293 条寻衅滋事罪的第 1 款第 4 项“在公共场所起哄闹事”中的公共场所解释为包括网络空间在内并没有超出刑法用语的可能性,并且也不会超出国民的预测可能性。当然,完全接受为适应时代转型的扩张解释是需要一定时间的,如在电力被投入使用的初期,学者及司法机关围绕着将电力解释为盗窃罪的行为对象是扩张解释还是类推解释就产生过激烈的争论。一个世纪过去了,电力等具有经济价值的无体物成为人们普遍使用的资源,现在对于盗用电力的解释问题已经没有太大争议。

第三,网络空间的公共场所化并不意味着刑法中所有涉及公共场所的罪名都必须将网络空间纳入进去,这还得联系每个罪名的特点来看。从体系解释与刑法用语统一性的角度出发,有学者认为同一概念在侵犯同一类法益中的概念应该做相同解释,由此根据聚众扰乱公共场所秩序罪中的“公共场所”是现实社会的物理场所,可以推出网络虚假信息型寻衅滋事罪的行为要件中的“公共场所”亦是如此,而不包括互联网空间。〔15〕 确实,根据体系解释的要求,在解释刑法时要结合刑法条文在整个刑法中的地位,联系相关法条的含义,以使刑法整体相协调。但这并不意味着刑法中任何相同用语都必须具有完全一致的解释,在解释刑法条文时还是需要结合每个条款的目的、语言特点等来具体分析。如《刑法》第 3 章第 7 节侵犯知识产权罪中关于侵犯商标权的三个罪名,其中第 213 条和第 214 条中的“注册商标”应当指的是商品商标,而第 215 条中的“注册商标”不仅包括商品商标,还可以包括服务商标。即使在同一条文中,刑法的用语也有不一致的,如《刑法》第 20 条第 1 款中的“正当防卫”一词与第 2 款中的“正当防卫”一词就不是相同的含义。那么刑法中涉及公共场所的六个罪名〔16〕中的“公共场所”内涵完全可以依据各条款罪状的特点做出不同的解释。

---

〔15〕 参见孙万怀、卢恒飞:《刑法应当理性应对网络谣言——对网络造谣司法解释的实证评估》,载《法学》2013 年第 11 期。

〔16〕 这六个罪名依次是:第 130 条的非法携带枪支、弹药、管制刀具、危险物品危及公共安全罪,第 236 条强奸罪,第 237 条强制猥亵、侮辱罪、猥亵儿童罪,第 291 条聚众扰乱公共场所秩序罪,第 292 条聚众斗殴罪,第 293 条寻衅滋事罪。

第四,结合上文的分析,我们可以认为从宏观上来说将网络空间视为刑法中的公共场所是没有问题的。但我们并不能把所有的互联网虚拟空间均认定为公共场所,对于某一具体的互联网虚拟空间是否是公共场所还需要结合网络空间的自身特点来具体分析。这主要是因为网络空间的开放程度是有所不同的:有些网络空间仅仅只能由所有者自己登录查看(如设置了访问权限的记事类软件),有些网络空间则只能由相互关注的人查看(如微信的朋友圈),而有些网络空间则对所有人完全开放(如百度贴吧、天涯社区等具有公共参与、讨论的网络空间)。在判断这些网络空间是否是公共场所的时候就需要参考传统公共场所的本质特征,即可以供不特定或者多数人使用的开放性场所。由于开放程度的差别,在不同的网络空间编造、散布虚假信息所造成的后果当然应当区别对待。在只能由自己查看的空间内编造一些虚假信息根本不会造成任何危害社会的后果,即使网络警察通过科技手段得以查处也不能按照寻衅滋事罪予以追究,这就类似在自己的日记里记载一些恶毒的想法一样;对于在完全开放的网络空间内编造、传播虚假信息就可以将其等同于在公共场所编造、传播行为,并结合具体的情况予以认定;而对于半开放的网络空间,一般情况下不能认定为公共场所,除非其被关注的程度相当高并足以被看作是开放性空间。

综上论证可知,《网络诽谤解释》第5条将寻衅滋事罪中的“公共场所”扩展至网络虚拟空间的做法是司法机关面临犯罪网络化的必然回应。在信息社会的大环境下,刑法中“公共场所”的内涵不应该局限于具有实体内容的物理性空间,而应随着人类社会的发展趋势扩张至网络公共空间。当然,至于具体罪名中的“公共场所”概念是否可以包含网络虚拟空间在内,还需联系各罪的罪状来具体分析。

二、公共秩序严重混乱——线上?线下?

根据《网络诽谤解释》,在网络上造谣、传谣,起哄闹事的行为人若要构成寻衅滋事罪还需一个结果要件:造成公共秩序严重混乱。结合寻衅滋事罪的罪状可以看出该解释是将“造成公共秩序严重混乱”解释为“造成公共场所秩序严重混乱”。公共秩序与公共场所秩序有什么关系?这里的公共秩序严重混乱指的是互联网内的公共秩序严重混乱还是现实生活中的公共秩序严重混乱?对这些问题的解答均需要先明确公共秩序的具体内涵。

(一)公共秩序的具体内涵

在我国,涉及公共秩序保护的罪名主要规定在《刑法》第6章妨害社会管理秩序罪的第1节扰乱公共秩序罪中。第6章妨害社会管理秩序罪的内容非常庞杂,涵盖公共秩序、司法管理活动、公共卫生安全以及社会风尚秩序等9节内容,这些犯罪的共性都是侵犯了国家对社会的管理活动或社会管理秩序。从广义上来说,社会管理秩序包括了国家管理社会的各个方面的秩序,如政治秩序、经济秩序等也都包括在其内。但这里所说的社会管理秩序应该做狭义的理解,即是指由社会生活所必须遵守的行为准则与国家管理活动所调整的社会模式、结构体系和社会关系的有序性、稳定性与连续性。[17] 扰乱公共秩序罪作为该章第1节,是本章中所涉及的面最广、内容最多的一节,该节所保护的法益是公共秩序。所谓公共秩序,即公共生活的管理秩序,它是人们根据法律和社会公德确定的公共生活规则所维持的社会正常状态,包括公共场所秩序和非公共场所秩序。[18] 该节第290条聚众扰乱社会秩序罪、第291条聚众扰乱公共场所秩序罪、第292条聚众斗殴罪、第293条寻衅滋事罪等罪名的罪状中出现了"公共秩序""社会秩序""公共场所秩序"等概念,对于这几个概念的关系,一般认为,"公共秩序"就是"社会秩序",这两者是"公共场所秩序"的上位概念。

寻衅滋事罪作为扰乱公共秩序罪中的一个罪名,许多学者认为其所侵害的法益为公共秩序。寻衅滋事罪侵害的法益为公共秩序这一说法当然毫无疑问的正确,[19] 但公共秩序这个概念的内涵非常丰富,这样宏观地理解寻衅滋事罪的法益很不利于实践操作,因此有必要将其进一步的细化。正如有学者所指出的,公共秩序与社会秩序是十分抽象的概念,满足于将寻衅滋事罪的保护法益概括为公共秩序或社会秩序,不仅不利于解释本罪的构成要件,而且有损于罪刑法定原则的贯彻。因此应当按照寻衅滋事罪存在的四种类型,具体地考察每一个类型的法益,其中"在公共场所起哄闹事"型的寻衅滋事罪所侵害的法益为不特定人或者多数人在公共场所从事自由活动的安全与顺利。[20] 那么寻衅滋事罪第4种行为类型中的公共

---

〔17〕 张明楷:《刑法学》,法律出版社2011年版,第914页。

〔18〕 陈兴良主编:《罪名指南》(下册),中国人民大学2008年版,第1~3页。

〔19〕 有学者形象的形容这种观点如同说猴子是动物一样是绝对没有错误的。参见李希慧主编:《妨害社会管理秩序罪新论》,武汉大学出版社2001年版,第159页。

〔20〕 参见张明楷:《寻衅滋事探究》(上篇),载《政治与法律》2008年第1期。

场所秩序应当指的就是不特定人或者多数人在公共场所从事自由活动的安全与顺利。只有行为人在公共场所起哄闹事时侵害到此种公共秩序时,才有可能依据寻衅滋事罪定罪处罚。

(二)公共秩序严重混乱的场所辨析

“造成公共秩序严重混乱”中的公共秩序到底是指网络空间内的公共秩序还是现实世界的公共秩序,《网络诽谤解释》对于这一问题并没有明示。有学者认为在信息网络系统空间中的“公共场所”编造和传播虚假信息,是不会造成信息网络系统空间中的“公共场所”秩序混乱的。但是,这种行为可能造成现实世界的社会秩序混乱,因此符合《刑法》第 293 条规定的“破坏社会秩序的”规定;而有学者认为这种理解并非司法解释的逻辑,该学者结合最高人民法院新闻发言人所讲的“网络空间属于公共空间,网络秩序也是社会公共秩序的重要组成部分”而认为此次解释是将《刑法》第 293 条第 1 款第 4 项“在公共场所起哄闹事,造成公共场所秩序严重混乱的”中的“公共秩序”解释为包括信息网络自身在内的公共秩序,而不仅仅是现实世界的公共秩序。[21] 可以说,对公共秩序严重混乱发生场所的理解事关罪与非罪的界限,是此条司法解释的又一核心问题。

从《刑法》第 293 条第 1 款第 4 项的罪状可以看出,行为人在公共场所起哄闹事时侵害到的是不特定人或者多数人在公共场所从事自由活动的安全与顺利,在这里,起哄闹事的场所与公共秩序发生严重混乱的场所是一致的,一般不会发生在此场所起哄闹事而造成彼场所公共秩序严重混乱的情况。那么《网络诽谤解释》所规定的在信息网络系统空间中编造、传播虚假信息,起哄闹事,造成公共秩序严重混乱的情形,是否两个场所也必须一样,即起哄闹事发生在互联网空间内,那么公共秩序严重混乱也是发生在互联网空间内。笔者认为,《网络诽谤解释》中的“造成公共秩序严重混乱”应当指现实社会的公共秩序严重混乱,而非仅仅是网络空间内的秩序混乱。

第一,结合互联网的特点来看,仅仅有网络空间内的秩序混乱是无法侵害到公共秩序的。网络空间作为一个虚拟的公共场所,虚假信息在网络空间的传播方式

---

〔21〕 参见曲新久:《一个较为科学合理的刑法解释》,载《法制日报》2013 年 9 月 12 日版;仝宗锦:《对曲新久教授〈一个较为科学合理的刑法解释〉一文的评论》,载新浪博客:http://blog. sina. com. cn/s/blog_70043df00101g43l. html,最后访问日期:2014 年 1 月 12 日。

大多是转载、跟帖等形式,引起的讨论即使非常不理性也至多是态度恶劣、语词不雅,呈现出一种混乱不堪的场面。这种网络空间内的秩序混乱是基于互联网的特点而出现的正常现象,其在事实上是不会造成对公共秩序的侵害的。诸如 2009 年发生的"人大代表和公安局长勾结倒卖民女"案〔22〕,行为人的博客文章《人大代表和公安局长勾结一起倒卖民女》一经发出,立即被多家网络媒体转发,数十万名网民点击该文章,近万名的网民跟帖发表意见,对相关机关及其工作人员进行指责,而且多数网民言辞激烈,表示了极大的愤慨。也有网民对此文表示质疑,一时间两派网民你来我往争论十分激烈。当地政府立即成立了由多个部门组成的联合调查组,经过对当事人调查核实后认定此博文为网络谣言,这个案件的讨论才算终止。反观该案,一篇虚构的博文即引发数万人参与讨论、辩论甚至谩骂,网络空间的不同声音喧嚣泛滥,但这种网络秩序的混乱并不会侵害到不特定人或者多数人在公共场所从事自由活动的安全与顺利,只是给了一些网民一个情绪发泄的机会罢了。我们很难仅仅因为这一虚假信息造成的网络空间内争论纷纷而认为虚假信息传播者侵害公共秩序,从而将其归入刑法的规制范围内。

第二,有学者认为伴随着"双层社会"的客观形成,网络社会和现实社会已经成为相互交织、不可分割的整体,网络社会道德和现实社会道德共同组成了人类社会的整体道德,网络社会秩序和现实社会秩序共同组成了人类社会的整体秩序。〔23〕因此,网络公共秩序也是寻衅滋事罪所要保护的公共秩序。这样从时代背景来讲这个问题过于宏观,如果认定寻衅滋事罪所保护的公共秩序包括网络空间公共秩序,那么什么样的情况下才能被判断为网络公共秩序严重混乱则是无法界定的。如果这个问题界定不清楚,则势必造成这个带有"口袋罪"基因的寻衅滋事罪口袋大张,从而对公民的言论自由造成钳制。

---

〔22〕 案情简介:署名"老虎庙"的网民在博客《人大代表和公安局长勾结一起倒卖民女》中通过文字及视频披露,来自内蒙古的农民黄有杰在西安街头流浪上访,反映陕西洋县的镇人大代表、村支书、公安局长等人拐卖其两个女儿,并将小女儿转来卖去,期间两个女儿遭到强奸、断骨摧残,试图逃跑的女儿还遭到公安部门的追捕和殴打。后经调查得知署名"老虎庙"的网民即是黄有杰,他反映两个女儿被洋县的镇人大代表、公安局长等人拐卖、转卖、强奸等问题严重与事实不符。她们均自愿嫁到洋县,而且目前生活幸福。黄有杰想带回两个女儿回内蒙古不成,向女儿要钱未能满足,通过这种行为希望达到目的。参见佚名:《陕西洋县公布"人大代表和公安局长勾结倒卖民女"调查结果》,载南方周末官网:http://www.infzm.com/content/27552,最后访问日期:2014 年 1 月 12 日。

〔23〕 参见于志刚:《"双层社会"中传统刑法的适用空间——以"两高"〈网络诽谤解释〉的发布为背景》,载《法学》2013 年第 10 期。

对于普通的寻衅滋事罪来讲，按照相关司法解释，判断是否“造成公共场所秩序严重混乱”需要综合考察公共场所的性质、公共活动的重要程度、公共场所的人数、起哄闹事的时间、公共场所受影响的范围与程度等因素。在司法实践中的公共场所秩序受到严重破坏一般是指发生群众恐慌、逃离等严重混乱局面，甚至出现公共场所的秩序脱离公共场所工作人员或者公安干警的控制，在混乱中发生人员伤亡等严重后果。[24] 那么如何判断网络公共秩序的混乱呢？如果行为人的行为造成计算机系统紊乱，从而致使网络秩序混乱，则应该按照《刑法》第 285 条非法侵入计算机信息系统罪、第 286 条破坏计算机信息系统罪定罪处罚。诸如“国内顶级域名根服务器现故障”事件，[25] 国内 2/3 的 DNS 处于瘫痪状态，计算机信息系统严重紊乱，致使大批知名网站无法访问，公众无法购物、交流、办公以及从事其他互联网化的业务，从而对人们的现实生活秩序造成严重侵害。但网络谣言显然不具有对计算机系统进行物理侵害的作用，故不会造成计算机信息系统的紊乱。所以说，尽管网络社会和现实社会已经成为相互交织、不可分割的整体，但只要网络谣言不侵害到现实社会中的公共秩序就不能将其按照寻衅滋事罪定罪处罚。

第三，在网络空间编造、传播虚假信息的行为只有对现实世界的公共秩序造成侵害才能够适用寻衅滋事罪，而且这种公共秩序必须是与不特定人或者多数人在公共场所从事自由活动的安全与顺利有关。有学者指出，谣言有没有造成现实生活的公共秩序混乱是入罪的条件之一。但其认为这个秩序不只包括工作秩序和生活秩序，也包括道德秩序，如针对雷锋的谣言，就是造成了道德秩序的混乱。[26] 笔者认为单纯地对道德秩序的评判不属于寻衅滋事罪的范畴。现代刑法以法益侵害说为犯罪的本质，刑法的功能也已经从“道德工具论”走向“保障个人权利论”，刑法往往只被允许保护最低限度的道德。道德秩序的混乱难以归结为对个人法益造成

---

〔24〕 参见王作富主编：《刑法分则实务研究》(中)，中国方正出版社 2013 年版，第 1134 页。

〔25〕 事件简介：2014 年 1 月 21 日，国内通用顶级域名的根解析出现问题，互联网用户发现，包括百度、新浪、京东等在内的搜索引擎、电商、社区、门户等大批知名网站无法正常访问，网民无法在线购物和交流，一部分网友办公等受到影响。另外在春运高峰期，大量用户无法通过网站订到春运车票。金山毒霸安全专家表示，很多网站被解析到 65. 49. 2. 178，经查询 65. 49. 2. 178 的信息，发现该 IP 位于美国北卡罗来纳州卡里镇 DynamicInternet Technology 公司，从目前看该事件极可能是黑客攻击行为。参见龚棉、李斌：《国内顶级域名根服务器现故障》，载新浪网：http://news. sina. com. cn/o/2014 - 01 - 22/015929310650. shtml，最后访问日期：2014 年 1 月 22 日。

〔26〕 参见袁国礼：《“这不是网上所说的简单打压”——中国政法大学教授洪道德称网络谣言和正当言论有了界限》，载《京华时报》2013 年 9 月 10 日版。

侵害,相反却表现了人们价值观的多元。那种通过刑法去规制道德秩序的做法只会造成社会多元价值观的萎缩。因此,我们并不能因为网络上所流传的诸如雷锋生活奢侈、攻击张海迪等虚假言论可能造成人民道德观念的混乱而动用刑法。对于此种虚假言论,最好的抵制办法是让其在"思想市场的竞争中接受检验"。寻衅滋事罪所侵害的公共秩序不能包括道德秩序,但对于人民群众工作秩序和生活秩序造成混乱则需要动用刑法来保护。以"陕西神木群体事件"[27]为例,当谣言在神木县民众的微博、微信、贴吧等网络平台上热传之后,当地网络上即成一片喧嚣之势,随后在谣言指示的时间大批民众走向街头,致使正常的生产、生活中断,这种引发现实社会群体性事件,对现实的公共秩序造成严重侵害的网络谣言传播者才有可能以寻衅滋事罪追究刑事责任。

综上论证可知,《网络诽谤解释》第5条"造成公共秩序严重混乱"中的"公共秩序"并不包括网络空间秩序,而是指的现实生活中的公共场所秩序,即不特定人或者多数人在公共场所从事自由活动的安全与顺利。

三、"公共场所"概念的相对性

《网络诽谤解释》第5条第2款将"造成公共秩序严重混乱"解释为《刑法》第293条第1款第4项的"造成公共场所秩序严重混乱"。从上文的分析可知,公共秩序的内涵和社会秩序一样,作为公共场所秩序的上位概念,其还包括非公共场所秩序。《网络诽谤解释》的此处规定把刑法中的相关概念扩展至其上位概念,这种做法难免有司法解释僭越立法之嫌。可以说,这也是《网络诽谤解释》第5条的最大问题。为了消解这种把刑法中的概念扩展至其上位概念的做法所带来的不良影响,我们需要从严理解和把握"造成公共秩序严重混乱"。笔者赞同有学者所提出的网络虚假信息只有在引发了重大群体性事件、引发公共秩序混乱以及引发民族、

---

〔27〕 案情简介:事件缘起2013年7月12日网络传言,"神木经济一落千丈,神木人民人人要账,三角债务你拖我拖,现任领导要跑,神木不得解放,定于15日上午10时在广场集会。"还有网络传言称神木县委书记即将调离,在位期间占用600亿元人民币并致政府负债300亿元人民币,神木的免费医疗、免费教育因财政困难取消,为给神木县政府单位发放工资,外借3亿元人民币等。这些传言激燃了公众恐慌情绪,大批民众走向街头,到县政府聚集。参见大唐析事:《神木群体事件谣言只是"导火线"》,载腾讯大秦网:http://xian. qq. com/zt2013/datang23/index. htm,最后访问日期:2014年1月13日。

宗教冲突等情形的,才有必要动用刑罚这一“最后手段”,[28]亦即上一节所论证的公共秩序严重混乱只能发生在现实社会中的公共场所。但这样的结论难免会遭到如下质疑:为什么同一条款中相同的概念“公共场所”的内涵却不相同,即“在公共场所起哄闹事”中的公共场所包括网络空间,但“造成公共场所秩序严重混乱”中的公共场所只包括现实空间。

将网络空间解释为刑法中的公共场所反映了刑法在面对越来越普遍的犯罪网络化现象时的发展方向,这也正是此次《网络诽谤解释》的最大亮点。一般来讲,刑法中的用语应当保持统一性,尤其是同一条款中的相同词汇。那么我们在解释起哄闹事型寻衅滋事罪的结果要件时便会把网络空间内的秩序混乱亦纳入刑法的规制范围。但是根据上一节的分析可知:由于互联网的自身特点,仅仅有网络空间内的秩序混乱是无法侵害到公共秩序的。当我们把网络空间内的秩序混乱解释为公共场所秩序混乱时无疑会不当地扩大打击面,造成公民言论自由的萎缩。因此,“两高”在《网络诽谤解释》中将结果要件规定为“造成公共秩序严重混乱”,从而回避掉了这个问题。但我们在适用该条款时又不得不从严把握,回归至“造成公共场所秩序严重混乱”。这便是这一问题产生的原因。

笔者承认在同一条款中对同一词汇做范围大小不同的解释是有些突兀的。但种解释并非不得已而为之,而是联系《网络诽谤解释》规定网络虚假信息寻衅滋事的解释目的来看的。在当下,网络空间内的虚假信息泛滥成灾,更重要的是某些虚假信息不仅仅只是引起网络空间内的口诛笔伐,还会引起现实社会中的群体性事件。面对这一情势,《网络诽谤解释》将其纳入刑法的制裁范围是合乎情理的。但同时我们也必须要看到互联网自身的特点,其所具有的开放性、便捷性、虚拟性等特征使得互联网空间内一旦牵扯到争议性议题便会展现出一种良莠不齐、混乱不堪的场面。这在事实上是无法侵害到社会公共秩序的,如果我们将互联网空间内的这种混乱解释为寻衅滋事罪的“造成公共场所秩序严重混乱”,势必使得寻衅滋事罪的口袋进一步扩张,更严重的是会使得公民在网络空间内动辄得咎。因此,笔者虽然赞同将“在公共场所起哄闹事”中的公共场所扩张解释为包括互联网空间在内,但坚决反对把“造成公共场所秩序严重混乱”中的公共场所亦解释为包括互联网空间在内。正如有学者分析刑法用语相对性原因时指出的:从刑法的目的出发,

---

〔28〕 参见张向东:《利用信息网络实施寻衅滋事犯罪若干问题探析》,载《法律适用》2013 年第 11 期。

为了同时实现刑法的法益保护机能与自由保障机能,产生了对同一用语有时必须作限制解释,有时必须作扩大解释,有时只需作字面解释的现象。[29] 试想,如果我们不将“在公共场所起哄闹事”中的公共场所扩张解释至互联网空间,那么刑法在面对互联网空间内制造传播可能破坏公共秩序的虚假信息时便毫无办法。如果我们坚持绝对的刑法用语统一性,要求网络虚假信息型寻衅滋事罪的结果要件中的公共场所同样扩张至互联网空间,那么就会由于互联网空间秩序混乱的无从判断而造成恣意出入认罪。

---

〔29〕 张明楷:《刑法分则的解释原理》(下),中国人民大学出版社 2011 年版,第 791 页。

网络空间“起哄闹事”和“虚假信息”研究

——以对《网络解释》* 相关规定的理解与认定为视角

王兆忠** 陈家林***

【内容摘要】 网络空间与现实场所起哄闹事的含义并不相同，其内涵应根据《网络解释》的背景和司法实践需要，从解释的条文中析出。起哄闹事不是体现行为人故意以外的寻求精神刺激的目的或流氓动机等主观方面的构成要件，而是对实行行为的概括描述，属于带有主观色彩的客观方面的构成要件。该解释第5条第2款规定的是网络空间起哄闹事型寻衅滋事罪全部构成要件的行为，而不是提示性的列举；行为人编造、散布或者组织、指使他人散布的只能是虚假信息；虚假信息只能通过客观上的具体性、主观上的可信性和现实中的可感性等七个特性进行规范化的认定。行为人主观上具有起哄闹事的故意，行为客观上也达到了造成公共秩序严重混乱的程度，当行为人自以为利用信息网络编造的虚假信息其实是真实信息时，可以按照该行为对法益的侵害程度分别认定为不可罚的不能犯和构成起哄闹事型寻衅滋事罪未遂；当行为人有根据认为是真实信息而实为虚假信息时，可以排除犯罪的故意，且信息不具有本质上虚假性的特征，不宜作犯罪处理。

【关键词】 网络空间 起哄闹事 虚假信息 犯罪构成

---

* 2013年9月，最高人民法院和最高人民检察院共同发布的《关于办理利用信息网络实施诽谤等刑事案件适用法律若干问题的解释》。为方便观瞻并与其他司法解释区分，若无特别说明，文中均简称为《网络解释》或“该解释”。

** 王兆忠，武汉大学法学院2013级硕士研究生，主要研究方向：刑法学。

*** 陈家林，武汉大学法学院教授，博士生导师，法学博士，主要研究方向：刑法学。

日益发展和普及的信息网络,在发挥诸多积极作用的同时,也为一些不法分子提供了更多的犯罪机会、工具和平台,[1]给公民、社会乃至国家造成难以弥补的重大损失。受法律自身的规律性所限,传统刑法体系在规制网络空间犯罪时捉襟见肘,难以发挥刑法的行为规制、法益保护和权利保障的功能。从这个角度来看,《网络解释》的发布可谓千呼万唤、众望所归。然而,该解释出台至今已经一年有余,相关司法判例也陆续出现。由于文字含义的多重性和模糊性,加之人们观点和立场的差异,该司法解释在指导适用法律条文的同时,也不可避免地带来了需要进一步解释和界定的问题。以《网络解释》第 5 条第 2 款规定的网络空间起哄闹事型寻衅滋事罪为例,[2]将网络空间的某些行为在一定条件下认定为起哄闹事型寻衅滋事罪,是将它的"袋口"向网络空间的再次张开或扩大,还是传统法律规则向网络空间中的合理延伸,[3]引起了学界和实务界的广泛讨论。但是,目前所见叙述多从宏观着手,或是探讨网络空间起哄闹事型寻衅滋事罪的时代背景,或是在"双层社会"的背景下讨论该罪被扩大解释的必要性和可操作性,或是将网络空间作为公共场所的一部分整体讨论该罪的构成要件,或是基于公共场所的实体性而坚定地反对关于该罪解释所表现出来的对立法权的侵犯,等等。而对该罪的构成要件缺乏必要的分析和界定,如第 5 条第 2 款的"起哄闹事",是客观构成要件的行为还是主观方面的构成要件,虚假信息在犯罪构成中的功能如何?实务中如何认定和考察?笔者不揣浅陋,拟在梳理分析《网络解释》相关规定的基础上,就这两个方面的问题略陈管见,以求教于方家。

一、网络空间"起哄闹事"辨析

(一)网络空间"起哄闹事"的含义辨析

从我国现行《刑法》第 293 条的规定来看,起哄闹事作为寻衅滋事罪罪状中一

---

〔1〕 最高人民法院刑事审判庭第三庭:《〈关于办理利用信息网络实施诽谤等刑事案件适用法律若干问题的解释〉的理解与适用》,载《人民司法》2013 年第 21 期。

〔2〕 《网络解释》第 5 条第 2 款规定:"编造虚假信息,或者明知是编造的虚假信息,在信息网络上散布,或者组织、指使人员在信息网络上散布,起哄闹事,造成公共秩序严重混乱的,依照刑法第二百九十三条第一款第(四)项的规定,以寻衅滋事罪定罪处罚。"由于本款司法解释从空间角度扩张了寻衅滋事罪的适用范围,为将其与普通起哄闹事型寻衅滋事罪作必要区分,不妨把因为"编造虚假信息,或者明知是编造的虚假信息,在信息网络上散布,或者组织、指使人员在信息网络上散布,起哄闹事,造成公共秩序严重混乱的"行为构成的寻衅滋事罪概括为网络空间起哄闹事型寻衅滋事罪。

〔3〕 参见于志刚:《"双层社会"中传统刑法的适用空间》,载《法学》2013 年第 10 期。

个不确定的法律概念，对于寻衅滋事罪的判断具有重要影响；从刑法理论研究来看，起哄闹事作为寻衅滋事罪的一个规范的构成要件要素，需要根据经验法则或者社会一般人的价值观念进行理解和评价。张明楷教授从起哄闹事所造成的后果出发，认为起哄闹事是指：“用语言、举动等方式，扰乱公共场所秩序，使公共场所的活动不能顺利进行；或者说，妨碍不特定或多数人在公共场所的有序活动。起哄闹事行为，应是具有煽动性、蔓延性、扩展性的行为，而不是单纯影响公共场所局部活动的行为。”〔4〕而黎宏教授从起哄闹事表现方式出发，认为“所谓起哄闹事，是指无事生非制造混乱，如呼喊、叫骂、推搡等引起社会秩序严重混乱的行为”。〔5〕由此可见，虽然理论上对《刑法》第293条第4款的“起哄闹事”的理解因出发点不同而存在一定差异，但是对基本内涵的理解可谓大同而小异，已经形成了比较一致的观点。

然而，随着《网络解释》的出台，网络空间起哄闹事罪以别样的表现形态刷新了人们对起哄闹事的认识。为应对立法的变化和司法的需要，当前理论界亟须回答一个问题——什么是网络空间的起哄闹事？有学者认为，应通过对网络空间起哄闹事行为做类型化分析来判断是不是起哄闹事，因而将网络上的起哄闹事分为两种情况：一是以网络为工具，在网上“起哄”或者“故意惹起他人起哄”，群众在网下“闹事”，破坏公共秩序；二是将网络作为一个公共场所，在网络空间滋事，其他人同样在网络空间积极响应，破坏公共秩序。〔6〕笔者认为，这种观点从信息网络的工具性和公共性两个属性作为出发点，对网络空间起哄闹事的类型进行了划分，有利于司法实务中对网络空间起哄闹事的理解与认定。但是，这种类型化的认识方法对什么是网络空间起哄闹事，以及在网络空间和公共场所起哄闹事有什么区别没有给出明确的答复，对于要求有相对明确内涵和外延的概念定义而言似有不妥。最高人民法院新闻发言人孙军工就《网络解释》的制定背景和主要内容所作的说明时称：“一些不法分子利用信息网络恶意编造、散布虚假信息，起哄闹事，引发社会公共秩序严重混乱，具有相当的社会危害性，应以寻衅滋事罪追究刑事责任。”这种说明在一定程度上对网络空间起哄闹事的含义作了限制，努力的方向是正确的。但是，要更加具体形象地阐释起哄闹事，其含义应该根据《网络解释》的出台背景和现

---

〔4〕 参见张明楷：《寻衅滋事罪研究》（上篇），载《政治与法律》2008年第1期。

〔5〕 参见黎宏：《刑法学》，法律出版社2012年版，第800页。

〔6〕 曾粤兴：《网络寻衅滋事的理解与适用》，载《河南财经政法大学学报》2014年第2期。

有的司法实践需要,并从司法解释的具体条文中析出。

综上,笔者认为网络空间中的“起哄闹事”是指,利用信息网络编造虚假信息,或者明知是编造的虚假信息,在信息网络上散布,或者组织、指使他人在信息网络上散布,[7]引起公共秩序严重混乱的行为。但是这样理解的话,还不得不解释一个现象,即《网络解释》第5条第2款中,前面的“编造虚假信息,或者明知是编造的虚假信息,在信息网络上散布,或者组织、指使人员在信息网络上散布”和后面的“起哄闹事”的关系该作何理解。如果认为两者的含义相同,就会在同一罪状的表述中出现同义反复的情况,似不符合日常用语习惯。这个问题,因对“起哄闹事”的构成要件要素性质的理解不同,而可能存在不同的答案。下文笔者将详加阐述。

(二)网络空间“起哄闹事”的构成要件性质辨析

具体构成要件是每个犯罪构成必不可少的条件。按照我国传统刑法理论,任何一种犯罪的成立都必须具备四个方面的构成要件,即犯罪客体、犯罪客观方面、犯罪主体、犯罪主观方面的构成要件。[8] 按照当前德日阶层的犯罪构成理论,这四个方面的构成要件分解为构成要件该当性中的具体的构成要件要素,承认主观的违法要素的学者一般会将构成要件要素分为客观的构成要件要素和主观的构成要件要素。[9] 前者包括行为、结果、因果关系、主体和客体等构成要件要素,而后者包括故意、过失、目的犯的目的、倾向犯的倾向和表现犯的内心状况等构成要件要素。[10] 罪状是犯罪构成要件的载体,构成要件要素普遍而又有所差异地存在于罪状中。不同犯罪的罪状,对其包含的构成要件的数量和性质要具体分析。一般而言,按照我国传统刑法认定犯罪的主客观一致原则,为了发挥罪状识别犯罪的功能,罪状中至少要包含主客观两个方面的要件,例如,《刑法》第232条、第233条中的“故意杀人”和“过失致人死亡”。但是,需要指出的是,我国刑法以处罚故意犯罪为原则,对过失犯罪法律规定的才负刑事责任,因此罪状对过失犯罪的主观方面一般会明确规定,而对故意犯罪的主观方面的明确规定较少。一方面,没有规定故意要件的罪状,可能会通过规定目的、动机或明知的内容等主观要件间接地表现某罪

---

〔7〕 从规范的角度来看,《网络解释》第5条第2款中的“人员”应理解为自己以外的人员,也即他人。这是不言而喻的。

〔8〕 高铭暄、马克昌:《刑法学》,北京大学出版社、高等教育出版社2011年版,第50页。

〔9〕 张明楷:《刑法学》,法律出版社2011年版,第123页。

〔10〕 陈家林:《外国刑法通论》,中国人民公安大学出版社2009年版,第146~150页。

的罪过形态。例如,《刑法》第 217 条侵犯著作权罪罪状中的“以营利为目的”,《刑法》第 305 条伪证罪罪状中的“意图陷害他人或者隐匿罪证的”,《刑法》第 311 条拒绝提供间谍犯证据罪罪状中的“明知他人有间谍犯罪的行为”,等等。[11] 另一方面,罪状中使用的一些词汇的概念本身明显含有主观的意蕴,例如,《刑法》第 116 条破坏交通设施罪罪状中的“破坏”、第 264 条盗窃罪罪状中的“盗窃”和第 265 条诈骗罪罪状中的“诈骗”,等等。[12]

通说一般认为,《刑法》第 293 条第 4 款规定了起哄闹事型寻衅滋事罪。换言之,《刑法》第 293 条第 4 款的起哄闹事是寻衅滋事罪的一种行为类型,而起哄闹事是起哄闹事型寻衅滋事罪构成要件的行为。但《网络解释》第 5 条第 2 款的规定却十分吊诡,它在“编造虚假信息,或者明知是编造的虚假信息,在信息网络上散布,或者组织、指使人员在信息网络上散布”后面又加了“起哄闹事”一词,而网络空间起哄闹事的手段不过是编造虚假信息,或者明知是编造的虚假信息,在信息网络上散布,或者组织、指使人员在信息网络上散布。司法解释的条文这样设计,不禁让我们对这个词汇所具有的性质和功能多了一分猜测。寻衅滋事罪脱胎于流氓罪,对于寻衅滋事罪的主观方面一般认为需要故意以外的寻求精神刺激的目的或者流氓动机。如有学者认为:寻衅滋事罪的责任形式是故意,并且具有寻求精神刺激的目的;[13] 也有学者认为:主观上的流氓动机与客观上的无事生非,是本罪的基本特征,也是本罪与故意伤害罪、抢劫罪、敲诈勒索罪和故意毁坏财物罪的关键区别。[14] 有的教科书指出:本罪的主观方面为故意但是动机可能多种多样,有的是以惹是生非来获得精神刺激,有的是用寻衅滋事开心取乐,有的是以起哄闹事来争强逞能,有的是为了证明自己的“能力”和“胆量”,等等;[15] 那么能否认为,《网络解释》第 5 条第 2 款的“起哄闹事”是体现行为人故意以外的寻求精神刺激的目的或者流氓动机

---

〔11〕 参见赵宁:《罪状解释论》,华东政法大学 2014 年博士学位论文。

〔12〕 陈家林:《外国刑法通论》,中国人民公安大学出版社 2009 年版,第 272 页。

〔13〕 陈兴良:《规范刑法学》,中国政法大学出版社 2003 年版,第 555 页。

〔14〕 张明楷:《刑法学》,法律出版社 2003 年版,第 812 页。需要注意的是,后来张明楷教授的观点有所变化,认为所谓“流氓动机”或“寻求精神刺激”是没有具体含义,难以被人认识的心理态度,并不具有限定犯罪范围的意义。详见张明楷:《寻衅滋事罪研究》(下篇),载《政治与法律》2008 年第 2 期;张明楷:《刑法学》,法律出版社 2011 年版,第 938 页。

〔15〕 高铭暄、马克昌主编:《刑法学》,北京大学出版社、高等教育出版社 2011 年版,第 543 页。

等犯罪主观方面的构成要件呢?[16]简言之,这里的“起哄闹事”是不是可以当作流氓动机来理解呢?如果这个假设成立的话,至少可以顺利地解决以下四个方面的问题:一是避免在一个语句中出现同义反复的问题,使整个语句的逻辑结构更加协调;二是使该罪状中既有客观方面的构成要件,又有主观方面的构成要件,有利于发挥罪状识别犯罪的功能;三是增加了网络空间起哄闹事型寻衅滋事罪的成立条件,有利于发挥罪状制约和限制犯罪的功能;四是符合人们的理解习惯和思维惯性,有利于发挥罪状指引和评价行为的功能。

但笔者认为,上述假设不能成立,也即《网络解释》第5条第2款的“起哄闹事”是对一种实行行为的概括性描述,属于带有主观色彩的犯罪客观方面的构成要件。原因分析总结如下:

第一,我国《刑法》第293条第4款中,起哄闹事是起哄闹事型寻衅滋事罪构成要件的行为,属于犯罪客观方面的构成要件。如果将《网络解释》第5条第2款的“起哄闹事”理解为行为人故意以外的寻求精神刺激的目的或者流氓动机等犯罪主观方面的构成要件,那么必然出现司法解释与基本法律相违背的现象。根据我国立法法,该《网络解释》第5条第2款属于越权解释,也是一款无效的司法解释。

第二,“如果把‘起哄闹事’理解为行为人的流氓动机,将有利于发挥该罪状诸多功能”的观点无论是在逻辑上还是在客观上都是难以成立的。因为该论点的立足之处在于将《网络解释》第5条第2款的“起哄闹事”理解为犯罪主观方面的构成要件,从功利主义的角度来看,既全面具体、逻辑协调,又清晰明了、简单易用。而且,要求寻衅滋事罪主观上具有流氓动机,或许有利于区分寻衅滋事罪与非罪、相关犯罪的界限。然而实际情况并非如此。因为,一方面,所谓“流氓动机”或者“寻求精神刺激”是没有具体意义,在多元价值观和不同的立场下,同样一个起哄闹事的行为,有没有流氓动机是见仁见智的事情;另一方面,不将流氓动机作为寻衅滋事罪的主观方面的构成要件,也能从客观上区分寻衅滋事行为,因而完全可以区分罪与非罪、此罪与彼罪。另外,要求行为人主观上出于流氓动机,是过于重视主观因素的表现,在司法过程中容易出现“客观不够主观补”的现象,违背我国犯罪概念既

---

[16] 寻衅滋事罪是故意犯罪,这是没有疑问的,但其故意内容应当根据客观构成要件的内容以及刑法关于故意的一般规定来确定。此外,本罪所谓的流氓动机是一种“主观的超过要素”,这种要素不是故意本身的内容,而是故意之外的一种主观内容。因此,不要求流氓动机,并不等于不要求有犯罪故意,不会因此而导致客观归罪。

定性又定量的基本理念和主客观一致认定犯罪的基本方法。[17]

第三，我国《刑法》分则条文中，类似《网络解释》第5条第2款罪状语句逻辑的条文并非个例，如第112条资敌罪的罪状为：战时供给敌人武器装备、军用物资资敌的……按照通常理解，前述“战时供给敌人武器装备、军用物资”的行为就是资敌，而紧接着又有“资敌”的字眼；第162条第4款虚假破产罪的罪状为：公司、企业通过隐匿财产、承担虚构的债务或者以其他方法转移、处分财产，实施虚假破产，严重……前面的“通过隐匿财产、承担虚构的债务或者以其他方法转移、处分财产”和后面的“实施虚假破产”也具有同义性。所谓同义反复的语病错误其实是用语习惯或弥补个别词汇周延性不足的问题，而立法者如此设计法条的用意，应该在于强调、提示或概括实行行为，或者与所属罪名相呼应。

二、网络空间“虚假信息”的认定和功能

（一）网络空间“虚假信息”构成要件的功能

如前所述，网络空间中的“起哄闹事”是指，无事生非，利用信息网络编造虚假信息，或者明知是编造的虚假信息，在信息网络上散布，或者组织、指使他人在信息网络上散布，引起公共秩序严重混乱的行为。由此可见，行为人实施网络空间起哄闹事的行为有三种方式：一是利用信息网络编造虚假信息；二是在信息网络上散布明知是编造的虚假信息；三是组织、指使他人在信息网络上散布明知是编造的虚假信息。

此外，如果对《网络解释》第5条第2款的构成要件做纯文义解释分析，还可以得出如下两个结论：其一，编造虚假信息，或者明知是编造的虚假信息，在信息网络上编造、散布，或者组织、指使他人在信息网络上散布是网络空间起哄闹事型寻衅滋事罪三个构成要件的行为，也即《网络解释》第5条第2款规定了网络空间起哄闹事型寻衅滋事罪全部构成要件的行为，而不是提示性的列举；其二，虚假消息是网络空间起哄闹事型寻衅滋事罪的核心工具性要素，无论使用哪种方式实施网络空间起哄闹事的行为，必须凭借的一个工具就是虚假信息，而且也只能是虚假信息。详言之，如果行为人利用信息网络编造、散布或组织、指使他人散布在信息网络

〔17〕 参见张明楷：《寻衅滋事罪研究》（下篇），载《政治与法律》2008年第2期。

上散布的不是虚假信息,即使在主观上具有起哄闹事的故意,且在客观上造成了公共秩序的严重混乱,也难以按照《网络解释》第5条第2款认定为寻衅滋事罪。这一点可能与《刑法》第293条第4款规定的普通起哄闹事型寻衅滋事罪有所不同,也即《网络解释》对网络空间起哄闹事所使用的信息进行了限制解释。因为后者情形下,行为人起哄闹事行为的方式不限于编造、散布,或者组织、指使他人散布消息,更不限于编造、散布,或者组织、指使他人散布虚假消息。

(二)网络空间“虚假信息”的认定

虚假信息的理解与认定成为网络空间起哄闹事型寻衅滋事罪的关键环节。对网络空间起哄闹事型寻衅滋事罪的构成要件的解释,必须使行为的危害性达到值得科处刑罚的程度。这一点在对网络空间虚假消息的判断上需要尤其注意,不能一概认为凡是在网络上传播的虚假信息都属于《网络解释》中的虚假信息。虚假信息,顾名思义是指与事实不符合的消息。[18] 有学者为了界定虚假信息,主张通过对比谣言而对虚假信息做限制解释,并进一步指出,谣言与虚假信息的内涵与外延并不完全相同,谣言是指没有根据的消息,而虚假信息是指与事实不符合的消息。谣言肯定属于虚假信息,但虚假信息并不一定都属于谣言。《网络解释》中的虚假信息应理解为“没有根据且与事实不符的消息”。[19] 笔者认为,在不符合事实的信息前加上没有根据,是对虚假信息的范围进行必要限制的可行性尝试。但引入谣言的概念,并通过对比限定虚假信息似不可行。因为谣言和虚假信息的外延虽有交叉但并不必然相关,且两者的外延都存在不明确的问题,相互限定只会给认定虚假信息带来麻烦。既然《网络解释》中使用的是虚假信息概念,就应该直接从对虚假信息的认识入手。而且,虚假信息不能从日常用语的角度去理解,而只能从刑法角度进行规范化的认定。详言之,信息网络起哄闹事中的虚假信息应至少具备以下性质。

第一,客观上的具体性。消息泛指人类社会传播的一切内容,是对已经发生的

---

〔18〕 需要特别指出的是,网络空间起哄闹事中使用的虚假信息,既是虚假恐怖信息、证券期货交易虚假信息的上位概念,又是作为编造、故意传播虚假恐怖信息罪和编造并传播证券、期货交易虚假信息罪等犯罪的构成要件的特别虚假信息以外的其他虚假信息。从这个角度来讲,寻衅滋事罪具有明显的兜底性。

〔19〕 参见孙万怀、卢恒飞:《刑法应当理性应对网络谣言——对网络造谣司法解释的实证评估》,载《法学》2013年第11期。

事件的地点、内容等基本要素的客观描述或者对事物属性的客观判断，而所谓虚假信息必须是对客观具体事实内容的错误表述。诸如“出事了”“不好了”等语焉不详的笼统表述和“不可思议”“令人气愤”等感性发泄的表述以及“真的假的”“求辟谣”等质疑性和询问性的表述不能称为消息，更不是虚假信息。

第二，主观上的可信性，也称主观上的误导性。虚假信息需要使人相信它们是真的，因为它们的危害性就在于混淆是非。一般来说虚假的事物都具有一定的欺骗性，但是也不尽然，因为太假了反而会让人一眼看穿，当然也就不可能起到误导的作用。比如，邪教的组织者在网上宣称“地球要爆炸，信教保平安”的话语，只要是具有基本常识的人都不会相信，也很难被认定为刑法意义上的虚假信息。

第三，现实的可感性。可感性是指虚假信息与公众的实际生活有关联，能够被相当数量的公众所知晓，以此使公众产生不良的反应或者做出错误的决定。如某天文学家为引人注意，而编造一个与地球没有任何关系的天体将要爆炸的虚假消息。此类虚假信息与公共生活没有关联，没有现实的可感知性，就不会使公众生活发生变化，更不可能造成公共秩序严重混乱的危害后果。[20]

第四，危害上的严重性。“大部分社交谈话总是包含着无用信息乃至虚假信息。日常生活中，我们与朋友聊天时，也充斥着各种空穴来风或捕风捉影的小道消息。”[21] 由于我国的犯罪概念具有既定性又定量的特点，从规范的角度来认定虚假信息，就不得不考虑虚假信息的程度。只有具有相当社会危害性的虚假信息才能够进入刑法的评价视域，而一般的虚假信息应该留给信息网络和网民自我纠正、识别，刑法的手臂不必过长。[22] 需要提示的是，虚假信息危害上的严重性与主观上的可信性并不矛盾，因为它们是从两个不同的方面对虚假信息做出的限定。

第五，罪过上的故意性。最高人民法院新闻发言人孙军工就《网络解释》的制定背景和主要内容所作的说明时称：“一些不法分子利用信息网络恶意编造、散布虚假信息，起哄闹事，引发社会公共秩序严重混乱……”我国刑法规范用语中没有恶意这个词汇，此处可以理解为主观方面希望或追求公共秩序严重混乱危害结果的故意，是信息网络起哄闹事型寻衅滋事罪的主观方面的构成要件。基于认识错

〔20〕 黎宏：《刑法学》，法律出版社 2012 年版，第 794 页。

〔21〕 [美]奥尔波特等：《谣言心理学》，刘水平、梁无元、黄鹏译，辽宁教育出版社 2003 年版，“原著序”。

〔22〕 参见仝宗锦：《对曲新久〈一个较为科学合理的刑法解释〉一文的评论》，载 http://blog. sina. com. cn/8/blog_70043df00101g431. html，最后访问日期：2014 年 10 月 26 日。

误、意外或者过失编造、散布的虚假信息只是普通语意上的虚假信息,而不是刑法规范视域的虚假信息。

第六,本质上的虚假性。网络空间起哄闹事所使用的虚假信息必须具有本质上的虚假性,也即这种信息是行为人为了在网络空间起哄闹事而凭空捏造出来的。很多时候,网络上的虚假信息并非都具有本质上的虚假性,因为有些真实信息随着时间的推移、客观的变化或人类认识水平的提高而成为虚假信息。如某超市在网上发出降价促销食用油的消息,网民欣喜若狂,自发转载,短短半天时间该超市的食用油销售一空。超市方面虽然发布停止降价促销的消息,但是并没有遏制降价促销消息的散布,大批市民源源不断地涌入超市所在地方,最后场面失控,造成公共秩序严重混乱。这种信息难说是虚假消息,否则可能会面临处罚上的尴尬。

第七,内容上的不特定性。《网络解释》第 5 条第 2 款所称“虚假信息”还应该在内容具有不特定的特征,这是由寻衅滋事罪的兜底性决定的。而具有特定内容的虚假信息,是指《刑法》分则条文明确列举,并将其作为某罪构成要件不符合真相的信息。例如,《刑法》第 181 条第 1 款,编造并传播证券、期货交易虚假信息罪中的影响证券、期货交易的虚假信息;第 291 条之一,编造、故意传播虚假恐怖信息罪中的爆炸威胁、生化威胁、放射威胁等虚假恐怖信息,等等。[23] 如果在信息网络上编造、传播或者组织、指使他人传播上述具有特定内容的虚假信息,应该按照相应的条文定罪量刑,而不必考虑起哄闹事型寻衅滋事罪。

(三)网络空间对虚假信息有错误认识情形的处理

刑法上的错误,是指行为人对自己的行为的刑法性质、后果和有关事实情况不正确的认识。这种认识错误对于判断犯罪的成立与否、形态如何等方面可能有重要影响。[24] 虚假信息的判断过程和判断资料非常难以把握,极有可能出现对虚假信息有错误认识的情况。这里着重探讨两种情形:其一,行为人主观上具有起哄闹事的故意,行为客观上也达到了造成公共秩序严重混乱的程度,但行为人自以为利用信息网络编造、散布或者组织、指使他人散布的虚假信息其实是真实信息的情况

---

〔23〕《刑法修正案(九)》在《刑法》第 291 条之一中增加一款作为第 2 款中,还列举了虚假的险情、疫情、警情、灾情信息。

〔24〕高铭暄、马克昌主编:《刑法学》,北京大学出版社、高等教育出版社 2011 年版,第 122 页。

如何处理;[25] 其二,行为人主观上具有起哄闹事的故意,利用自以为是真实信息而实际是虚假的信息在网络空间起哄闹事,客观上达到了造成公共秩序严重混乱的程度的情况如何处理。

首先,第一种情形下,可以按照实际情况,可能会分别构成起不可罚的不能犯或者起哄闹事型寻衅滋事罪的未遂,这完全取决于行为对法益侵害的程度。其一,如果行为人在信息网络上编造、散布或者组织、指使他人散布的误以为假而实际为真的信息,而且,这种真实的信息是传播没有任何限制、对公共秩序没有任何危害,或者是被鼓励传播的一般信息。这个时候,即使行为人主观上存在起哄闹事的故意,客观上也出现了公共秩序严重混乱的结果。但是,由于这种行为其实并非刑法意义上的实行行为,更难以认定这种无害行为与公共秩序严重混乱的结果之间的相当的因果律(或者说,公共秩序严重混乱的危害结果只是特殊时空条件下的偶然或意外现象)。所以,这种情况下完全可以作为不可罚的不能犯做无罪处理。其二,如果行为人在信息网络上编造、散布或者组织、指使他人散布的误以为假而实际为真的信息,但是,这种真实的信息因为特定的内容、时间、场合等原因对当前的公共秩序有一定危害,或者传播受到一定限制。这个时候,行为人出于起哄闹事的故意,并积极地利用编造、散布或者组织、指使他人散布虚假信息的方式,在信息网络实施起哄闹事的行为,因为意志以外的原因,编造、散布或者组织、指使他人散布了被限制传播或者对社会有一定危害的真实信息。虽然出现了公共秩序严重混乱的结果,但是这个结果却难以被评价为是寻衅滋事罪构成要件所需要的结果。整体而言,这种情形基本符合起哄闹事型寻衅滋事罪未遂形态的理论构造。[26]

---

〔25〕 在一般的社会印象中,信息,指音讯、消息,是通讯系统传输和处理的对象,泛指人类社会传播的一切内容。而真实信息都是对客观现象或者在一定的条件下发生的事件的描述,人们一般只能传播信息,而不能制造或者编造真实信息,因为人们制造或编造的信息往往是虚假信息。但是,否定人类社会制造或者编造真实信息的能力和现象的观点并不能做到逻辑上的自洽。首先,我们虽然不常使用制造或编造真实信息的表述,却经常使用加工信息的表述,而经过加工的信息真实性并不必然改变或消失。其次,本文这里使用制造和编造真实信息在特定的语境下,即行为人自以为制造或编造的虚假信息,而客观上恰恰是传播了尚未公布的真实信息。这种情形现实生活中是广泛存在的,譬如甲为了让别人来探望自己,编造了自己生病的信息,结果真实的情形是甲确实有病在身,只是还没有显现出症状而已。

〔26〕 如果认可费尔巴哈传统的客观未遂理论,这种情形则甚至还可以当作无罪处理,因为制造(编造)、散布或者组织、指使他人散布真实的信息的行为既是社会允许的,也是客观上没有任何社会危险性的行为。行为人主观方面的起哄闹事的故意没有通过实行行为体现出客观的危险性,没有评价的意义。详见陈家林:《外国刑法通论》,中国人民公安大学出版社 2009 年版,第 411 页。

其次,第二种情况虽比较罕见,但并非不会出现。例如,某市有一个黑社会性质的犯罪团伙,盘踞多年,为非作歹,地方政府虽一直打击却不能铲除。A 幼时受该黑社会性质团伙的成员欺凌,虽报案却未破案,大学毕业归来发现该团伙依然猖獗。A 自知在现实中没有对抗该团伙的能力,就匿名在信息网络上对其口诛笔伐,而且颇有影响力。近段时间,该市发生多起针对儿童的恶性犯罪,当地警方一直未能侦破。A 经过认真比较,发现这些案件的手法相同,且与上述犯罪团伙多年前欺凌自己的手段如出一辙,坚信这些犯罪是该犯罪团伙实施的。出于对该犯罪团伙的愤恨的心态,A 根据自己的观察和判断在信息网络上撰文,笔锋直指该犯罪团伙,并且自费雇用"水军"大量评论转帖。该信息在恐怒交加的市民中间迅速传播,并且最终导致了严重影响公共秩序的自发的游行示威。事后,当地警方最终侦破了上述恶性案件,发现均为另一个新形成的犯罪团伙所为。笔者认为,这种情况缺乏成立网络空间起哄闹事型寻衅滋事罪所必需的行为人的主观故意和在本质上具有虚假性的信息,不宜作犯罪处理。[27] 原因总结如下:

第一,这种情形中,起哄闹事通常作贬义理解,但是刑法上应作规范的理解。主观上具有的起哄闹事的故意并非一定是犯罪的故意,因为起哄闹事的故意可能仅仅是违法层面的故意,也可能是出于追求正当的目的而起哄闹事的故意。

第二,作无罪化处理有利于风险社会下网络信息繁荣。当今社会所具有的风险属性越来越得到刑法学界的认可,这种社会中网络信息传播内容多、速度快、质量良莠不齐、真假难辨,要每个人都逐条确认自己制造和传播的信息的真实性是不可能的。只要处于风险防范的人们在其认知能力范围内,倾向于相信接触到的信息是真实而去利用或传播,就应排除其主观方面的故意。[28]

第三,该情形下的信息不满足虚假信息所必需的本质上的虚假性的特征。《网络解释》第 5 条第 2 款中"虚假信息"判断是多层次的,前述六个特征缺一不可。而且,有根据认为是真实信息而实为虚假信息时,可以从行为人所根据的事实判断行为人的认知能力、认识因素和意志因素。根据我国刑法理论通说,寻衅滋事罪的罪过形态为故意。[29] 行为人误以为虚假信息为真实信息时,而且这种有根据误解反

---

〔27〕 参见赵远:《"秦火火"网络造谣案的法理问题研析》,载《法学》2014 年第 7 期。

〔28〕 参见孙万怀、卢恒飞:《刑法应当理性应对网络谣言——对网络造谣司法解释的实证评估》,载《法学》2013 年第 11 期。

〔29〕 参见高铭暄、马克昌主编:《刑法学》,北京大学出版社、高等教育出版社 2007 年版,第 543 页。

射并支配了行为人的客观行为,达到了足以排除犯罪的故意的程度。此时只能追究行为人过失或意外的责任,当然不成立作为故意犯罪的寻衅滋事罪。需要说明的是,虽然编造、散布有根据的虚假信息的行为并不构成起哄闹事型的寻衅滋事罪,并非说行为人不需要承担刑事责任以外的责任,也并非肯定有根据的虚假信息不是虚假信息。

三、结语

信息网络在人们生活中的影响和作用越来越大,其所具有的工具性和公共性两个属性,足以使发轫于信息网络的起哄闹事迅速地影响现实生活秩序。从这个角度来讲,《网络解释》将网络空间起哄闹事,造成公共秩序严重混乱的行为,并依照《刑法》第 293 条第 4 款规定的起哄闹事型寻衅滋事罪进行处理,既有立法和法理上的基础,也有司法和解释上的根据。然而,风险社会环境下,依然有必要保持刑法的谦抑性,协调刑法的规制机能、保护机能和保障机能。[30] 寻衅滋事罪与生俱来的兜底性和对罪刑法定原则的游离性,使理论界、司法界和社会上一直保持必要的警惕。对"起哄闹事"和"虚假信息"正确的理解和认定,对于科学设定起哄闹事型寻衅滋事罪的定罪量刑标准,确保既能依法严厉惩治、有效防范起哄闹事型寻衅滋事犯罪,又能充分贯彻宽严相济的刑事政策,适当控制犯罪圈和打击面,实现行政处罚和刑事处罚的有效衔接,并保证法律的正确统一适用具有重要的影响。

---

〔30〕 参见陈家林:《外国刑法通论》,中国人民公安大学出版社 2009 年版,第 18 页。

博弈与选择:以实名制遏制网络言论犯罪的可行性分析

单　民[*]　陈　磊[**]

【内容摘要】　面对网络谣言满天飞的现实情势,立法者试图通过刑事制裁和实名制两种手段遏制网络言论犯罪。网络实名制在中国历经十年的发展历程,其间存废之争各立,背后彰显的是技术和价值的博弈。在技术层面是网络虚拟性构建的匿名交往规则与对象真实性诱发的网络暴力犯罪之间的博弈;在价值层面则是网络实名作为秩序重建的技术手段与匿名言论自由作为一项基本权利之间的博弈。在网络言论这种价值冲突的领域,实名制不符合价值权衡的功利原则、情势原则和比例原则,在泼“不法言论”脏水的同时,很可能会将盆子一起扔了,因此应当缓行。在其他如网络交易、交友、网游等价值中立的领域,实名制才有可适用的空间。

【关键词】　网络言论犯罪　实名制　网络秩序　匿名表达自由

一、网络言论犯罪、实名制立法及其争议

1993年7月5日《纽约客》杂志刊登了一则著名的漫画,一只正在上网的狗对另一只狗说:“在互联网上,没人知道你是条狗。”[1]网络世界的匿名交往规则为人

---

* 单民,最高人民检察院检察理论研究所副所长,教授。

** 陈磊,最高人民检察院检察理论研究所副研究员,法学博士。

〔1〕 Fleishman, “Glenn. Cartoon Captures Spirit of the Internet”, *The New York Times*, 2000-12-14.

们带来开放、自由、平等的虚拟生活,也带来了各种类型的网络犯罪,特别是网络言论犯罪。近年来,利用互联网制作、复制、传播谣言、谎言等有害信息的事件时有发生,引起了社会的广泛关注。网络谣言传播具有突发性且流传速度极快,因此极易对正常的社会秩序造成不良影响。从"女干部携巨款潜逃加拿大",到"艾滋病患者滴血传播艾滋病",再到"女大学生求职被割肾",谣言最终都被证实为谎言。2008年广元"蛆橘事件"让全国柑橘严重滞销,虫害谣言通过网络迅速传遍全国,仅在湖北一省造成的经济损失就达15亿元。[2] 2013年8月,号称"谣翻中国"的知名网民"江淮秦火火"以涉嫌寻衅滋事罪、非法经营罪被刑事拘留,秦某在微博上先后注册了10个不同的网名,并与他人组成网络推手团队,伙同少数所谓的"意见领袖"、组织网络"水军"长期在网上炮制虚假新闻、故意歪曲事实,制造事端,并以删除帖文替人消灾、联系查询IP地址等方式非法攫取利益,严重扰乱了网络秩序。[3] 2013年9月,"两高"就此类刑事案件的法律适用出台了专门的《关于办理利用信息网络实施诽谤等刑事案件适用法律若干问题的解释》,明确何种网络造谣传谣情形构成犯罪,严厉打击网络造谣传谣。2015年8月,《刑法修正案(九)》公布,针对在信息网络或者其他媒体上恶意编造、传播虚假信息,严重扰乱社会秩序的情况,立法上拟增设编造、传播虚假信息的犯罪。

伴随着网络技术和情势的发展,立法者在使用刑事手段遏制网络谣言的同时,也意图通过实名制这一技术手段加强对网络世界的管理,重构日益失范的网络秩序。

自2003年始,中国各地的网吧管理部门要求所有在网吧上网的客户必须向网吧提供身份证进行实名登记,这一制度设计的出发点是为了防止未成年人进入网吧。2004年5月,中国互联网协会发布《互联网电子邮件服务标准》,首次明确提出"实名制"概念,强调电子邮件服务商应要求客户提交真实的个人资料,并以该资料作为判断邮箱服务归属的标准。2004年教育部发布《关于进一步加强高等学校校园网络管理工作的意见》(17号文件),明确提出在高校教育网实行实名制,"高校校园网BBS是信息交流的平台,要严格实行用户实名注册制度"。2005年2月,信息产业部联合有关部门要求中国境内所有网站主办方必须通过为网站提供接入、托管、内容服务的IDC、ISP来备案登记,或者登录信息产业部备案网站自行备案。这一要求涵盖的不仅是企事业单位网站,也包括个人网站,责任人必须在备案时提

[2] 参见黄庆畅、张扬:《网络谣言害人害己,社会公众勿传勿信》,载《人民日报》2012年4月16日版。
[3] 参见李恩树:《"网络造谣者"如此兴风作浪》,载《法制日报》2013年8月21日版。

供有效的证件号码。2005 年 7 月,信息产业部和文化部联合下发《关于网络游戏发展和管理的若干意见》,其中第十二条中明确规定“PK 类练级游戏应当通过身份证登录,实行实名游戏制度,拒绝未成年人登录进入”,目的是防止未成年人沉溺于网络游戏中的杀怪练级。

2006 年以后,网络实名制进入更大范围的公共言论和电子商务领域,并逐步开启立法议程。2006 年 10 月,信息产业部要求博客网站实行实名制。2007 年 3 月,中国互联网协会称博客实名制即将推出,被媒体认为博客实名制已成定局。2008 年 1 月,网络实名制立法进程启动,网络实名制立法议案被提出。2008 年 8 月,国家工业和信息化部正式答复网络实名制立法提案,称议案虽未获通过,但“实现有限网络实名制管理”将是未来互联网健康发展的方向。2010 年 6 月,国家工商总局正式出台了《网络交易以及有关行为管理暂行办法》,确立了个人网上开店的实名制度,该办法开启了中国网络实名制度在现实的商务往来中实施之先河。2010 年 8 月文化部颁布《网络游戏管理暂行办法》,开始正式实施网游实名制。自 2010 年起,微博开始在全中国网民生活中扮演至关重要的角色。2011 年 12 月,北京市公安局等 4 家单位联合颁布《北京市微博客发展管理若干规定》,其中第 9 条规定“任何组织或个人注册微博客帐号,制作、复制、发布、传播信息内容的,应当使用真实身份信息,不得以虚假、冒用的居民身份信息、企业注册信息、组织机构代码信息进行注册”,该条规定被冠以“微博实名制”简称,迅速成为全民关注的热点。2012 年 3 月 16 日,新浪、搜狐、网易和腾讯微博共同正式实行微博实名制。2012 年 12 月 28 日,第十一届全国人大常委会第三十次会议审议并通过《关于加强网络信息保护的决定草案》,其中规定了“网络服务提供者为用户办理网站接入服务,办理固定电话、移动电话等入互联网手续,或者为用户提供信息发布服务,应当在与用户签订协议时,要求用户提供真实身份信息”。2013 年 3 月 29 日,国务院办公厅“关于实施《国务院机构改革和职能转变方案》任务分工的通知”,其中“2014 年完成的任务”第 13 条为“出台并实施信息网络实名登记制度(工业和信息化部、国家互联网信息办公室会同公安部负责。2014 年 6 月底前完成)”。2013 年 6 月 28 日,工信部发布《电话用户真实身份信息登记规定》,要求手机用户、固定电话用户、宽带用户甚至无线上网卡用户,都应当实名登记,“先登记,后服务”,这一新规于 2013 年 9 月 1 日正式施行。网络实名制在中国已经普及,并且成为必然的发展趋势。

网络实名制究竟是利大还是弊大,是应当积极推动立法还是应当缓行甚或废除,在新闻学界、法学界均莫衷一是,聚讼纷纭。

代表官方态度的主流观点持赞成论,主张积极推动网络实名制,认为网络实名制能够"保障信息安全流动"[4]"促使网民更加理性地为自身言行负责,并且以法律形式保障互联网对经济发展的促进作用"。[5] 网络实名制有助于遏制网络违法和犯罪,维护网络安全,是规范网络信息传播的必要手段。[6] 还有更进一步的观点,就如李希光教授建议"在网上使用真名发表言论"一样,主张实行前台实名制,实现全面的真正意义上的实名制。[7]

以周永坤教授为代表的废除论,主张网络实名制应缓行,认为网络实名制是对公民隐私权的直接侵犯,它通过对隐私权的侵犯间接侵犯公民的安全权,特别重要的是它直接侵犯公民的言论自由权。从功利的角度来看,它也会妨碍反腐事业,使反腐失去第一推动力。[8] 此外,网络实名制还会导致个人信息泄露风险增大,缩小互联网的普及空间,扼杀网络舆论。[9] 也有论者从言论自由的角度,质疑微博实名制的合法性。[10]

网络实名制存废之争,各有其立场和理由。而在争议背后,彰显的是网络技术和立法价值的博弈。

二、网络实名制立法的技术博弈:虚拟性与真实性

(一)技术之利:虚拟性构建的匿名交往规则

网络技术为人类社会创造了一个与物理世界完全不同的虚拟空间。虚拟性是网络技术本源性的特征,由此也构建了与现实社会不同的交往规则——网络匿名

---

〔4〕 参见《安全流动,才能自由流动》,载《人民日报》2012 年 12 月 30 日版。

〔5〕 参见林永清:《网络实名制之辩:利远大于其弊》,载《人民日报》2010 年 5 月 11 日版。

〔6〕 参见陈远、邹晶:《网络实名制:规范网络信息传播的必由之路》,载《山东社会科学》2009 年第 1 期。

〔7〕 参见马艳华:《网络实名制相关法律问题探析》,载《河北法学》2011 年第 2 期;文颖:《实名制是大势所趋》,载《廉政瞭望》2011 年第 7 期。

〔8〕 参见周永坤:《网络实名制立法评析》,载《暨南学报》(哲学社会科学版)2013 年第 2 期。

〔9〕 参见张祖桥、李娟:《网络实名制应当缓行》,载《网络与信息》2009 年第 12 期;徐振增:《民主政治视野下的网络实名制——基于当前网络后台实名制注册管理制度的再思考》,载《河北法学》2012 年第 9 期。

〔10〕 参见韩宁:《微博实名制之合法性探究——以言论自由为视角》,载《法学》2012 年第 4 期。

交往规则。网络社会跨越了地域、年龄、时间、空间、阶层、身份的限制,在其中人们可以披上各种各样的“马甲”与他人平等自由地交往。技术改变了人们的生活。在虚拟的网络社会中,用户能够以不透露个人信息的方式接收或者发送信息、发表言论和见解、共享和传播资讯,能够以隐匿的身份体验不同的生活状态。多对多的网状传播模式,能够使网络信息即时地在最大范围内向最多受众传播,受众可以直接地反馈信息、交互意见。网络的开放性让其成为公共言论的平台。匿名性点燃了公众政治参与的热情,让人们热衷于通过网络平台讨论政治和一般公共事务,真实地交换和表达政治和公共意见,在客观上起到了“民间智库”和舆论监督的作用,对政治文明和社会文明的培育起到了巨大的推动作用,成为勾连国家和个人的重要的社会中间力量。这是互联网技术所带来的积极的一面。

(二)技术之殇:真实性诱发的网络暴力犯罪

网络世界虽然是个虚拟的空间,但是参与网络活动的人都是真实的人。网络行为人的身份可能是虚拟的,但是网络行为的对象却是真实存在的。在现实世界中可能存在的违法犯罪现象,在网络空间里同样不可避免。而且,由于网络技术的虚拟性,导致网络犯罪低成本、低风险、高收益,利用互联网从事的诈骗、侵财、色情、赌博、侵犯公民隐私、名誉、个人信息等犯罪活动反而更为猖獗。近年来,网络攻击性、煽动性、侮辱性虚假言论导致的网络造谣和网络暴力现象愈演愈烈,与技术匿名性、对象真实性不无关系。

(三)两难选择:在虚拟性与真实性之间的博弈

网络的虚拟性在三个方面致使网络流言四起和肆意:一是匿名发表容易滋生不负责任的虚假言论。人在陌生的环境有放纵自己的倾向,这是人性缺乏自律的表现。二是网络世界的信息交换是以用户为中心的,不像传统媒体发布信息需要经过严格的审核机制。那些颠覆事实、夸大的网络虚假言论容易被“围观”,被同样匿名的、自认为不用负责任的网络围观者迅速转载和传播。三是匿名规则增加了侦查机关电子取证的难度和成本,从而助长了网络造谣者的恣意。基于这三点,以及网络言论暴力和违法犯罪现象的激增和危害的加大,政府和许多学者积极主张推动网络实名制,特别是博客(微博)实名制。

通过技术手段恢复网络交往的真实性,以此祛除技术虚拟性带来的弊端,这在技术上不存在问题。但是,虚拟性是网络技术最本源的特征,也是网络技术发展的初动力。抛弃了虚拟性,网络技术本身的发展可能会衰竭,网络技术开发出的应用软件为客户提供的便捷和福祉、企图增进的政治文明和社会文明也可能会因此而萎缩。2004 年校园 BBS 实名制后的情势变化、发展停滞就是一个例证。[11] 在微博实名制即将推出的前夕,有网站对微博用户进行过调查,数据显示"微博实名制后决定放弃使用微博"的占据了 89%。[12] 即使用户选择实名制后继续使用微博,相信因为实名制引发的言论管制的担忧也会使微博的吸引力下降,或者将使用微博的兴趣点集中在无争议的娱乐和社会话题,或者使部分微博使用者转投其他具有匿名性的公共论坛软件。无论是朝哪个方向发展,实名制都会在一定程度挫败网络技术革新的积极性。这是网络实名制在技术层面所面临的虚拟性与真实性的艰难博弈。

三、网络实名制立法的价值博弈:秩序与自由

(一)从现实社会到网络世界:实名制作为秩序重建的技术手段

在法的诸价值——正义、自由、秩序、安全、效率中,秩序是最基础的价值。因为秩序在本质上是组织化的活动方式,而任何价值追求都是有组织的、具有目的性和方向性的活动,即都必须依赖一定的秩序进行,所以秩序价值是其他价值实现的基础。[13] 离开了最基本的秩序,自由、正义等其他价值也无从实现。因此,秩序是立法者特别偏爱的价值,也是立法时优先考虑的价值。在立法者眼中,秩序是社会存续的最小公约数,是达致最低限度社会共识的基础。

改革开放三十多年来,中国的社会结构发生了根本性的变化。与经济结构由计划经济向市场经济转型的工业化、城镇化、现代化进程齐头并进的,是人口的大

---

〔11〕 在校园 BBS 实名制后,笔者曾对北大"两全其美"、清华"水木社区"、人大"天地人大"、南大"小百合"等校园知名 BBS 进行过实证调查。发现实名制后,校园 BBS 上思想性和公共事件评论性的帖子锐减,取得代之的是大量娱乐性、调侃性、交友类帖子。许多校园用户"转战"天涯、猫扑等无须实名注册的网络社区,校园 BBS 的吸引力、访问率和利用率大减。

〔12〕 参见刘建:《微博即将实名制,方便了谁? 伤害了谁?》,载 http://soft.zol.com.cn/272/2726275.html,最后访问日期:2014 年 9 月 3 日。

〔13〕 参见龙文燮:《"自由与秩序的法律价值冲突"辨析》,载《北京大学学报》(哲学社会科学版)2000 年第 4 期。

规模跨地域流动,同族群居的乡土社会变成了流动性的陌生人社会。据2012年4月13日召开的全国流动人口计划生育工作会议披露,2011年全国流动人口达到2.3亿人,占总人口的17%,即每6名中国人中就有1人是流动人口。未来20年,还将有3亿农村人口进入城镇。[14] 流动人口在推动经济社会发展、创造社会财富的同时,也加剧了城市人口与环境资源的紧张,增加了社会服务和社会管理的压力。[15] 人口大规模流动,既颠覆了原有的熟人社会的交往规则,同时也打破了熟人社会的安定与和谐,加大了社会管控和治理的难度。有研究发现,大规模人口流动是导致中国犯罪率稳健上升的主要原因,人口流动性每提高1%大约将导致犯罪率上升3.6%。[16] 为适应变迁的社会结构和犯罪形势,近年来政府大力提倡创新社会管理方式。其中,实名制就是重要的管理方式创新,2010年在全国范围内实行住宿实名制,2012年实行火车票实名制,2013年实行电话实名制。借助实名制这一技术手段,为流动性的陌生人社会中人与人之间的交往增添了安全砝码。实名制是在流动社会重建社会秩序、维护社会安全的重要技术手段。

网络空间的虚拟性,与现实世界流动性的社会结构存在许多相似之处:陌生人社会、匿名交往、人的流动性、不安定状态,等等。在网络世界面临的管控问题和现实社会也趋于一致。网络实名制不过是现实世界使用的管控技术手段在网络世界的延伸。以实名制增强网络电子交易的安全性,以实名制防止青少年沉溺于网络游戏,以实名制防止网络谣言的肆意,以实名制追查网络违法犯罪者的踪迹……网络实名制的目的是恢复和重建网络世界的秩序。

(二)从线下到网上:匿名言论表达权作为一项基本权利

言论自由被奉为民主社会的"权利基石"。民主离不开表达自由,信息能否自由流动以及公民能否充分地享有表达自由,是民主政治得以开展的前提,也是衡量政府是否民主政府的标尺。[17] 我国《宪法》第35条规定,中国公民有言论的自由。著名的《美国宪法》第1修正案禁止以普通立法剥夺言论自由。《德国基本法》第5条第1款规定,每个人都有表达及传播他们观点的权利,通过书写或其他可视化方

---

〔14〕 参见李晓宏:《怎样服务2.3亿流动人口》,载《人民日报》2012年4月16日版。

〔15〕 参见陈磊、石磊:《身份差异与量刑歧视:流动人口犯罪缓刑适用问题研究》,载《法律适用》2013年第1期。

〔16〕 参见陈刚等:《人口流动对犯罪率的影响研究》,载《中国人口科学》2009年第4期。

〔17〕 参见王四新:《表达自由与民主政治》,载《环球法律评论》2009年第1期。

式可以通过被允许的途径获得信息而不受任何阻碍。并且,对表达自由“不进行事前审查”。

表达言论有实名和匿名两种方式。言论自由权的“自由”,既包括实名言论自由也包括匿名言论自由。在许多重要的涉及民主政治的场合,如民主投票、发表政治性言论、对政府的批评等,匿名表达往往比实名表达更能够保证言论的真实性,更能得到“良心话”。一些国家以立法或者判例的方式确立了匿名言论自由权。20世纪60年代,匿名表达权作为一项宪法权利首先在美国得到承认。在1960年“塔利诉加利福尼亚州案”中,美国联邦最高法院的裁定推翻了洛杉矶城市条例中有关匿名分发小册子属于犯罪的规定。大法官休戈·布莱克在多数意见中写道,“这一点是毫无疑问的,(区分是否匿名)的做法限制了信息的自由传播,进而影响到了言论的自由……匿名的小册子、传单、宣传册,甚至是书籍都在人类的进步中发挥了重要的作用。在人类历史发展进程,不时有人因此而受到迫害,那些曾被迫害的人们和教派完全可以匿名地或公开地对这种令人难以忍受的做法和法律提出批评。”接着,法院通过宪法解释的方式,宣称匿名表达权受《美国宪法》第1修正案的保护,并强调“身份公开和对报复的恐惧可能会阻止对重要公共事务的和平讨论……第1修正案的目的在于保护不受欢迎的个人在一个不够宽容的社会中免遭报复”。[18] 瑞典在《出版自由法》第3章对匿名表达自由也做出了明确的规定:任何印刷品的作者都没有义务在印刷品上披露其姓名。任何印刷者、出版者,或者与印刷品的印刷、出版的有关人员,除根据法律规定有此义务外,不得违背作者的意愿以任何其他方式泄露作者的身份。

网络世界和现实世界的区别仅在于交往媒介的形式不同,在构建交往的法律规则上则是一致的。现实世界的匿名表达自由在网络空间同样适用。1997年A. C. L. U. of Georiga v. Miller一案中,美国乔治亚州地方法院通过判决做出了网络匿名表达自由权也是一项宪法权利的论证。案件涉及乔治亚州的一项法律,该法将使用假名或匿名地通过网络传送数据的行为规定为犯罪行为。原告认为,该法违背了宪法所保护的言论自由;被告则辩称,该法的目的是防止欺诈性行为,它所禁止的仅仅是那些为了欺诈而故意传送欺骗性信息的行为。法院最终支持了原告的诉讼请求。法院认为,虽然防止欺诈确实是一项“重大的国家利益”,但该法中并

---

〔18〕 参见杨福忠:《公民网络匿名表达权之宪法保护——兼论网络实名制的正当性》,载《法商研究》2012年第5期。

没有任何言辞表明其仅适用于以上行为。相反,由于该法的遣词造句不够精确和科学,从而使得其实际禁止的行为范围显得模糊不清,将许多受法律保护的言论也包括在内了,极大地限制了表达自由。[19] 除美国以外,以色列等其他国家的法院也以判例的形式承认匿名表达权是受宪法保护的权利。在以色列,一位名叫拉米·莫尔的医生要求以色列一家宽带运营商提供发表诽谤性言论的一名匿名博客作者的真实身份信息,被拒绝后起诉到法院。最后,以色列最高法院判决认为博客作者的匿名表达权是受宪法保护的权利。[20]

(三)价值冲突:网络秩序与言论自由的博弈

秩序是实现自由的基本前提,自由是秩序追求的终极目标。然而,两者并非绝对统一的。自由强调的是主体个性的发挥,而秩序强调的是有序状态的建立与维持;自由难免有打破既有平衡——秩序的趋势,秩序有在一定程度上制约自由、维持平衡的规定性。因此,两者之间的冲突就在所难免。[21] 网络实名制引发争议的根结,也是在于政府通过实名制意图恢复和重建的网络秩序,与民众希望获得和实现的言论自由之间的价值冲突。

尽管支持网络实名制的论者提出,自由(包括言论自由)本来就是有限度的自由,实名制有助于促进网民自律、维护网络安全。[22] 在其看来,实名制并不会引发秩序和自由的冲突。诚然,法律所认可的自由价值确实是有限度的,并非是无节制的。但是有限度的自由也是"自由",而不是"不自由"。为自由设限,是以不侵害他人利益和公共利益为界,"有限度"不等于"不完整"。言论自由包含两种方式,一是实名的自由,二是匿名的自由。网络实名制是以实名的方式,侵占了匿名发表言论的空间,部分的、不完整的"言论自由"就是"不自由"。实名制论者希望实现的安全状态,是一个绿色洁净的网络空间,在其中都是"和平"的言论。而民众希望获得的安全感,是自由地发表言论,不为人知、不受审查、不被追究,更多是心理层面的安全

---

〔19〕 参见汪志刚:《美国法上的"网络匿名发表言论权"述评》,载《北京航空航天大学学报》(社会科学版)2006 年第 2 期。

〔20〕 参见杨福忠:《公民网络匿名表达权之宪法保护——兼论网络实名制的正当性》,载《法商研究》2012 年第 5 期。

〔21〕 卓泽渊:《法的价值论》,北京大学出版社 1999 年版,第 635 ~636 页。

〔22〕 参见陈远、邹晶:《网络实名制:规范网络信息传播的必由之路》,载《山东社会科学》2009 年第 1 期。

感。显然,实名制无法给予大众这种心理安全感。所以,网络实名制的推行,势必会引发网络秩序和言论自由的价值冲突。问题的关键在于,在立法的过程中如何对两者进行权衡和取舍。

四、网络实名制的立场选择

(一)面对价值冲突立法权衡的原则

1. 功利原则。立法者应以公共利益为目标,最大范围的功利应成为他一切思考的基础。了解共同体的真正利益是什么,乃立法科学使命之所在。〔23〕 首先,立法者在进行价值取舍时,出发点应是法律所保护、服务和管理对象的利益,即公众的利益,而不是立法者的利益。其次,立法的目标是维护最大范围的公众的利益,而不是少数人的利益。以禁止酒驾为例,尽管少数人驾驶技术高超、酒量很大,少量饮酒并不影响驾驶安全,但是就整个社会而言,酒驾会危及大多数人的道路交通安全,所以禁止酒驾具有立法上的正当性。最后,立法者应当维护和彰显共同体的"真正"利益。至于共同体的"真正"利益是什么,应当尊重共同体的意愿,由共同体自决。

2. 情势原则。法的价值取向并不是一成不变的,不同时期社会对安全、自由、正义、效率价值的不同需求,对法的价值选择有着很大的影响。在进行价值选择或价值取向时,应根据具体的法的性质、价值冲突状况以及其他相关社会因素"因时因势"而定,"时""势"发生了变化,法的价值取向也要改变。〔24〕 特别是在政策性立法的场合,价值取向随社会情势而变化的现象比较明显。计划生育就是典型的政策性立法。在中华人民共和国成立初期,人口基数庞大,经济发展水平和社会资源总量承载不了过快的人口增长率。出于社会秩序和人口安全价值的考虑,立法者在特定历史时期选择牺牲了生育自由的权利。时至今日,随着经济总量和发展水平的大幅提高,以及人口增长率的降低、负增长的出现、老龄社会的提前到来,放开二胎的政策和地方性立法,以及在国家立法层面放开的呼声越来越高。这就是因为社会情势发生变化,需要在立法上重新进行价值权衡和选择。禁止鉴别胎儿性别的立法从无到有,以及在未来可能再予以废除的趋势,也是社会情势影响价值选择

---

〔23〕 [英]边沁著:《立法理论》,李贵方等译,中国人民公安大学出版社2004年版,第1页。

〔24〕 参见周灵方:《法的价值冲突与选择——兼论法的正义价值之优先性》,载《伦理学研究》2011年第6期。

的结果。

3. 比例原则。比例原则是决定宪法所保护权利的界限、解决冲突的原则(规则/价值)的重要分析工具。[25] 比例原则包含三个分原则:适当性原则、必要性原则和狭义比例原则。适当性原则的含义是,国家实施的权力行为必须有助于宪法或者法律所规定的目的的实现,并且采用的手段是正当的。必要性原则又称为“最温和方式原则”,其含义是国家在实施权力行为时,如果存在多种可供选择的手段,各手段对公民权利限制的程度不同,应当选择对权利限制最小的手段。狭义比例原则又称为“法益衡量原则”,其含义是在国家权力的行使符合适当性原则、必要性原则后,还需要在手段所限制的权力与所保护的价值之间进行利益衡量,如果明显不成比例,那么权力行使就不具有正当性。具体阐释上述三个原则,有一则著名的“炮弹打小鸟”案例,警察为了社区的安静驱赶树上的小鸟,假设当时已没有其他的办法而只好用大炮,用大炮虽然也可以达到驱逐小鸟的目的,手段也属必要,但使用大炮可能造成的损害非常大,因而这一做法不符合比例原则的要求。[26]

(二)网络言论领域实名制的价值权衡

1. 关于功利原则:网络言论领域的实名制不符合共同体的“真正利益”

在网络言论领域实行实名制,对不法和恣意的潜在言论能够起到一定的威慑作用,也便于侦查和惩罚因虚假言论引发的违法犯罪行为,因此确实有助于网络秩序的维护。然而如上所述,这其中存在秩序和自由的冲突。实名制以秩序之名侵犯了政治上表达自由的权利。立法具有正当性的基础在于它能够代表和实现共同体(大多数人)的“真正利益”。只有国民自己的意向与社会秩序中表达的“集体”(或“公众”)意愿协调一致,他才会感到自己在政治上是自由的。只有社会秩序是由其行为受到约束的个体创造的,才能确保“集体”和个体意愿之间产生这种和谐。社会秩序是由个体意愿确定的。政治自由,也即社会秩序下的自由,是参与社会秩序之创造的个体的自决。[27] 对实名制实行初期的民意调查已经表明了公众反对的态度。根据中国青年报社会调查中心的调查结果显示,在有 1843 人参加的调查中,

---

〔25〕 参见钱福臣:《解读阿列克西宪法权利适用的比例原则》,载《环球法律评论》2011 年第 4 期。

〔26〕 马怀德:《行政法与行政诉讼法》,中国法制出版社 2000 年版,第 76 页。

〔27〕 参见王四新:《表达自由与民主政治》,载《环球法律评论》2009 年第 1 期。

83.7%的网民明确表示反对网络实名制,仅有15.6%的人表示赞同网络实名制。[28] 在新浪网对网友进行的一项随机调查中发现,认为实行网络实名制会限制网民自由表达权的占80.85%,有78.59%的网民反对在中国实行网络实名制。[29] 或许有论者会认为,实名制只是为了有效过滤不法言论,公众可以自由地发表合法的言论,并不会受到限制。然而,网络公共空间吸引公众发声的最大优势,就是匿名表达的心理安全感。无论是前台还是后台的实名,都会让公众产生时刻被"监控"的感觉,这种不安全感会抑制许多人发表言论的热情。实名制在泼"不法言论"脏水的同时,很可能会将盆子一起给扔了。

2. 关于情势原则:当前中国的社情民意尚未形成在网络言论领域推行实名制的条件

首先,网络言论领域实名制不具有民意基础。网络实名制的赞成者以世界上首个推行网络实名制立法(2005年)的国家——韩国的经验来论证在中国立法的可行性。事实上,韩国推行网络实名制立法有其特定的社会背景。2001年韩国歌手白智英性爱录像带被网络公开,2005年接连发生的"狗屎女"事件和针对著名民主人士林秀卿的网络暴力事件,2008年发生的针对明星崔真实的网络诽谤事件(崔自缢身亡),等等。接二连三的网络暴力事件,使原来反对网络实名制的社会舆论转向。2008年一份家庭访问显示,近80%的韩国民众支持网络实名,其中不乏经常上网的年轻人。崔真实事件以后,韩国的网络上还出现了支持互联网实名制的签名运动。[30] 正是在这个基础上,政府才顺时而动推进网络实名制立法。中韩两国的民主法治发展程度不同,网络实名制立法的民意基础也不同。至少在当下的中国社会,网络实名制(言论领域)的反对者占据多数。

其次,网络言论领域实名制不利于社会公共空间的培育。中国作为有着14亿人口的大国,一直以来依靠管控型的方式治理社会,历史地形成了"强政府、弱社会"的结构。网络为社会自治力量的培育提供了空间。网络聚集了各种公共言论,批评性的、监督性的、研讨性的、检举性的,这些言论有助于政府提高执政能力,有助于督促官员廉洁公正,有助于推动重大公共政策的形成。近年来地方政府的重大违法行政行为、企业的重大质量问题和污染问题被纠正,十八大以来掀起的反腐风

---

〔28〕 参见王雪:《网络实名制:安静地走开,还是勇敢地留下来》,载《中国传媒科技》2007年第7期。

〔29〕 参见马超:《网络发展中的无奈之举——网络实名制》,载《科技信息:教学研究》2007年第12期。

〔30〕 参见周永坤:《网络实名制立法评析》,载《暨南学报》(哲学社会科学版)2013年第2期。

暴,一批"老虎""苍蝇"被掀翻,来自网络的检举揭发功不可没。和现实世界一样,在中国这样一个人情社会和官本位社会,没有人愿意实名地、公开地批评政府、批评官员、揭发腐败。在网络言论领域实行实名制,会抑制得之不易的公共舆论和监督空间的发展。

最后,网络言论领域实名制可能会导致"因言获罪"现象滋生。网络实名制为政府审查言论提供了技术便利。在法治水平整体有待提高的当下中国,这种技术便利容易被滥用,成为"言论管制"的工具。特别在地方行政权力过于集中的情况下,实名制很容易成为地方政府审查和报复批评性言论的技术手段。这些年屡屡发生的现实案例证明这种担心并非不无可能。2009 年在重庆打黑期间,一男子因在天涯论坛转发打黑漫画《保护伞》,被重庆市劳教委认定为诽谤,处以劳教两年。劳教决定被纠正后,该男子称自己现在很少发帖转帖了。[31]《宪法》第 41 条规定了公民有"批评、建议、申诉、控告和检举"的监督权利。仅仅是转发讽刺时政的漫画就被认定为是散布谣言和诽谤,那么更大尺度或者明确的批评性言论更将被禁止,这显然走过头了。邓小平在中央工作会议上曾发表《解放思想,实事求是,团结一致向前看》的著名讲话,他提出:"人民群众的意见,当然有对的,也有不对的,要进行分析。党的领导就是要善于集中人民群众的正确意见,对不正确的意见给以适当解释。对于思想问题,无论如何不能用压制的办法,要真正实行'双百'方针。一听到群众有一点议论,尤其是尖锐一点的议论,就要追查所谓'政治背景'、所谓'政治谣言',就要立案,进行打击压制,这种恶劣作风必须坚决制止。毛泽东同志历来说,这种状况实际上是软弱的表现,是神经衰弱的表现。"[32]

3. 关于比例原则:网络言论领域实名制既无必要、亦非有效且过度侵犯公众的基本权利

首先,已有的网络实名登记措施能够保证因言论引起的违法犯罪行为被追究,网络言论领域实行后台或者前台的实名制并无必要。在网络言论领域推行实名制以前,人们在网上的行为并非无迹可循,因为网络的 IP 地址是唯一的,家庭或者单位办理网络接入手续需要实名登记,网吧上网需要实名登记,手机实名登记(使用

---

〔31〕 参见王秋实:《重庆转发打黑漫画被劳教男子:再转帖会考虑风险了》,载《京华时报》2012 年 9 月 14 日版。

〔32〕 邓小平:《解放思想,实事求是,团结一致向前看》,载中共中央文献研究室编:《三中全会以来重要文件选编》上册,人民出版社 1982 年版,第 23 页。

智能手机上网也能固定到个人)。发生了网络违法犯罪行为,网警完全可以通过技术手段追查到用户的IP地址,在微博等社交网站实名注册(前台或者后台)只不过使侦查更为便利而已。

其次,依靠实名制这一技术手段遏制诽谤言论并不一定能够起到预期的效果,却要付出巨大的管理成本。韩国作为世界上首个推行网络实名制立法的国家,在短短的5年时间即宣告失败。2012年8月,韩国宪法法院裁决认定网络实名制违宪,5年内将逐步废除实名制。韩国实行网络实名制的5年来,并未实现大幅度减少网络暴力的初衷。首尔大学一项研究发现,5年来,韩国网络上的诽谤跟帖数量仅减少了不到2个百分点。可是为了这2个百分点的降低,韩国政府与社会却付出了巨额的管理成本。[33] 道高一尺,魔高一丈。韩国网民为摆脱实名制的束缚,想方设法规避它。有的通过技术"翻墙"使用境外服务器,有的盗用他人身份证注册,有的黑客甚至还发明出身份证注册器。一个善意的立法反而滋生出更多的"恶",这恐怕是实名制立法之初未曾想到的。遏制网络非法言论,真正依赖的应是法律,依赖严格的执法而非技术。

再次,网络言论领域实名制容易导致用户隐私被泄露。以微博为例,无论是前台还是后台的实名制,都有可能被黑客非法侵入窃取用户信息。致使韩国网络实名制被废止的导火索是接连发生的用户信息外泄事件。2011年7月,韩国两家大型门户网站接连发生黑客入侵导致大规模用户信息外泄事件,约有3500万名网民的个人信息外泄(包括姓名、身份证号码、生日、电话、住址等)。国内也频发网络信息泄露事件,2012年3月,当当网账户集体被盗;2012年5月,"1号店"员工内外勾结,泄露客户信息;2013年3月,支付宝漏洞导致用户信息泄露。网络实名制是对用户身份信息安全的潜在威胁。

最后,网络言论领域实名制可能导致网络言论和技术的萎缩。在网上发言需要实名注册,恐怕有很大一部分人不再愿意发布可能会惹上"麻烦"的言论,包括各种批评性的、评价性的、监督性的、揭发检举性的言论。基于心理安全的需要,大部分人会选择做一个旁观者,只浏览,不发布、不转载、不评价;或者只发布价值无涉(中立)的言论,如娱乐性、个人生活方面的话题。如此,将导致网络公共言论大幅度萎缩,同时还将导致如微博、微信等新兴社交网络技术停滞不前。在网络言论领

---

〔33〕 参见詹小洪:《韩国网络实名制的兴与废》,载《南风窗》2012年第5期。

域实行实名制,确实可能会堵塞一部分谣言。但是,如果真的要做出价值上的判断,谣言的危害要远小于禁言。网络提供了一个社会情绪“导出”的公共平台。治理网络言论,堵不如疏。

(三)结论:网络实名制应区分适用,网络言论领域实名制须缓行

网络实名制的适用应区分不同领域而为。在网络言论领域,如前所述,面对网络秩序和匿名表达自由的价值冲突,应当进行利益衡量,无论是实行前台还是后台的实名制,都会导致“得不偿失”,因此应当缓行。在其他领域,如网络电子商务,网络交友(婚恋网站),网络游戏等,安全、秩序、健康(防止未成年人沉溺网游)等价值,对抗自由价值时取得了压倒性的胜利,因此实名制的推行具有正当性。总之,在推动涉及大多数人利益的政策或者立法时,应进行慎之又慎的价值权衡,充分论证政策或者立法的正当性。否则,就有可能遭遇韩国实名制立法“五年之痒、立了又废”的尴尬局面。

“私服”“外挂”行为的刑法性质再探析

温长军[*]　王　然[**]

【内容摘要】“私服”“外挂”的刑法定性应结合著作权法、行政法与刑法的相关规定进行分析。网络游戏中“私服”和“外挂”行为虽然都侵犯了他人著作权，然而只有“私服”行为可能成立《刑法》第217条规定的侵犯著作权罪，“外挂”行为只能被《刑法》第286条破坏计算机信息系统罪所规制。非法经营罪立法目的在于维护国家特许经营制度，“私服”“外挂”行为的侵犯著作权的行为性质就决定了其不可能成为刑法上的非法经营罪。

【关键词】“私服”行为　“外挂”行为　刑法定性　司法认定

网络游戏产业的迅猛发展极大地丰富了人们的精神文化需求，同时也为知识经济的蓬勃兴起注入了新的活力。据统计，2012年我国网络游戏出版产业实际销售收入达602.8亿元，同比增长率为35.1%，规模已经远超电影票房、电视娱乐节目和音像制品发行三大传统娱乐之和。[1] 然而，网络游戏中“私服”与“外挂”行为的日益猖獗之势却使网络游戏产业发展蒙上一层厚重的阴影。因此，立足于经济刑法维护网络产业经济发展的职能定位、网络著作权保护宗旨和网络游戏产业发展要求、对网络游戏环境中“私服”“外挂”等行为进行刑法层面的分析，进而实现刑法维护网络游戏产业健康正常发展并保护网络游戏软件著作权人合法权益的价值

---

* 温长军，北京市东城区人民检察院党组副书记，副检察长。

** 王然，北京市东城区人民检察院研究室助理检察员，法学博士。

〔1〕 资料援引自中国出版工作者协会游戏工作委员会发布的《中国游戏出版产业报告》，载http://info.3g.qq.com/g/s?g-f=18449&=tech-20130108000074。

目标,已经成为当前刑法学研究的当务之急。

一、网络游戏中“私服”“外挂”行为的含义界定

“私服”“外挂”行为虽然早已被相关执法部门以及学术界定位为违法行为,但是究其含义如何,尚未有权威性的文件对其进行明确性解读。[2] 学界对“私服”“外挂”的含义问题也存有争议。例如,对“私服”和“外挂”行为究竟能否单独构成,有观点认为“私服”就是利用“外挂”程序修改网络运行软件源程序后以快速提高游戏水平、角色、等级达到吸引玩家,进而进行非法谋利的行为。[3] 也有观点认为“私服”就是通过非法途径获取网络游戏软件的源程序或安装程序,经过少许修改甚至不加修改,但通过私自搭建的网络游戏服务器予以发布并从中谋利的行为。[4] “私服”与“外挂”究竟是密不可分的关联行为,还是相互独立的违法行为?究竟在法律性质上应当作何评价,其含义又当如何界定?笔者认为对这些问题的回答必须还原到“私服”与“外挂”行为产生的背景及其行为具体效应的分析上来。

在单机游戏时代,游戏软件著作权人通过将游戏软件提供给游戏玩家的方式获取该软件的作品上利益。游戏玩家获取游戏软件后,在自己计算机上运行完成的游戏软件以获取娱乐的作品使用价值。该种单机游戏的游戏环境中,虽然可能产生复制发行盗版游戏软件的侵犯著作权行为,但是却不可能有“私服”“外挂”行为的滋生。然而,在网络游戏时代,游戏所能提供的娱乐功能不再简单的是人与机器以及游戏软件的信息交互,更多的是游戏玩家之间通过游戏软件来实现人与人之间的游戏较量,因此才更具有娱乐性和可玩性。网络游戏软件本身的庞大以及游戏玩家之间必须通过网络服务提供者实现玩家间的信息交互,就使得网络游戏

---

〔2〕 根据2003年新闻出版总署等五部委出台的《关于开展对“私服”、“外挂”专项治理的通知》的规定:“私服”“外挂”违法行为是指未经许可或授权,破坏合法出版他人享有著作权的互联网游戏作品的技术保护措施、修改作品数据、私自架设服务器、制作游戏充值卡(点卡),运营或挂接运营合法出版他人享有著作权的互联网游戏作品,从而谋取利益、侵害他人利益。“私服”“外挂”违法行为属于非法互联网出版活动,应依法予以严厉打击。笔者认为,此种定义将“私服”“外挂”两种行为规定在一起的做法,虽然揭示了“私服”“外挂”行为的一些特点,但存有重大缺陷,主要表现为两个方面:一是混淆了“私服”“外挂”行为的区别,下文将详细述及;二是将一些可能发生的行为表现作为定义的限制性用语,例如,制作游戏充值卡(点卡)并非经营“私服”的必然特点,有些“私服”虽然没有充值点卡,但是可以通过广告、售卖游戏装备等方式非法获取利益。

〔3〕 参见周详:《网络“私服”“外挂”对信息著作权的侵犯危害》,载《新闻导刊》2009年第5期。

〔4〕 参见张书琴:《网游“私服”侵权的刑事规则》,载《法治论丛》(上海政法学院学报)2007年第5期。

软件不再完全由游戏玩家控制,而是分为网络游戏服务端程序和客户端程序。对于前者,由于内容庞大,运行的硬件支持要求高,由网络游戏经营商所设立的服务器运行;而后者则通过网络下载或实体出售的方式提供给游戏玩家,由游戏玩家在个人计算机上装载运行。就网络游戏的运行机制来说,游戏玩家通过登录客户端程序实现与网游经营商所经营的服务端程序的信息链接,进而与其他实现网络链接的游戏玩家进行共同游戏的目的。网络游戏经营商则根据游戏玩家在线时长、提供游戏道具、装备或角色升级等方式向游戏玩家收取一定费用的方式获利。"私服"的经营者将他人开发出的网络游戏服务端程序通过反向破译或者盗取他人游戏程序后,擅自在自己服务器上运行,提供给广大玩家以获取作品上的利益。因为网络游戏程序同其他计算机软件一样,由著作权人行使对其发行复制等经济权利,而"私服"行为与"官服"行为相对,其含义自然是指未经著作权人许可,擅自架设服务器、运行网络游戏软件以获取非法利益的行为,其本质上属于一种侵犯他人著作权的行为。〔5〕"私服"的滋生流行严重侵犯了网络游戏著作权人的著作权合法权益,也给网络游戏产业发展带来沉重灾难,同时也使得网络游戏玩家的合法利益面临风险。因此,该种行为应当受到相关法律的严格规制。

在网络游戏中,网络游戏有其固定的游戏情节和游戏内容。游戏玩家通过对游戏客户端程序的操作,使得客户端程序能够产生相应的数据包,进而此种数据包传输并反映到游戏服务端程序中,从而实现游戏角色的移动、升级或游戏情节的触发等。然而,通过截取分析游戏客户端与服务端程序间的游戏数据或者对游戏程序软件进行反向破译等方式,可以制造出帮助游戏玩家更方便操作游戏的一种游戏辅助程序,此种游戏辅助程序即是"外挂"。也就是说,"外挂"是行为人制造出的能够辅助游戏玩家更为方便操纵游戏的一种功能性程序。它的"工作原理"是通过挂接在游戏玩家的客户端程序中,为游戏玩家提供超出原有游戏设定水平的游戏权限,以满足游戏玩家的更多娱乐需求。不同于学界对"私服"行为本质上属于侵犯著作权的行为较为一致的结论,"外挂"行为的违法性质历来存有争议。有的将其认定为侵犯著作权行为,有的将其认定为破坏他人计算机信息系统行为,有的将其认定为非法经营行为。〔6〕从"外挂"的产生和生效机制来看,"外挂"行为是行为

---

〔5〕与"私服"相对的"官服"自然是指著作权人或经著作权人许可的网络游戏运营商架设服务器,以经营网络游戏的行为。

〔6〕参见孟亚生:《全国首例网络游戏"外挂"入罪案如何下判?》,载《民主与法制》2011年第13期。

人对他人网络游戏作品添加挂接一定的程序使原有作品具有新功能的游戏作品。但是外挂所能发挥的效用必须依托于原有网络游戏作品才可以,即“原有游戏作品 + 外挂 = 具有新功能的作品”。由此我们可以看出,虽然“外挂”行为人通过向游戏玩家提供外挂的形式部分更改了原有游戏作品的游戏特点,但是该种更改仍然必须依赖于原网络游戏商对网络游戏服务端程序的运行。因此,不同于“私服”行为对原有网络游戏商经济利益的直接损害,“外挂”行为人想要获取利益必须依赖于网络游戏商对服务端程序的运营。所以说,网络“私服”行为与网络游戏“外挂”行为具有本质性的区别。那么是否网络“外挂”行为没有损害著作权人或网络经营商的任何权利呢?不然。首先,网游“外挂”行为是对网络游戏软件著作权人著作权的破坏。“外挂”行为人通过截取游戏数据或反向破译的方式所创作的“外挂”程序虽然凝聚其自身的劳动成果,但是不可避免地运用了原有网络游戏软件的设计元素,是对原有软件的修改,因此也就侵犯了网络游戏软件著作权人所拥有的保护作品完整权(作品修改权)。也就是说,虽然“外挂”行为人并没有复制发行他人的网络游戏作品(服务端程序),但是通过添加挂接“外挂”程序的方式更改了原有作品的表现形式,是对他人著作权人身权益的侵犯。其次,“外挂”行为人传播外挂供游戏玩家使用的行为,增加了网络游戏运营商对网络游戏的运营成本,降低了网络游戏的运行寿命,给网络游戏产业发展也带来了危害。“外挂”使得游戏玩家更多的操纵游戏角色、发送更多的游戏数据,就迫使网游运营商设置更多的服务器以及网络运营人员来保障网游的正常运行,从而增加了网络游戏运行商的运行成本。网游“外挂”虽然帮助了网络游戏玩家更为便捷地参与游戏,却使得较高难度的游戏在短期内即玩到顶级状态,从而使得网络游戏的寿命大为降低。总之,网络游戏“外挂”行为侵犯了他人的著作权,增加了网络游戏运营商的运行成本,最终破坏了网络游戏产业的健康发展,因而应当受到相关法律的规制。

二、网络游戏“私服”“外挂”行为的刑法定性

网络游戏“私服”“外挂”行为对网络游戏产业以及相关权利人利益造成的危害,在网络游戏“私服”“外挂”行为情节严重时,追究相应行为人的刑事责任应当是刑法发挥保护文化产业发展和权利人利益的具体体现,这一点应当是没有疑问的。但是网络游戏“私服”“外挂”行为分别应当以何种刑法罪名论处却存有较大争议。

对于网络游戏"私服"行为的刑法规制来说,学界和司法实务部门主要存有以下几种观点,一种观点认为,应当按照侵犯著作权罪论处;[7]另一种观点认为,应当按照非法经营罪论处,这也是司法实践中绝大多数相关案件的做法;还有一种观点认为,对于网络游戏"私服"行为,同时符合侵犯著作权罪和非法经营罪的犯罪构成,因此在一般情况下可以按照侵犯著作权罪加以定罪量刑,但是在该行为影响恶劣(严重扰乱市场秩序——如由于私服玩家多达百万人而冲击、影响合法运营商的生存等,情节特别严重)的情况下,应当按照非法经营罪的规定进行处罚。[8] 而对于网络游戏"外挂"行为的刑法定性也分别存在构成侵犯著作权罪、非法经营罪、破坏计算机信息系统罪几种观点。[9] 笔者以下拟结合上述网络游戏"私服""外挂"行为的内涵分析以及刑法相关罪名规制范围对此问题进行阐述。

第一,网络游戏"私服""外挂"行为对"非法经营罪"规制的排斥。现行《刑法》第225条规定的非法经营罪意在维护国家的特许经营制度。[10] 只有是可能获得行政许可并实际开展合法经营的市场行为类型才能成为该罪所要描述的"经营行为"。也就是说,该罪中的"非法经营"是指未取得经营主体资格即实施了国家特许经营的行为。比如说,现行《刑法》第225条所列的前4项行为在获得行政审批手续后,都是可以成为合法经营行为的。但是不同于现行《刑法》第225条所列各项行为,"私服""外挂"行为本质上是侵犯他人著作权的行为。也就是经营"私服"和"外挂"的行为是事实上不可能通过行政审批手续的。只有在行为人获得网络游戏软件的经营代理权,但是却没有履行行政审批手续即开展经营时,才有可能构成非法经营行为,也才可能构成刑法上的非法经营罪。因此,网络游戏中"私服""外挂"其行为本身的民事违法性就决定了其不可能成为行政法上的非法经营行为,更不可能成立刑法中的非法经营罪。

第二,网络游戏"私服"行为构成"侵犯著作权罪"的理由。未经著作权人同意,行为人架设"私服"运营他人享有著作权的网络游戏作品的行为实际上是为了非法获取网络游戏作品上的经济利益,自然也就侵犯了著作权人的合法权利。那么判断"私服"行为能否构成刑法中的侵犯著作权罪,就要看架设"私服"运营他人游戏

---

[7] 参见朱文菊:《浅论"私服"的刑法规制及查处难度》,载《犯罪研究》2007年第3期。

[8] 参见于志刚、蒋璟:《关于网络游戏中"私服"问题的刑法思索》,载《云南大学学报法学版》2009年第2期。

[9] 参见孟亚生:《全国首例网络游戏"外挂"入罪案如何下判?》,载《民主与法制》2011年第13期。

[10] 参见田宏杰:《侵犯知识产权犯罪的几个疑难问题探究》,载《法商研究》2010年第2期。

软件的行为是否属于现行《刑法》第 217 条规定的“复制发行”。与传统单机游戏时代构成侵犯著作权罪中的“复制发行”的盗版游戏光盘不同,“私服”行为并没有将游戏服务端程序的载体(服务器或存储硬件)交由游戏玩家控制,那么能否同样被评价为侵犯著作权罪中的“复制发行”呢?笔者认为,当然可以。网络通信技术的发展使得著作权人的经济权利不仅有现行著作权法规定的复制权和发行权,同时享有信息网络传播权。但是,在现行刑法并没有对应著作权的修改,将信息网络传播纳入到构成侵犯著作权罪的客观行为方式中,而是通过司法解释的方式将其解释为“复制发行”的一种。笔者认为,这种做法并无不妥,因为网络技术的应用已经改变了传统环境下作品的传播方式,也就是不一定非要将作品内容的载体转移到消费者手中,只需要将作品内容通过数字编码的形式呈现在作品消费者面前即可。[11] 也就是说,顺应新型作品传播技术的发展,现行《刑法》第 217 条“复制发行”应当解释为将作品内容提供给作品消费者,并能够供其随时控制。架设“私服”者虽然将网络游戏服务端程序运行在自己掌控的服务器上,但是他向游戏玩家提供客户端程序的方式,使得游戏玩家可以通过客户端程序随时登录服务端程序,读取服务端程序信息。因此,将网络游戏中的“私服”行为判定为现行《刑法》第 217 条规定的“复制发行”并无不妥。此外有必要说明的是,架设“私服”行为人不仅是对网络游戏客户端程序的“复制发行”,而且是对网络游戏服务端程序的“复制发行”。由上所述,“私服”行为人在未经网络游戏软件著作权人同意的情况下,私自架设服务器,向游戏玩家提供网络游戏作品,情节严重的应当按照现行《刑法》第 217 条侵犯著作权罪处理。

第三,网络游戏“外挂”行为对“侵犯著作权罪”规制的排斥。有观点从“外挂”行为技术手段上分析,认为“外挂”行为可能在以下几个方面构成侵犯著作权的复制行为:(1)通过外挂程序截取破解游戏服务器端发往客户端的数据封包,获得游戏数据加密算法,复制后在游戏中使用;(2)通过对游戏客户端程序的反编译或破解,获得游戏数据处理逻辑,复制后在外挂中使用;(3)直接从游戏的数据文件或客户端程序本身提取数据,在外挂中作为数据库加载使用;(4)通过非法手段获取游戏服务器端数据,并将其作为数据库在外挂中加载使用。同时,该观点还由此阐述

---

〔11〕 与此类似的是,有的视频网站虽然不提供影音作品的下载功能,但是将他人享有著作权的影音作品上传到网络空间,供作品消费者随时观看浏览的行为,仍然属于《刑法》第 217 条“复制发行”的一种。

通过网络下载等方式向游戏玩家提供外挂的行为属于《刑法》第217条规定的"发行"。[12] 笔者对上述观点不敢苟同。首先,无论行为人通过何种方式制造并传播外挂,该行为人都没有复制、发行他人享有著作权的网络游戏服务端程序。"外挂"仍然是挂接在已有的网络游戏服务端程序上才有可能实现"帮助"游戏玩家便捷游戏的目的。也就是说,虽然外挂编制借助了原有网络游戏的数据,但是行为人所编制出的"外挂"程序本身并不具有独立的作品使用价值,并不能为游戏玩家提供娱乐的功能。如果没有原来网络游戏作品的运营,"外挂"程序将变得一文不值。因此,"外挂"程序本身也就不可能独立成为著作权法所要保护的对象,它根本就不符合独立作品的构成要件。其次,"外挂"程序在网络游戏服务端程序的挂接,使得原有网络游戏功能得到强化,只是对原来网游作品的修改。因此,"外挂"行为只是侵犯了网络游戏作品著作权人的保护作品完整权(修改权),并没有侵犯其对整个网游作品的复制发行等经济权利。最后,"外挂"程序是对他人网络游戏作品修改权侵犯的结果,其本身虽然不享有著作权,但是其与原网络游戏作品的集合却享有著作权,但著作权主体仍为原网络游戏著作权人。[13] 因此,"外挂"程序开发者之外的第三方在获取"外挂"程序后,如果只是将该"外挂"程序提供给游戏玩家,仍然属于对他人作品完整权的侵犯,不是对他人整个网络游戏作品的复制发行。所以说,网络游戏中"外挂"行为不能被包含在现行《刑法》第217条规定的对他人作品的"复制发行"中,也就不可能成立侵犯著作权罪。

第四,网络游戏"外挂"行为构成"破坏计算机信息系统罪"的理由。"外挂"程序是行为人获取网络游戏数据后利用计算机语言编制成的能够改变网络游戏软件功能的挂接程序。行为人向游戏玩家提供"外挂"程序,虽然没有侵犯网络游戏著作权人对网络游戏软件的复制发行权利,但是"外挂"却是对网络游戏服务器运行的破坏。这种破坏既可能表现在"外挂"修改了网络游戏服务端与客户端之间的游戏数据,也可能表现在因"外挂"程序对网络游戏的挂接,使得服务器运行速度受到影响甚至瘫痪。根据现行《刑法》第286条第2款规定:"违反国家规定,对计算机信息系统中存储、处理或者传输的数据和应用程序进行删除、修改、增加的操作,后

---

〔12〕 参见于志刚、陈强:《关于网络游戏中"外挂"行为的刑法思考》,载《山东警察学院学报》2009年第1期。

〔13〕 根据2010年《著作权法》新修改的第4条规定,即使作品内容违反行政法,但是仍不阻碍著作权法对其进行保护。"外挂"行为虽然违反了行政法的监管,但是其形成的外挂程序仍然能与原作品结合成为具有新功能作品,受到著作权法保护。

果严重的,依照前款的规定处罚。”网络游戏运营商在架设的服务器系统中运行的网络游戏软件自然属于应用程序的一种。行为人传播“外挂”的行为自然对网络游戏经营商所运营的计算机系统造成破坏,因此应将其认定为破坏计算机信息系统行为,后果严重的追究其刑事责任,[14]同时应当对网络游戏运营商承担民事责任。

三、网络游戏“私服”“外挂”行为的刑事司法认定

结合上述关于网络游戏中“私服”和“外挂”行为刑法性质的辨析,实践中对于如何具体把握网络游戏“私服”“外挂”构成犯罪仍要注意以下几个方面:

第一,“私服”行为人所运营的网络游戏应与原网络游戏保持“实质一致”。首先,“私服”经营者所经营的网游作品并非要与原作品分毫不差。即使已经对原有作品的少量修改和再演绎,例如,使用不同的计算机语言对原有作品进行改编,对国外网络游戏作品进行“汉化”(将游戏中的外语改变为汉语),但是最终呈现给游戏玩家面前的游戏内容并没有实质性改变的,仍然应被判定是对原网络游戏作品的复制发行。其次,要注意把握“私服”行为与抄袭他人网络游戏作品的行为的区分。“私服”是对他人网络游戏作品的复制发行,其所运行的网络游戏作品与他人实质上是一致的,包括游戏内容、情节、画面等。如果有网络游戏公司自己开发出的网络游戏软件,模仿借鉴了已有网游的元素,与原网络游戏有相似之处,可能构成著作权法意义上的抄袭,但不能被认定为“私服”行为。

第二,行为人架设“私服”的同时,又提供“外挂”在该“私服”上运行如何处理。在该种情况下,行为人的“私服”行为可能构成侵犯著作权罪是没有问题的,但是“外挂”行为却不再构成对他人计算机信息系统的破坏。因为此种外挂是对其自己运营的网络游戏软件的挂接,并没有破坏到合法网络游戏运营商的信息系统。当然,如果他所提供的“外挂”是既能挂接在自己非法经营的“私服”上,又可以挂接到

---

〔14〕 2011年8月1日“两高”颁布的《关于办理危害计算机信息系统安全刑事案件应用法律若干问题的解释》第4条规定:破坏计算机信息系统功能、数据或者应用程序,具有下列情形之一的,应当认定为刑法第二百八十六条第一款和第二款规定的“后果严重”:(一)造成十台以上计算机信息系统的主要软件或者硬件不能正常运行的;(二)对二十台以上计算机信息系统中存储、处理或者传输的数据进行删除、修改、增加操作的;(三)违法所得五千元以上或者造成经济损失一万元以上的;(四)造成为一百台以上计算机信息系统提供域名解析、身份认证、计费等基础服务或者为一万以上用户提供服务的计算机信息系统不能正常运行累计一小时以上的;(五)造成其他严重后果的。

合法网游商的网络游戏软件中，则可以构成破坏计算机信息系统罪。

第三，“脱机外挂”的行为认定。网络游戏中“脱机外挂”，是指可以让游戏玩家不再需要网络游戏客户端程序，只通过该“外挂”即可实现与网络游戏服务端程序的数据传输的外挂程序。对于一般外挂而言，只是为游戏玩家提供了进行网络游戏的辅助功能，仍然需要从网游客户端程序登录，实现与网游服务端程序的数据连接。“脱机外挂”则几乎完全破解了网游客户端程序与网络服务端程序的数据包算法，从而可以替代客户端程序，更大限度地操控游戏。从其法律性质的认定来说，“脱机外挂”行为仍然是一种破坏计算机信息系统的行为，情节严重仍然只能构成破坏计算机信息系统罪。虽然它可以起到替代网游客户端程序的作用，甚至属于对网游客户端程序的复制行为。但是对该种“外挂”的传播并不能使得游戏玩家脱离开网络游戏服务端程序而获得游戏体验。因为单独的网络游戏客户端程序并不能独立为游戏玩家带来娱乐价值，仍然有赖于网游服务端程序的运行。这也是由网络游戏软件与传统作品价值表现的差异所导致的。

《网络犯罪与安全》稿约与撰写体例

《网络犯罪与安全》是国家重点研究基地中国人民大学刑事法律科学研究中心与中国人民大学网络犯罪与安全研究中心编辑出版的正式出版物。本出版物重点研究网络犯罪与安全问题，真诚欢迎国内外广大学有所成的社会科学者，特别是刑事法学者以及刑事立法与司法实务部门的专家为本书投稿，本书将特别注重采用中青年学者确有真知灼见的关于网络犯罪与安全的研究成果。来稿请用 Word 文档小 4 号字编排，将稿件电子版直接传送给何腾姣博士（Tel：15210949103；E－mail：784024142@qq.com）。投稿时请在稿件第一页以脚注方式写明作者联络方式，包括通讯地址、电话及 E－mail。

本书体例如下：

一、标题【其下写作者姓名并以脚注注明作者真实身份，学历（位）、职务】

二、内容摘要（300 字以内）

三、关键词（3～5 个）

标题的层次："一、""（一）"两级标题；文中标题层次依次用："一、""（一）""1.""（1）"等。

四、注释

（一）脚注方式。页下脚注，每篇文章自动重新编号，注释序号用带中括号的阿拉伯数字表示，即[1]、[2]、[3]、[4]、[5]。

（二）注释总体要求

1. 著作类注释体例

（1）专著

标注顺序：责任者/著作名/出版者/出版年/页码。

例：高铭暄：《刑法肆言》，法律出版社 2004 年版，第 34～35 页。

(2)编著

标注顺序:责任者/著作名/出版者/出版年/页码。

例:王作富主编:《刑法分则实务研究》(上册),中国方正出版社2001年版,第56页。

(3)译著

标注顺序:国别/责任者/译者/著作名/出版者/出版年/页码。

例:[意]贝卡里亚:《论犯罪与刑罚》,黄风译,中国大百科全书出版社1993年版,第43页。

(4)辞书

标注顺序:著作名/出版者/出版年/页码。

例:《中国大百科全书》(法学卷),中国大百科全书出版社1984年版,第90页。

(5)古籍

标注顺序:责任者/书名/卷次/篇名/版本。如果需要,可以标明部类名及卷次;作者前可标明朝代。常用古籍可不标明撰者和版本。

例:《旧唐书·志第三十·刑法》。

2. 论文类注释体例

(1)期刊类

标注顺序:著者/篇名/期刊名/年期。

例:谢望原、白岫云:《加入WTO后我国刑事政策的调整与革新》,载《中国法学》2000年第6期。

(2)报纸类

标注顺序:著者/篇名/报纸名称/年月日/版次。

例:黄见良等:《娄底开审湖南最大涉黑案》,载《检察日报》2006年4月11日第1版。

(3)文集类

标注顺序:著者/篇名/文集编者/文集题名/出版者/出版年/页码。

例:陈兴良:《盗窃罪研究》,载陈兴良主编:《刑事法判解》第1卷,法律出版社1999年版,第59页。

(4)网络类注释体例

标注顺序:著者/篇名/网址。

例:中国共产党第十六届中央委员会第六次全体会议公报,载 http://www.wenmichina.com/FREE/XXZL/200610/9900.html.最后访问日期:2006 年 10 月 22 日。

3.外语类注释体例

(1)专著类

标注顺序:著者/书名(斜体,主体词首位字母大写)/出版地点/出版者/出版时间/页码。

例:Michael Tonry, James Q. Wilson, *Drugs and Crime*, The University of Chicago Press, 1990, p. 527(pp.527 – 529)。

(2)期刊类

标注顺序:著者/文章名/期刊名(斜体)/卷期号/页码。

例:Cornelius Nestler. Constitutional Principles, Criminal Law Principles and German Drug Law, *Buffalo Criminal Law Review*, 1998 (1), p. 527(pp. 527 – 529)。